HISTOIRE
DU
CONSULAT
ET DE
L'EMPIRE

TOME XI

L'auteur déclare réserver ses droits à l'égard de la traduction en Langues étrangères, notamment pour les Langues Allemande, Anglaise, Espagnole et Italienne.

Ce volume a été déposé au Ministère de l'Intérieur (Direction de la Librairie), le 16 septembre 1851.

MARIE LOUISE

HISTOIRE

DU

CONSULAT

ET DE

L'EMPIRE

FAISANT SUITE

A L'HISTOIRE DE LA RÉVOLUTION FRANÇAISE

PAR M. A. THIERS

TOME ONZIÈME

PARIS

PAULIN, LIBRAIRE-ÉDITEUR

60, RUE RICHELIEU

1851

HISTOIRE
DU CONSULAT
ET
DE L'EMPIRE.

LIVRE TRENTE-SIXIÈME.

TALAVERA ET WALCHEREN.

Opérations des Français en Espagne pendant l'année 1809. — Plan de campagne pour la conquête du midi de la Péninsule. — Défaut d'unité dans le commandement, et inconvénients qui en résultent. — La guerre d'Autriche réveille toutes les espérances et toutes les passions des Espagnols. — Zèle de l'Angleterre à multiplier ses expéditions contre le littoral européen, et envoi d'une nouvelle armée britannique en Portugal. — Ouverture de la campagne de 1809 par la marche du maréchal Soult sur Oporto. — Inutile effort pour passer le Minho à Tuy. — Détour sur Orense, et marche à travers la province de Tras-los-Montès. — Suite de combats pour entrer à Chaves et à Braga. — Bataille d'Oporto. — Difficile situation du maréchal Soult dans le nord du Portugal. — Dès que son entrée en Portugal est connue, l'état-major de Madrid dirige le maréchal Victor sur l'Estrémadure, et fait appuyer ce dernier par un mouvement du général Sébastiani sur la Manche. — Passage du Tage à Almaraz, et arrivée du maréchal Victor et du général Sébastiani sur la Guadiana. — Victoires de Medellin et de Ciudad-Real. — Ces deux victoires font d'abord présager une heureuse campagne dans le midi de la Péninsule, mais leur effet est bientôt annulé par des événements fâcheux au nord. — Le général de La Romana, que le maréchal Soult avait laissé sur ses derrières en traversant Orense, passe entre la Galice et le royaume de Léon, soulève tout le nord de l'Espagne, et menace les communications des maréchaux Soult et Ney. — Vains efforts du maréchal Ney pour comprimer les insurgés de la Galice et des Asturies. — A défaut du maréchal Mortier, que ses instructions retiennent à Burgos, on envoie six ou huit mille hommes sous le général Kellermann pour rétablir les communications avec les maréchaux Soult et Ney. — Événements à Oporto. — Projet de convertir en royaume le nord du Portugal. — Divisions dans l'armée du maréchal Soult, et affaiblissement de la discipline dans cette armée. — Secrètes communications avec les Anglais. — Sir Arthur Wellesley, débarqué aux environs de Lisbonne, amène une nouvelle armée devant Oporto. — Grâce aux intelligences pratiquées dans la place, il surprend Oporto en plein jour. — Le maréchal Soult obligé de s'enfuir en sacrifiant son artillerie. — Retraite sur la Galice. — Entrevue à Lugo des maréchaux Ney et Soult. — Plan concerté entre ces deux maréchaux, lequel reste sans exécution par le mouvement du maréchal Soult sur Zamora. — Funeste division entre ces deux maréchaux. — Ordre expédié de Schœnbrunn, avant la connaissance des événements d'Oporto, pour réunir dans la main du maréchal Soult les trois corps des maréchaux Ney, Mortier et Soult. — Conséquences imprévues de cet ordre. — Le maréchal Soult à Salamanque forme un projet de campagne basé sur la supposition de l'inaction des Anglais jusqu'au mois de septembre. — Cette supposition est bientôt démentie par l'événement. — Sir Arthur Wellesley, après avoir expulsé les Français du Portugal, se replie sur Abrantès. — Il se concerte avec don Gregorio de la Cuesta et Vénégas pour agir sur le Tage. — Sa marche en juin et juillet vers Plasencia, et son arrivée devant Talavera. — Le roi Joseph, qui avait ramené le maréchal Victor dans la vallée du Tage, se joint à lui avec le corps du général Sébastiani et une réserve tirée de Madrid, en ordonnant au maréchal Soult de déboucher par Plasencia sur les derrières des Anglais. — Joseph les attaque trop tôt, et sans assez d'ensemble. — Bataille indécise de Talavera livrée le 28 juillet. — Mouvement rétrograde sur Madrid. — Apparition tardive du maréchal Soult sur les derrières de sir Arthur Wellesley. — Retraite précipitée de l'armée anglaise en Andalousie, après avoir abandonné ses malades et ses blessés. — Caractère des événements d'Espagne pendant la campagne de 1809. — Déplaisir de Napoléon de ce qu'on n'a pas tiré meilleur parti des vastes moyens réunis dans la Péninsule, et importance qu'il attache à ces événements, à cause des négociations d'Altenbourg. — Efforts des Anglais pour apporter aux négociateurs autrichiens le secours d'une grande expédition sur le continent. — Projet de détruire sur les rades les armements maritimes préparés par Napoléon. — Expédition de Rochefort. — Prodigieuse quantité de brûlots lancés à la fois contre l'escadre de l'île d'Aix. — Quatre vaisseaux et une frégate, échoués

TALAVERA ET WALCHEREN.

sur les rochers des Palles, sont brûlés par l'ennemi. — Après Rochefort les Anglais tournent leurs forces navales contre l'établissement d'Anvers, dans l'espérance de le trouver dénué de tout moyen de défense. — Quarante vaisseaux, trente-huit frégates, quatre cents transports, jettent quarante-cinq mille hommes aux bouches de l'Escaut. — Descente des Anglais dans l'île de Walcheren et siége de Flessingue. — L'escadre française parvient à se retirer sur Anvers, et à s'y mettre à l'abri de tout danger. — Manière de considérer l'expédition anglaise à Paris et à Schœnbrunn. — Napoléon prévoyant que la fièvre sera le plus redoutable adversaire des Anglais, ordonne de se couvrir de retranchements, d'amener derrière ces retranchements les troupes qu'on parviendra à réunir, et de ne pas risquer de bataille. — Il prescrit la levée des gardes nationales, et désigne le maréchal Bernadotte comme général en chef des troupes réunies sous Anvers. — Reddition de Flessingue. — Les Anglais ayant perdu leur temps à prendre Flessingue, sont informés qu'Anvers est en état de défense, et n'osent plus avancer. — La fièvre les attaque avec une violence extraordinaire, et les oblige à se retirer après des pertes énormes. — Joie de Napoléon en apprenant ce résultat, surtout à cause des négociations entamées à Altenbourg.

Fév. 1809.

Ce n'est pas seulement sur les bords de la Drave, de la Raab, du Danube et de la Vistule, que les Français répandaient leur sang pendant cette année 1809, c'était aussi sur les bords de l'Èbre, du Tage, du Douro, sur les bords même de l'Escaut, et sur la plupart des mers du globe. Partout, et presque simultanément, on les voyait prodiguer leur vie dans cette terrible lutte, engagée entre le plus ambitieux des hommes et la plus vindicative des nations. Tandis qu'avec des soldats presque enfants Napoléon terminait en trois mois la guerre d'Autriche, ses généraux, privés de direction, n'obtenant de lui qu'une attention distraite, et malheureusement divisés entre eux, ne pouvaient avec les premiers soldats du monde venir à bout de quelques bandes indisciplinées, et d'une poignée

Suite des événements militaires en Espagne.

d'Anglais sagement conduits. La guerre d'Espagne s'éternisait ainsi au détriment de notre puissance, quelquefois même de notre gloire, et à la confusion de la dynastie impériale.

Napoléon qui avait fait exécuter à ses troupes d'Espagne une campagne d'hiver, qui leur avait fait livrer en décembre et janvier les batailles d'Espinosa, de Burgos, de Tudela, de Molins-del-Rey, de la Corogne et d'Uclès, avait voulu qu'on leur accordât un ou deux mois de repos, temps nécessaire à la santé des hommes et à la réparation du matériel, et que partant ensuite des points qu'elles avaient conquis on les dirigeât sur le midi de la Péninsule, pour en achever la soumission depuis isbonne jusqu'à Cadix, depuis Cadix jusqu'à Valence. Le plan qu'il avait laissé en quittant Valladolid pour se rendre en Autriche, et qui, tout bien conçu qu'il était, ne pouvait remplacer un bon général en chef, a été précédemment exposé; mais il faut le rappeler brièvement ici pour l'intelligence des opérations de 1809.

Le maréchal Soult avec les divisions Merle, Mermet, Delaborde, Heudelet, les dragons Lorge et Lahoussaye, la cavalerie légère de Franceschi, comprenant dix-sept régiments d'infanterie, dix de cavalerie, et un parc de 58 bouches à feu, devait, après s'être reposé dans la Galice des fatigues endurées pendant la poursuite des Anglais, se mettre de nouveau en mouvement, passer le Minho à Tuy (voir la carte n° 43), s'avancer par Braga sur le Douro, prendre Oporto, et d'Oporto marcher ensuite à la conquête de Lisbonne. Napoléon avait espéré que ce corps, dont l'effectif nominal s'élevait à 46 mille hommes, fournirait environ 36 mille combattants. Ce n'était malheureusement pas exact; à cause des blessés, des malades, des hommes fatigués, des nombreux détachements, il était impossible d'en réunir plus de 23 à 24 mille. L'ordre était de partir en février pour arriver en mars à Lisbonne, afin de profiter des douceurs du printemps si précoce dans ces régions. Derrière le maréchal Soult, le maréchal Ney, avec les braves divisions Marchand et Maurice Mathieu, ne comptant plus que 16 mille combattants sur un effectif de 33 mille hommes, avait pour instruction de rester dans la Galice, d'en achever la soumission, et de couvrir ainsi les communications du corps expéditionnaire de Portugal.

Fév. 1809.

Pendant que le maréchal Soult envahirait le Portugal, le maréchal Victor, vainqueur à Espinosa et à Uclès, devait, avec les belles divisions Villatte, Ruffin et Lapisse, composant le premier corps, avec douze régiments de cavalerie, s'éloigner de Madrid, s'avancer par un mouvement sur sa droite, de Talavera vers Mérida, du Tage vers la Guadiana, afin d'exécuter dans l'Estrémadure et l'Andalousie une marche correspondant à celle du maréchal Soult en Portugal. Il devait, dès qu'il se serait assuré de l'entrée du maréchal Soult à Lisbonne, se porter sur Séville, où il recevrait au besoin l'appui d'une division du maréchal Soult. On lui préparait à Madrid un équipage de siége, composé de pièces

Conquête de l'Andalousie confiée au maréchal Victor.

Fév. 1809.

courtes de 24, pour qu'il pût faire tomber les murs de Séville et de Cadix, si ces capitales étaient défendues. Le maréchal Victor n'avait en ce moment sous la main que deux de ses trois divisions, celle du général Lapisse étant restée à Salamanque, depuis la concentration de troupes que Napoléon avait opérée dans le nord pour accabler le général Moore. Cette division, pendant que le maréchal Soult descendrait de Tuy sur Lisbonne, avait ordre de descendre de Salamanque sur Alcantara, de rejoindre son chef à Mérida, et de le suivre en Andalousie. On croyait que ce corps, renforcé de l'excellente division allemande Leval, et s'élevant à un effectif de 40 mille hommes, en donnerait 30 mille en réalité, et suffirait, avec les renforts qu'on pourrait lui envoyer de Madrid, pour dominer le midi de la Péninsule.

Force laissée à Madrid sous les ordres directs du roi Joseph et du maréchal Jourdan, son chef d'état-major.

Le roi Joseph, ayant pour chef d'état-major le maréchal Jourdan, était autorisé à conserver immédiatement sous ses ordres les belles divisions françaises Dessoles et Sébastiani, la division polonaise Valence, les dragons de Milhaud, quelques brigades de cavalerie légère, formant en tout onze régiments d'infanterie, sept de cavalerie, et une force réelle de 36 mille hommes, pour un effectif nominal de 50. Dans ce total étaient compris la garde personnelle du roi Joseph, le parc général, et une infinité de dépôts. Le roi devait avec cette force centrale contenir Madrid, se porter au besoin à l'appui du maréchal Victor, pourvoir en un mot à

Destination

tous les cas imprévus. Le corps du général Junot,

qui venait de terminer le siége de Saragosse, et qui était actuellement sous les ordres du général Suchet, n'ayant que 16 mille hommes de disponibles sur 30, devait se reposer en Aragon, surveiller cette province, puis en partir, si les événements prenaient une tournure favorable, pour s'avancer par Cuenca sur Valence. Restait en arrière pour le soutenir, ou pour garder l'Aragon, le corps du maréchal Mortier, qui s'était peu fatigué pendant le siége de Saragosse, et qui, sur 23 mille hommes d'effectif, présentait 18 mille combattants. N'ayant pu prévoir tout d'abord ce que deviendrait la guerre d'Allemagne, Napoléon avait défendu d'employer activement le corps du maréchal Mortier, et avait ordonné de le conserver intact au pied des Pyrénées, entre Saragosse et Tudela, soit pour le diriger sur le midi de l'Espagne, soit pour le ramener sur le Rhin, selon les événements. Le général Saint-Cyr, vainqueur des Espagnols à Cardedeu, à Molins-del-Rey, devait avec 48 mille hommes d'effectif, 40 de force réelle, achever la conquête de la Catalogne par le siége de ses places fortes. Enfin le nord de l'Espagne, constituant notre ligne d'opération, était confié à une troupe de cavalerie, et à une multitude de corps séparés, qui formaient les garnisons de Burgos, de Vittoria, de Pampelune, de Saint-Sébastien, de Bilbao, de Saint-Ander, et qui pouvaient en cas de nécessité fournir quelques colonnes mobiles. Depuis le départ du maréchal Bessières, c'étaient le général Kellermann et le général Bonnet qui commandaient ces corps, l'un

Fév. 1809.

ultérieure du corps d'armée du général Suchet après la prise de Saragosse.

Le corps du maréchal Mortier tenu en réserve au pied des Pyrénées.

Rôle assigné au général Saint-Cyr en Catalogne.

dans la Castille, l'autre dans la Biscaye. Ce mélange de soldats de toutes armes, emprunté à tous les corps, chargé du service sur nos derrières, présentait 33 ou 34 mille hommes, dont 15 à 18 mille étaient capables de rendre d'utiles services, et portait à 200 mille combattants sur 300 mille hommes d'effectif, la masse énorme des forces consacrées à la Péninsule. C'étaient en grande partie les meilleures troupes de la France, celles qui avaient fait les campagnes de la Révolution et de l'Empire, qui avaient vaincu l'Italie, l'Égypte, l'Allemagne et la Russie! Voilà où nous avait conduits cette conquête de l'Espagne, regardée d'abord comme l'affaire d'un simple coup de main. On y avait perdu son renom de droiture, son prestige d'invincibilité, et on y envoyait périr homme par homme des armées admirables, formées par dix-huit ans de guerres et de victoires.

Napoléon supposait que ces trois cent mille hommes, qu'il ne croyait pas aussi diminués qu'ils l'étaient réellement par la fatigue, les maladies, les disséminations, seraient plus que suffisants, même réduits à deux cent mille, pour soumettre l'Espagne, les Anglais devant être fort dégoûtés de secourir les Espagnols après la campagne de la Corogne. Ces deux cent mille hommes auraient été suffisants sans doute avec une forte direction, quoique la passion de tout un peuple soulevé contre l'étranger soit capable de produire bien des miracles; mais l'autorité que Napoléon laissait à Madrid pour interpréter ses instructions et les faire exécuter ne pouvait remplacer ni son génie, ni sa volonté, ni son ascendant sur les hommes, et les plus puissants moyens devaient échouer non contre la résistance des Espagnols, mais contre l'anarchie militaire qui allait naître de son absence.

En effet, le roi Joseph, doux et sensé, assez contenu dans ses mœurs, n'avait, ainsi que nous l'avons déjà dit, aucune des qualités du commandement, bien qu'il ambitionnât fort la gloire des armes, comme un patrimoine de famille. Mais il n'avait ni activité, ni vigueur, ni surtout aucune expérience de la guerre, et, à défaut d'expérience, aucune de ces qualités supérieures d'esprit qui la suppléent. Il avait, comme nous l'avons dit aussi, adopté pour mentor le digne et sage maréchal Jourdan, au jugement duquel il soumettait ses plans militaires, mais le plus souvent sans l'écouter, se décidant, après avoir longtemps flotté entre lui et ses familiers, comme il pouvait, et suivant les impressions du moment. Napoléon, qui avait discerné ses prétentions pendant la dernière campagne, s'en était moqué à Madrid, et s'en moquait encore à Schœnbrunn avec ceux qui allaient en Espagne, ou qui en revenaient. Il n'aimait pas le maréchal Jourdan, à cause de ses opinions passées et même de ses opinions présentes, le soupçonnant à tort d'être l'inspirateur des jugements assez sévères qu'on portait sur lui dans la nouvelle cour d'Espagne. Il voyait dans la tristesse et la froideur de ce grave personnage tout un blâme pour son règne ; et tandis qu'il se raillait de son frère, ne pouvant se

Fév. 1809.

Causes du défaut d'autorité du roi Joseph et du maréchal Jourdan.

railler du maréchal Jourdan qui ne prêtait pas à la moquerie, il le dépréciait ouvertement. Ce maréchal était parmi les officiers de son grade et de son ancienneté le seul sur lequel Napoléon n'eût pas fait descendre l'une des opulentes récompenses qu'il prodiguait à ses serviteurs. Des railleries pour le roi, une aversion visible pour son major général, n'étaient pas un moyen de relever l'un et l'autre aux yeux des généraux qui devaient leur obéir. Comment en effet des maréchaux qui n'étaient habitués à obéir qu'à Napoléon, chez lequel ils reconnaissaient un génie égal à sa puissance, auraient-ils obéi à un frère qu'il disait lui-même n'être pas militaire, et à un vieux maréchal disgracié, dont il niait les talents?

Les dispositions adoptées pour assurer la hiérarchie du commandement étaient elles-mêmes très-mal entendues [1]. Napoléon avait bien dit dans ses instructions que le roi Joseph le remplacerait à la tête des armées d'Espagne ; mais chacun des chefs de corps, maréchaux ou généraux, devait correspondre directement avec le ministre de la guerre Clarke, et recevoir les ordres de celui-ci pour toutes leurs opérations, de manière qu'ils considéraient l'autorité du roi Joseph comme purement nominale, tandis qu'ils considéraient comme seule réelle l'au-

[1] Ici comme ailleurs je parle, non d'après des conjectures, mais d'après des faits certains. J'ai possédé les volumineux et véridiques Mémoires du maréchal Jourdan, encore manuscrits, sa correspondance, celle du roi Joseph avec Napoléon, le récit des nombreuses missions de M. Rœderer auprès de Joseph, dont il était l'ami, et je n'avance rien que sur preuves authentiques.

torité siégeant à Paris. Napoléon, ordinairement si
arrêté en toutes choses, n'avait pas su se résoudre
à confier le commandement effectif à un frère qu'il
n'en jugeait pas capable, et en le lui laissant pour
la forme, il l'avait retenu en réalité pour lui-même.
Et bien qu'un commandement inspiré par lui sem-
blât devoir être préférable à tout autre, il est vrai
de dire que les ordres de Joseph, quoique donnés
sans connaissance de la guerre et sans vigueur,
partant cependant de plus près, mieux adaptés aux
circonstances actuelles de la guerre, auraient
amené des résultats meilleurs que les ordres de
Napoléon, donnés à une distance de six cents
lieues, et ne répondant plus, quand ils arrivaient,
à l'état présent des choses. Le mieux eût été que
l'Empereur, arrêtant lui-même les plans généraux
de campagne qu'il était seul capable de concevoir,
laissât à l'état-major de Joseph le soin d'en ordonner souverainement les détails d'exécution. Mais
doux, indulgent, paternel, confiant avec le prince
Eugène, qu'il trouvait modeste, soumis et recon-
naissant, il était sévère, railleur, défiant avec ses
frères, qui se montraient vains, indociles, et très-
peu reconnaissants. Il n'avait donc délégué à Joseph qu'une autorité nominale, et avait préparé
ainsi sans le vouloir une funeste anarchie militaire
dans la Péninsule.

Fév. 1809.

A ces causes de conflit s'en joignaient d'autres
tout aussi fâcheuses. La guerre d'Espagne, outre
qu'elle était ruineuse en hommes, l'était encore en
argent. Napoléon ayant reconnu qu'il ne pouvait y

Conflits
administratifs
contribuant
avec
les conflits
militaires

Fév. 1809.

à affaiblir
l'autorité
du roi Joseph.

suffire, avait décidé que l'armée vivrait sur le pays occupé par elle. Or, Joseph, comme le roi Louis en Hollande, comme le roi Murat à Naples, aurait bien voulu se populariser parmi ses nouveaux sujets; et, pour gagner leur cœur, il les défendait contre l'armée française, qui était cependant chargée de les lui conquérir. Cette armée, qui se disait que des médiocres frères de son général elle avait fait des rois, était étonnée, indignée même qu'on préférât des sujets révoltés à des soldats auxquels on devait la couronne, et dont on était non-seulement les obligés, mais les compatriotes. Les généraux, les officiers, tous jusqu'aux soldats, tenaient les plus étranges propos sur les royautés créées de leurs mains, et en revanche dans la cour de Joseph on parlait de l'armée française, de ses chefs, comme auraient pu le faire les Espagnols eux-mêmes. Napoléon avait pour le représenter à Madrid, M. de Laforest, ambassadeur de France, le général Belliard, gouverneur de Madrid, M. de Fréville, agent du Trésor pour la gestion des biens confisqués sur les familles proscrites. Ces autorités diverses vivaient dans un état de conflit perpétuel avec les agents du roi Joseph. Napoléon, par exemple, avait ordonné l'incarcération de tous les membres de l'ancien conseil de Castille : Joseph les avait fait relâcher, disant qu'on ne les poursuivait que pour avoir leurs biens. Napoléon s'était approprié, à titre d'indemnité de guerre, les biens des dix plus grandes familles d'Espagne, ainsi que nous l'avons raconté ailleurs, et de plus il avait saisi les laines appartenant aux plus grands seigneurs des provinces conquises. Le total de ces confiscations n'était pas loin de valoir deux cents millions. Quant aux dix grandes familles, disait Joseph, je dois en abandonner les propriétés à l'Empereur, qui se les est attribuées ; mais quant aux autres familles, en plus grand nombre, poursuivies pour fait de révolte, leurs biens doivent m'être laissés, ou pour les leur rendre, si elles se soumettent, ou pour récompenser, si elles ne se soumettent pas, le dévouement de ceux qui se donneront à moi. Quant aux laines, Joseph prétendait aussi en retenir une partie, à divers titres plus ou moins contestables, alléguant du reste qu'il n'avait rien à donner à personne, qu'il ne lui était pas même possible de payer les officiers de sa maison, qu'il y avait dans Madrid six mille domestiques, soit de l'ancienne grandesse, soit de l'ancienne cour, dont il pourrait s'attacher une partie, et qui, faute de pouvoir vivre, excitaient contre lui le peuple de la capitale.

Fév. 1809.

Sa détresse, en effet, était extrême. Les armées françaises dans les provinces qu'elles occupaient, l'insurrection dans les provinces dont elle était restée maîtresse, absorbaient tout le produit des impôts. Ce que les armées françaises prenaient directement ne suffisait cependant point à leur entretien ; car si en prenant tout dans les provinces conquises elles parvenaient à se nourrir et à se vêtir, il restait les services généraux de l'artillerie et du génie, tous fort coûteux, fort importants, auxquels on ne pouvait suffire en s'emparant du bé-

Détresse financière du roi Joseph.

tail, ou en coupant les récoltes sur pied. Pour ces services il aurait fallu de l'argent, et il n'arrivait au Trésor que celui qu'on percevait à Madrid même. En mettant la main sur toutes les ressources que la proscription ou la confiscation pouvaient fournir, on ôtait à Joseph le moyen, disait-il, soit de se ménager des créatures, soit de pourvoir aux services les plus indispensables. Il demandait qu'on laissât au moins achever pour son compte un emprunt commencé en Hollande, lequel aurait pu procurer au Trésor espagnol quinze ou vingt millions. Sur ce dernier point seulement Napoléon lui avait accordé satisfaction; mais sur tous les autres il n'avait répondu que par des refus, lui reprochant amèrement quelques actes de munificence envers des favoris qui n'avaient rien mérité; supputant, avec un regret visible de l'avoir entreprise, tout ce que lui avait déjà coûté la guerre d'Espagne, tout ce qu'elle devait lui coûter encore; car bien que les soldats français vécussent sur les lieux, il fallait néanmoins les y faire arriver, vêtus, armés, organisés; les pourvoir en outre de matériel, ce qui ne pouvait se faire qu'avec de grandes dépenses, sans compter celles de la guerre d'Autriche, qui était la suite de la guerre d'Espagne, et qui devait entraîner de bien autres charges pour les finances de l'Empire. Napoléon se disait donc ruiné par ses frères, réduit à faire ressource de tout. Du reste, distrait par d'autres guerres à six cents lieues de Madrid, il abandonnait le soin de vider ces querelles à ses agents, qui se comportaient avec une insolence inouïe, se croyant en qualité de représentants de l'empereur Napoléon fort supérieurs à de simples représentants du roi Joseph. Les choses avaient été poussées à un tel point, qu'au sujet des biens séquestrés, M. de Fréville s'étant emparé des clefs des palais disputés, en avait refusé l'entrée aux agents du Trésor espagnol, prêt, disait-il, pour se faire obéir, à recourir, s'il le fallait, à l'armée française. Le roi Joseph avait répondu à cette arrogance en disant qu'il allait faire mettre M. de Fréville dans une chaise de poste et l'envoyer en France[1]. On comprend ce que de pa-

---

[1] Nous citerons les lettres suivantes en preuve de ces tristes détails :

« *A l'Empereur.*

» Madrid, le 17 février 1809.

» Sire,

» Je vois avec peine, par la lettre de V. M., n° 2, qu'elle écoute sur les affaires de Madrid des personnes intéressées à la tromper. V. M. n'a pas dans moi une entière confiance, et cependant la place n'est pas tenable sans cela. Je ne répéterai plus ce que j'ai écrit plusieurs fois sur la situation des finances; je donne toutes mes facultés aux affaires depuis huit heures du matin jusqu'à onze heures du soir; je sors une fois par semaine; je n'ai pas un sou à donner à personne; je suis à ma quatrième année de règne, et je vois encore ma garde avec le premier frac que je lui avais donné il y a trois ans; je suis le but de toutes les plaintes; j'ai toutes les préventions à vaincre; mon pouvoir réel ne s'étend pas au delà de Madrid, et à Madrid même je suis journellement contrarié par des gens qui sont fâchés que leur système ne soit plus en vogue..... V. M. avait ordonné le séquestre des biens de dix familles, il a été étendu à plus du double; toutes les maisons logeables sont occupées par des garde-scellés; six mille domestiques des séquestrés sont dans les rues; tous demandent l'aumône; les plus hardis essaient de voler ou d'assassiner. Mes officiers, tout ce qui a sacrifié avec moi le royaume de Naples, est encore logé par billet de logement. Sans capitaux, sans contributions, sans argent, que puis-je faire? Ce

reils débats, connus de tout le monde à Madrid, devaient produire de déconsidération pour la nouvelle royauté. Haïe des Espagnols, méprisée des Français, il était bien difficile qu'elle parvînt à se faire obéir par les uns et par les autres, et que les meilleurs plans pussent réussir, exécutés sous la direction d'une autorité aussi faible et aussi contestée.

Quoique les forces françaises fussent immenses en quantité et en qualité, la résistance devenait tous les jours plus sérieuse. Nulle part les Espagnols n'avaient tenu en ligne. A Espinosa, à Tu-

Fév. 1809.

Dispositions morales des Espagnols après la courte campagne que Napoléon avait faite chez eux.

tableau, quel qu'il soit, n'est pas exagéré, et tel qu'il est, il n'épouvanterait pas mon courage, le ciel m'en a donné assez pour cela; mais ce que le ciel m'a refusé, c'est une organisation capable de supporter les insultes et les contrariétés de ceux qui devraient me servir, et surtout de résister aux mécontentements d'un homme que j'ai trop aimé pour pouvoir jamais le haïr. — Ainsi, sire, si ma vie entière ne vous a pas donné dans moi la confiance la plus aveugle, si je dois être insulté et humilié jusque dans ma capitale, si je n'ai pas le droit de nommer les commandants et les gouverneurs que j'ai toujours sous les yeux, si V. M. ne veut pas me juger sur les résultats, et permet qu'on élève un procès sur chaque pas que je fais, dans ce cas, sire, je n'ai pas deux partis à prendre.............. — Je ne suis roi d'Espagne que par la force de vos armes, je pourrais le devenir par l'amour des Espagnols, mais pour cela il faut que je puisse gouverner à ma manière....

» De V. M., sire, le dévoué serviteur et frère,

» JOSEPH. »

« Madrid, le 19 mars 1809.

» SIRE,

» V. M. me prescrivait, par sa lettre du 11 février, de conserver à M. de Fréville la direction des affaires relatives aux condamnés, en m'annonçant qu'elle voulait conserver les biens de ces dix familles pour m'ôter la tentation de les leur rendre. — Je suis bien indisposé aujourd'hui contre M. de Fréville; j'ai respecté comme je l'ai dû les biens de ces dix condamnés et leurs maisons, mais j'ai ordonné à l'ad-

dela, à Burgos, à Molins-del-Rey, à Uclès, ils s'étaient enfuis en jetant leurs armes. Les Anglais eux-mêmes, troupe régulière et solide, entraînés dans la commune défaite, avaient été obligés d'abandonner en toute hâte le sol de l'Espagne et de chercher un refuge sur leurs vaisseaux. Mais ni les uns ni les autres n'étaient abattus par la suite des revers qu'ils avaient essuyés. Les Espagnols, dans leur fol orgueil, étaient incapables d'apprécier ce que valait l'armée française, et leur ignorance les sauvait du découragement. S'enfuyant presque sans

Fév. 1809.

La nouvelle de la guerre d'Autriche réveille toutes les espérances et toutes les fureurs des Espagnols.

ministration des domaines que je viens de créer, de prendre possession de tous les autres biens (hors ceux des dix condamnés). M. de Fréville s'est permis d'envoyer de nuit enlever les clefs des maisons séquestrées par moi, il a donné l'ordre aux intendants des émigrés de ne point obéir à mes agents; c'est aujourd'hui la fable de la ville. Je viens de faire donner l'ordre à M. de Fréville, qui me paraît fou, de remettre les clefs des maisons à l'administration des domaines. S'il s'obstine à me désobéir je lui ferai donner l'ordre de se rendre en France, et le remplacerai par M. Treillard, auditeur. — M. de Fréville est malade, sans doute. Il ne reconnaît pas mon autorité; il a des correspondances directes avec V. M., et, à l'entendre, il est ici son représentant. V. M. observera que je n'ai pas touché aux maisons et aux biens des dix condamnés.

» Je prie V. M. de faire rappeler M. de Fréville de Madrid; son séjour ici, d'après la scène qui vient de se passer, me serait plus nuisible que tous les efforts de l'Infantado et de Cuesta...

» J'ai des remercîments à faire à V. M. pour l'intention qu'elle manifeste de lever le séquestre qui avait été mis sur les sept millions de l'emprunt de Hollande. Jamais gouvernement n'en eut plus besoin que le mien. Je ne veux pas m'appesantir sur des détails qui ne pourraient qu'affliger V. M.; mais enfin il suffit que V. M. sache qu'elle ne saurait assez tôt lever les obstacles qui m'empêchent de toucher les 7 millions de Hollande, et les 2 ou 3 des laines de Bayonne.

» De V. M., sire, le dévoué serviteur et frère,

» JOSEPH. »

se battre, ils souffraient peu, car il n'y a que les défaites fortement disputées qui soient profondément senties; et ils étaient prêts à recommencer indéfiniment une guerre qui ne coûtait de désastres qu'aux villes, qui plaisait à leur activité dévorante, et répondait à tous leurs sentiments religieux et patriotiques. S'ils avaient d'ailleurs été découragés un moment par leurs nombreuses défaites, ils avaient repris courage en apprenant le départ de Napoléon et la guerre d'Autriche. Retirée à Séville, où elle était plongée plus profondément dans l'ignorance et le fanatisme de la nation, la junte continuait de souffler au peuple toutes ses fureurs. Composée d'un mélange de vieux hommes d'État incapables de comprendre les circonstances nouvelles, et de jeunes fanatiques incapables d'en comprendre aucune, contrariée par mille résistances, elle dirigeait la guerre comme on peut le faire dans des temps de désordre. Mais elle animait, excitait, poussait aux armes les populations de Valence, de Murcie, d'Andalousie, d'Estrémadure, correspondait avec les Anglais, et envoyait sans cesse de nouvelles recrues aux armées de l'insurrection. L'Angleterre lui fournissant en quantité des armes, des munitions, des subsides, elle avait reformé l'armée du centre, confiée depuis la bataille de Tudela au duc de l'Infantado, et depuis la bataille d'Uclès au général Cartojal. L'armée d'Estrémadure battue à Burgos, à Somo-Sierra, à Madrid, s'en étant vengée par le meurtre de l'infortuné don Juan Benito, avait été recrutée et confiée au vieux Gregorio de la Cuesta, qui semblait avoir repris entre les généraux espagnols un certain ascendant, uniquement parce que n'ayant pas livré de bataille, il n'en avait pas perdu. Ces deux armées échelonnées, l'une sur les routes de la Manche, depuis Ocaña jusqu'au val de Peñas (voir la carte n° 43), l'autre sur les routes de l'Estrémadure, depuis le pont d'Almaraz jusqu'à Mérida, devaient inquiéter Madrid, et disputer le terrain aux troupes françaises qui tenteraient de descendre vers le midi. Dans le nord de l'Espagne, le général de La Romana, qui avait suivi la retraite des Anglais, mais qui, pour leur laisser libre la route de Vigo, avait pris celle d'Orense, était resté sur la frontière du Portugal, le long du Minho, entre les Portugais exaltés par leur récente délivrance, et les Espagnols de la Galice, les plus opiniâtres de tous les insurgés de la Péninsule. Il maintenait ainsi au nord un dangereux foyer d'excitation. Enfin partout où les armées françaises n'étaient pas, la junte levait publiquement des soldats; et là où elles étaient, des bandes de coureurs, se cachant dans les montagnes et les défilés, attendaient nos convois de blessés, de malades ou de munitions, pour égorger les uns et enlever les autres. Dans les Asturies le général Ballesteros osait se montrer à quelques lieues du général Bonnet. Dans l'Aragon le terrible exemple de Saragosse n'avait agi que sur la malheureuse ville, témoin et victime du siége. Dans la Catalogne les batailles de Cardedeu, de Molins-del-Rey, n'avaient agi que sur l'armée du général Vivès, et les miquelets arrêtaient nos troupes à tous les passages, ou les troublaient dans les siéges d'Hostalrich, de Girone, de Tarragone, qu'elles devaient exécuter l'un après l'autre. Bien qu'il n'y eût que deux mois d'écoulés depuis que les généraux de Napoléon, conduits par lui, avaient recouvré dans une dizaine de batailles la moitié de l'Espagne, et tout conquis des Pyrénées au Tage, la nouvelle de la guerre d'Autriche, propagée, commentée en cent façons, avait ranimé toutes les espérances, réveillé toutes les fureurs, et fait succéder à une terreur momentanée une excitation presque aussi grande qu'après Baylen. On croyait que Napoléon, obligé de quitter l'Espagne de sa personne, serait bientôt obligé d'en retirer ses meilleures troupes, et qu'on viendrait facilement à bout des autres.

Les Anglais de leur côté, battus en compagnie des Espagnols, avaient également repris confiance, se flattant eux aussi que la guerre d'Autriche, exigeant le rappel de nos vieilles bandes, leur permettrait de recouvrer le terrain perdu pendant les deux mois de la présence de Napoléon au delà des Pyrénées.

L'armée du général Moore qui aurait dû périr dans sa retraite à travers la Galice, mais qui avait, bien que faiblement poursuivie, perdu ses chevaux, une partie de son matériel et un quart de son effectif, avait été ramenée sur les côtes de l'Angleterre. Là on la recrutait avec des engagés sortis des fameuses milices qui devaient jadis résister à l'expédition de Boulogne, et qui, depuis que l'expédition de Boulogne n'occupait plus personne en Angleterre, fournissaient avec leurs débris une ample matière à recrutement. Ainsi en agitant le monde entier, Napoléon avait partout suscité des soldats. L'Angleterre, pensant avec raison que la guerre d'Autriche était une dernière occasion, offerte par la fortune, qu'il ne fallait pas laisser échapper, avait résolu dans cette campagne de faire les plus grands efforts pour attaquer Napoléon sur tous les points, et lui préparer partout des obstacles et des périls. Elle avait le projet non-seulement de recommencer une expédition dans la Péninsule malgré le mauvais succès de celle du général Moore, mais d'en organiser une formidable contre les côtes de France, de Hollande et du Hanovre. Le dénûment dans lequel Napoléon était forcé de laisser les côtes du continent, depuis Bayonne jusqu'à Hambourg, offrait bien des chances de détruire les grandes flottes construites à Rochefort, à Lorient, à Brest, à Cherbourg, à Anvers. L'idée d'assaillir l'Escaut et d'y livrer aux flammes les magnifiques chantiers élevés sur les bords de ce fleuve, occupait en particulier le cabinet britannique, et provoquait chez lui un singulier redoublement de zèle. Le moins en effet qu'il pût faire pour l'Autriche et pour lui-même, c'était de mettre le littoral européen à feu et à sang, afin de détourner de Vienne et de Madrid une partie des forces dirigées vers ces deux capitales. Mais en attendant qu'on fût entièrement fixé sur ces vastes projets de destruction, le plus

Fév. 1809.

Expéditions maritimes préparées contre la Péninsule, les côtes de France, de Belgique et de Hollande.

pressé c'était l'Espagne. Il fallait la secourir sans retard, si on ne voulait la voir succomber avant que l'Autriche eût réussi à la dégager. Des troupes anglaises qui avaient enlevé le Portugal au général Junot, et qui recrutées plus tard avaient contribué à l'expédition du général Moore en Castille, il était resté une partie aux environs de Lisbonne, entre Alcobaza et Leiria, sous les ordres du général Cradock. On s'était hâté de les renforcer avec des détachements tirés de Gibraltar et d'Angleterre; on voulait les renforcer encore, et en faire une armée capable de disputer le Portugal au maréchal Soult. Sir Arthur Wellesley, qui avait été le véritable libérateur du Portugal, purgé depuis de tout reproche relativement à la convention de Cintra, par le tribunal chargé de juger les auteurs de cette convention, pouvait maintenant être employé sans difficulté. Sa jeune renommée, son habileté incontestable le désignaient comme le chef naturel de la nouvelle expédition. Il se faisait fort, disait-il, avec 30 mille Anglais, 30 mille Portugais, et une quarantaine de mille hommes de milice portugaise, ce qui devait coûter environ 70 ou 80 millions par an au Trésor britannique, d'occuper cent mille ennemis au moins, de conserver le Portugal, et le Portugal conservé, de rendre éternellement précaire la situation des Français en Espagne. Ayant jugé avec un rare bon sens les événements des deux dernières campagnes, il avait aperçu tout de suite comment les Anglais devaient se comporter dans la Péninsule, et malgré l'avis de ceux que l'expédition de

Fév. 1809.

Nouvelle armée confiée à sir Arthur Wellesley pour la délivrance du Portugal.

Moore avait profondément effrayés, il affirmait qu'on pourrait toujours se rembarquer à temps, en sacrifiant tout au plus son matériel; il allait même jusqu'à désigner d'une manière presque prophétique une position dans laquelle, appuyé sur la mer et couvert de retranchements, il serait assuré de tenir plusieurs années contre les armées victorieuses de la France. La confiance qu'inspirait ce général, d'un esprit droit et ferme, avait vaincu la répugnance de son gouvernement à risquer de nouvelles armées dans l'intérieur de la Péninsule, le plan surtout consistant à ne s'éloigner du Portugal que le moins possible, et à rendre précaire la situation des Français à Madrid, par la seule présence des Anglais à Lisbonne. Il fut donc arrêté qu'on le ferait partir avec des forces qui devaient porter à 30 mille hommes l'armée britannique en Portugal, et avec des ressources, soit en munitions, soit en argent, qui mettraient à même de lever une nombreuse armée portugaise. L'enthousiasme insurrectionnel des Portugais, parvenu au comble depuis l'expulsion du général Junot, permettait de tout espérer de leur part. Ils accouraient en effet au-devant des Anglais, et se prêtaient à leurs leçons militaires avec un zèle qui ne pouvait être inspiré que par la passion la plus vive.

Tels étaient les changements survenus dans la Péninsule à la seule annonce de la guerre d'Autriche : de soumise que l'Espagne semblait être quand Napoléon l'avait quittée, elle se levait de nouveau! de délaissée qu'on la croyait par ses al-

Fév. 1809.

liés, elle allait être de nouveau secourue par les Anglais, et occupée par eux, pour n'en être plus abandonnée qu'à la fin de la guerre!

Les instructions de Napoléon avaient désigné le mois de février comme le moment convenable pour l'entrée du maréchal Soult en Portugal. Il avait supposé que ce maréchal, arrivé en mars à Lisbonne, aiderait le maréchal Victor à occuper Séville et Cadix presque en même temps, et que la conquête du midi de la Péninsule se trouverait ainsi achevée avant les chaleurs de l'été. Mais les événements devaient bientôt montrer qu'il lui serait plus facile à lui d'être maître de Vienne, qu'à ses généraux de dépasser la ligne du Tage et du Douro. Le corps du maréchal Soult, à peine remis des fatigues qu'il avait endurées pendant sa marche sur la Corogne, avait été réuni entre Saint-Jacques de Compostel, Vigo et Tuy, pour s'y reposer, s'y refaire, et réparer le matériel d'artillerie, auquel avaient été jointes plusieurs pièces de fort calibre, pour le cas où l'on aurait quelque muraille de ville à abattre. Malgré les instances de l'état-major de Madrid, et malgré le zèle dont le maréchal Soult était lui-même animé, l'armée du Portugal ne put pas avant un mois, c'est-à-dire avant la mi-février, être prête à marcher. Cette armée, composée des divisions Merle, Mermet, Delaborde et Heudelet, tirées les unes de l'ancien corps du maréchal Bessières, les autres de l'ancien corps du général Junot, de la cavalerie légère de Franceschi, des dragons Lorge et Lahoussaye, ne put pas fournir plus de 26 mille hommes présents sous les armes, bien qu'on eût compté sur trente et quelques mille. Les fatigues, les combats, les détachements, avaient réduit à ce chiffre l'effectif nominal, qui était de quarante et quelques mille hommes. Tout étant prêt, le maréchal Soult partit de Vigo le 15 février. Son projet était de franchir le Minho, qui forme en cet endroit la frontière du Portugal, d'en forcer le passage un peu au-dessous de Tuy, très-près par conséquent de l'embouchure de ce fleuve dans l'Océan, et de s'avancer, par la grande route du littoral, de Braga à Oporto. (Voir la carte n° 43.) Mais des obstacles insurmontables empêchèrent cette marche, qui, d'après la nature des lieux, était la plus simple et la plus indiquée.

Fév. 1809.

Les Portugais, partageant l'aversion des Espagnols pour les Français, singulièrement encouragés d'ailleurs par l'expulsion de Junot, s'étaient tous insurgés, sous l'influence de leurs nobles et de leurs prêtres. Ils avaient barricadé les villages et les villes, obstrué les défilés, et paraissaient résolus à se défendre jusqu'à la dernière extrémité. Partout on entendait le tocsin, et on voyait accourir sur les routes des bandes de peuple, menées par des prêtres qui avaient le crucifix à la main, et par des seigneurs qui brandissaient de vieilles épées depuis longtemps suspendues aux murs de leurs châteaux. Les Portugais, s'attendant à l'arrivée des Français, avaient eu soin de recueillir tous les bateaux du Minho, et de les amener sur la rive gauche, qu'ils occupaient. Notre cavalerie légère, en

Exaltation patriotique des Portugais, et leur projet de résister à outrance aux Français.

Fév. 1809.

Inutile tentative du maréchal Soult pour franchir le Minho au-dessous de Tuy.

battant le pays dans tous les sens, n'avait pu en découvrir un seul.

En voyant ce qui se passait, le maréchal Soult imagina de descendre le Minho jusqu'à la mer, et de s'emparer des nombreuses barques de pêcheur qui appartenaient au village de Garda, situé près de l'embouchure du fleuve. Il trouva en effet sur ce point beaucoup de bateaux qu'on n'avait pas eu le temps de soustraire à ses troupes; il en prit un assez grand nombre pour transporter environ deux mille hommes à la fois. Il essaya effectivement de les embarquer et de les jeter de l'autre côté du fleuve, espérant qu'ils seraient assez forts pour s'y défendre contre les Portugais, et pour rétablir les communications entre les deux rives. Mais on était réduit à passer le Minho près de la mer, et les tempêtes de la saison ne permirent qu'à trois ou quatre bateaux d'opérer la traversée. Une cinquantaine d'hommes au plus, parvenus à l'autre bord, s'y battirent bravement, dans l'espoir d'être secourus; mais ils furent bientôt obligés de rendre leurs armes et de se mettre à la discrétion d'une populace féroce.

Le maréchal Soult remonte le Minho pour le passer à Orense.

Après cette malheureuse tentative, le maréchal Soult ne vit d'autre ressource que de remonter le Minho jusqu'aux montagnes, pour le passer vers Orense, où il se flattait de ne pas rencontrer les mêmes obstacles. Le 16, il se mit en marche de Tuy sur Orense, remontant la rive droite du Minho.. En suivant cette route il devait trouver sur son chemin l'armée de La Romana, qui s'était établi à

Orense, comme on l'a vu précédemment, en se séparant des Anglais. L'armée de La Romana n'était pas fort redoutable en elle-même, mais sa présence avait enflammé l'esprit de toutes les populations, tant espagnoles que portugaises, et on avait vu deux nations si longtemps ennemies se tendre les mains d'un bord à l'autre du Minho, et se promettre de résister ensemble et à outrance à l'invasion étrangère. Les villages situés au bord du fleuve et sur les hauteurs avaient tous été barricadés, et se trouvaient occupés par une populace fanatique. Le maréchal Soult s'avança précédé par les dragons Lahoussaye le long du fleuve, et par la division d'infanterie Heudelet sur les hauteurs. Plusieurs fois les dragons furent obligés de mettre pied à terre pour se frayer un passage et enlever des barricades le fusil à la main. Le général Heudelet eut partout des positions formidables à emporter et de terribles exécutions à faire. Marchant ainsi au milieu d'obstacles de tout genre, on ne put atteindre Orense que le 21, après avoir beaucoup brûlé, beaucoup détruit, beaucoup tué, et en essuyant soi-même des pertes considérables, qui faisaient craindre de n'arriver à Lisbonne, si on y arrivait, qu'avec la moitié de ses forces. On devait dans ce cas s'attendre à un sort aussi fâcheux que celui du général Junot en 1808, car les Anglais ne pouvaient manquer, en 1809 comme en 1808, de paraître bientôt sur le rivage de Lisbonne.

Si Napoléon eût inspiré à ses lieutenants une soumission moins aveugle, c'était le cas pour le

Fév. 1809.

maréchal Soult de prévoir le désastre auquel il allait s'exposer, et de demander de nouveaux ordres, avant de s'engager dans une contrée sauvage, où l'on aurait à combattre à chaque pas une population sanguinaire, et où l'on arriverait affaibli, épuisé, devant l'une des plus belles armées régulières de l'Europe, l'armée anglaise. On eût fort déplu sans doute à Napoléon en contrariant ainsi ses projets, mais beaucoup moins assurément qu'en lui ramenant, deux mois après, une armée vaincue et désorganisée.

Mouvement dérobé du général de La Romana vers la Haute-Galice, sur les derrières des maréchaux Soult et Ney.

Quoi qu'il en soit, le maréchal Soult, après avoir poussé devant lui au delà d'Orense les bandes de La Romana, prit le parti de se rabattre à droite pour passer le Minho, et d'entrer dans le Portugal par la province de Tras-los-Montès. Son projet était de se diriger vers Chaves, et de descendre ensuite de Chaves sur Braga, ce qui le ramenait après un long détour sur la route directe de Tuy à Oporto, qu'il n'avait pas pu prendre. (Voir la carte n° 43.) Quant au général espagnol de La Romana, refoulé d'Orense sur Villafranca, il imagina de s'en tirer par une marche dérobée, digne d'un chef de partisans. La Haute-Galice, qui confine avec le royaume de Léon, était ouverte en ce moment, car d'un côté le maréchal Soult venait de l'évacuer pour envahir le Portugal, et de l'autre le maréchal Ney en était descendu pour nettoyer le littoral. On pouvait donc s'y porter en traversant la chaîne des avant-postes français, qui liaient les troupes des deux maréchaux avec celles de la Vieille-Castille.

Le général de La Romana résolut de le faire, ne fût-ce que pour jeter un grand trouble sur notre ligne de communication, sauf à se réfugier plus tard dans les Asturies, si le maréchal Ney revenait en arrière pour le poursuivre.

Mars 1809.

Tandis que le général espagnol allait causer cette désagréable surprise aux Français, le maréchal Soult fit ses dispositions pour traverser la province de Tras-los-Montès. Il avait déjà plus de 800 malades ou blessés, par suite de ses premières opérations. Une partie des chevaux de son artillerie étaient en fort mauvais état, soit à cause de la difficulté des routes, soit à cause du défaut de fourrage. Il résolut donc de se débarrasser de tout ce qui serait trop difficile à transporter, et il envoya à Tuy, dont il était maître, ses malades, ses blessés, sa grosse artillerie, se réservant, quand il serait descendu sur Braga, de les faire venir par la route directe et fort courte de Tuy à Braga. Il déposa ainsi 36 bouches à feu, avec environ 2 mille hommes dans l'enceinte de Tuy, et se contenta d'emmener 22 bouches à feu bien attelées, et pourvues des munitions nécessaires. Le 4 mars il traversa la frontière du Portugal, mandant à l'état-major de Madrid qu'il serait bientôt rendu à Oporto.

Passage du Minho à Orense, et entrée du maréchal Soult dans la province de Tras-los-Montès.

La population de cette partie du Portugal était agglomérée autour de Chaves, avec quelques milices et quelques détachements de troupes régulières, sous les ordres des généraux Sylveira et Bernardin Frère. Ces derniers, dont les instructions avaient été dictées par l'état-major anglais, avaient ordre de ne pas livrer bataille, mais de harceler sans cesse les Français, et de leur tuer dans chaque défilé, au passage de chaque village, le plus de monde possible. En conséquence de ces instructions, les deux généraux portugais, après avoir disputé la route d'Orense à Chaves, n'auraient pas voulu s'arrêter dans cette dernière ville et y compromettre inutilement une partie de leurs forces pour la défendre. Mais ils furent obligés de céder à la populace soulevée, et de laisser dans Chaves un détachement de troupes, pour y tenir garnison de concert avec cette populace. Ils se retirèrent ensuite sur Braga.

Le maréchal Soult, arrivé devant Chaves après plusieurs combats, vit une multitude furieuse, composée de paysans, de prêtres, de femmes, de soldats, proférant du haut des murs mille menaces et mille malédictions. Cette tourbe fanatique pouvait bien être suffisante pour surprendre un convoi ou égorger des blessés, mais elle ne pouvait arrêter vingt-quatre mille soldats français conduits par d'excellents officiers. Le maréchal Soult ayant menacé de passer par les armes tout ce qui résisterait, on lui livra la ville de Chaves à moitié dépeuplée. Il y trouva de l'artillerie sans affûts, et des munitions en assez grande quantité. Une petite citadelle, bonne pour se garantir de la populace, était jointe à la ville. Il en profita pour y laisser sous la garde d'une faible garnison les malades et les blessés déjà mis hors d'état de suivre par la marche d'Orense à Chaves. Telle est la triste condition de toute opération offensive au milieu de populations soulevées, quand ces populations sont féroces et résolues à se défendre. Chaque malade ou blessé exige un soldat valide pour le garder, et la guerre de poste étant celle qui met le plus d'hommes hors de combat, on peut aisément se figurer ce que deviennent bientôt les armées régulières, dans une invasion de quelque étendue et de quelque durée.

Mars 1809.

Le maréchal Soult se dirigea de Chaves sur Braga en descendant vers le littoral autant qu'il était remonté vers les montagnes dans sa marche de Tuy à Orense. Pendant la route, la cavalerie de Franceschi et l'infanterie de Mermet, qui formaient la tête de l'armée, eurent de nombreux obstacles à vaincre. Dans plusieurs passages étroits, où les colonnes étaient obligées de s'allonger pour défiler, où l'artillerie avait la plus grande peine à cheminer, on fut assailli par des nuées d'insurgés descendus des montagnes voisines, et exposé à être coupé, détruit, avant que la queue des colonnes pût secourir la tête. Partout les divisions marchaient séparées les unes des autres par d'épaisses masses d'ennemis. Enfin, toujours tuant des insurgés et se chargeant de nouveaux blessés, on arriva devant Braga le 17 mars. Le général Frère y était en position avec 17 ou 18 mille hommes, tant de troupes régulières que de paysans armés. Voulant d'après ses instructions se retirer sur Oporto, sans hasarder une bataille, il fut assailli par la populace et égorgé avec plusieurs de ses officiers, *pour servir d'exemple aux traîtres*, comme disaient ses soldats.

Marche de Chaves sur Braga.

Mars 1809.

Prise de Braga.

Un officier hanovrien qui lui succéda, fit quelques dispositions de bataille pour le lendemain 18. Mais la populace qui égorge ne se défend guère contre de vieux soldats. Le maréchal Soult attaqua la position de Braga, qui fut enlevée sans difficulté, et avec une perte de 40 tués et de 160 blessés tout au plus. Nous perdions plus de monde dans l'assaut des villages de la route. Nos soldats ne firent pas beaucoup de prisonniers, grâce aux excellentes jambes des Portugais; mais tout ce qui fut surpris avant d'avoir pu s'enfuir fut tué sur place. Quelques milliers de morts ou de mourants couvrirent les environs de Braga. La guerre prenait ainsi un caractère atroce, car pour dégoûter cette population de la cruauté, il fallait devenir presque aussi féroce qu'elle.

Le maréchal Soult, maître de Braga, n'avait gagné qu'une ville; mais il avait acquis quelque chose de mieux, c'était la route directe de Tuy, par laquelle il pouvait amener le matériel laissé en arrière. Du reste toute la population était insurgée autour de lui, et plus furieuse que jamais. Des Français tombés au pouvoir des insurgés avaient été horriblement mutilés par des femmes barbares, et les débris de leurs corps souillaient la route de Braga. En même temps, on apprenait que le dépôt laissé à Tuy était bloqué, assailli de toutes parts, et qu'il aurait besoin de prompts secours pour n'être pas enlevé.

Après avoir profité des ressources de Braga, que la population fugitive n'avait pu emporter ni détruire, le maréchal Soult se dirigea enfin sur Oporto, laissant en arrière une de ses divisions, celle du général Heudelet, pour occuper Braga, garder les blessés, échelonner la route, et secourir le dépôt de Tuy.

Mars 1809.

On trouva de la résistance au passage de la rivière de l'Ave, mais on la surmonta, et on chassa es Portugais, qui là encore, pour se venger d'un ennemi vainqueur, égorgèrent un de leurs généraux, le brigadier Vallongo. Ils se replièrent ensuite sur Oporto, avec la résolution de livrer une bataille générale sous les murs de cette ville. Ils s'y réunirent au nombre de 60 mille, tant soldats réguliers que paysans et gens du peuple. Leur général en chef, bien digne d'une telle armée, était l'évêque d'Oporto, commandant en costume épiscopal. La populace soulevée, beaucoup plus effrayante pour les gens paisibles que pour l'ennemi, s'était tout à fait rendue maîtresse d'Oporto qu'elle opprimait, n'obéissant qu'à l'évêque, et lorsqu'il commandait dans le sens des passions populaires. Elle avait jeté dans les prisons, où elle les martyrisait, une foule de familles françaises, dont elle avait pillé les maisons, et qu'elle menaçait de mort si le maréchal Soult essayait d'entrer à Oporto. Le général Foy, qui par excès de témérité s'était laissé prendre dans une reconnaissance, était au nombre de ces prisonniers exposés aux plus grands dangers. Beaucoup plus occupée de commettre des cruautés que d'élever des ouvrages défensifs, la populace portugaise avait construit à la

Marche sur Oporto.

hâte quelques redoutes sur le pourtour extérieur d'Oporto. Ces redoutes, embrassant la ville d'Oporto, formaient une ligne demi-circulaire qui par ses deux extrémités venait aboutir au Douro. Un pont liait la ville, située sur la rive droite par laquelle nous arrivions, avec les faubourgs, placés sur la rive gauche. Les ouvrages assez mal entendus des Portugais étaient armés toutefois de deux cents bouches à feu de gros calibre, et présentaient un obstacle qui aurait été difficile à vaincre, s'il eût été défendu par des troupes qui n'eussent été que médiocres. Mais bien que comptant une soixantaine de mille hommes, tant soldats que gens du peuple, bien que couverte de retranchements et de deux cents pièces de canon, l'armée portugaise, avec son évêque général, n'était pas capable d'arrêter les 20 mille Français qui restaient au maréchal Soult.

Celui-ci, arrivé le 27 mars de Braga devant Oporto, fut frappé, mais non intimidé, par la vue des difficultés qu'il avait à vaincre. Il ne doutait pas de les surmonter toutes avec les soldats et les officiers qu'il commandait. Mais il prévoyait que la riche ville d'Oporto, la plus importante, sous le rapport commercial, de toutes celles du pays, serait saccagée, et il aurait voulu épargner ce malheur au Portugal, à son armée, à l'humanité. En conséquence il somma la place, au moyen d'une lettre qui s'adressait à la raison des chefs, et il attendit la réponse en recevant dans ses bivouacs, sans s'émouvoir, les boulets lancés par la grosse artillerie de la place.

Ses ouvertures, comme on devait le prévoir, demeurèrent sans effet, et il résolut de livrer l'assaut dans la journée du 29 mars. Il ne fallait contre l'ennemi qui lui était opposé qu'une attaque brusque et vigoureuse pour emporter les retranchements d'Oporto, quelque formidables qu'ils pussent paraître. Le maréchal, après avoir formé ses troupes hors de portée de l'artillerie, marcha rapidement en trois colonnes, celle de droite sous le général Merle, celle du centre sous les généraux Mermet et Lahoussaye, celle de gauche sous les généraux Delaborde et Franceschi. Au signal donné, la cavalerie partant au galop balaya les postes avancés de l'ennemi, puis l'infanterie aborda les retranchements couverts d'une foule furieuse, qui n'obéissait pas, et que le bruit du canon remplissait de rage, mais non de bravoure. Les retranchements escaladés au pas de course furent partout enlevés, et nos colonnes, se jetant à la baïonnette sur la multitude des fuyards, la poussèrent dans les rues d'Oporto, qui ne présentèrent bientôt plus qu'une affreuse confusion. Le général Delaborde, ayant pénétré dans ces rues et les traversant au pas de course, arriva au pont du Douro, qui liait le corps de la ville avec les faubourgs. La cavalerie ennemie confondue avec la population fugitive se pressait sur ce pont de bateaux, essuyant la mitraille que les Portugais lançaient de l'autre rive pour arrêter les Français. Bientôt le pont cédant sous le poids s'abîma avec tout ce qu'il portait. Les Français suspendirent un moment leur marche en présence de

Mars 1809.

cet horrible spectacle, puis rétablirent le pont et le franchirent au galop pour arrêter les fuyards. A droite, une troupe de Portugais, acculée par le général Merle au Douro, voulut s'y jeter, espérant se sauver à la nage, mais périt presque tout entière dans les flots. Une autre bande ayant cherché à se défendre dans l'évêché, y fut complétement détruite. Bientôt les Français, animés par le combat, se laissèrent entraîner aux excès qui suivent ordinairement une prise d'assaut, et se répandirent dans la ville pour la piller. Ce qu'ils apprirent des tortures essuyées par leurs compatriotes n'était pas de nature à les calmer. Ils se conduisirent à Oporto comme à Cordoue : mais à Oporto, aussi bien qu'à Cordoue, nos officiers, pleins d'humanité, s'efforcèrent autant qu'ils purent d'arrêter la fureur du soldat, et s'employèrent eux-mêmes à sauver les malheureux que le fleuve était près d'engloutir. Le maréchal Soult fit de son mieux pour rétablir l'ordre, et pour donner à sa conquête le caractère qui convient à un peuple civilisé. Cette attaque importante lui avait coûté tout au plus 3 ou 400 hommes, et en avait coûté 9 à 10 mille aux Portugais, tant en tués et blessés qu'en noyés. Elle lui valut en outre deux cents bouches à feu.

Grandes ressources trouvées dans Oporto.

Les ressources de la ville d'Oporto étaient considérables sous tous les rapports, et d'un grand prix pour l'armée. On y trouva beaucoup de vivres, beaucoup de munitions, un vaste matériel de guerre apporté par les Anglais, et une innombrable quantité de bâtiments chargés de vins précieux. Le maréchal Soult se hâta de mettre de l'ordre dans l'emploi de ce butin, pour que l'armée ne manquât de rien, et aussi pour que la population rassurée peu à peu s'accoutumât à ses vainqueurs. Mais la fureur contre nous était au comble. Au delà du Douro toute la population des campagnes s'était unie aux vaincus d'Oporto, et aux Anglais, qui occupaient en ce moment la route de Lisbonne. Notre armée, réduite à 20 mille hommes tout au plus, avait déjà une de ses divisions détachée à Braga : il lui fallut en détacher une autre à Amarante, au-dessus d'Oporto, afin de garder le cours supérieur du Douro. Elle était donc obligée de se diviser, tandis qu'elle aurait eu besoin de demeurer réunie pour tenir tête aux Anglais. La position allait bientôt exiger une grande habileté de la part du général en chef, soit pour se maintenir en Portugal, si on pouvait y rester, soit pour s'en tirer sans désastre, s'il fallait battre en retraite devant un ennemi trop supérieur. Le maréchal Soult se déclara gouverneur général du Portugal, fit ce qu'il put pour apaiser la population, donna des ordres sur ses derrières pour qu'on allât de Braga débloquer le dépôt de Tuy, et envoya plusieurs officiers à Madrid par la route qu'il avait suivie, afin de faire savoir la situation fort critique où il ne manquerait certainement pas de se trouver sous peu. Il était probable, et c'était précisément l'un des dangers de cette situation, qu'aucun des officiers expédiés ne pourrait arriver à sa destination. C'était le général La Romana qui était cause de cette interruption des communications. Négligé par le maréchal Soult, qui n'avait pas songé à le détruire avant de s'enfoncer en Portugal, secondé par l'absence du maréchal Ney, qui avait été contraint de descendre sur le littoral pour interdire les communications avec les Anglais du Ferrol à Vigo, ce général espagnol avait envahi la région montagneuse qui forme la Haute-Galice, et la frontière du royaume de Léon. Il avait par son influence, par la propagation des nouvelles d'Autriche, soulevé la population du nord, que la campagne de novembre et décembre avait terrifiée pour un moment. Le départ de la garde impériale, qui, à cette époque (mars 1809), s'était mise en marche, ainsi que nous l'avons dit ailleurs, pour se rendre sur le Danube, avait secondé cette recrudescence de l'esprit insurrectionnel. Aussi le maréchal Ney sur le littoral, le maréchal Soult à Oporto, étaient-ils comme séparés du reste de l'Espagne par une vaste insurrection, qui n'allait pas jusqu'à produire une armée, mais qui suffisait pour égorger les malades, les courriers, et arrêter souvent les convois les mieux escortés.

Ignorance où l'on est à Madrid des mouvements du maréchal Soult.

Depuis le 24 février on ignorait à Madrid ce qu'était devenu le maréchal Soult; mais confiant dans la force de son corps d'armée et dans son expérience de la guerre, on ne doutait pas de ses succès, et on se bornait à compter les jours pour supposer les lieux où il devait être. Ayant reçu de lui l'assurance qu'il arriverait dans les premiers jours de mars à Oporto, tandis qu'il n'avait pu y arriver que le 29 de ce mois, on avait imaginé qu'il serait bientôt rendu à Lisbonne, que naturellement il y serait entouré de beaucoup de difficultés, et on se disait qu'il fallait faire enfin partir le maréchal Victor pour le midi de la Péninsule, afin que par sa présence il pût attirer à lui une partie des ennemis, qui sans cette précaution se jetteraient en masse sur l'armée de Portugal. Assurément rien n'était plus raisonnable dans tous les cas, car les Anglais et les Portugais eux-mêmes (l'événement le prouva) ne pouvaient pas être insensibles à la marche d'une armée française sur Mérida et Badajoz.

Mars 1809.

L'état-major de Joseph avait donc réitéré au maréchal Victor l'ordre d'exécuter la partie des instructions impériales qui le concernait. Ce maréchal avait opposé à cet ordre quelques objections fondées sur la dispersion actuelle de son corps. En effet, il n'avait sous la main que les divisions Villatte et Ruffin. La division Lapisse était encore à Salamanque, et il disait qu'avant d'avoir pu le rejoindre, en descendant toute l'Estrémadure, elle serait peut-être retenue pour le service de la Castille ou du Portugal; qu'il aurait alors, même en comptant la division allemande Leval qu'on lui avait adjointe, tout au plus 23 mille hommes, et que ce serait trop peu pour envahir l'Andalousie, où le général Dupont avait succombé avec un nombre au moins égal de soldats. On lui avait répondu que l'ordre formel était expédié à la division Lapisse de le suivre, qu'avec ce qu'on lui avait donné de cavalerie, avec les Allemands de

Ordre au maréchal Victor de commencer son mouvement sur l'Andalousie.

la division Leval, il aurait 24 mille hommes, que cette force suffisait pour commencer son mouvement offensif, la certitude d'ailleurs lui étant donnée d'avoir bientôt avec lui la division Lapisse, et d'être secondé par un corps d'armée qui allait partir de Madrid pour traverser la Manche, et se porter sur la Sierra-Morena. On avait raison d'insister auprès du maréchal Victor, car, outre la nécessité d'opérer vers le midi un mouvement parallèle à celui du maréchal Soult, on avait, pour agir dans cette direction, un motif non moins urgent, celui d'empêcher le général espagnol Gregorio de la Cuesta de s'établir sur la gauche du Tage, vis-à-vis du pont d'Almaraz. Trop peu inquiété depuis un mois de ce côté, Gregorio de la Cuesta avait occupé la gauche du Tage, détruit la grande arche du pont d'Almaraz, et pris sur les hauteurs escarpées qui bordent le fleuve une forte assiette, de laquelle il ne serait bientôt plus possible de le déloger, si on ne s'y prenait pas à temps.

Pressé par ces raisons, et par les ordres réitérés qu'il avait reçus, le maréchal Victor se mit en marche dans le milieu de mars. L'ancien quatrième corps, placé l'année précédente sous les ordres du maréchal Lefebvre, fut reconstitué en partie sous le général Sébastiani, et acheminé vers Ciudad-Real, pour opérer dans la Manche un mouvement correspondant à celui du maréchal Victor dans l'Estrémadure, et attirer de son côté l'armée de Cartojal, pendant que le maréchal lui-même aurait affaire à l'armée de Gregorio de la Cuesta. Le quatrième corps, composé antérieurement de la division Sébastiani, des Allemands de Leval, et des Polonais de Valence, fut formé des mêmes divisions, sauf les Allemands donnés au maréchal Victor. Complété avec les dragons de Milhaud, il s'avança dans la Manche, fort de 12 ou 13 mille hommes.

Mars 1809.

Le premier soin du maréchal Victor devait être de franchir le Tage. Les ponts de Talavera, de l'Arzobispo ne pouvaient suffire, vu qu'ils n'aboutissaient point à la grande route d'Estrémadure, celle de Truxillo et de Mérida. Le véritable point sur lequel il fallait passer le Tage pour se trouver sur la grande route de l'Estrémadure, était celui d'Almaraz, et là le vieux pont, vaste et magnifique ouvrage des temps anciens, avait été coupé dans son arche principale, large et haute de plus de cent pieds. Le matériel manquant partout en Espagne à cause du défaut de commerce intérieur, on ne savait comment s'y prendre pour établir un pont, et le maréchal Victor était au milieu de mars aussi peu avancé dans cette portion de sa tâche qu'aux premiers jours de février. On lui envoya de Madrid quelques ressources, et surtout les généraux Lery et Senarmont, qui, après de grands efforts, parvinrent à construire un pont de bateaux propre au passage de la grosse artillerie. Le 15 mars le maréchal Victor se mit en route de Talavera avec son corps, qui, en attendant l'arrivée de la division Lapisse, comprenait les divisions françaises Villatte et Ruffin, la division allemande Leval, la cavalerie légère Lasalle, les dragons de Latour-Maubourg,

Efforts du maréchal Victor pour franchir le Tage à Almaraz.

formant un total de 23 à 24 mille hommes, dont 15 à 16 mille d'infanterie, 6 mille de cavalerie, 2 mille d'artillerie. Le maréchal Victor, pour faciliter son débouché, franchit le Tage en trois colonnes. Lasalle et Leval le traversèrent sur le pont de Talavera, Villatte et Ruffin sur celui de l'Arzobispo, tandis que Latour-Maubourg, avec la grosse artillerie, descendait la gauche du fleuve jusqu'à Almaraz, où devait passer le matériel le plus encombrant. Les deux premières colonnes, composées de cavalerie légère et d'infanterie, devaient déloger Gregorio de la Cuesta de ses positions escarpées, et, cela fait, donner la main, en avant d'Almaraz, à la cavalerie de ligne et au parc de siége.

Ces sages dispositions s'exécutèrent comme elles avaient été conçues. Les Allemands de Leval se conduisant en dignes alliés des Français, sous les yeux desquels ils combattaient, parvinrent au delà du Tage en face de hauteurs difficiles à gravir, où la dextérité des fantassins espagnols, leur bravoure si tenace quand elle était protégée par des obstacles matériels, avaient les plus grands avantages. Ils les en délogèrent néanmoins, les chassèrent de rochers en rochers, jusqu'à la Mesa-de-Ibor, leur prirent sept bouches à feu, et leur tuèrent ou blessèrent un millier d'hommes. Pendant ce temps, la brave division Villatte, débouchant à la suite des Allemands par le pont de l'Arzobispo, appuyait leur mouvement, en prenant position à Fresnedoso et Deleytosa, après plusieurs combats vifs et heureux. Cette marche combinée ayant dégagé la grande route d'Estrémadure, les dragons de Latour-Maubourg purent se présenter avec le parc de siége devant le pont d'Almaraz, qu'on achevait de rétablir dans le moment, et qu'on s'efforçait de rendre praticable aux plus lourds fardeaux. Ce soin était nécessaire, car, d'après l'ordre de Napoléon, on avait adjoint au corps de Victor quelques pièces de 24, et quelques obusiers, pour renverser les murs de Séville s'ils étaient défendus.

Mars 1809.

Le général Gregorio de la Cuesta, qui avait compté sur les obstacles naturels qu'offre la rive gauche du Tage pour résister au mouvement des Français, se replia sur Truxillo le 19 mars, et de Truxillo sur Mérida, voulant essayer d'une nouvelle résistance derrière la Guadiana. Le maréchal Victor le suivit avec sa cavalerie légère et son infanterie, quoique ses dragons et sa grosse artillerie n'eussent pas encore franchi entièrement le pont d'Almaraz. Le duc del Parque faisait avec de la cavalerie l'arrière-garde de l'armée ennemie. Le brave et intelligent Lasalle [1], poursuivant les Espagnols avec vi-

Retraite de Gregorio de la Cuesta du Tage sur la Guadiana.

---

[1] On a vu dans le volume précédent le général Lasalle figurer avec éclat et mourir noblement sur les bords du Danube. Pour comprendre comment il put à des époques si rapprochées se trouver sur deux théâtres si différents, il faut savoir qu'il quitta l'Espagne quelques jours après le passage du Tage et la bataille de Medellin, c'est-à-dire à la fin de mars. La nécessité de revenir en arrière pour reprendre les événements d'Espagne qui s'étaient passés en même temps que ceux d'Autriche, nous expose ainsi à remettre en scène un officier dont nous avons déjà raconté la mort héroïque. Les dates expliquent cette contradiction apparente. Tout se passe simultanément dans la nature, tandis que dans les récits de l'histoire tout doit être successif. C'est l'une

Mars 1809.

gueur, les chargea partout où il put, et leur enleva 200 chevaux dans une rencontre. Par malheur le 10ᵉ de chasseurs se laissa surprendre le lendemain, et perdit 62 cavaliers, que les Espagnols, après les avoir égorgés, mutilèrent de la manière la plus atroce. En trouvant sur leur chemin ces tristes preuves de la férocité espagnole, nos soldats jurèrent de venger leurs compagnons d'armes, et ils tinrent cruellement parole quelques jours après, comme on va le voir.

Arrivée du maréchal Victor sur les bords de la Guadiana.

Tant que le passage du pont d'Almaraz n'était pas achevé, le maréchal Victor ne pouvait pas s'avancer résolûment jusqu'à la Guadiana. Cette opération étant terminée du 24 au 25 mars, et le maréchal ayant été rejoint par les dragons de Latour-Maubourg, il se dirigea vers les bords de la Guadiana, et la franchit à Medellin. (Voir la carte n° 43.) Parvenu sur ce point, il fut obligé de se dégarnir un peu en infanterie et en cavalerie pour garder ses derrières, et contenir les rassemblements formés autour de lui, dans les montagnes sauvages qu'il avait traversées. Il laissa à Truxillo quelques Hollandais détachés de la division Leval, et se priva de deux régiments de dragons, l'un pour observer la route de Mérida, l'autre pour veiller sur les montagnes de Guadalupe, qui étaient infestées de guerrillas. Ces détachements faits, il ne lui restait pas plus de 18 à 19 mille hommes; mais c'é-

---

des grandes difficultés de la composition historique, dont nous rencontrons ici une preuve frappante, et que nous signalons en passant.

taient des troupes d'une telle valeur qu'il n'y avait pas à s'inquiéter de leur petit nombre.

Don Gregorio de la Cuesta, qui affectait sur la junte et sur ses compagnons d'armes une supériorité qui ne lui avait pas été reconnue d'abord, mais qui lui était concédée dans le moment par suite des malheurs arrivés aux autres généraux, ne pouvait pas reculer plus longtemps sans être rangé au niveau de ceux qu'il avait la prétention de mépriser. D'ailleurs un pas de plus, et il perdait, après la ligne du Tage, celle de la Guadiana, et découvrait Séville, capitale de l'insurrection, dernier asile de la fidélité espagnole. Informé que le maréchal Victor s'était affaibli en route, renforcé lui-même par la division d'Albuquerque qui venait d'être détachée de l'armée du centre, comptant ainsi 36 mille hommes les mieux organisés de l'Espagne, il se crut en état de livrer bataille, car il avait juste le double de forces de son adversaire. En conséquence il se posta derrière la Guadiana, au delà du petit torrent de l'Ortigosa, dans une position assez avantageuse, pour y recevoir les Français. On ne pouvait du reste rien faire qui leur fût plus favorable, qui convînt mieux à leurs goûts et à leurs intérêts.

Le maréchal Victor, maître de Medellin où il était entré sans difficulté, avait la possession assurée de la Guadiana, et pouvait sans inconvénient se porter au delà. Ayant franchi ce fleuve le 28 mars au matin, il découvrit bientôt sur sa gauche l'armée espagnole cachée en partie par la forme

Mars 1809.

Position de l'armée espagnole et de l'armée française autour de Medellin.

du terrain, et paraissant plutôt disposée à avancer qu'à reculer. Il s'en réjouit fort, et il résolut d'aller sur-le-champ à elle. Pour la joindre, il fallait franchir le torrent de l'Ortigosa, qui vient se jeter dans la Guadiana un peu au-dessus de Medellin. Le maréchal Victor n'hésita point, et passa l'Ortigosa avec les deux tiers de son armée. Il laissa au pont de l'Ortigosa, en deçà de ce torrent, la division Ruffin, pour faire face à un fort détachement qui se montrait de ce côté, et se porta en avant avec Lasalle, les Allemands, ce qui restait des dragons de Latour-Maubourg, l'artillerie, la division Villatte, le tout formant environ 12 mille hommes. L'Ortigosa franchi, on découvrait un plateau fort étendu, qui, assez relevé à notre droite, s'abaissait vers notre gauche, et allait finir en plaine près de Don Benito. On n'apercevait que le bord même du plateau, et la partie de l'armée espagnole qui le couronnait. Le reste était caché par la déclivité du terrain. Le maréchal Victor fit promptement ses dispositions.

Il lança à droite, pour gravir le bord du plateau, Latour-Maubourg, deux bataillons allemands et dix bouches à feu, en les faisant appuyer par le 94ᵉ de ligne de la division Villatte. Ces troupes devaient enlever le plateau, et culbuter la portion de l'armée espagnole qu'on y apercevait. A gauche où le terrain s'abaissait jusqu'à Don Benito, et où l'on apercevait aussi des masses espagnoles fort épaisses, le maréchal se contenta de diriger Lasalle avec sa cavalerie légère, et les deux bataillons allemands qui lui restaient. Au centre il rangea en bataille les 63ᵉ et 95ᵉ de la division Villatte en colonne serrée, plus le 27ᵉ léger un peu à droite pour se lier à Ruffin. Il donna ensuite le signal à Latour-Maubourg, attendant, pour adopter d'autres dispositions, l'effet de cette première attaque.

Les Allemands gravirent le plateau avec aplomb, suivis de leurs dix bouches à feu, et des cinq escadrons de dragons du général Latour-Maubourg. A peine ces troupes eurent-elles franchi la hauteur, qu'elles découvrirent le terrain dans toute son étendue ainsi que l'armée espagnole qui le couvrait au loin. A notre droite on voyait une certaine portion d'infanterie et de cavalerie, mais à gauche on apercevait dans la plaine le gros de l'armée espagnole marchant en masse contre la faible troupe de Lasalle, avec l'intention évidente de nous couper de la Guadiana.

A cet aspect nos troupes de la droite se hâtèrent de brusquer l'attaque. Les Allemands, après avoir replié les tirailleurs espagnols, laissèrent s'avancer nos dix bouches à feu, qui, après avoir gravi le plateau, devaient produire beaucoup d'effet sur le terrain qui s'étendait en pente. L'infanterie espagnole en voyant cette artillerie fit sur elle un feu précipité, mais confus et mal dirigé. Nos braves artilleurs sans s'émouvoir s'avancèrent jusqu'à trente ou quarante pas de l'infanterie espagnole, et la couvrirent de mitraille, traitement auquel elle était peu habituée. Gregorio de la Cuesta voulut alors lancer sa cavalerie sur nos canonniers, pour es-

Mars 1809.

Bataille de Medellin.

Déroute de l'aile gauche des Espagnols.

sayer de les sabrer sur leurs pièces. Mais on ne faisait pas de telles choses avec de la cavalerie espagnole contre de l'artillerie française. Cette cavalerie déjà ébranlée par la mitraille, et surtout intimidée par la vue des dragons de Latour-Maubourg, s'avança mollement et avec le sentiment de sa prochaine défaite. En effet, à peine avait-elle approché de nos pièces, que l'escadron de dragons la prenant en flanc suffit pour lui faire tourner bride. Elle s'enfuit sur son infanterie, qu'elle renversa en se retirant. Gregorio de la Cuesta, qui était plus orgueilleux qu'habile, mais qui avait une bravoure égale à son orgueil, se jeta au milieu de ses troupes, et fit de vains efforts pour les retenir sur le champ de bataille. Les cinq escadrons de Latour-Maubourg culbutant tout devant eux, mirent en fuite l'infanterie comme la cavalerie, et, poussant la gauche des Espagnols sur la déclivité du terrain, la menèrent battant jusqu'à Don Benito. Le brave Latour-Maubourg sachant qu'on n'avait de résultats avec les Espagnols qu'en les joignant à la pointe du sabre, s'acharna à leur poursuite, soutenu par le 94ᵉ de ligne, qu'on lui avait donné pour appui.

Mais si tout était fini à droite, au point de n'avoir plus un seul ennemi devant soi, il n'en était pas ainsi au centre et à gauche : la position même y devenait critique. Tandis que la gauche des Espagnols s'enfuyait à toutes jambes, leur centre et leur droite, forts de 27 à 28 mille hommes au moins, s'avançaient en masse contre les trois ou quatre mille hommes de Lasalle, qui consistaient, comme nous venons de le dire, en quelques régiments de cavalerie légère, et en deux bataillons d'infanterie allemande. Lasalle, se comportant avec autant de sang-froid que d'intelligence, arrêtait par des charges exécutées à propos les détachements de l'infanterie espagnole qui se montraient plus hardis que les autres, et ralentissait ainsi le mouvement de la masse. Mais les Espagnols, audacieux comme ils avaient coutume de l'être lorsqu'ils se croyaient victorieux, marchaient résolûment, poussant des cris, menaçant d'une destruction certaine la poignée de Français qu'ils avaient devant eux, et tenant pour infaillible la perte de notre armée s'ils parvenaient à se rendre maîtres de la Guadiana. Bien qu'une telle espérance fût fort présomptueuse, puisque nous avions toute la division Ruffin en arrière pour garder la ligne de l'Ortigosa et la ville de Medellin, néanmoins on pouvait perdre la bataille, si on ne se hâtait de prendre une résolution décisive. C'était trop assurément que d'avoir laissé toute la division Ruffin en deçà de l'Ortigosa, pour faire face à quelques coureurs peu redoutables ; mais avec les trois régiments restants de la division Villatte, avec les troupes que Latour-Maubourg n'avait pas entraînées dans sa poursuite aventureuse, on avait encore le moyen de faire essuyer un désastre aux Espagnols. Le maréchal Victor prit avec beaucoup d'à-propos toutes les dispositions qui pouvaient amener un tel résultat. Il ordonna aux 63ᵉ et 95ᵉ de ligne de la division

Mars 1809.

Danger de Lasalle, exposé seul à la droite des Espagnols.

Manœuvre prompte et habile qui décide le gain de la bataille

Villatte de se porter à gauche, et de s'y déployer, afin d'arrêter la masse des Espagnols. Il ordonna aux Allemands de faire la même manœuvre, et à Lasalle de charger les Espagnols à outrance, lorsqu'on les aurait contenus par ce déploiement d'infanterie. Deux bataillons allemands et dix bouches à feu qui n'avaient pas suivi le général Latour-Maubourg, étaient restés à notre droite sur le plateau. Il leur ordonna de se jeter, par une soudaine conversion de droite à gauche, dans le flanc des Espagnols, de les cribler d'un double feu de mitraille et de mousqueterie; enfin il enjoignit à Latour-Maubourg et au 94ᵉ de ligne de suspendre leur poursuite, et de profiter du mouvement trop précipité qui les plaçait sur les derrières de l'ennemi pour le prendre en queue, l'envelopper et l'accabler.

Ordonnées à propos, exécutées vigoureusement, ces dispositions obtinrent un succès complet. Les Espagnols, qui s'avançaient avec une aveugle confiance, s'animant par leurs cris et par le spectacle de leur masse imposante, furent surpris en voyant le déploiement des deux régiments de Villatte. Ce déploiement, exécuté avec aplomb, quoique devant des troupes bien supérieures en nombre, et suivi de feux soutenus, arrêta les Espagnols, qui, ne sachant pas discerner s'ils avaient devant eux toute l'armée française ou deux régiments seulement, commencèrent à marcher moins vite, à tirer maladroitement, confusément et sans effet. Profitant de cette hésitation, Lasalle les chargea à fond, et culbuta plusieurs bataillons les uns sur les autres. A l'aile opposée s'ouvrait au même instant le feu des dix pièces de canon de notre droite, lesquelles tirant de haut en bas sur une masse épaisse, y produisirent des effets meurtriers. Il n'en fallait pas tant pour mettre en déroute ces troupes non aguerries, dont la solidité n'égalait pas l'ardeur. Elles ne tardèrent pas à lâcher pied, et bientôt surprises sur leurs derrières par l'apparition de Latour-Maubourg, dont la faute devenait une bonne fortune, elles furent saisies d'une terreur impossible à décrire. En un instant elles se débandèrent, et s'enfuirent dans un désordre inouï. Mais Lasalle et Latour-Maubourg étaient placés de manière à obtenir les résultats qu'on n'obtenait sur les Espagnols qu'en les empêchant de fuir. Fondant avec trois mille chevaux, et en sens opposé, sur cette masse épaisse, ils la sabrèrent impitoyablement, et, pleins du souvenir des soixante-deux chasseurs égorgés quelques jours auparavant, ils ne firent aucun quartier. La cavalerie ne fut pas seule en position de joindre les Espagnols. Le 94ᵉ placé fort au loin sur leurs derrières en put atteindre un bon nombre avec ses baïonnettes, et ne les ménagea pas. En moins d'une heure 9 à 10 mille morts ou blessés couvrirent la terre. Quatre mille prisonniers demeurèrent en notre pouvoir, avec seize bouches à feu composant toute l'artillerie espagnole, et une grande quantité de drapeaux.

Mars 1809.

Cette bataille, dite depuis bataille de Medellin, faisait autant d'honneur à nos soldats qu'à leur général. Elle avait été en réalité livrée par 12 mille

Brillants résultats de la bataille de Medellin.

hommes contre 36 mille, et elle resta l'un des plus sanglants souvenirs de cette époque, car jamais on n'avait obtenu de résultats plus décisifs. Le malheureux Gregorio de la Cuesta n'aurait pas pu réunir le soir un seul bataillon. Ce beau fait d'armes remplit de confiance le commandant du premier corps; et tandis que quinze jours auparavant il hésitait à s'avancer du Tage sur la Guadiana, il écrivit immédiatement au roi Joseph qu'il était prêt à marcher de la Guadiana sur le Guadalquivir, de Mérida sur Séville, pourvu qu'on hâtât vers lui le mouvement de la division Lapisse. Il envoya ses prisonniers à Madrid, mais 2 mille au plus sur 4 mille arrivèrent à leur destination. Il fit camper son infanterie sur les bords de la Guadiana, de Medellin jusqu'à Mérida, pour qu'elle vécût plu à l'aise, et répandit au loin sa cavalerie pour disperser les guerrillas et soumettre la contrée. La saison était superbe en ce moment (28 mars). Le pays n'était point encore épuisé, et nos soldats purent goûter tout à leur aise les fruits de leur victoire.

Tandis que le maréchal Victor gagnait cette importante bataille sur la route du midi, le général Sébastiani, opérant de son côté, et à travers la Manche, un mouvement semblable, remportait des avantages pareils, proportionnés toutefois à la force de son corps. Avec sa belle division française, avec les Polonais du général Valence, avec les dragons de Milhaud, il comptait environ 12 à 13 mille hommes contre l'Espagnol Cartojal, qui en comptait 16 ou 17 mille, représentant l'ancienne armée du centre, vaincue sous Castaños à Tudela, et sous le duc de l'Infantado à Uclès. Il s'était avancé au delà du Tage par Ocaña et Consuegra sur Ciudad-Real (voir la carte n° 43), en même temps que Victor avait marché d'Almaraz sur Truxillo et Medellin. Arrivé le 26 mars sur la Guadiana, il lança au delà de cette rivière le général Milhaud, qui devançait beaucoup l'infanterie. Celui-ci, s'étant rendu maître du pont, le franchit, et poussa l'armée espagnole quelques lieues plus loin, jusque sous les murs de Ciudad-Real. Les Espagnols, s'apercevant que Milhaud n'était point soutenu, et qu'il n'avait avec lui que ses dragons, reprirent courage, et revinrent sur leurs pas. Le général Milhaud se replia avec habileté et sang-froid sur la Guadiana, chargeant vigoureusement ceux qui le serraient de trop près. Ayant regagné sans perte le pont qu'il avait témérairement franchi, il l'obstrua, et y mit quelques dragons à pied pour en assurer la défense.

Le lendemain 27, le général Sébastiani étant arrivé n'hésita pas à reprendre l'offensive. Il porta les dragons et les lanciers polonais au delà du pont, pour s'ouvrir ce débouché en obligeant l'armée espagnole à lui céder du terrain. Puis il défila avec toute son infanterie, et, la formant en colonne d'attaque au moment où elle passait le pont, il assaillit l'armée espagnole, à peine remise des charges de la cavalerie française. En un clin d'œil cette armée fut culbutée par les magnifiques régiments de la division Sébastiani, qui avaient fait les campagnes d'Autriche, de Prusse et de Pologne, et qu'aucune troupe n'était capable d'arrêter. Les Espagnols s'enfuirent en désordre sur Ciudad-Real, en abandonnant leur artillerie, 2 mille morts ou blessés, et près de 4 mille prisonniers. Le général Milhaud dépassa Ciudad-Real, et les poursuivit jusqu'à Almagro. Le lendemain on poussa jusqu'à la Sierra-Morena, à l'entrée de ces mêmes défilés témoins du désastre du général Dupont, et on ramassa encore un millier de prisonniers et 800 blessés. Ainsi, dans ces journées du 27 et du 28 mars, qui étaient celles de l'arrivée du maréchal Soult devant Oporto, on enlevait 7 à 8 mille hommes à l'armée du centre, 13 ou 14 mille à l'armée de l'Estrémadure, et on leur aurait ôté toute confiance, si les Espagnols n'avaient pas eu cette singulière présomption qui fait perdre des batailles, mais qui empêche aussi de sentir qu'on les a perdues.

Satisfaction du roi Joseph, et espérances qu'il conçoit à la suite des victoires de Medellin et de Ciudad-Real.

Les deux brillantes victoires que nous venons de raconter comblèrent de joie la cour de Madrid, et éclaircirent un peu le tableau rembruni qu'elle se faisait de la situation. Joseph espéra devenir bientôt le maître du midi de l'Espagne par la marche du maréchal Victor sur Séville, et par celle qu'il ne cessait de demander instamment du général Suchet sur Valence. Il réitéra au général Lapisse l'ordre de descendre de Salamanque sur Mérida, car la réunion de cette division était pour le maréchal Victor la condition indispensable de tout succès ultérieur. Joseph croyait même qu'il suffirait de l'apparition du maréchal Victor, pour que tout se soumît dans les provinces méridionales. Il avait auprès de lui le fameux M. de Morla, si arrogant pour les Français à l'époque de Baylen, si humble à l'époque de la prise de Madrid, accusé à tort de trahison par ses compatriotes, coupable seulement d'une versatilité intéressée, et cherchant aujourd'hui auprès de la royauté nouvelle un refuge contre l'injustice des partisans de l'ancienne royauté. M. de Morla avait en Andalousie des relations nombreuses, qui faisaient espérer au roi Joseph une prompte soumission de cette province, dégoûtée du gouvernement de la Junte, fatiguée de la domination des généraux, de la tyrannie de la populace, et des charges écrasantes que la guerre faisait peser sur elle. Aussi Joseph, rempli un moment d'illusions, écrivit-il à Napoléon qu'il ne désespérait pas de pouvoir bientôt lui rendre 50 mille hommes de ses belles troupes, pour les employer en Autriche[1].

---

[1] *Le roi Joseph à l'Empereur.*

« Madrid, le 28 mars 1809.

» Sire,

. . . .

» Le pont près d'Almaraz est aujourd'hui bien consolidé ; l'équipage de siège pourra y passer ; le général Senarmont en arrive.

» Le maréchal Victor doit être à Mérida, l'armée ennemie était en pleine retraite.

» Le général Sébastiani était à Madridejos ; je le crois aujourd'hui à Villa-Real.

» Je n'ai pas de nouvelles du maréchal Soult. Mais tout me fait présager une heureuse issue à toutes les opérations militaires ; je le désire

Mars 1809.

Singulier résultat des victoires de Medellin et de Ciudad-Real.

Il est certain que, dans tout autre pays, deux batailles comme celles de Medellin et de Ciudad-Real auraient décidé d'une campagne, et peut-être d'une guerre. Mais les Espagnols ne se décourageaient pas pour si peu. La Junte décerna des récompenses à tous ceux qui avaient bien ou mal combattu, ne disgracia point Gregorio de la Cuesta, car le système de réparer des échecs par des disgrâces de généraux commençait à être discrédité, lui envoya des renforts, et adressa de nouveau à l'Espagne et à toutes les nations un manifeste pour leur dénoncer ce qu'elle appelait la criminelle entreprise des Français contre la royauté légitime. Le peuple, répondant à son zèle, n'en fut pas moins hardi à

plus que jamais, pour pouvoir renvoyer à V. M. cinquante mille hommes, ce qui me sera possible après la soumission de Séville et de Cadix.

. . . .

» Les postes de la Biscaye abandonnés par les troupes qui ont dû rejoindre leur corps donnent quelques inquiétudes aux voyageurs : j'ai ordonné des colonnes mobiles.

» De Votre Majesté, sire, le dévoué serviteur et frère,

» JOSEPH. »

Le roi Joseph à l'Empereur.

« Madrid, le 2 avril 1809.

» SIRE,

» Le corps du maréchal Victor vient de remporter une victoire complète sur le corps du général Cuesta le 28, le même jour que le général Sébastiani battait l'ennemi à Santa-Cruz. J'envoie à V. M. les rapports du maréchal Victor.

» La division Lapisse a trouvé Civita-Rodrigo en état de défense, je lui ai donné l'ordre de rejoindre à Badajoz le maréchal Victor, qui, avec ce renfort, est en état d'entrer à Séville.

» J'envoie des gens bien intentionnés et bien vus par la junte de Séville, afin de terminer la guerre par la soumission volontaire de l'Andalousie, et de s'emparer de Cadix et des escadres avant que le déses-

se lever partout où il n'était pas sous la main immédiate des Français, de manière qu'en réalité le mouvement avancé du général Sébastiani et du maréchal Victor sur la Guadiana était plutôt une aggravation de difficultés qu'un avantage. Plusieurs postes en effet furent enlevés sur la route de Ciudad-Real. La ville de Tolède, en voyant le maréchal Victor à vingt ou trente lieues d'elle, faillit s'insurger. Les habitants des montagnes qui s'étendent entre Salamanque et Talavera, inondèrent de guerrillas les bords du Tietar et du Tage, jusqu'à menacer le pont d'Almaraz. Il n'y avait que quelques jours d'écoulés depuis les deux victoires de Medellin et de Ciudad-Real, que déjà il fallait en-

---

poir les ait jetés entre les mains des Anglais. J'ai beaucoup à me louer de M. Morla.

» Point de nouvelles du maréchal Soult depuis le 10 mars.

» Le maréchal Ney doit être en mouvement contre les débris de La Romana et les Asturies, je n'en ai pas de nouvelles directes et positives.

» Je presse le duc d'Abrantès * pour qu'il marche sur Valence, dans l'espoir de terminer les affaires du midi de l'Espagne avant les chaleurs.

» Je prie V. M. de ne pas oublier les avancements demandés par le maréchal Victor et le général Sébastiani, et de se rappeler aussi des avancements demandés pour les officiers qui se sont distingués à Uclès, que V. M. m'annonça vouloir accorder, grâces dont je prévins le maréchal Victor.

» Depuis les mouvements de l'Autriche j'ai un désir bien plus vif encore de terminer ici, afin de pouvoir envoyer à V. M. 50,000 hommes. Je me rappelle que V. M. ne voulut pas m'affaiblir à Naples lors de la dernière guerre, je me rappelle aussi qu'il y a eu des circonstances où dix mille braves de plus eussent décidé plus tôt de grands événements.

» De Votre Majesté, sire, le dévoué serviteur et affectionné frère,

» JOSEPH. »

* Le duc d'Abrantès avait repris le commandement du troisième corps dans les derniers jours de mars.

voyer de Madrid l'adjudant commandant Mocquery avec 500 hommes pour contenir Tolède, l'adjudant commandant Bagneris avec 600 hommes pour garder le pont d'Almaraz. Il fallut enfin réparer les petits forts de Consuegra et de Manzanarès pour échelonner la ligne de communication du général Sébastiani avec Madrid[1]. Ainsi dans cet étrange pays, les victoires, en étendant les points à garder, et en ne produisant qu'un effet moral bientôt oublié, affaiblissaient plutôt qu'elles ne renforçaient le vainqueur.

C'était surtout dans le nord que le mal commençait à se faire gravement sentir. Le maréchal Ney, plein comme toujours d'activité et d'énergie, avait conçu le désir et l'espérance de soumettre la Galice, n'imaginant pas que ses deux belles divi-

---

[1] *Extrait des mémoires manuscrits du maréchal Jourdan.*

« Dans d'autres parties de l'Europe, deux batailles comme celles de Medellin et de Ciudad-Real auraient amené la soumission des habitants de la contrée, et les armées victorieuses auraient pu continuer leurs opérations. En Espagne, c'était tout le contraire : plus les revers essuyés par les armées nationales étaient grands, plus les populations se montraient disposées à se soulever et à prendre les armes; plus les Français gagnaient du terrain, plus leur position devenait dangereuse. Déjà les communications avec le général Sébastiani étaient interceptées; déjà plusieurs officiers, plusieurs courriers et quelques détachements avaient été massacrés. Une insurrection fut même sur le point d'éclater à Tolède, où il n'était resté qu'une faible garnison. L'adjudant commandant Mocquery y arriva fort à propos, avec un renfort de cinq cents hommes, et, par sa prudence autant que par sa fermeté, parvint à calmer les esprits et à rétablir l'ordre. Le petit fort de Consuegra et celui de Manzanarès furent réparés. On fortifia quelques autres postes sur la route, et on y plaça des détachements pour escorter les courriers et les officiers en mission.

sions, qui avaient vaincu les armées russes, pussent échouer contre des montagnards fanatiques, qui ne savaient que fuir tant qu'ils ne trouvaient pas quelque défilé ou quelque maison où il leur fût possible de combattre à couvert. Il fut bientôt détrompé. Ayant plus de cent lieues de côtes à garder, depuis le cap Ortegal jusqu'à l'embouchure du Minho, ayant à défendre des points comme le Ferrol et la Corogne, à interdir les communications des Anglais avec les habitants, à contenir des centres de population tels que Saint-Jacques-de-Compostel, Vigo, Tuy, Orense, il avait été obligé de descendre avec son corps tout entier sur le littoral, d'abandonner par conséquent ses communications avec la Vieille-Castille, et même de demander du secours, loin de pouvoir, comme on l'avait

» Sur la ligne de communication avec le 1er corps les choses n'étaient pas dans un meilleur état. Des bandes qui se formaient sur le Tietar menaçaient de se porter sur Almaraz pour détruire le pont. Si ce projet eût été exécuté, le duc de Bellune se serait trouvé fortement compromis. Heureusement le roi fut prévenu à temps que ce maréchal n'avait pas jugé à propos de laisser d'autres troupes sur le point important d'Almaraz que des pontonniers et quelques canonniers. Il y envoya aussitôt six cents hommes d'infanterie et cent chevaux de la garnison de Madrid, commandés par l'adjudant commandant Bagneris. Ce détachement éloigna les bandes et mit les ponts en sûreté. Indépendamment des ouvrages qu'on fit élever sur les deux rives du Tage, pour les mettre à couvert, on répara le fort de Truxillo, pour protéger les communications du 1er corps, et on mit en état de défense ceux de Medellin et celui de Mérida, pour rester maître des passages de la Guadiana, quand on se porterait sur Badajoz ou en Andalousie.

» L'Empereur ayant ordonné de ne point laisser pénétrer les troupes en Andalousie, avant d'avoir appris l'arrivée du duc de Dalmatie à Lisbonne, les opérations du maréchal Victor et du général Sébastiani furent suspendues. »

espéré d'abord, dominer à lui seul tout le nord de l'Espagne. On n'aurait certes pas cru cela d'un corps aussi aguerri et aussi bien commandé que le sien; et ce n'était pas qu'il eût manqué d'habileté ou d'énergie, mais les difficultés s'étaient multipliées à l'infini autour de lui. Le maréchal Soult, ayant heurté en passant le corps de La Romana sans s'inquiéter de ce qu'il deviendrait, ce corps, comme nous l'avons dit, avait traversé le pays entre la Galice et Léon, surpris un bataillon français laissé à Villa-Franca, soulevé sur son passage le pays étonné de sa présence et enthousiasmé par la nouvelle de la guerre d'Autriche. Le marquis de La Romana s'était enfin jeté dans les Asturies, que le général Bonnet ne pouvait contenir avec deux régiments. C'était pour faire face à ces difficultés, que le maréchal Ney avait été obligé de courir partout, de combattre partout, ne trouvant nulle part des révoltés, si fanatiques qu'ils fussent, qui résistassent à sa terrible impétuosité, mais les voyant reparaître sur ses derrières dès qu'il était parvenu à les battre sur son front. Ainsi, tandis qu'il avait porté le général Maurice Mathieu vers Mondonedo pour tenir tête aux Asturiens, il avait été contraint d'envoyer le général Marchand sur Saint-Jacques-de-Compostel pour y détruire 1,500 insurgés qui venaient de s'y établir. Il avait fallu ensuite courir sur les ports de Villa-Garcia et de Carcil, et les brûler pour en écarter les Anglais. Puis, apprenant que les insurgés portugais assiégeaient le dépôt d'artillerie laissé par le maréchal

Soult à Tuy, il y était accouru, et avait été obligé de livrer des combats acharnés pour le débloquer, ce qui avait lieu au moment même où le général Heudelet s'apprêtait à y marcher de son côté. Dans ces diverses rencontres, le maréchal Ney avait tué plus de 6 mille Espagnols, enlevé vingt-deux pièces de canon, une immense quantité de matériel provenant des Anglais, sans produire un apaisement sensible dans la population. Ce qui paraîtra plus extraordinaire encore, c'est que le maréchal Ney, placé sur la route du maréchal Soult, n'avait eu de ses nouvelles que par la colonne qu'il avait envoyée à Tuy, laquelle s'y était rencontrée avec celle du général Heudelet, et avait appris ainsi qu'on n'avait pu entrer que le 29 mars à Oporto, et la torche à la main. Quant au maréchal Ney lui-même, on ne savait rien à Madrid des combats qu'il livrait, sinon qu'il luttait énergiquement contre les insurgés, et qu'il ne pouvait pas, tout en les battant partout, assurer ses communications avec la Vieille-Castille.

Aussi malgré les victoires de Medellin et de Ciudad-Real, on fut bientôt attristé à Madrid par l'apparition d'une multitude de bandes dans le nord de l'Espagne, par l'enlèvement des courriers sur toutes les routes, par l'impossibilité absolue d'avoir des nouvelles des maréchaux Soult et Ney, par la certitude enfin que toutes les communications avec eux étaient interrompues. Le mouvement du général Lapisse, qui avait quitté Salamanque, traversé Alcantara, franchi le Tage, et rejoint le maréchal Victor, toujours en combattant, n'avait que favorisé davantage les insurgés de la Vieille-Castille, lesquels n'avaient plus personne pour les contenir. Aussi le général Kellermann, chargé du commandement de la Vieille-Castille, s'était-il hâté de mander à Madrid que le nord tout entier allait échapper aux Français, si on n'agissait avec vigueur contre les bandes qui s'y montraient de toutes parts. Bien que le maréchal Victor eût été renforcé par l'arrivée du général Lapisse, ce n'était pas le cas, lorsqu'on était inquiet pour le nord de l'Espagne, lorsqu'on ne savait pas ce que devenait le maréchal Soult, lorsqu'on ignorait s'il pourrait ou ne pourrait pas percer jusqu'à Lisbonne, ce n'était pas le cas de pousser les armées de l'Estrémadure et de la Manche vers le midi, et d'ajouter à la difficulté des communications en augmentant l'étendue des pays occupés. On résolut donc, avant de poursuivre l'exécution du plan tracé par Napoléon, d'attendre l'apaisement des provinces septentrionales, et les nouvelles du maréchal Soult.

L'idée vint fort à propos au roi Joseph et au maréchal Jourdan d'envoyer le maréchal Mortier, des environs de Logroño où l'avaient fixé les ordres de Napoléon, à Valladolid, pour y rétablir les communications avec le maréchal Ney, et secourir au besoin le maréchal Soult, si ce dernier se trouvait dans une situation embarrassante, comme on commençait à le craindre. Rien n'était plus juste qu'une telle combinaison, puisque Napoléon lui-même l'ordonnait du fond de l'Allemagne, en recevant les dépêches d'Espagne. Mais en attendant que l'on connût au delà des Pyrénées ses récentes volontés, conçues et exprimées sur le Danube, le maréchal Mortier ayant pour instruction de rester à Logroño, ne pouvait guère prendre sur lui de désobéir, et il ne l'osa pas ! Tel est l'inconvénient attaché aux opérations dirigées de trop loin. Le roi Joseph ayant écrit au maréchal Mortier pour lui prescrire de se rendre à Valladolid, ce maréchal se trouva fort embarrassé entre les ordres de Paris et ceux de Madrid. Toutefois, par transaction, il consentit à se rendre à Burgos. Mais ce n'était pas assez pour réprimer les insurgés du nord et rouvrir les communications avec les maréchaux Ney et Soult. On détacha de l'armée d'Aragon, à titre d'emprunt momentané, deux régiments dont on croyait qu'elle pouvait se passer depuis la prise de Saragosse, et on les envoya au général Kellermann. On tira de Ségovie et des postes environnants un bataillon polonais et un bataillon allemand, qui furent remplacés par des troupes de la garnison de Madrid. On prit dans la garnison de Burgos quelques autres détachements, et avec le tout on composa au général Kellermann un corps de 7 à 8 mille hommes, avec lequel il devait se diriger sur la Galice, afin de rétablir les communications interrompues dans les provinces du nord.

Ces diverses réunions ne furent achevées que le 27 avril, et le général Kellermann n'arriva que le 2 mai à Lugo, après avoir tiraillé sur toute la route avec les paysans de la contrée. Il trouva le

Avril 1809.

Composition d'un corps de huit mille hommes sous le général Kellermann, afin de rétablir les communications avec les maréchaux Soult et Ney.

général Maurice Mathieu à Lugo, où celui-ci s'était rendu par ordre du maréchal Ney pour rouvrir ses communications avec la Vieille-Castille. Il fut reconnu entre ces généraux que le mal venait surtout de ce qu'on s'était enfoncé, les uns en Portugal, les autres sur le versant maritime de la Galice, sans avoir préalablement détruit le marquis de La Romana : il fut donc convenu qu'on le poursuivrait dans les Asturies, et qu'on tâcherait de l'y détruire, ce qui procurerait le double résultat de pacifier cette contrée, et de faire disparaître l'auteur de toutes les agitations du nord de l'Espagne. Cette pensée adoptée, on convint que le maréchal Ney marcherait sur les Asturies par la route de Lugo à Oviedo, que le général Kellermann y marcherait par la route de Léon, ce qui faisait espérer qu'en prenant ainsi le marquis de La Romana en deux sens différents, on parviendrait à l'envelopper. Les deux corps se séparèrent ensuite avec la résolution sincère de concourir de leur mieux au succès l'un de l'autre.

Tout le mois d'avril s'était passé en tristes tâtonnements, par suite de l'incertitude où l'on était à Madrid sur le sort du maréchal Soult, et par suite aussi de l'impuissance où l'on était de diriger à volonté, et selon le besoin du moment, les généraux français opérant en Espagne. Ignorant ce que devenait le maréchal Soult, on n'osait pas envoyer le corps du maréchal Victor sur Badajoz et Séville. Ne disposant pas complétement des généraux, on ne pouvait pas diriger le maréchal Mortier sur les derrières des maréchaux Soult et Ney. C'était donc le plus important mois de l'année perdu, celui où l'on aurait pu obtenir sur les Espagnols et sur les Anglais les résultats les plus décisifs. La seule opération exécutée pendant ce temps précieux du côté de l'Estrémadure, fut de ramener le corps du maréchal Victor de Medellin sur Alcantara, pour chasser les insurgés espagnols et portugais de cette dernière ville, dont ils s'étaient emparés. Le roi Joseph et le maréchal Jourdan voulaient d'abord s'opposer à ce mouvement rétrograde du maréchal Victor, craignant le mauvais effet qu'il produirait en Andalousie. Mais ils se décidèrent à le laisser exécuter sur le rapport d'un espion parti d'Oporto, lequel annonçait que la situation du maréchal Soult y était des plus critiques, et que les Anglais avaient de nouveau débarqué à Lisbonne. La possibilité d'événements sinistres de ce côté rendait indispensable la possession d'Alcantara, car c'était par le Tage et Alcantara qu'on pouvait venir le plus directement au secours de l'armée de Portugal. Alcantara fut donc repris, les insurgés furent passés au fil de l'épée, et, immédiatement après, le maréchal Victor retourna par Almaraz sur Truxillo, afin d'empêcher Gregorio de la Cuesta de réoccuper les positions dont on l'avait chassé en marchant sur Medellin.

Avril 1809.

Les nouvelles indirectes qu'on avait reçues d'Oporto n'étaient malheureusement que trop fondées. La position du maréchal Soult à Oporto était, en effet, devenue des plus difficiles durant le mois

Difficile situation du maréchal Soult à Oporto.

d'avril, par la faute des événements, et aussi par celle des hommes[1]. A peine entré dans cette ville, le maréchal avait songé à s'y établir solidement, croyant avoir assez fait d'être arrivé jusqu'au Douro, et laissant aux circonstances le soin de décider s'il rétrograderait, ou si au contraire il pousserait plus loin ses conquêtes. De tous les partis à prendre celui-ci était le plus dangereux, car rester à Oporto, sans projet arrêté, ne pouvait évidemment amener que des désastres. C'était déjà un grand danger que d'être avec vingt et quelques mille hommes au

---

[1] Il n'y a pas dans la longue histoire de nos guerres d'événements plus tristes, plus obscurs, plus fâcheux pour nos armes que ceux que nous allons raconter. Comme ils exigent de l'historien sincère le courage de dire des vérités pénibles, je me suis entouré des renseignements les plus authentiques, et j'ai laissé dans l'ombre tout ce qui n'était pas complétement prouvé. Outre les mémoires véridiques et impartiaux du maréchal Jourdan, encore manuscrits, j'ai longuement consulté la correspondance intime du ministre de la guerre avec Napoléon. Ce ministre vit, interrogea, envoya même à Schœnbrunn un grand nombre d'officiers qui avaient assisté aux événements d'Espagne, et dans sa correspondance presque quotidienne ne cessa de raconter à l'Empereur tout ce qu'il apprenait chaque jour. J'ai mis de côté les allégations qui m'ont paru ou hasardées ou injurieuses, pour n'adopter que les récits qui m'ont paru les plus exacts. La justice qui fut saisie d'une partie des faits, m'a fourni aussi sa part de lumière. La correspondance du duc de Wellington, publiée depuis, m'a procuré de son côté des détails fort importants. J'ai eu enfin les papiers des maréchaux qui se trouvèrent en contestation dans cette campagne, et je n'en ai fait que l'usage le plus réservé, ne voulant pas les juger d'après ce qu'ils ont dit les uns des autres. C'est à l'aide de tous ces matériaux que j'ai composé le récit qu'on va lire, récit que je crois équitable, que j'aurais pu rendre beaucoup plus sévère, si je n'avais voulu rester fidèle à mon système de justice historique, calme, égale pour tous, ordinairement indulgente, et sévère seulement quand la plus évidente nécessité en fait un devoir à l'historien.

milieu d'un pays insurgé, dans lequel la passion populaire contre les Français était parvenue au dernier degré de violence. Toutefois avec la brave armée et les excellents officiers qu'on avait, il était possible de se maintenir dans le nord du Portugal. Mais il existait environ 17 ou 18 mille Anglais à Lisbonne, et tout annonçait qu'il en surviendrait bientôt le double, par les convois partis d'Angleterre. Dès lors se défendre derrière la ligne du Douro, contre une armée régulière placée au delà de cette ligne, et contre une armée d'insurgés placée en deçà, devenait presque impraticable. On pouvait en juger par deux événements récents. La petite garnison laissée à Chaves pour garder nos malades avait été enlevée par les Portugais. Le dépôt laissé à Tuy aurait été pris également, si la division Heudelet, expédiée de Braga, et le maréchal Ney, venu de Galice, ne l'avaient débloquée. Et encore une partie de ce dépôt, envoyée à Vigo, avait été enlevée. Il faut ajouter que ce n'étaient pas de faibles postes auxquels étaient arrivés de pareils accidents, car le dépôt de Tuy, renforcé successivement par des troupes en route, avait été porté à 4,500 hommes, et celui qui avait été pris à Vigo était de 1,300. On avait donc à redouter à la fois, et l'armée anglaise qui ne pouvait manquer de se rendre bientôt du Tage sur le Douro, et les milliers d'insurgés fanatiques qu'on avait derrière soi du Douro au Minho. Des secours il n'en fallait guère attendre, car le corps du maréchal Ney était occupé tout entier en Galice, et quant aux armées

Avril 1809.

qui auraient pu venir du centre, c'est-à-dire de Madrid, par Alcantara ou Badajoz, les instructions de Napoléon prévoyaient bien le cas où le maréchal Soult, maître de Lisbonne, serait appelé à seconder le maréchal Victor à Séville, mais ne prévoyaient pas l'hypothèse, impossible du reste à réaliser, où le maréchal Victor, maître de Séville, devrait aller au secours de Lisbonne. Il y avait par conséquent le plus grand danger à rester à Oporto, au milieu de milliers d'insurgés courant dans tous les sens, en présence d'une armée anglaise prête à prendre l'offensive, n'ayant contre tant d'ennemis aucun espoir de secours, et il fallait sur-le-champ ou rétrograder franchement jusqu'au Minho, ou remonter par Bragance vers la Vieille-Castille, afin de venir s'appuyer à la masse principale des armées françaises opérant dans le centre de l'Espagne, de mettre ainsi entre soi et les Anglais des espaces difficiles à franchir, et de se réserver ultérieurement l'alternative, ou d'être utile en Espagne, ou de reparaître en Portugal avec des forces suffisantes pour s'y maintenir. Surtout avec les Anglais, il fallait se conduire de manière à n'avoir désormais ni un échec, ni même une action douteuse [1]. Mais pour rétrograder à propos, il faut autant de résolution que pour s'avancer hardiment, et ce n'est, à la guerre comme ailleurs, que le privilége des esprits fermes et clairvoyants.

[1] Ce jugement n'est point le mien, mais celui du maréchal Jourdan et de Napoléon à Schœnbrunn, exprimé dans une correspondance fort détaillée.

Une fois à Oporto, le maréchal Soult, n'osant ni marcher sur Lisbonne, que les Anglais gardaient avec 18 mille hommes, ni manquer aux volontés de Napoléon, qui avait prescrit la conquête du Portugal, se contenta de rester où il était, en abandonnant à la fortune le règlement de sa conduite ultérieure. De fâcheuses illusions qui naquirent dans son esprit de circonstances toutes locales, contribuèrent aussi à l'abuser, et à lui faire perdre un temps précieux. Il avait, comme on l'a vu, envoyé le général Heudelet à Tuy pour débloquer son dépôt, laissé un détachement à Braga pour garder cette ville importante, distribué sur sa gauche des postes considérables soit à Peñafiel, soit à Amarante pour s'assurer des routes de Chaves et de Bragance, et obtenir ainsi le double résultat de contenir le pays, et d'en occuper les communications. A Amarante, qui était sur le Tamega, il avait placé quelques mille hommes sous les ordres du général Loison. Ces mesures étaient bien entendues quoique insuffisantes, et elles produisirent sur le pays, saisi par tous les côtés à la fois, un court intervalle non pas de soumission, mais d'immobilité.

Avril 1809.

Mesures militaires pour l'occupation du nord du Portugal.

Quand les Français furent établis à Oporto, il se manifesta dans une partie de la population une disposition qui s'était révélée déjà plus d'une fois, et qu'un moment de calme rendit encore plus sensible. La classe, nous ne dirons pas éclairée, mais aisée, amie de la paix et du repos, avait horreur de la populace violente qu'on avait déchaînée, et qui rendait l'existence insupportable à tout ce qui

Disposition d'esprit qui se manifeste dans la classe aisée pendant l'occupation des Français.

avait quelque humanité, quelque douceur de mœurs. Cette classe ne se faisait pas illusion sur le zèle que les Anglais affichaient pour le Portugal. Elle voyait bien que dominant son commerce pendant la paix, voulant pendant la guerre en faire leur champ de bataille, ils ne songeaient qu'à s'en servir pour eux-mêmes, ce qu'ils prouvaient du reste très-clairement en déchaînant pour leur service une multitude féroce, devenue l'effroi de tous les honnêtes gens. Aussi, sans aimer les Français, qui à ses yeux ne cessaient pas d'être des étrangers, elle était prête, dans la nécessité d'opter entre eux et les Anglais, à les préférer comme un moindre mal, comme une fin de la guerre, comme l'espérance d'un régime plus libéral que celui sous lequel le Portugal avait vécu depuis des siècles. Quant à la maison de Bragance, la classe dont nous parlons tendait à la considérer, depuis la fuite du régent au Brésil, comme un vain nom, dont les Anglais se servaient pour bouleverser le pays de fond en comble.

La présence du maréchal Soult, ses déclarations rassurantes, ne firent que confirmer les gens sages dans leurs inclinations pacifiques. C'est surtout à Oporto, ville riche, commerçante, moins exposée que celle de Lisbonne aux anciennes influences de cour, et fort occupée de ses intérêts, que se manifestèrent avec plus d'évidence les dispositions que nous venons de décrire, malgré l'évêque patriote et fanatique qui dominait le bas peuple. La classe moyenne répondit avec une sorte de satisfaction aux témoignages du maréchal Soult, et parut résolue à demeurer tranquille, s'il tenait parole, s'il maintenait une bonne discipline parmi ses soldats, s'il réprimait la populace, et procurait à chacun la liberté de vaquer à ses affaires. Parmi ces résignés que le charme du repos soumettait aux Français, se montraient avec un empressement singulier, les juifs, fort nombreux, fort actifs, fort riches partout, mais surtout dans les pays peu civilisés, où on leur abandonne le commerce qu'on ne sait pas faire. On en comptait plus de deux cent mille en Portugal, vivant sous une dure oppression, et très-satisfaits d'entrevoir, sous la domination des Français, une égalité civile qui leur semblait la plus souhaitable des formes de gouvernement. Après être entrés en relations avec l'administration française, pour l'entretien de l'armée, pour la perception des revenus, ils en vinrent bientôt à des ouvertures politiques sur la manière d'établir en Portugal un gouvernement régulier. Beaucoup de négociants du pays se joignirent à eux, et laissèrent voir que l'idée de fonder un royaume à part, un royaume de la Lusitanie septentrionale, ainsi qu'un traité de Napoléon l'avait réglé en octobre 1807, lors du partage du Portugal entre l'Espagne et la France, que cette idée conviendrait fort à la province d'Oporto. On déclara qu'une telle résolution, annoncée publiquement, et accompagnée d'une administration équitable et douce, ferait considérer les Français non plus comme des envahisseurs, qui dévorent en courant les pays où ils passent, mais comme des amis qui ménagent une contrée où ils veulent rester, et former un établissement durable. C'était à Napoléon à désigner le plus tôt possible le prince français qui porterait cette nouvelle couronne, couronne d'Oporto aujourd'hui, peut-être d'Oporto et de Lisbonne plus tard. Mais comme les circonstances pressaient, ne pouvait-on pas aller aussi vite que ces circonstances elles-mêmes, et puisque l'on vivait dans un temps où les rois se prenaient parmi les généraux, n'était-il pas tout simple de faire du lieutenant de Napoléon le roi de la Lusitanie septentrionale? Cette pensée fut-elle suggérée par la petite cour militaire du maréchal aux officieux qui lui servaient d'intermédiaires, ou bien le fut-elle par ces officieux eux-mêmes aux amis du maréchal, voilà ce qu'on ne saurait dire, et sur quoi les assertions varièrent beaucoup, lorsque le détail entier de cette singulière aventure fut soumis depuis au jugement de Napoléon. Quoi qu'il en soit, l'idé de faire du maréchal Soult un roi du Portugal, fut bientôt répandue à Oporto et dans les villes de la province d'Entre Douro et Minho, jugée assez ridicule par les gens sages, accueillie avec d'insultantes railleries par l'armée, mais acceptée par les commerçants qui voulaient un protecteur, par les juifs qui voulaient un représentant de l'égalité civile, par ces militaires intrigants qui flattent toujours les généraux en chef, et sont leurs plus dangereux ennemis. Ces derniers affectaient de considérer cette combinaison comme une idée d'une grande profondeur, car elle servirait, disaient-ils, à s'attacher les Portugais, à les détacher des Anglais et de la maison de Bragance. Une circonstance les encourageait surtout à cette audacieuse entreprise, sinon de faire, du moins de préparer un roi sans la volonté expresse de l'Empereur, c'était l'éloignement de cet Empereur, transporté en ce moment sur les bords du Danube, à une autre extrémité du continent, et engagé dans des événements dont l'issue était inconnue. Toutes les ambitions excitées par son exemple, émancipées aussi par la distance, se donnaient carrière, et il ne manquait pas d'esprits fatigués, qui se disaient qu'il fallait enfin songer à soi, et puisqu'on était condamné à prodiguer sa vie au bout du monde pour la grandeur d'une famille insatiable, profiter de l'occasion qui s'offrait de s'établir où l'on était, et de s'y bien établir. Napoléon peut-être le trouverait mauvais, mais on apprenait tous les jours par expérience combien sa puissance diminuait du Rhin aux Pyrénées, des Pyrénées au Tage; et d'ailleurs il avait tellement besoin de ceux qu'il envoyait si loin conquérir des royaumes, qu'on pouvait bien retenir quelque chose de ce qu'on allait conquérir pour lui, sans compter la chance assez vraisemblable de garder, lui mort ou vaincu sur le Danube, ce qu'on aurait pris sur les bords du Douro ou du Tage.

Tous les esprits sans doute n'allaient pas aussi loin dans cette voie, mais il y en avait de fort téméraires, et ces derniers troublèrent à tel point le jugement du maréchal qu'il consentit à répandre une circulaire étrange, destinée aux généraux commandant les divisions, dans laquelle, racontant ce qui se passait, l'offre adressée au maréchal de prendre un roi, ou dans la famille de Napoléon, ou parmi les personnages de son choix, on ajoutait : que la population d'Oporto, de Braga et de plusieurs villes voisines, avait prié le maréchal Soult de se revêtir des attributs de la souveraineté, et d'exercer l'autorité royale jusqu'à la réponse de Napoléon; qu'en attendant elle jurait de lui être fidèle, et de le défendre contre les ennemis de tout genre, Anglais, insurgés ou autres, qui voudraient résister à l'acte spontané qu'elle sollicitait de sa part. La circulaire invitait les généraux à provoquer un vœu semblable de la part des populations placées sous leur commandement [1].

---

[1] Voici le texte même de la circulaire :

Le général Ricard, chef d'état-major du 2e corps d'armée en Espagne, à M. le général de division Quesnel.

« Oporto, le 19 avril 1809.

» Mon général,

» Son Excellence M. le maréchal duc de Dalmatie m'a chargé de vous écrire pour vous faire connaître les dispositions que la grande majorité des habitants de la province du Minho manifestent.

» La ville de Braga, qui une des premières s'était portée à l'insurrection, a été aussi la première à se prononcer pour un changement de système, qui assurât à l'avenir le repos et la tranquillité des familles, et l'indépendance du Portugal. Le corrégidor que Son Excellence avait nommé s'était retiré à Oporto lors du départ des troupes françaises, dans la crainte que les nombreux émissaires que Sylveira envoyait n'excitassent de nouveaux troubles, et n'attentassent à sa vie. Les habitants ont alors manifesté le vœu que ce digne magistrat leur fût renvoyé, et une députation de douze membres a été à cet effet envoyée

Quoique cette circulaire fût en quelque sorte confidentielle, elle ne pouvait demeurer secrète. Elle donna à rire aux uns, elle blessa les autres, elle alarma les meilleurs. On railla le maréchal, dont la réserve jusque-là fort grande se démentait à l'aspect trompeur d'une couronne, jusqu'à manifester les désirs les plus imprudents. On s'emporta dans une partie de l'armée, surtout parmi les vieux officiers qui avaient gardé au fond du cœur les sentiments d'indépendance particuliers à l'armée du Rhin, qui se battaient par dévouement à leurs devoirs, mais qui étaient secrètement indignés de voir leur sang couler à toutes les extré-

Avril 1809.

Effet produit dans l'armée par les projets attribués au maréchal Soult.

près Son Excellence. Pendant ce temps les émissaires de Sylveira étaient arrêtés et emprisonnés.

» A Oporto et à Barcelos, les habitants ont aussi manifesté les mêmes sentiments, et tous sentent la nécessité d'avoir un appui auquel les citoyens bien intentionnés puissent se rallier pour la défense et le salut de la patrie, et pour la conservation des propriétés. A ce sujet de nouvelles députations se sont présentées à Son Excellence, pour la supplier d'approuver que le peuple de la province du Minho manifestât authentiquement le vœu de déchéance du trône de la maison de Bragance, et qu'en même temps S. M. l'Empereur et Roi fût suppliée de désigner un prince de sa maison, ou de son choix, pour régner en Portugal, mais qu'en attendant que l'Empereur ait pu faire connaître à ce sujet ses intentions, Son Excellence le duc de Dalmatie serait prié de prendre les rênes du gouvernement, de représenter le souverain, et de se revêtir de toutes les attributions de l'autorité suprême : le peuple promettant et jurant de lui être fidèle, de le soutenir et de le défendre aux dépens de la vie et de la fortune contre tout opposant, et envers même les insurgés des autres provinces, jusqu'à l'entière soumission du royaume.

» Le maréchal a accueilli ces propositions, et il a autorisé les corrégidors des comargues à faire assembler les chambres, à y appeler des députés de tous les ordres, des corporations, et du peuple dans les campagnes, pour dresser l'acte qui doit être fait, et y apposer les si-

mités du monde, pour faire des rois ou faibles, ou incapables, ou dissolus, et généralement peu fidèles à la France. Il y avait dans l'armée de Portugal plus d'un officier pensant de la sorte, et parmi eux un surtout, le général Delaborde, celui qui avait si bien trouvé l'art de battre les Anglais, et qui l'avait fait d'une manière si brillante au combat de Rolica. Il était fier, intelligent et brave, et il tint un langage que chacun répéta bientôt autour de lui. Enfin des militaires de caractère plus réservé, uniquement préoccupés du maintien de la

gnatures de l'universalité des citoyens. Il m'a ordonné de vous faire part de ces dispositions, pour que dans l'arrondissement que vous commandez, vous en favorisiez l'exécution, et qu'ensuite vous en propagiez l'effet sur tous les points du royaume où vous pourrez en faire parvenir la nouvelle.

» M. le maréchal ne s'est pas dissimulé qu'un événement d'aussi grande importance étonnera beaucoup de monde, et doit produire des impressions diverses; mais il n'a pas cru devoir s'arrêter à ces considérations : son âme est trop pure pour qu'il puisse penser qu'on lui attribue aucun projet ambitieux. Dans tout ce qu'il fait il ne voit que la gloire des armes de Sa Majesté, le succès de l'expédition qui lui est confiée, et le bien-être d'une nation intéressante, qui, malgré ses égarements, est toujours digne de notre estime. Il se sent fort de l'affection de l'armée, et il brûle du désir de la présenter à l'Empereur, glorieuse et triomphante, ayant rempli l'engagement que Sa Majesté a elle-même pris, de planter l'aigle impériale sur les forts de Lisbonne, après une expédition aussi difficile que périlleuse, où tous les jours nous avons été dans la nécessité de vaincre.

» Son Excellence ne s'est pas dissimulé non plus que depuis Burgos l'armée a eu des combats continuels à soutenir; elle a réfléchi sur les moyens d'éviter à l'avenir les maux que cet état de guerre occasionne, et elle n'en a pas trouvé de plus propre que celui qui lui est offert par la grande majorité des habitants des principales villes du Minho, d'autant plus qu'elle a l'espoir de voir propager dans les autres provinces cet exemple, et qu'ainsi ce beau pays sera préservé de nouvelles calamités. Les intentions de Sa Majesté seront plus tôt et plus glorieuse-

discipline, furent désolés de l'effet moral qu'allait produire l'exemple du général en chef parmi des officiers et des soldats déjà trop enclins à s'affranchir de toute règle, et toujours prêts à se dédommager par la licence des souffrances qu'ils enduraient dans des pays lointains. C'était leur donner soi-même le signal du désordre, c'était surtout diviser l'armée, qui, dans la position périlleuse où elle se trouvait, avait besoin plus que jamais d'union, de force et de bonne conduite. Ces sages militaires se préoccupaient aussi du jugement que

ment remplies, et notre présence en Portugal, qui d'abord avait été un sujet d'effroi pour les habitants, y sera vue avec plaisir, en même temps qu'elle contribuera à neutraliser les efforts des ennemis de l'Empereur sur cette partie du continent.

» La tâche que M. le maréchal s'impose dans cette circonstance est immense, mais il a le courage de l'embrasser, et il croit la remplir même avec succès, si vous voulez bien l'aider dans son exécution. Il désire que vous propagiez les idées que je viens de vous communiquer, que vous fassiez protéger d'une manière particulière les autorités ou citoyens quelconques qui embrasseront le nouveau système, en mettant les uns et les autres dans le cas de se prononcer et d'agir à l'avenir en conséquence. Vous veillerez plus soigneusement que jamais à la conduite de votre troupe, l'empêcherez de commettre aucun dégât ou insulte qui pourrait irriter les habitants, et vous aurez la bonté, monsieur le général, d'instruire fréquemment Son Excellence de l'esprit des habitants et du résultat que vous aurez obtenu.

» J'ai l'honneur de vous prier d'agréer l'hommage de mon respect et de mon sincère attachement.

» *Le général chef de l'état-major général,*
» *Signé :* RICARD.

» Pour copie conforme à l'original, resté entre les mains du général de division Quesnel.

» Paris, le 11 juillet 1809.

» *Le ministre de la guerre,*
» Comte D'HUNEBOURG. »

porterait l'Empereur de tous ceux qui, plus ou moins, se prêteraient à des actes si étranges, contenant une censure involontaire, mais si frappante, de la politique impériale.

Le général Quesnel, commandant d'Oporto, adressa quelques observations au maréchal Soult[1], qui les accueillit mal, et lui répondit avec hauteur, que l'approbation à obtenir de l'Empereur le regardait seul, et ne devait point occuper les officiers servant sous ses ordres. — Le sort infligé aux lieutenants du général Dupont prouve, lui répliqua le général Quesnel, que l'Empereur sait au besoin faire descendre la responsabilité du général en chef jusqu'à ceux qui ont partagé ses fautes. —

Trois partis se produisirent aussitôt dans l'armée : celui des officiers qui, sans autre motif que le respect de leurs devoirs et leur fidélité à l'Empereur, ne voulaient pas se prêter à une prise de possession du pouvoir royal qu'il n'avait point approuvée; celui des officiers, autrefois républicains, que les excès de la politique impériale ramenaient à leurs opinions primitives; celui enfin de quelques mécontents plus audacieux, qui ne s'inquiétaient guère d'une désobéissance à l'Empereur, et n'avaient pas non plus grand regret de la République, mais qui étaient tout simplement, sans se l'avouer peut-être, de vrais royalistes, jugeant la République, le Consulat, l'Empire lui-même, tout ce qui s'était passé

---

[1] Ce détail est rapporté par le ministre de la guerre à l'Empereur dans l'une de ses lettres confidentielles.

depuis vingt ans en France, comme une suite d'affreuses convulsions, devant toutes aboutir à mauvaise fin. Les propos des anciens royalistes se trouvaient déjà dans la bouche de quelques officiers. On en citait un notamment qui les tenait quelquefois, c'était le colonel du 47ᵉ de ligne, fort connu depuis sous le nom de général Donnadieu. Ce qu'il y a de plus singulier, c'est que ce parti peu nombreux, mais qui commençait à se faire entendre sourdement dans l'armée, surtout en Espagne, où les souffrances étaient horribles, et le but pour lequel on les endurait d'une clarté plus sensible, ce parti se composait non d'anciens royalistes (presque aucun de ces militaires n'avait eu le temps de l'être), mais d'anciens républicains de l'armée du Rhin, dégoûtés de travaux qui, au lieu de la grandeur du pays, n'avaient plus pour objet que celle d'une famille. La gloire avait caché un moment le vide ou l'égoïsme de cette politique. Les premiers revers amenaient la réflexion, et la réflexion amenait le dégoût.

A peine ces divisions avaient-elles éclaté, que le langage de l'armée, devenu aussi imprudent que les actes qui l'avaient provoqué, fut d'une audace incroyable. On ne parlait de rien moins que d'arrêter le général en chef, s'il donnait suite à sa circulaire, de le déposer, et de le remplacer par le plus ancien des lieutenants généraux. On comprend tout ce qu'avait de dangereux, au milieu d'un pays ennemi, en présence d'une armée anglaise conduite par un capitaine habile, un tel ébranlement

Avril 1809.

de la discipline. Bientôt tout s'en ressentit. Le service se fit avec une mollesse, une négligence, qui eurent des conséquences déplorables. Ces soldats, obligés d'entrer de vive force dans chaque lieu habité, autorisés à y exercer le droit qu'on a sur toute ville prise d'assaut, avaient contracté le goût du pillage, et malheureusement, depuis le sac d'Oporto, beaucoup d'entre eux étaient chargés d'or. Leur faire abandonner de telles mœurs était urgent, et on ne le pouvait guère dans l'état d'indiscipline où l'armée tout entière était tombée. Voulait-on les ramener à l'ordre, ils se plaignaient d'être sacrifiés à une population dont on cherchait à s'attirer les suffrages. Les officiers, qui eux-mêmes leur avaient donné l'exemple de ces propos, n'avaient plus assez de force pour les réprimer, et en peu de temps le désordre fit de rapides et funestes progrès. On ne tarda pas à en avoir la triste preuve dans un étrange incident, qui, quelques mois après, conduisit un officier à une mort infamante.

Dans une pareille situation, l'assiduité à remplir ses devoirs n'étant point facile à demander et à obtenir, les officiers quittaient souvent leur poste sans qu'on s'enquît de ce qu'ils étaient devenus. Un officier de cavalerie, capitaine au 18e de dragons, très-intelligent, très-brave, et surtout très-remuant, ayant acquis la faveur de ses chefs par de bons et mauvais motifs, par la bravoure et par la complaisance, était de ceux qui disaient tout haut que le Consulat, si glorieux d'abord, converti depuis en Empire, n'était plus que le sacrifice de tous les intérêts de la France à une ambition démesurée. Né dans le Midi, pays royaliste, il était prématurément amené aux sentiments qui éclatèrent en 1815, quand la France, fatiguée de trente ans de révolution, se jeta dans les bras des Bourbons. Cet officier avait fréquenté les colonels et les généraux qui se plaignaient le plus ouvertement du commandant en chef, et s'exagérant leurs pensées d'après leurs paroles, il crut voir dans leur mécontentement une conspiration, dont on pouvait se servir sur-le-champ pour amener (le croirait-on!) le renversement en 1809 de Napoléon et de son empire. Comme tous ces êtres inquiets qui se précipitent dans les conspirations, il avait des besoins autant que des opinions, et par goût de l'argent autant que par activité désordonnée, il eut l'idée d'aller traiter avec sir Arthur Wellesley, qui était en ce moment à Coïmbre.

Ce célèbre général, vainqueur de Vimeiro, rappelé, comme on l'a vu, au commandement de l'armée britannique depuis la mort du général Moore, avait été expédié d'Angleterre avec un renfort de 12 mille hommes, ce qui portait à 30 mille environ les forces anglaises dans cette contrée. Son prédécesseur, intérimaire, le général Cradock, n'avait pas osé s'opposer au mouvement du maréchal Soult sur Oporto, préoccupé qu'il avait été de l'apparition du maréchal Victor vers Mérida, et du général Lapisse vers Alcantara, et il était resté aux environs de Leiria sur la route de Lisbonne. Sir Arthur Wellesley n'était pas homme à demeurer

Avril 1809.

Mission que se donne un officier français auprès de sir Arthur Wellesley.

inactif, et il était résolu, dans la limite de ses instructions, qui lui enjoignaient de se borner à la défense du Portugal, d'ébranler le plus qu'il pourrait la domination des Français dans la Péninsule. Il voulut d'abord faire évacuer Oporto par le maréchal Soult, et, le nord du Portugal délivré, se porter ensuite au midi, pour voir comment il pourrait s'y prendre pour déjouer les projets du roi Joseph sur le sud de l'Espagne. Il avait établi son quartier général à Coïmbre, où il se trouvait à la tête de vingt et quelques mille hommes, et il avait dirigé sur Abrantès une division anglaise avec une division portugaise, pour observer ce que feraient les Français de ce côté.

Le capitaine Argenton, c'était le nom de l'officier dont nous racontons les criminelles intrigues, par suite de l'incroyable relâchement qui s'était introduit dans l'armée, put se dérober à ses devoirs, se rendre déguisé d'Oporto à Coïmbre, et se présenter clandestinement à sir Arthur Wellesley. Les complaisances de l'autorité française pour les habitants d'Oporto qui avaient des affaires à Lisbonne, et auxquels on permettait d'aller et de venir, malgré l'état de guerre, ne contribuaient pas peu à faciliter les communications de ce genre. Argenton vit le général anglais[1], lui parla des divisions de l'armée française, des partis qui s'y étaient formés, exagéra, suivant la coutume des gens de

---

[1] On peut lire à ce sujet la correspondance du duc de Wellington, imprimée à Londres, laquelle confirme entièrement les renseignements manuscrits qui existent aux archives de France.

son espèce, la réalité qui n'était déjà que trop triste, fit de simples mécontents des conspirateurs, de gens qui murmuraient des gens qui voulaient agir, d'hommes qui cédaient à des impulsions différentes parce qu'elles étaient sincères, des hommes qui voulaient tous une même chose, c'est-à-dire renverser un régime ruineux pour la France, et s'insurger contre l'autorité de l'Empereur. Semblable en tout aux brouillons qui prennent de tels rôles, Argenton s'attribua une mission qu'il n'avait pas reçue, et prétendit, en nommant calomnieusement une foule de généraux et de colonels, qu'il était chargé par eux de se présenter au général en chef de l'armée britannique, et de traiter avec lui. C'était un mensonge, malheureusement fort commun en pareille circonstance, et trop souvent cru quoique souvent démasqué. Le plan que cet intrigant proposait était le suivant. Si la population d'Oporto s'y prêtait, le maréchal Soult, disait-il, ne manquerait pas de se proclamer roi, ou du moins, comme l'annonçait la circulaire, de prendre provisoirement tous les attributs de la souveraineté royale. Il suffisait d'une telle démarche pour qu'une révolte éclatât dans l'armée. Alors on déposerait le maréchal, et après ce premier éclat, les généraux iraient plus loin. Ils proclameraient la déchéance de Napoléon lui-même, et puis si l'armée anglaise voulait traiter avec eux, et ne pas les poursuivre, ils se retireraient par journées d'étape jusqu'aux Pyrénées. Cet exemple serait en un clin d'œil imité par les trois cent mille hommes qui

6.

servaient en Espagne, et on verrait la vieille armée de la République et de l'Empire, se souvenant de ce qu'elle avait été, indignée d'être sacrifiée aux projets d'un ambitieux, abandonner la Péninsule, se retirer sur les Pyrénées, et de là proclamer la délivrance de la France et de l'Europe, pourvu toutefois que les Anglais acceptassent ce qu'on leur proposait, c'est-à-dire de suivre, sans les combattre, ceux qui allaient par ce mouvement spontané rétablir la paix du monde.

C'était là de folles exagérations. Ce qu'il y avait de vrai, c'est que l'armée, qui sait aussi bien que la nation juger ce qui se passe sous ses yeux, tout en restant fidèle à ses devoirs, avait apprécié la politique de Napoléon, la blâmait secrètement quoiqu'en la servant avec héroïsme ; qu'elle pensait ainsi surtout en Espagne, et qu'il eût suffi de quelques jours d'indiscipline pour que le chaos de sentiments qui venait de se produire à Oporto se produisît dans les sept ou huit corps chargés de conquérir la Péninsule. Mais de cet état de choses au projet dont on parlait, il y avait aussi loin qu'il y a loin ordinairement de la réalité aux inventions des conspirateurs.

Le général anglais usa ici de sa principale qualité, le bon sens, et il apprécia ce qu'il pouvait y avoir de vrai dans les assertions du nommé Argenton. Il vit clairement que la politique conquérante de Napoléon était jugée même dans l'armée française, que cette armée était divisée, que les liens de la discipline y étaient fort relâchés, que les devoirs militaires, si grande que fût la bravoure dans ses rangs, devaient y être mal remplis, et, sans croire à une révolte qui, commençant par la déposition du maréchal Soult, pourrait finir par celle de Napoléon lui-même, il espéra quelque chose de plus vraisemblable, et malheureusement de plus praticable, c'était de surprendre les Français en pleine ville d'Oporto, et de leur faire essuyer un revers humiliant.

Quoiqu'il n'ajoutât aux ouvertures d'Argenton que la foi qu'elles méritaient, il ne le repoussa point, l'engagea à revenir, lui en fournit les moyens, refusa de traiter avec l'armée française, et surtout d'engager les habitants d'Oporto à proclamer le maréchal Soult roi de Portugal, ce qui aurait, suivant Argenton, précipité la crise. Il déclara que, pour tous ces objets si graves, il allait en référer à son gouvernement. Mais voyant combien l'état de l'armée française lui offrait d'avantages pour une surprise, il prit la résolution de marcher sur Oporto, en ayant soin de remplir à l'avance cette ville de ses espions, lesquels, sous le titre d'habitants d'Oporto ou de Lisbonne, et sous le prétexte d'affaires de négoce, obtenaient de la complaisance de l'autorité française la liberté d'aller et de venir.

Argenton, revenu au camp sans qu'on fît attention à son absence, attribuée à des motifs de libertinage, recommença plusieurs fois ses criminelles excursions, vit de nouveau le général anglais, chercha à le convertir à l'idée de favoriser la royauté

Avril 1809.

Sir Arthur Wellesley conçoit, d'après l'état de l'armée française, l'espérance de surprendre Oporto.

du maréchal Soult pour précipiter un mouvement dans l'armée, et de traiter ensuite avec les auteurs de ce mouvement, ne parvint en insistant auprès de lui qu'à l'éclairer davantage sur l'état moral des troupes françaises, et à le confirmer dans son projet de surprendre Oporto.

Au retour de sa dernière excursion, Argenton, traversant la brigade du général Lefebvre, qui fournissait les avant-postes français sur la rive gauche du Douro, et trouvant cette brigade exposée aux entreprises de l'armée anglaise qu'il avait laissée en marche, fut saisi d'un double désir, celui de préserver le général Lefebvre qu'il aimait parce qu'il avait servi sous ses ordres, et celui de l'affilier à la prétendue conspiration, dont il était l'unique artisan. Il dit au général Lefebvre que sa position lui faisait courir les plus grands périls. Celui-ci voulant savoir quels étaient ces périls, Argenton finit par les lui révéler. Il lui déclara que l'armée anglaise approchait, lui avoua, pour se faire croire, qu'il en venait, ajouta faussement qu'il y était allé pour le compte de la plupart des généraux indignés d'être sacrifiés à l'ambition de la famille Bonaparte, et le supplia de se joindre à ses camarades pour contribuer à sauver l'armée et la France [1].

Le général Lefebvre, profondément agité de ces confidences, quoiqu'il lui en coûtât de livrer Argenton, révéla au maréchal Soult ce qu'il venait

---

[1] C'est à la déposition du général Lefebvre que ces détails sont empruntés.

d'apprendre, en le priant de ne pas perdre un malheureux qui, tout criminel qu'il était, avait cependant un titre à sa reconnaissance, celui d'avoir voulu l'avertir et le sauver. Le maréchal Soult fit sur-le-champ arrêter Argenton, et sut ainsi tout ce qui se passait dans l'armée. Il avait pu s'apercevoir des mécontentements excités dans son sein; mais refusant de les attribuer à leur cause véritable, il eut la faiblesse de croire à une conspiration, dont au reste il fit peu d'éclat, sentant que la situation était difficile pour tout le monde, car il n'y avait personne qui n'eût des reproches à se faire. Le bruit de cette arrestation se répandit comme s'était répandu le bruit d'un projet de royauté, et alors on s'accusa à qui mieux mieux, les uns de conspirer contre le salut de l'armée, les autres de méditer une usurpation. Le désordre et la confusion n'en furent que plus grands.

Il y avait plus d'un mois que le maréchal Soult était à Oporto, occupé du soin de se mettre en relation avec les habitants, mais ne prenant aucun parti relativement aux opérations militaires, ni celui d'avancer, ni celui de se retirer. Avancer était à peu près impossible, car il aurait fallu, outre la population, vaincre l'armée anglaise, et bien qu'avec 20,000 Français aguerris, et un général habile, cela fût à la rigueur possible, il était souverainement imprudent de le tenter. Rester était tout aussi impraticable, car il s'agissait toujours de combattre et de vaincre l'armée anglaise, en ayant à sa droite, à sa gauche, sur ses derrières, la population insurgée à contenir. Se retirer par les routes qui aboutissaient à la Vieille-Castille, c'est-à-dire par Amarante, Chaves, Bragance, ou mieux par les routes qui ramenaient en Galice, c'est-à-dire par Braga et Tuy, en revenant vers son point de départ, était, quoique peu brillante, la seule conduite à suivre. Ne pas le faire, c'était préférer un désastre à un désagrément.

Malheureusement le maréchal Soult n'y songeait guère. Occupé de pacifier le nouveau royaume de la Lusitanie septentrionale, il avait aboli certains impôts, créé des lampes perpétuelles pour certaines madones, et recueilli le vœu des diverses villes qu'on avait décidées à demander l'établissement d'une royauté française. Les députations de Braga, Oporto, Barcelos, Viana, Villa de Condé, Feira et Ovar se succédèrent, et vinrent en pompe le prier de donner un roi au Portugal. Toutes ces cérémonies avaient l'aspect et la forme du baise-main espagnol. L'armée, qui en était spectatrice, redoublait de railleries, tenait des propos capables d'ébranler toute autorité militaire, et n'en était que plus disposée à négliger ses devoirs. Au milieu de ces vaines occupations, le maréchal Soult apprit que sir Arthur Wellesley était débarqué depuis le 22 avril avec un renfort de 12 mille hommes, que 30 mille soldats anglais environ, suivis de toute l'insurrection portugaise, allaient marcher sur Oporto, et reconnut enfin que le seul parti à prendre était d'abandonner la capitale du nouveau royaume projeté. Mais cette triste nécessité, qu'il aurait été bien utile de reconnaître plus tôt, une fois admise, il fallait se décider et agir le plus promptement possible, pour ne rien laisser après soi, ni son matériel, ni surtout ses blessés et ses malades qu'on ne pouvait livrer à la discrétion d'un peuple féroce. Il fallait choisir sa ligne de retraite ou par Amarante sur Zamora, ou par Braga sur Tuy. Se retirer par Amarante avait l'apparence d'une manœuvre, qui sauvait l'amour-propre du général en chef, car on semblait se porter sur la gauche des Anglais, sans quitter tout à fait le Portugal; tandis que se retirer par Braga, c'était tout simplement retourner comme on était venu et par le même chemin. Mais la retraite par Amarante était difficile et demandait beaucoup de temps; elle devait s'opérer sur une route dont on ne possédait aucun point, en une longue colonne que les blessés et les malades rendraient encore plus longue, dont il faudrait protéger la tête et le milieu contre l'insurrection, la queue contre les Anglais. En se retirant par Braga sur Tuy, la route était courte, tout entière aux Français dans chacun de ses points, et en se concentrant à l'arrière-garde avec ses meilleures troupes pour tenir tête aux Anglais, on couvrait de sa masse même tout ce qu'on aurait envoyé en avant. C'était donc la seule retraite sûre, facile, admissible, quoiqu'elle fût la moins capable de faire illusion sur ce qui allait se passer, c'est-à-dire sur l'abandon forcé du Portugal.

Quoi qu'il en soit, quelque ligne qu'on préférât, il fallait se résoudre sur-le-champ, envoyer

Mai 1809.

inaction, reconnaît la nécessité d'abandonner le Portugal.

Mai 1809.

vers Amarante, si on adoptait cette dernière direction, une force considérable pour empêcher que les Anglais ne franchissent le Douro sur notre gauche, et ne coupassent la route qu'on aurait choisie. Il fallait surtout faire partir les malades, les blessés, le gros matériel. Le maréchal Soult, averti dès le 8 mai des mouvements de sir Arthur Wellesley, se borna à concentrer ses divers postes de Braga, de Viana, de Guimaraens sur Amarante, et à ordonner au général Loison de faire une percée au delà du Tamega, pour s'assurer le passage de ce petit fleuve. Mais, à Oporto même, il ne fit aucun préparatif de départ, ce qui était extrêmement fâcheux, car, sans aller jusqu'à prévoir un désastre, il était évident que la retraite serait d'autant plus difficile qu'on la commencerait plus tard. Il s'était proposé d'abord de partir le 10 mai, après quarante jours d'établissement à Oporto; puis il adopta le 11, puis enfin il voulut encore attendre jusqu'au 12, pour ordonner ses derniers préparatifs. Mais le 12 était destiné par la Providence pour l'un des plus étranges événements de cette funeste guerre!

Le 12 mai choisi par le maréchal Soult pour l'abandon d'Oporto.

Sir Arthur Wellesley commence son mouvement sur Oporto.

Sir Arthur Wellesley, après avoir envoyé, comme on l'a dit, une brigade anglaise et une division portugaise sur Abrantès, afin d'observer les mouvements des Français sur le Tage, résolut de marcher en personne sur le Douro, et de se présenter à Oporto même, parfaitement informé qu'il était de ce qui s'y passait, et de l'incroyable désordre dans lequel y étaient tombées toutes choses. Le général Beresford, chargé spécialement du commandement des Portugais, fut dirigé par lui de Coïmbre sur Lamego par Viseu. (Voir la carte n° 43.) L'intention du général anglais était tout à la fois d'intercepter la route de Bragance, et de détourner l'attention de la ville d'Oporto, où devait se faire la principale tentative. En même temps il dirigea ses deux principales colonnes, l'une à gauche par la route du littoral d'Aveiro à Ovar, l'autre à droite par la route de l'intérieur d'Agueda à Bemposta. Celle de gauche, arrivée à Aveiro, avait à franchir de longues lagunes parallèles à la côte de Portugal, et sur lesquelles on pouvait naviguer. Sir Arthur Wellesley y embarqua un fort détachement, qui, en allant descendre à Ovar, devait se trouver sur les derrières de l'avant-garde française, formée d'infanterie et de cavalerie, et commandée par le général Franceschi. Sir Arthur Wellesley ordonna à la colonne de droite d'attaquer de front Franceschi, dès que les troupes débarquées à Ovar seraient en position de se jeter sur ses derrières.

Mai 1809.

C'est le 10 mai que s'opéra ce mouvement. Le brave général Franceschi, surpris et assailli dans tous les sens, se conduisit avec le plus rare sang-froid, chargea sous la mitraille tantôt l'infanterie, tantôt la cavalerie anglaise, détruisit autant de monde qu'il en perdit, et se tira de ce mauvais pas avec un extrême bonheur. Cette surprise était la triste suite d'un état de choses où nous laissions tout savoir aux Anglais, sans parvenir à rien savoir d'eux. Le 11 nos détachements repliés sur Oporto,

Première rencontre des Anglais avec l'avant-garde du général Franceschi.

dans les faubourgs de la rive gauche du Douro, repassèrent le fleuve, en amenant tous les bateaux à la rive droite.

Il semble qu'averti le 10 et le 11 par la présence de l'armée anglaise, le maréchal Soult aurait dû avoir tous ses malades et ses blessés non pas dans les hospices d'Oporto, mais sur la route d'Amarante, et s'être assuré d'une manière positive de la possession de cette dernière ville. Mais le 11 aucun des blessés n'était parti, et on comptait sur la possession d'Amarante sans en être certain. Le maréchal attendit encore le 12 pour quitter définitivement cette ville d'Oporto, de laquelle il avait tant de peine à se détacher. La seule précaution prise avait été de noyer les poudres qu'on ne pouvait emporter, de faire le partage entre la grosse artillerie impossible à traîner, et l'artillerie de campagne qu'on avait les moyens d'atteler, et de se procurer avec celle-ci un parc mobile de 22 pièces. C'est le 12 que devait avoir lieu le départ. Le gros de l'armée était échelonné sur la route d'Amarante par Balthar, et la division Mermet était répartie dans l'intérieur d'Oporto pour couvrir le mouvement de retraite.

Mais sir Arthur Wellesley, dans la nuit même du 11, avait conçu un projet qui eût été d'une hardiesse extravagante si le général anglais avait été moins bien informé de l'état vrai des choses, c'était de passer le Douro devant l'armée française, et d'enlever Oporto sous ses yeux. Dans la nuit du 11 il envoya deux bataillons à Avintas, à deux ou trois lieues au-dessus d'Oporto, avec mission de franchir le Douro à l'insu des Français, d'y ramasser toutes les barques qu'on trouverait, et de les faire descendre avant le jour jusqu'à Oporto. Il se plaça lui-même avec le gros de ses troupes dans les faubourgs de la rive gauche, parfaitement caché par les maisons, et attendant le moment d'exécuter son plan, dont il n'avait donné le secret qu'aux deux lieutenants généraux chargés de diriger les colonnes d'attaque.

Le 12, en effet, de très-grand matin, les deux bataillons envoyés sous John Murray à Avintas ayant recueilli un nombre suffisant de bateaux, et les ayant expédiés sur Oporto, on s'en servit pour débarquer avant le jour quelques bataillons commandés par le lieutenant général Paget, lequel vint prendre terre à l'improviste, et dans le plus grand secret, à l'extrémité supérieure d'Oporto. Il cacha ses troupes dans un bâtiment dit de l'Évêché, qui dominait la rive droite. Ce point de débarquement bien occupé, on transporta, détachement par détachement, le reste de la brigade Hill, et il était plein jour que l'état-major français ne savait rien de ce qui se passait, et refusait de croire les avis qui lui en avaient été donnés par plusieurs témoins oculaires. Le général en chef, au lieu d'aller s'en assurer par ses propres yeux, s'en fia d'abord au rapport négatif de ses lieutenants, qu'il accusa plus tard de l'avoir trompé, qui eurent tort sans doute, mais moins que lui, car dans des cas semblables la responsabilité grandit avec le grade.

Cette première incrédulité ayant permis aux Anglais de jeter quelques mille hommes sur la rive droite du Douro, ils eurent le temps de s'établir dans la ville d'Oporto, et bientôt même ils ne prirent plus la peine de se cacher. Mais le général Foy s'étant enfin transporté de sa personne sur les lieux, et s'étant convaincu du péril, courut aux casernes, fit prendre les armes aux troupes, et dirigea le 17e léger sur le bâtiment que les Anglais avaient occupé. Ceux-ci, malheureusement, une fois en position n'étaient pas faciles à déposter, et on fit inutilement le coup de fusil avec eux pour les expulser. Le général Mermet, qui formait l'arrière-garde avec sa division, porta ses troupes sur le point dont les Anglais s'étaient rendus maîtres, résolu à les attaquer vigoureusement et à les précipiter dans le fleuve. Mais en se dirigeant sur la partie supérieure d'Oporto il en découvrit le centre, et le lieutenant général Sherbrooke, profitant de l'abandon où était laissé ce côté de la ville, y débarqua rapidement sa brigade, de manière qu'en un instant Oporto fut rempli d'Anglais. Le brave général Delaborde, à la tête du 4e d'infanterie légère et du 15e de ligne, les chargea à outrance, les repoussa jusqu'au bord du fleuve, mais ne put jamais leur arracher les bâtiments qui leur servaient d'appui. Il fut blessé ainsi que le général Foy, sans réussir à venger l'honneur de l'armée de cette surprise inouïe.

Au point où en étaient les choses, résigné qu'on était à quitter Oporto, il devenait presque inutile de disputer au prix d'une immense effusion de sang une ville qu'on aurait été obligé de reconquérir, rue à rue, sur des troupes qu'on ne chassait pas comme les Portugais des positions dont elles s'étaient emparées. Il est vrai qu'il restait un millier de blessés et de malades dans Oporto, dépôt sacré, qu'il importait de sauver. Mais il aurait fallu posséder la ville pendant plusieurs jours encore pour avoir le temps de les évacuer, et il était impossible de l'espérer. C'est ce motif qui décida la retraite des Français, après une lutte énergique du général Delaborde, et une perte de quelques centaines d'hommes que le maréchal Soult et sir Arthur Wellesley évaluèrent depuis à un chiffre exagéré. Le plus fâcheux c'était de laisser nos blessés et nos malades au pouvoir de l'ennemi, d'y laisser surtout l'honneur de l'armée, car une pareille surprise n'avait pas d'exemple dans les annales de la guerre. Heureusement on était remplacé à Oporto par le général d'une nation civilisée; et nos malades, qui eussent couru le danger d'être égorgés s'ils étaient restés au pouvoir des insurgés, ne couraient cette fois que le danger d'être négligés [1].

Mai 1809.

On se retira donc le soir du 12 à Balthar, fort irrités les uns contre les autres, les généraux accusant le commandant en chef d'avoir tout laissé tomber dans l'état d'incurie qui avait rendu possible la surprise d'Oporto, le commandant en chef

Retraite de l'armée française sur Balthar.

---

[1] Le duc de Wellington se comporta dignement en cette circonstance. Il fit demander à l'armée française ses propres chirurgiens pour soigner ses malades, en accordant à ces chirurgiens des sauf-conduits pour leur venue et leur retour.

accusant ses lieutenants de lui avoir laissé ignorer le passage commencé du Douro. On avait emmené avec soi le coupable auteur des communications avec l'armée anglaise, le nommé Argenton, que le maréchal avait fait arrêter pour le traduire en jugement. Il voulait le donner en garde au général Delaborde, mais les choses en étaient venues à ce point, que le général Delaborde refusa de s'en charger, disant qu'on n'avait qu'un désir, celui de faire évader cet intrigant pour couvrir d'un voile ce qui s'était passé, et que lui, désirant la lumière, n'entendait pas être responsable d'une telle évasion. En effet Argenton, qui était plein de dextérité, parvint à s'échapper, et s'enfuit chez les Anglais sans qu'on pût raisonnablement accuser personne de connivence, bien que dans l'armée on en accusât tout le monde [1].

Parvenu le soir à Balthar, le maréchal Soult apprit un nouvel accident, plus funeste encore que celui qui était arrivé le matin à Oporto. Le général Loison n'ayant pas les forces suffisantes pour s'ouvrir le passage du Tamega, et craignant d'être coupé d'Oporto par le grand nombre d'ennemis qui s'étaient présentés à lui, avait évacué Amarante. La route de Bragance se trouvait ainsi livrée aux Anglais. Cette dernière contrariété devenait un désastre, car pour rejoindre la route directe d'Oporto à Tuy par Braga, qu'il eût mieux valu cent fois adopter dès le début, il fallait reve-

---

[1] Il fut repris quelques mois après, jugé et fusillé.

nir jusque fort près d'Oporto, et on devait naturellement supposer qu'on y rencontrerait l'armée anglaise prête à nous barrer le passage. Or comment se faire jour pour gagner la route directe de Braga? Il y avait beaucoup de raisons d'en désespérer, dans l'état où se trouvait l'armée, et on ne savait à quel parti s'arrêter. Cependant avec un peu plus de sang-froid le maréchal Soult aurait pu faire un calcul qui se présentait assez naturellement à l'esprit. Malgré la surprise du matin, il n'était pas à croire que le général anglais eût déjà transporté toute son armée d'une rive à l'autre du Douro. De telles opérations, quand on n'en a pas préparé les moyens long-temps à l'avance, ne s'exécutent que lentement. L'eût-il fait, il n'était pas probable qu'il eût déjà concentré toutes ses troupes sur les derrières des Français, de manière à interdire à ceux-ci le passage de la route d'Amarante à celle de Braga. Une avant-garde pouvait tout au plus se trouver au point d'intersection des deux routes, et dès lors on avait chance de lui passer sur le corps. Il est vrai que dans ces sortes de situations ce ne sont pas les chances les meilleures qu'on est porté à supposer, mais les plus mauvaises, et qu'après avoir trop accordé à la fortune, on lui accorde trop peu. Dans ce cas-ci notamment, le maréchal Soult eût réussi en étant plus confiant, car sir Arthur Wellesley ne fit occuper Valongo, premier point au delà d'Oporto, que le lendemain 13 au matin, avec une simple avant-garde, et il ne s'y présenta lui-même que le 14 à la tête de son armée. Mais ne pouvant deviner cette circonstance, ne sachant pas la prévoir, le maréchal Soult prit un parti désespéré.

Il avait devant lui une chaîne escarpée, au delà de laquelle se déroulait la route de Braga, et mieux encore que la route de Braga, celle de Braga à Chaves, sur laquelle il pouvait se jeter directement sans descendre jusqu'à Braga, ce qui lui permettait d'atteindre Chaves avant les troupes du général Beresford. N'ayant pas d'avance ordonné à Tuy des préparatifs pour le passage du Minho, il lui fallait, comme la première fois, remonter jusqu'à Chaves, pour traverser ce fleuve dans les montagnes vers Orense.

Mais pour franchir cette chaîne, qu'on appelle Sierra de Santa-Catalina, on était réduit à suivre des sentiers de chèvre, où les cavaliers ne pouvaient passer qu'en mettant pied à terre, et les artilleurs qu'en abandonnant leurs canons. Il fallait donc se résoudre au sacrifice de toute l'artillerie. Or, après celui de déposer les armes, il n'y en a pas de plus humiliant, parce qu'il n'y en a pas de plus funeste pour une armée. Mais cette résolution une fois prise, le maréchal Soult eut le mérite de l'exécuter sans perte de temps. Il fit réunir sur-le-champ son artillerie et ses caissons, pour les faire sauter. On eut soin auparavant de mettre sur le dos des soldats tout ce qu'ils pouvaient porter de cartouches; on voulut même livrer une portion du trésor de l'armée à leur avidité, mais ce fut en vain, car la plupart avaient déjà leurs sacs remplis. La plus grande partie de la caisse fut abandonnée à l'explosion qui détruisit l'artillerie.

Ce cruel sacrifice accompli, on se dirigea sur les flancs escarpés de la Sierra de Santa-Catalina, vers laquelle on avait déjà acheminé une tête de colonne, et on employa toute la journée du 13 à la franchir. Les soldats eurent beaucoup à souffrir pendant cette route, parce qu'ils étaient très-chargés, et avaient à gravir des sentiers fort difficiles. Enfin le soir on arriva à Guimaraens, où l'on trouva le corps du général Loison qui s'était replié sur cette ville en quittant Amarante, et en outre les divers détachements qui sous le général Lorge avaient évacué le littoral. L'armée était ainsi réunie tout entière, et, grâce au sacrifice qu'elle avait fait de son artillerie, capable de passer partout.

C'était un avantage trop chèrement acheté pour ne pas en profiter, surtout afin de se préserver de la poursuite du général Beresford, qui, après l'occupation d'Amarante, pouvait se porter directement sur la route de Chaves, et intercepter de nouveau notre ligne de communication. On marcha sans s'arrêter sur Salamonde et Ruivaens. On renonça même, pour plus de sûreté, à passer par Chaves, où l'on était certain de trouver les Portugais qui avaient enlevé la garnison française laissée dans cette ville, et on se dirigea sur Monte-Alegre, d'où une route plus courte conduisait à Orense.

Mais bientôt on apprit que les insurgés, pour donner au général Beresford le temps d'atteindre l'armée française, coupaient les ponts, et obstruaient les défilés. On sut notamment que le pont de Puente-Novo avait été coupé par des paysans, et qu'ils étaient embusqués dans les environs pour défendre le passage. Il fallait à tout prix franchir cet obstacle, ou bien on était pris en flanc par le général Beresford sous vingt-quatre heures, en queue par sir Arthur Wellesley sous quarante-huit. Le major Dulong, du 31e d'infanterie légère, se chargea de surmonter la difficulté. Il prit avec lui cent hommes d'élite, marcha au pont dans l'obscurité, le trouva coupé, et gardé par les paysans. Heureusement ceux-ci avaient pour leur usage laissé deux poutrelles, et de plus, afin de se mettre à l'abri du temps, qui était affreux, ils s'étaient blottis dans une baraque où ils ne songeaient qu'à se chauffer. Le major Dulong, profitant de la négligence portugaise, passa sur les poutrelles avec les braves qui le suivaient, puis se jeta sur la baraque dans laquelle s'étaient abrités les Portugais, les égorgea tous, et, délivré d'eux, se hâta de rétablir le pont avec les bois qui lui tombèrent sous la main. A la pointe du jour du 16, l'armée trouva le pont réparé, et put défiler, sauvée des fautes de ses chefs par la bravoure d'un officier et par un bienfait du hasard. Bientôt elle rencontra un nouvel obstacle au pont de Misarella, près de Villa-da-Ponte. Au fond d'une gorge étroite, où à peine deux hommes pouvaient marcher de front, et des hauteurs de laquelle de nombreux paysans tiraient sur nos soldats, s'offrait un pont couvert d'abatis, dont les Portugais avaient commencé la destruction.

En même temps on entendait à la queue de l'armée le feu qui commençait entre notre arrière-garde et l'avant-garde du général Beresford. Il n'y avait pas besoin de tant de circonstances pour exciter la témérité de nos soldats. Ils s'élancèrent bravement dans la gorge malgré le feu des hauteurs, enlevèrent les abatis, tuèrent les Portugais qui les défendaient, et franchirent le pont. Mais à l'arrière-garde il y eut du désordre, et on perdit un reste de bagages porté sur le dos de quelques mulets. On passa outre, fort consolé de cette perte, et on gagna enfin la route d'Orense, où l'on arriva le 19 mai, exténué de fatigue, sans chaussure, presque sans vêtements, ayant marché souvent sans vivres, par des pluies de printemps, qui dans cette contrée sont horribles. Le plus grand sujet de chagrin, outre la perte du matériel, c'était d'avoir laissé à Oporto de nombreux malades, que l'honneur anglais allait protéger sans doute, surtout d'avoir abandonné sur les routes beaucoup de blessés et d'écloppés que l'honneur portugais ne protégeait pas du tout, car les insurgés les égorgeaient en nous suivant. Malgré ce qu'on en a dit depuis, la capitulation de Cintra, après la bataille de Vimeiro, vaillamment livrée quoique perdue, avait moins coûté à la gloire de l'armée et à son effectif, que la surprise d'Oporto, la destruction de notre artillerie à Peñafiel, et cette marche précipitée à travers les gorges de la province de Tras-los-Montès. L'état moral de nos troupes répondait à leur état matériel. Les soldats, bien que leurs sacs fus-

Mai 1809.

L'armée française arrive le 19 mai à Orense dans un état déplorable.

sent pleins, étaient mécontents de leurs chefs et d'eux-mêmes, et tout en persistant dans leur indiscipline, sévères, comme ils le sont toujours, pour ceux qui les y avaient laissés tomber. Les railleries sur la royauté évanouie d'Oporto ajoutaient à la tristesse du spectacle.

A peine arrivé à Orense, le maréchal Soult fut obligé de se rendre à Lugo pour dégager cette ville, que l'absence du maréchal Ney laissait exposée aux entreprises des insurgés de la Galice. Le maréchal Ney, comme nous l'avons dit, sentant la nécessité de purger les Asturies de la présence du marquis de La Romana, avait résolu d'y faire avec le général Kellermann une expédition commune, à laquelle ils devaient concourir, l'un en se portant à Oviedo par Lugo, et l'autre en s'y portant par Léon. Le premier, par conséquent, devait suivre le littoral, le second traverser les montagnes qui séparent la Vieille-Castille des Asturies. Ils avaient tenu parole en braves gens. Le maréchal Ney, parti de Lugo avec 12 mille combattants le 13 mai, lendemain de la surprise d'Oporto, avait gagné les sources de la Navia, et, laissant les Espagnols postés le long du littoral, les avait débordés en se frayant un chemin à travers des montagnes épouvantables, les avait séparés d'Oviedo, était entré dans cette ville au milieu de leurs bandes dispersées, et n'avait pu la sauver d'une espèce de saccagement, suite d'un combat de rues entre les Espagnols et les Français. Le marquis de La Romana, après avoir attiré tous les genres de calamités sur cette contrée malheureuse, s'était enfui avec quelques officiers à bord des vaisseaux anglais, pour aller recommencer ailleurs son triste système de guerre. On avait trouvé à Gijon des richesses considérables. De son côté, le général Kellermann était parti de Léon, avait traversé les montagnes des Asturies, et, descendant sur Oviedo, y avait donné la main aux troupes du maréchal Ney.

C'est pendant ces opérations combinées que les insurgés de la Galice, profitant de l'absence du maréchal Ney, avaient assailli Lugo et Saint-Jacques-de-Compostel. Le maréchal Soult, en s'y portant, les dispersa, et fut rejoint par le maréchal Ney, qui, les Asturies délivrées, était revenu en toute hâte pour débloquer les villes menacées. Quand les deux corps furent rapprochés, les détails de l'expédition d'Oporto se communiquèrent de l'un à l'autre, et provoquèrent dans celui du maréchal Ney un jugement sévère. Les vieux soldats du maréchal Ney, pauvres, sages, disciplinés, raillèrent les soldats, plus jeunes, plus riches et fort indociles du maréchal Soult, qui n'avaient pas dans leurs victoires une excuse de leur manière d'être. Ces derniers se justifiaient en rejetant leurs fautes sur leurs chefs, qu'ils accusaient de tous les malheurs de l'armée[1]. Il était évident que la paix pouvait être troublée, si les deux corps restaient long-temps ensemble. Toutefois le maréchal Ney, impétueux, mais loyal,

---

[1] Je raconte ici exactement ce que les aides de camp du ministre de la guerre, envoyés sur les lieux pour s'informer de l'état des choses, lui rapportèrent à leur retour.

se comporta envers son collègue avec la courtoisie d'un généreux compagnon d'armes. Il ouvrit ses magasins pour fournir aux troupes du maréchal Soult une partie de ce qu'elles avaient perdu, et s'occupa surtout de remplacer l'artillerie qu'elles avaient été obligées d'abandonner.

Les deux maréchaux, satisfaits l'un de l'autre, avisèrent à la conduite qu'ils avaient à tenir dans le plus grand intérêt des armes de l'Empereur, comme on le disait alors, du reste avec vérité, car il s'agissait bien plus de la grandeur de Napoléon que de celle de la France, fort compromise par ces guerres lointaines. Le maréchal Ney, après avoir guerroyé plusieurs mois dans la Galice et les Asturies, conservait environ 12 mille combattants présents sous les armes, le maréchal Soult 17 mille, bien que l'effectif de l'un et de l'autre fût du double. Avec cette force, destinée bientôt à s'accroître par les sorties d'hôpitaux, avec cette force employée franchement, sans aucun sentiment de rivalité, ils pouvaient achever la soumission de la Galice et des Asturies, exterminer les insurgés, et si les Anglais s'obstinaient à rester sur les bords du Minho, ou même osaient le passer, les accabler à leur tour, et les acculer à la mer. Si au contraire, comme c'était probable, sir Arthur Wellesley se reportait du nord vers le sud du Portugal, pour faire face aux entreprises des Français sur le Tage, l'un des deux maréchaux, ou tous les deux, pouvaient quitter la Galice, côtoyer le Portugal par la Vieille-Castille, se porter de Lugo vers Zamora et

Ciudad-Rodrigo (voir la carte n° 43), tomber ensemble avec le maréchal Victor sur l'armée britannique, et la dégoûter pour jamais de reparaître sur le continent de la Péninsule.

Mai 1809.

C'était là, certainement, ce que Napoléon eût ordonné s'il avait été sur les lieux (ses instructions en font foi), et c'est là ce qu'eût prescrit l'état-major de Madrid s'il avait pu se faire obéir. Pour le moment les deux maréchaux pouvaient exécuter spontanément la première partie de ce plan, en purgeant en quelques jours le rivage de la Galice des révoltés qui s'y étaient établis, et en coupant les communications avec la marine anglaise, communications qui fournissaient le principal aliment de la guerre. Le général Noruña, avec une douzaine de mille hommes et quelques équipages anglais débarqués, avait créé à Vigo un établissement formidable. Le marquis de La Romana, transporté des Asturies en Galice avec ses officiers et quelques troupes de choix, s'était établi à Orense, depuis le mouvement du maréchal Soult sur Lugo, et y devenait menaçant. Il était indispensable, si les deux maréchaux ne devaient pas demeurer réunis, de chasser les chefs insurgés de leur double établissement, sauf à se porter ensuite là où ils croiraient plus utile, plus conforme à leurs instructions de se rendre. D'ailleurs les instructions du maréchal Soult lui laissaient une grande latitude, car il n'en avait eu d'autres que celles de conquérir le Portugal, et de donner ensuite la main au maréchal Victor en Andalousie : or au lieu d'être à Lisbonne ou Badajoz, il était à Lugo, revenu vers son point de départ. Un tel résultat n'ayant pas été supposé par Napoléon, rien ne lui avait été prescrit pour le cas tout à fait imprévu de son retour en Galice. Il était donc entièrement libre d'agir pour le mieux. Mais il avait un penchant visible à se porter en Vieille-Castille, vers Zamora et Ciudad-Rodrigo, sur la frontière orientale du Portugal, soit qu'en côtoyant ainsi le pays qu'il avait dû conquérir il se sentît un peu moins éloigné de son but, soit que rester confiné dans la Galice, à y remplir une tâche qui était particulièrement celle du maréchal Ney, ne flattât pas beaucoup son ambition, soit enfin que les propos fort animés, fort malveillants, quelquefois scandaleux qu'amenait le contact entre les deux corps, lui fussent désagréables. Il exprima donc au maréchal Ney l'intention de se rendre à Zamora, pour opérer, disait-il, en Castille un mouvement correspondant à celui que les Anglais semblaient projeter vers le sud du Portugal, en se reportant du Minho sur le Douro, du Douro sur le Tage. Cette résolution avait quelque chose de fondé, bien qu'on ne pût encore rien affirmer du mouvement supposé des Anglais vers le sud du Portugal, et que le plus pressant fût de battre l'ennemi qu'on avait devant soi, car autrement il allait se créer sur la côte de Galice une situation des plus fortes. Les Anglais, du pas dont ils marchaient, ne pouvaient être sur le Tage avant un mois ou deux, comme le prouva depuis l'événement; on avait bien, dans un pareil espace de temps, le moyen de détruire leur établissement en Galice, et d'être ensuite tous rendus sur le Tage par Zamora et Alcantara. On devait même avoir le loisir de se refaire, et de se reposer quelques jours.

Le maréchal Soult toutefois, pour répondre aux désirs et aux bons procédés de son compagnon d'armes, convint avec lui, par une stipulation écrite, qu'ils feraient une expédition en Galice, pour y détruire les deux rassemblements des insurgés, après quoi le maréchal Soult se séparerait du maréchal Ney, pour se porter sur la Vieille-Castille par Puebla de Sanabria et Zamora. Ils convinrent que le maréchal Soult, qui était à Lugo, descendrait par la vallée du Minho sur Montforte de Lemos, Orense et Ribadavia, jusqu'à ce qu'il eût joint et détruit le marquis de La Romana; que le maréchal Ney, protégé sur son flanc gauche par ce mouvement, ferait évacuer Saint-Jacques-de-Compostel, et se porterait ensuite sur le littoral pour y attaquer les redoutables ouvrages élevés à Vigo par les Anglais et les Espagnols. Le maréchal Soult ayant par la destruction du marquis de La Romana rendu praticable l'opération très-ardue que le maréchal Ney devait essayer sur Vigo, pourrait alors remonter par le val d'Ores sur Puebla de Sanabria et Zamora. Les deux maréchaux, après avoir signé ces arrangements à Lugo le 29 mai, se séparèrent pour commencer le plus tôt possible les opérations qu'ils avaient résolues.

Le maréchal Soult quitta Lugo le 2 juin, après avoir fait tous ses préparatifs pour une marche vers Zamora, et s'avança sur Montforte, d'où le

Juin 1809.

Convention entre le maréchal Ney et le maréchal Soult, par laquelle ils s'engagent à une expédition commune sur Orense et Vigo.

Marche du maréchal Soult sur Montforte.

marquis de La Romana s'enfuit en descendant sur Orense. Arrivé le 5 à Montforte, le maréchal Soult s'arrêta, et au lieu de continuer à descendre la vallée du Minho jusqu'à Orense, comme il en était convenu avec le maréchal Ney, il dirigea ses reconnaissances sur le cours supérieur du Sil, l'un des affluents du Minho, vers Puebla de Sanabria et Zamora. Ce n'était point là le chemin d'Orense. Toutefois il séjourna à Montforte, dans une sorte d'immobilité.

Le maréchal Ney, parti de son côté des environs de la Corogne avec 18 bataillons, se porta sur Saint-Jacques-de-Compostel, que les insurgés évacuèrent à son approche. Le 7 juin, il se rendit à Pontevedra sur le bord de la mer. (Voir la carte n° 43.) Pour arriver à Vigo, il fallait côtoyer une foule de petits golfes, couverts de canonnières anglaises, et défiler sous leur feu. Il n'y avait pas là de quoi arrêter l'intrépide maréchal. Mais arrivé près de Vigo il rencontra une position que la nature et l'art avaient rendue formidable. Il fallait traverser une petite rivière, sans pont et à portée de la mer, escalader ensuite des retranchements qui étaient armés de 60 bouches à feu de gros calibre, et derrière lesquels se trouvaient plusieurs milliers de marins anglais avec douze mille Espagnols. Une pareille position pouvait être emportée par l'impétuosité du maréchal et de ses soldats. Mais on devait y perdre beaucoup de monde; on courait en outre le danger de ne pas réussir; et encore fallait-il être assuré que, pendant cette audacieuse tentative, on n'aurait pas sur les flancs ou sur les derrières une brusque attaque de La Romana, lequel, peu à craindre dans une situation ordinaire, le deviendrait fort quand on serait occupé à enlever les redoutes anglaises. Aussi le maréchal Ney qui savait le maréchal Soult à Montforte, et le général La Romana à Orense, attendait-il un mouvement du premier contre le second, avant de commencer sa périlleuse entreprise. Il attendit ainsi jusqu'au 10 l'accomplissement de la parole donnée, voulant avec raison que le rassemblement de La Romana fût dispersé avant d'attaquer Vigo.

Mais sur ces entrefaites, il reçut du général Fournier, qu'il avait laissé à Lugo pour certains détails, un avis qui le remplit de défiance à l'égard de son collègue, et de circonspection à l'égard de l'ennemi, deux sentiments qui n'étaient pas ordinaires à son caractère confiant et téméraire. Le général Fournier était parvenu à lire dans les mains du général Rouyer, resté à Lugo pour y soigner les blessés et les malades de l'armée du Portugal, des instructions très-secrètes, dans lesquelles le maréchal Soult lui enjoignait dès que les blessés et les malades dont il avait la garde seraient en état de marcher, de les acheminer directement sur Zamora, et lui recommandait de tenir ces ordres cachés pour tout le monde, surtout pour le maréchal Ney [1]. En recevant avis de cette disposition, qui aurait été assez naturelle si elle avait été avouée,

---

[1] Je rapporte ici le contenu d'un rapport du général Clarke, ministre de la guerre, à Napoléon.

puisque Zamora était le but définitif du maréchal Soult, le maréchal Ney se crut trahi. Voyant de plus le maréchal Soult, au lieu de descendre sur Orense pour en chasser La Romana, s'arrêter à Montforte, il n'hésita plus à penser que son collègue lui manquait volontairement de parole. Avant d'en arriver à un éclat, il lui écrivit le 10 une lettre, dans laquelle il l'informait de sa situation fort périlleuse, lui disait qu'il comptait encore sur l'exécution du plan convenu, mais ajoutait que si, contre toute probabilité, ce plan était abandonné, il le priait de l'en prévenir, car un plus long séjour en face de Vigo, avec le débouché d'Orense ouvert sur ses flancs, serait infiniment dangereux.

Après cette lettre, le maréchal Ney attendit quelques jours sans recevoir de réponse. Frappé de ce silence, voyant la position des Anglais devenir tous les jours plus forte à Vigo, craignant, s'il s'affaiblissait pour l'enlever, que les insurgés ne lui tombassent sur le corps tous à la fois, et que le retour vers la Corogne ne lui devînt difficile, il rétrograda sur Saint-Jacques-de-Compostel, le cœur plein d'une irritation qu'il avait peine à contenir. Là il apprit que le maréchal Soult, loin de descendre le Minho, en avait au contraire remonté les affluents pour se rendre par Puebla de Sanabria sur Zamora. Ce maréchal, en effet, impatient de quitter la Galice pour la Vieille-Castille, après être demeuré jusqu'au 11 à Montforte, s'était mis en route pour franchir les chaînes qui séparent ces provinces. Le général de La Romana voulant l'arrêter dans sa marche, il le repoussa, et crut ainsi avoir rempli ses engagements, ce qui n'était pas, car battre le général espagnol sur les affluents supérieurs du Minho, c'était le rejeter sur le cours inférieur de ce fleuve, c'est-à-dire le ramener à Orense, où justement il était convenu qu'on ne le laisserait point. Se croyant quitte envers son collègue, il prit la route de Zamora, sans faire aucune réponse à la lettre qu'il en avait reçue. Le maréchal Ney, considérant le silence observé à son égard, la marche sur Zamora, et le secret recommandé au général Rouyer, comme les preuves d'une conduite déloyale envers lui, s'abandonna aux plus violents emportements. Il était du reste dans une position des plus difficiles, car à peine le maréchal Soult avait-il pris sur lui de rentrer en Castille, que La Romana étant revenu sur Orense, et pouvant se joindre à Noruña, le séjour devant Vigo devenait des plus dangereux. Ayant vu plusieurs fois ses communications interrompues avec le royaume de Léon et la Vieille-Castille, pendant qu'il était enfoncé sur le littoral, le maréchal Ney devait s'attendre à les voir bien plus gravement compromises, maintenant que les insurgés excités par l'approche des Anglais, par la retraite du maréchal Soult, allaient dominer tout le pays, et, probablement, remonter d'Orense jusqu'à Lugo, pour occuper en force cette position décisive, qui barre complètement la route de la Corogne à Benavente. Si lorsqu'il n'y avait que quelques insurgés épars, il avait fallu toute la division Maurice Mathieu,

Juin 1809.

Irritation du maréchal Ney en apprenant la marche du maréchal Soult sur Zamora.

donnant la main au général Kellermann, pour rouvrir les communications avec Léon et la Vieille-Castille, qu'arriverait-il quand les généraux Noruña et La Romana réunis viendraient s'établir en force à Lugo? Un autre danger pouvait surgir, et celui-là était de nature à faire craindre un nouveau Baylen. Les Anglais, venus jusqu'au Minho, avaient à choisir entre deux partis ; ils pouvaient recommencer la campagne du général Moore, et se porter en Vieille-Castille, ou bien retourner au midi du Portugal sur le Tage. S'ils prenaient le premier parti et se portaient en Castille, le maréchal Ney avec 10 ou 12 mille Français contre 20 mille Anglais et 40 ou 50 mille Espagnols, était perdu. Or, l'idée de capituler comme le général Dupont, ou de se sauver en sacrifiant son artillerie comme le maréchal Soult, lui était également insupportable, et il résolut d'évacuer la Galice. Quoique cette détermination fût grave, et dût entraîner de grandes conséquences, elle était motivée, et fondée au surplus sur des instructions souvent renouvelées, car Joseph et Napoléon, blâmant son ardeur à se porter sur les côtes quand ses derrières n'étaient pas suffisamment garantis, lui avaient écrit, qu'avant de se consacrer exclusivement à la soumission du littoral, il devait songer à assurer ses communications avec la Vieille-Castille. Lorsque le maréchal Soult était en Portugal, c'était un devoir de bon camarade de garder Orense et Tuy ; mais aujourd'hui que ce maréchal avait évacué le Portugal, il n'y avait plus aucune raison de rester en Galice, exposé à tous les dangers, notamment à celui de se voir enveloppé par les Anglais et les Espagnols réunis.

Le maréchal Ney, en prenant la résolution d'évacuer la Galice, n'avait de regret que pour la Corogne et le Ferrol. Mais les Espagnols, jaloux de leurs établissements maritimes, n'étaient pas gens à les livrer aux Anglais, et d'ailleurs, pour plus de sûreté, il laissa dans les forts du Ferrol une garnison française bien approvisionnée; puis, faisant marcher devant lui tout son matériel, n'abandonnant ni un blessé ni un malade, il remonta lentement vers Lugo, enlevant, égorgeant jusqu'au dernier tous les postes d'insurgés qui osèrent l'approcher. Parvenu à Lugo, il recueillit les malades du maréchal Soult, et les conduisit avec les siens à Astorga, où il arriva dans les premiers jours de juillet, n'ayant perdu ni un homme ni un canon. Là il s'occupa de réorganiser et de refaire son corps. Au moment où il atteignait Astorga, le maréchal Soult entrait à Zamora.

L'irritation du maréchal Ney avait passé dans ses soldats, au point que les aides de camp du ministre de la guerre, envoyés sur les lieux, déclarèrent à celui-ci qu'il y aurait péril à laisser les deux corps l'un auprès de l'autre. Les propos les plus outrageants étaient répandus à Astorga contre le maréchal Soult et son armée, qu'on accusait de tous les malheurs de la campagne, car en partant, disait-on, il avait passé à Orense sans détruire La Romana, qu'il avait jeté ainsi sur les derrières du maréchal Ney; et en revenant, tandis qu'on lui tendait la main pour détruire La Romana en commun, il se retirait clandestinement en Castille, laissant encore le maréchal Ney en Galice exposé à tous les dangers. Le maréchal Ney écrivit tant au roi Joseph qu'au maréchal Soult, les lettres les plus blessantes pour ce dernier. Si j'avais voulu, disait-il, me résoudre à sortir de la Galice sans artillerie, j'aurais pu y rester plus longtemps, au risque de m'y voir enfermé; mais je n'ai pas voulu m'exposer à en partir de la sorte, et j'ai fait ma retraite en emmenant mes blessés, mes malades, même ceux de M. le maréchal Soult, restés à ma charge. Il ajoutait à l'égard de ce maréchal, que quels que fussent les ordres de l'Empereur, il était décidé à ne plus servir avec lui.

Ces tristes détails sont indispensables pour faire apprécier comment était conduite la guerre en Espagne, et comment Napoléon, en étendant ses opérations par delà les limites auxquelles sa surveillance pouvait atteindre, les livrait au hasard des événements et des passions, et exposait à périr inutilement des soldats héroïques, qui devaient bientôt manquer à la défense de notre malheureuse patrie. Pendant que le maréchal Ney se trouvait à Astorga, exprimant avec la véhémence de son naturel l'irritation dont il était rempli, exemple que ses soldats ne suivaient que trop, le maréchal Soult, à quelque distance de là, c'est-à-dire à Zamora, paraissait dévoré de chagrin, profondément abattu, et constamment préoccupé. C'est ainsi du moins que les officiers chargés de rendre compte au ministre de la guerre dépeignaient l'état d'esprit des deux maréchaux[1].

Juin 1809.

Le roi Joseph, apprenant toujours les nouvelles fort tard, ne sachant l'évacuation du Portugal, l'évacuation de la Galice, la querelle des deux maréchaux, qu'un mois après l'événement, en éprouva le chagrin le plus profond, car il lui était facile de prévoir les conséquences de ce triple malheur. Il ne songea plus dès lors à pousser le maréchal Victor en Andalousie; il le retint au contraire sur le Tage, entre Almaraz et Alcantara, pour faire face à Gregorio de la Cuesta, si celui-ci voulait repasser le Tage, ou aux Anglais, si ces derniers étaient tentés de le remonter de Lisbonne jusqu'en Estrémadure. Les rêves brillants du mois d'avril, inspirés par les victoires de Médellin et de Ciudad-Real, étaient évanouis; il fallait se borner à repousser victorieusement une attaque, si on en essuyait une, et à chercher dans les conséquences de cette attaque heureusement repoussée le moyen de rétablir les affaires gravement compromises. La nouvelle de la bataille d'Essling qu'on recevait dans le moment n'était pas de nature à embellir le tableau fort sombre qu'on se faisait à Madrid de la situation. Toutefois, les trois corps réunis des maréchaux Ney, Mortier et Soult, pouvant présenter plus de 50 mille hommes dès qu'ils se-

Le roi Joseph, en apprenant les échecs essuyés au nord, ajourne les expéditions projetées au midi de la Péninsule.

---

[1] Le tableau des deux armées est tracé dans ces rapports avec des couleurs beaucoup plus vives que celles que j'emploie ici, couleurs que la dignité de l'histoire ne permet pas de reproduire.

8.

raient reposés, étaient suffisants, si on les conduisait bien, pour jeter à la mer tous les Anglais de la Péninsule. Mais il fallait qu'ils fussent bien conduits, surtout par une seule main, et dans l'état des choses il était impossible d'espérer qu'il en fût ainsi.

Telle était la situation lorsque survint de Schœnbrunn une dépêche tout à fait imprévue, émanant de Napoléon lui-même, et qui fournissait une nouvelle preuve de ce que pouvait être la direction des opérations militaires imprimée de si loin[1]. Tandis qu'on en était en Espagne à l'évacuation du Portugal et de la Galice, Napoléon à Schœnbrunn en était aux premiers actes de l'entrée du maréchal Soult en Portugal, et de la descente du maréchal Ney sur le littoral de la Galice. De même que Joseph avait vu avec peine les communications des deux maréchaux négligées, et le maréchal Mortier oisif à Logroño, Napoléon, meilleur juge que Joseph, et juge tout-puissant de la marche des choses, avait désapprouvé ce qui se passait, et avait voulu y remédier sur-le-champ. Pour cela il n'avait rien trouvé de mieux que de réunir les trois corps des maréchaux Soult, Ney, Mortier dans une même main. Ne sachant pas encore la position que les événements

---

[1] Ces faits n'ont jamais été rapportés suivant leur enchaînement naturel, et avec leur vrai sens, parce qu'ils ne l'ont jamais été d'après la correspondance particulière de Napoléon, de Joseph, du ministre Clarke, et des maréchaux. Aussi sont-ils restés inexpliqués et inexplicables. C'est avec ces documents sous les yeux que je donne les détails qui suivent, détails dont je garantis l'authenticité, et dont j'ai seulement adouci la couleur, voulant faire connaître les passions du temps, sans en empreindre mon récit.

avaient faite à tous les trois, il avait décerné le commandement en chef au maréchal Soult, par raison d'ancienneté. Aussi écrivit-il la dépêche suivante au ministre de la guerre : « Vous enverrez un offi-
» cier d'état-major en Espagne avec l'ordre que
» les corps du duc d'Elchingen, du duc de Trévise
» et du duc de Dalmatie ne forment qu'une armée,
» sous le commandement du duc de Dalmatie. Ces
» trois corps doivent ne manœuvrer qu'ensemble,
» marcher contre les Anglais, les poursuivre sans
» relâche, les battre et les jeter dans la mer. Met-
» tant de côté toute considération, je donne le com-
» mandement au duc de Dalmatie comme au plus
» ancien. Ces trois corps doivent former de 50 à 60
» mille hommes, et, si cette réunion a lieu promp-
» tement, les Anglais seront détruits, et les affaires
» d'Espagne terminées. Mais il faut se réunir et ne
» pas marcher par petits paquets; cela est de prin-
» cipe général pour tout pays, mais surtout pour un
» pays où l'on ne peut pas avoir de communica-
» tions. Je ne puis désigner le lieu de réunion,
» parce que je ne connais pas les événements qui
» se sont passés. Expédiez cet ordre au roi, au duc
» de Dalmatie et aux deux autres maréchaux par
» quatre voies différentes. » Quand cette dépêche parvint en Espagne, c'est-à-dire dans les derniers jours de juin, elle y causa une extrême surprise, non pas qu'on désapprouvât la réunion des trois corps en une seule main, mais parce qu'on ne comprenait pas qu'il fût possible de faire servir ensemble les maréchaux Ney, Mortier, Soult, et surtout les

deux premiers sous le dernier. Si Napoléon eût été sur les lieux, il eût certainement réglé les choses autrement. Il aurait, comme Joseph le lui écrivit avec beaucoup de sens, laissé le maréchal Soult pour garder le nord de l'Espagne, et fait passer les maréchaux Mortier et Ney sur le Tage, pour y renforcer le maréchal Victor, qui allait avoir besoin de grands moyens contre les forces réunies de l'Espagne et de l'Angleterre. Et si le maréchal Ney, que sa grande situation et son caractère impétueux rendaient peu propre à servir sous un autre chef que l'Empereur lui-même, n'avait pu être employé sous le maréchal Victor, il l'aurait placé dans la Manche afin d'y tenir tête à l'armée espagnole du centre, et il eût réuni sous le maréchal Victor le général Sébastiani et le maréchal Mortier pour combattre les Anglais. La modestie du maréchal Mortier permettait de l'employer partout, n'importe dans quelle position, pourvu qu'il eût des services à rendre. Les trois corps de Mortier, Sébastiani et Victor auraient suffi sans nul doute pour accabler les Anglais. Mais Napoléon était loin, et Joseph n'osait pas ordonner, de crainte de n'être pas obéi. Du reste, grâce à un certain bon sens militaire dont il était doué, et aux sages conseils de son chef d'état-major Jourdan, il eut l'heureuse idée de tirer le maréchal Ney de la fausse position où celui-ci se trouvait, et de l'appeler à Madrid pour lui donner le commandement du corps du général Sébastiani, qui opérait, comme on le sait, dans la province de la Manche. Le maréchal

Ney, toujours plus exaspéré, voulut rester à Bena- | Juin 1809.
vente, ne pouvant se décider à quitter ses soldats
qu'il aimait et dont il était aimé, et il y resta dans
une attitude telle à l'égard du maréchal Soult,
qu'il y avait fort à douter de son obéissance à ce
maréchal quand il en recevrait des ordres.

Toutefois, le maréchal Ney connaissait trop bien
ses devoirs pour refuser d'obéir au maréchal Soult,
en attendant que Napoléon mieux éclairé fît équi-
tablement la part de chacun, et on pouvait de la
réunion des trois corps attendre encore des résultats satisfaisants. Mais si leur séparation avait compromis la première moitié de la campagne de 1809,
leur réunion, tout aussi fatale à cause du moment
où elle était ordonnée, devait en rendre stérile la
seconde moitié, et faire que des torrents de sang
couleraient inutilement en Espagne, du mois de
février au mois d'août de cette année. La suite de
ce récit en fournira bientôt la triste preuve.

Voici quelle était la situation des troupes belli- | Situation
gérantes par suite des derniers événements. L'éva- | des armées
cuation de la Galice par les deux maréchaux Soult | belligérantes
et Ney avait livré tout le nord de l'Espagne aux | au moment
insurgés. Sauf les Asturies, où le brave général | où la réunion
Bonnet avec quelques mille hommes tenait tête | des trois
aux montagnards de cette province, la Galice tout | maréchaux fut
entière, les provinces portugaises de Tras-los-Mon- | ordonnée.
tès, d'Entre Douro et Minho, la lisière de la Vieille-
Castille jusqu'à Ciudad-Rodrigo, une partie de
l'Estrémadure depuis Ciudad-Rodrigo jusqu'à Alcantara, étaient aux Espagnols, aux Portugais et

aux Anglais réunis, sans compter le sud de la Péninsule qui leur appartenait exclusivement. (Voir la carte n° 43.) Les Espagnols faisaient de grands efforts pour armer la place de Ciudad-Rodrigo.

Le détachement de Portugais envoyé devant Abrantès par sir Arthur Wellesley s'était rendu à Alcantara, en avait été repoussé par le maréchal Victor, et y était rentré ensuite, ce maréchal n'ayant pas voulu laisser une garnison dans la place de peur de s'affaiblir. Le maréchal Victor s'étant replié sur le Tage depuis la nouvelle des échecs du maréchal Soult et l'arrivée connue d'une forte armée anglaise en Portugal, le général espagnol Gregorio de la Cuesta s'était reporté de la Guadiana sur le Tage, au col de Mirabete, vis-à-vis d'Almaraz. Dans la Manche, le général Vénégas, qui avait remplacé le général Cartojal à la tête de l'armée du centre, s'était avancé sur le corps du général Sébastiani, faisant mine de vouloir l'attaquer. Le roi Joseph était alors sorti de Madrid avec sa garde et une portion de la division Dessoles pour se jeter sur Vénégas; mais celui-ci s'était aussitôt replié sur la Sierra-Morena, après quoi Joseph était rentré dans la capitale, laissant le corps de Sébastiani entre Consuegra et Madridejos (voir la carte n° 43), et le corps de Victor sur le Tage même, depuis Tolède jusqu'à Talavera. Ces troupes, qui n'avaient point agi depuis les batailles de Medellin et de Ciudad-Real, qui, en avril, mai, juin, n'avaient exécuté que quelques marches de la Guadiana au Tage, étaient reposées, bien nourries et superbes. Quant à la province d'Aragon, dont il n'a pas été parlé depuis le siége de Saragosse, et à celle de Catalogne, dont il n'a pas été question davantage depuis les batailles de Cardedeu et de Molins-del-Rey, le général Suchet se battait dans la première contre les insurgés de l'Èbre que le siége de Saragosse n'avait pas découragés, le général Saint-Cyr avait commencé dans la seconde les siéges dont il était chargé, obligé pour les couvrir de livrer chaque jour de nouveaux combats.

Tel était le spectacle qu'offrait en ce moment la guerre d'Espagne. Tout allait dépendre de ce que feraient les Anglais. Sir Arthur Wellesley allait-il, comme le général Moore, se porter en Vieille-Castille, pour y menacer la ligne de communication des Français, et les obliger à évacuer le midi de la Péninsule afin de secourir le nord? ou bien allait-il, après avoir dégagé le Portugal, et rejeté le maréchal Soult au delà du Minho, se rabattre sur le Tage (voir la carte n° 43), pour arrêter les entreprises que, depuis la bataille de Medellin, on avait à craindre de la part du maréchal Victor? La question, dans l'ignorance des instructions du général anglais, était difficile à résoudre. Cependant, d'après certains indices, le maréchal Victor à Talavera, le maréchal Jourdan à Madrid, l'avaient résolue dans le sens le plus vrai, en admettant comme très-probable le retour de sir Arthur Wellesley vers le Tage. Ils avaient pensé avec raison que sir Arthur Wellesley ne voudrait pas s'enfoncer en Galice, allonger ainsi démesurément sa ligne d'opération, et ouvrir aux Français la route de Lisbonne par Alcantara, que dès lors il aimerait bien mieux revenir sur le Tage, pour marcher avec toutes les forces de l'Espagne sur Madrid. Dans cette vue, Joseph n'avait pas voulu laisser accumuler en Vieille-Castille des forces qui étaient inutiles dans cette province, et en attendant que le maréchal Soult, investi du commandement général des trois corps, fût en mesure de les faire agir ensemble, il avait, de sa propre autorité royale, amené le maréchal Mortier de Valladolid sur Villacastin, au sommet du Guadarrama. Ce maréchal pouvait ainsi être sur le Tage en deux ou trois marches, soit à Tolède, soit à Talavera.

L'état-major de Madrid, en opérant de la sorte, avait parfaitement entrevu les intentions du général anglais. Celui-ci, d'après des instructions qui avaient été rédigées sous l'impression des revers du général Moore, avait ordre de ne point se hasarder en Espagne. Il devait exclusivement s'attacher à la défense du Portugal, et borner à cette défense les secours promis aux Espagnols. Il ne devait franchir la frontière portugaise que le moins possible, en cas de nécessité urgente, et de succès infiniment probable. Ses instructions étaient même sous ce rapport tellement étroites, qu'il avait été obligé de les faire modifier pour obtenir un peu plus de liberté de mouvement. Par ce motif, il s'était arrêté sur les bords du Minho, et apprenant que les Français devenaient fort menaçants du côté d'Alcantara, il était descendu à marches forcées du Minho sur le Douro, du Douro sur le Tage, en opposant aux vives réclamations de La Romana qui le demandait à Orense, celles de Gregorio de la Cuesta qui l'appelait à Mérida. Il se trouvait à la mi-juin à Abrantès, se préparant à remonter le Tage, dès qu'il aurait reçu de quoi ravitailler et recruter son armée, laquelle en avait grand besoin après la campagne qu'elle venait d'exécuter sur le Douro. Il se plaignait vivement de manquer d'argent, de matériel, de vêtements, car, malgré sa richesse et ses moyens immenses de transport, le gouvernement anglais, lui aussi, faisait quelquefois attendre à ses soldats ce dont ils avaient besoin. Sir Arthur Wellesley se plaignait surtout de son armée, qu'il accusait en termes fort vifs[1] de ne pas savoir supporter les

[1] Je cite les propres paroles du duc de Wellington dans leur langue originale. C'est le seul moyen de dire la vérité sans offenser une noble nation, qui nous a souvent accusés d'avoir dévasté l'Espagne, et qui nous permettra de lui faire remarquer que nous n'avons pas été les seuls à ravager ce pays.

To the Right Hon. J. Villiers.

« Coïmbra, 31st May, 1809.

» My dear Villiers,

» I have long been of opinion that a British army could bear neither success nor failure, and I have had manifest proofs of the truth of this opinion in the first of its branches in the recent conduct of the soldiers of this army. They have plundered the country most terribly, which has given me the greatest concern...

» They have plundered the people of bullocks, among other property, for what reason I am sure I do not know, except it be, as I understand is their practice, to sell them to the people again. I shall be very much obliged to you if you will mention this practice to the Ministers of the Regency, and beg them to issue a proclamation forbidding the people, in the most positive terms, to purchase any thing from the soldiers of the British army.

succès plus que les revers, et qui pillait indignement, disait-il, le pays qu'elle était venue secourir. Elle pillait, ajoutait-il, non pas pour vivre, mais pour amasser de l'argent, car elle revendait aux populations le bétail qu'elle leur avait enlevé. Il l'avait réunie à Abrantès, attendant de Gibraltar deux régiments d'infanterie, un de cavalerie et la brigade Crawfurd tout entière. Il espérait ainsi se procurer 26 ou 28 mille hommes, présents sous les armes, pour remonter le Tage jusqu'à Alcantara, où il pensait arriver dans les premiers jours de juillet, et donner la main à Gregorio de la Cuesta, pendant que le général Beresford, chargé d'organiser l'armée portugaise, garderait le nord du Por-

Juillet 1809.

Projet de sir Arthur Wellesley de remonter le Tage par Abrantès jusqu'à Alcantara.

» We are terribly distressed for money. I am convinced that 300,000 l. would not pay our debts; and two month's pay is due to the army. I suspect the Ministers in England are very indifferent to our operations in this country...

» Believe me, etc.

» ARTHUR WELLESLEY. »

To Viscount Castlereagh, Secretary of State.

« Coïmbra, 31st May, 1809.

» My dear Lord,

» The army behave terribly ill. They are a rabble who cannot bear success any more than Sir John Moore's army could bear failure. I am endeavouring to tame them; but if I should not succeed, I must make an official complaint of them, and send one or two corps home in disgrace. They plunder in all directions...

» Believe me, etc.

» ARTHUR WELLESLEY. »

To Viscount Castlereagh, Secretary of State.

« Abrantes, 17th June, 1809.

» My dear Lord,

» I cannot, with propriety, omit to draw your attention again to the

tugal avec les nouvelles levées, et le détachement anglais qu'il avait sous ses ordres.

La concentration des forces françaises au milieu de la vallée du Tage, sur le soupçon de l'approche des Anglais dans cette direction, était donc une résolution fort sage de la part de l'état-major de Madrid. Malheureusement la réunion des trois corps dans la main du maréchal Soult allait devenir un obstacle fatal à cette résolution, et tandis qu'on avait eu à regretter qu'ils ne fussent pas réunis trois mois auparavant, on allait regretter amèrement qu'ils le fussent dans le moment actuel. Bien que le commandement déféré au maréchal Soult l'eût

Juillet 1809.

Plan du maréchal Soult depuis qu'il est investi du commandement des trois corps d'armée.

state of discipline of the army, which is a subject of serious concern to me, and well deserves the consideration of His Majesty's Ministers.

» It is impossible to describe to you the irregularities and outrages committed by the troops. They are never out of the sight of their Officers, I may almost say never out of the sight of the Commanding Officers of their regiments, and the General Officers of the army, that outrages are not committed; and notwithstanding the pains which I take, of which there will be ample evidence in my orderly books, not a post or a courier comes in, not an Officer arrives from the rear of the army, that does not bring me accounts of outrages committed by the soldiers who have been left behind on the march, having been sick, or having straggled from their regiments, or who have been left in hospitals.

» We have a provost marshal, and no less than four assistants. I never allow a man to march with the baggage. I never leave an hospital without a number of Officers and non-commanding Officers proportionable to the number of soldiers; and never allow a detachment to march, unless under the command of an Officer; and yet there is not an outrage of any description, which has not been committed on a people who have uniformly received us as friends, by soldiers who never yet, for one moment, suffered the slightest want, or the smallest privation...

» Believe me, etc.

» ARTHUR WELLESLEY. »

été avant la connaissance des événements d'Oporto, et que ce maréchal eût encore à craindre l'effet que les informations envoyées à Schœnbrunn pourraient produire sur l'esprit de Napoléon, il était déjà fort satisfait d'avoir ses rivaux sous ses ordres; et tout enorgueilli du rôle qui lui était assigné, il imagina un vaste plan, peu assorti aux circonstances, dont il fit part au roi Joseph, en lui demandant de donner des ordres pour son exécution immédiate. Ce plan n'ayant pas été exécuté, ne mériterait pas d'être rapporté ici, s'il n'avait été la cause qui empêcha plus tard la réunion des forces françaises sur le champ de bataille

---

Voici la traduction de ces lettres pour l'usage des lecteurs qui ne sauraient pas l'anglais.

A l'honorable J. Villiers.

« Coïmbre, le 31 mai 1809.

» Mon cher Villiers,

» Je pensais depuis long-temps qu'une armée anglaise ne saurait supporter ni les succès ni les revers, et la conduite récente des soldats de cette armée me fournit des preuves manifestes de la vérité de cette opinion quant au succès. Ils ont pillé le pays de la manière la plus terrible, ce qui m'a causé la plus vive peine...

» Entre autres choses ils ont enlevé tous les bœufs, sans autre motif que l'intention de les revendre à la population qu'ils ont dépouillée : c'est leur habitude. Je vous serai très-obligé de vouloir bien faire connaître ce fait aux ministres de la régence, et de les prier de défendre très-expressément à la population de rien acheter absolument des soldats de l'armée anglaise.

» Nous sommes dans une extrême détresse d'argent. 300,000 livres ne suffiraient pas à payer nos dettes, et il est dû deux mois de solde à l'armée. Je soupçonne nos ministres en Angleterre d'être très-indifférents à nos opérations dans ce pays...

» Croyez-moi, etc.

» ARTHUR WELLESLEY. »

où se décida le sort de la campagne. Le voici en peu de mots.

Le maréchal Soult supposait que les Anglais, fatigués de leur expédition sur le Douro et le Minho, allaient s'arrêter, et qu'ils attendraient pour rentrer en action le moment où la moisson étant finie, les Espagnols et les Portugais pourraient se joindre à eux, ce qui plaçait en septembre la reprise des opérations militaires. On avait donc, suivant lui, du temps pour s'y préparer, et comme il était plus spécialement chargé, par la réunion dans ses mains des trois corps d'armée du nord, de rejeter les An-

Au vicomte Castlereagh, secrétaire d'État.

« Coïmbre, le 31 mai 1809.

» Mon cher lord,

» L'armée se comporte horriblement mal. C'est une canaille qui ne supporte pas mieux le succès que l'armée de sir John Moore ne supportait les revers. Je m'efforce de les dompter; mais si je n'y réussis pas, il faudra que je m'en plaigne officiellement, et que je renvoie en disgrâce un ou deux corps en Angleterre. Ils pillent partout.

» Croyez-moi, etc.

» ARTHUR WELLESLEY. »

Au vicomte Castlereagh, secrétaire d'État.

« Abrantès, le 17 juin 1809.

» Mon cher lord,

» Je ne puis me dispenser d'appeler de nouveau votre attention sur l'état de la discipline de l'armée, ce qui est pour moi le sujet de la plus vive préoccupation, et mérite de fixer les regards des ministres de Sa Majesté.

» Il m'est impossible de vous décrire tous les désordres et toutes les violences que commettent nos troupes. Elles ne sont pas plutôt hors de la vue de leurs officiers, je devrais même dire hors de la vue des chefs de corps et des officiers généraux de l'armée, qu'elles se livrent à des excès; et malgré toutes les peines que je me donne, je ne reçois pas une dépêche, pas un courrier qui ne m'apporte le récit d'outrages

glais hors de la Péninsule, il entendait opérer par la ligne de Ciudad-Rodrigo et d'Almeida sur Coïmbre. C'était, selon son opinion, la véritable route pour pénétrer en Portugal. Dans ce but il fallait entreprendre immédiatement le siége de Ciudad-Rodrigo, puis celui d'Almeida, et employer à s'emparer de ces deux places l'intervalle de repos sur lequel on avait lieu de compter. Il se chargeait de s'en rendre maître avec les 50 ou 60 mille hommes qui allaient se trouver sous ses ordres, et, après cette double conquête, il se proposait d'entrer en Portugal. Mais afin de pouvoir opérer avec sécurité, il lui fallait, disait-il, trois nouvelles concentrations de forces, une formée avec des troupes d'Aragon et de Catalogne (où l'on sait que les généraux Suchet et Saint-Cyr ne se soutenaient que difficilement) pour lui fournir un corps d'observation au nord, une autre formée avec une partie des troupes réunies dans la vallée du Tage (lesquelles y étaient tout à fait indispensables) pour le

commis par les soldats laissés en arrière, soit qu'ils fussent malades et restés dans les hôpitaux, soit qu'ils se fussent écartés de leurs régiments.

» Nous avons un grand prévôt, et pas moins de quatre assesseurs. Jamais je ne souffre qu'il marche un seul homme avec les bagages; jamais je ne laisse un hôpital sans un nombre d'officiers proportionné au nombre de soldats qu'il renferme; jamais je ne laisse marcher un détachement qu'il ne soit commandé par un officier; et cependant il n'y a pas un outrage, de quelque genre que ce soit, que n'aient commis envers une population qui nous a unanimement reçus comme des amis, nos soldats, qui, jusqu'à ce moment, n'ont jamais souffert de la moindre privation...

» Croyez-moi, etc.

» ARTHUR WELLESLEY. »

flanquer vers Alcantara ; enfin une troisième formée avec la réserve de Madrid (où il ne restait qu'une bien faible garnison lorsque Joseph en sortait) pour lui servir d'arrière-garde, quand il serait enfoncé en Portugal. Le maréchal Soult demandait, en outre, la réunion d'un parc de siége, et une somme d'argent considérable pour préparer son matériel. Il aurait donc fallu pour prendre une place qui servirait peut-être un jour dans les opérations contre le Portugal, et pour faire face aux Anglais en septembre, dans une province où l'on n'était pas assuré de les rencontrer, leur livrer tout de suite le Tage où ils marchaient, et laisser Madrid, l'Aragon, la Catalogne sans troupes. Le roi Joseph et le maréchal Jourdan regardant un pareil plan comme inadmissible, répondirent qu'on ne pouvait retirer un homme de l'Aragon, ni de la Catalogne, sans perdre aussitôt ces provinces; que les forces restées dans Madrid suffisaient à peine pour renforcer de temps en temps les corps du général Sébastiani et du maréchal Victor; que la seule présence de ces deux corps sur le Tage flanquait assez le maréchal Soult vers Alcantara; que d'ailleurs les Anglais, au lieu d'ajourner leurs opérations jusqu'au mois de septembre, ne tarderaient pas à se rendre sur le Tage, que c'était là qu'il fallait songer à agir, et non sur la ligne de Ciudad-Rodrigo et d'Almeida; que de l'argent on n'en avait pas, que le roi vivait d'argenterie fondue à la Monnaie, et qu'enfin puisque le maréchal voulait débuter par le siége de Ciudad-Rodrigo, on allait faire de son

Juillet 1809.

Objections du roi Joseph au plan du maréchal Soult.

mieux pour lui procurer un parc de grosse artillerie.

Juillet 1809.

Malgré le roi Joseph, le corps du maréchal Mortier est reporté de Villacastin sur Salamanque, pour concourir aux projets du maréchal Soult.

Ce qu'il y eut de plus fâcheux dans ces projets, ce fut l'ordre donné au maréchal Mortier de quitter Villacastin pour Salamanque. Joseph réclama contre cet ordre, jugeant avec raison que le maréchal Mortier transporté à Salamanque (voir la carte n° 43.) serait attiré dans la sphère d'action d'une armée qui d'après les plans de son chef demeurerait assez long-temps inutile, tandis qu'à Villacastin il pouvait, en attendant que les forces du maréchal Soult fussent prêtes à agir, rendre des services décisifs sur le Tage. Mais le maréchal Soult insistant, il fallut se priver du maréchal Mortier, qui fut ainsi arraché du lieu où sa présence aurait pu, ainsi qu'on le verra bientôt, amener d'immenses résultats.

Les Anglais, démentant les prévisions du maréchal Soult, s'apprêtent à marcher immédiatement par la vallée du Tage.

En effet, contrairement aux prévisions du maréchal Soult, ce n'était pas en septembre que les Anglais et les Espagnols devaient reparaître sur le théâtre de la guerre, mais c'était immédiatement, c'est-à-dire dans les premiers jours de juillet, dès que les ressources de tout genre qu'ils attendaient seraient réunies. Sir Arthur Wellesley, comme il fallait s'y attendre, était en contestation avec l'état-major espagnol quant à la manière d'opérer sur le Tage. Gregorio de la Cuesta, ayant toujours la crainte de se trouver seul en présence des Français, voulait absolument que l'armée anglaise vînt le joindre sur la Guadiana, et qu'elle fît ainsi un très-long détour qui l'obligerait à descendre jusqu'à Badajoz pour remonter ensuite jusqu'à Mérida. Sir Arthur Wellesley, croyant encore le maréchal Victor entre le Tage et la Guadiana, voulait suivre un plan beaucoup plus naturel et plus fécond en résultats, c'était de remonter la vallée du Tage par Abrantès, Castello-Branco, Alcantara (voir la carte n° 43), de tourner ainsi le maréchal en occupant cette vallée sur ses derrières, et d'arriver peut-être à Madrid avant lui. Pour réussir il suffisait que Gregorio de la Cuesta retînt le maréchal Victor sur la Guadiana par quelque entreprise simulée, et ne craignît pas de s'exposer seul à la rencontre des Français pendant quelques jours. Mais le retour du maréchal Victor de la Guadiana sur le Tage coupa court à toutes ces contestations. Il fut convenu que le général anglais se rendant d'Abrantès à Alcantara par l'ancienne route qu'avait suivie Junot, que le général espagnol se portant de la Guadiana au Tage par Truxillo et Almaraz, feraient leur jonction au bord du Tage entre Alcantara et Talavera, et que cette jonction opérée ils se concerteraient pour donner à leur réunion des suites décisives.

Conséquemment à cette résolution, sir Arthur Wellesley ayant reçu de Gibraltar quelques troupes qu'il attendait encore, et les ressources en argent et en matériel dont il avait un urgent besoin, partit le 27 juin d'Abrantès, et s'avança par Castello-Branco, Rosmaniñal, Zarza-Major, en Estrémadure. Il était le 3 juillet à Zarza-Major, le 6 à Coria, le 8 à Plasencia. Arrivé en cet endroit, il voulut se

Juillet 1809.

Départ de sir Arthur Wellesley pour l'Estrémadure, et son arrivée à Plasencia le 8 juillet.

concerter avec Gregorio de la Cuesta, et se rendit à son quartier général sur le Tage, au Puerto de Mirabete. Il avait ordre de n'entretenir avec les généraux espagnols que le moins de rapports possible, à cause de leur extrême jactance, de ne communiquer avec les ministres de la junte que par l'ambassadeur d'Angleterre qui était à Séville, en un mot, de ne pas multiplier sans une impérieuse nécessité des relations qui étaient toujours désagréables, et amenaient le plus souvent la désunion. En voyant l'orgueilleux et intraitable Gregorio de la Cuesta il put apprécier la sagesse des instructions de son gouvernement. Don Gregorio de la Cuesta, dominant pour quelques heures la mobilité de la révolution espagnole, se conduisait en ce moment comme un maître, et traitait avec une singulière arrogance la junte insurrectionnelle, que tout le monde du reste voulait alors remplacer par les cortès. On disait même qu'il allait devancer le vœu public en renvoyant la junte, et en créant un gouvernement de sa façon. Sa morgue envers ses alliés était proportionnée à ce rôle supposé. Il fallut bien des débats pour arrêter avec un tel personnage un plan d'opération tant soit peu raisonnable. Celui qui se présentait au premier aperçu, et sur lequel il était impossible de ne pas se trouver d'accord, c'était de réunir entre Almaraz et Talavera, ou entre Talavera et Tolède, les trois généraux, Wellesley, la Cuesta et Vénégas, pour marcher tous ensemble sur Madrid. On évaluait les forces de Vénégas dans la Manche à 18 mille hommes, celles de la Cuesta à 36, celles de sir Arthur Wellesley à 26 mille, en écartant toute exagération. C'était une force imposante, et qui eût été accablante pour les Français, si elle n'avait été composée pour plus des deux tiers de troupes espagnoles. D'accord sur la jonction, il s'agissait de savoir comment on l'exécuterait. D'après l'avis fort bien motivé de sir Arthur Wellesley, on convint que vers le 20 ou le 22 juillet, Vénégas ferait une forte démonstration sur Madrid, en essayant de passer le Tage aux environs d'Aranjuez (voir la carte n° 43); que les Français attirés alors sur le cours supérieur du Tage, on en profiterait pour réunir l'armée anglaise à la principale armée espagnole, celle de Gregorio de la Cuesta; que cette première jonction opérée on remonterait le Tage en marchant sur ses deux rives, et qu'on irait ensuite donner la main à Vénégas aux environs de Tolède. Un point devint le sujet de grandes difficultés. Il fallait, pendant qu'on agirait sur le Tage, se garder du côté de la Vieille-Castille, d'où pouvait déboucher le maréchal Soult. Le brave général Franceschi, enlevé par un guerrillas fameux, le Capuchino, et horriblement maltraité par ce bandit, avait fourni au général anglais la preuve certaine de l'arrivée du maréchal Soult à Zamora. Mais sir Arthur Wellesley croyait le maréchal Soult occupé pour long-temps à se refaire, et il ignorait la réunion de forces opérée en ses mains. Il pensait donc qu'en gardant les deux cols par lesquels on débouche de la Vieille-Castille dans l'Estrémadure, ceux de Peralès et de Baños, on serait à

Juillet 1809.

et des Espagnols.

l'abri de tout danger de ce côté. Il se chargeait bien de faire garder le col de Peralès, placé le plus près du Portugal, par des détachements de Beresford; mais celui de Baños, placé plus près de la Cuesta, lui semblait devoir être défendu par les troupes espagnoles. Il avait, pour en agir ainsi, une excellente raison, c'était de ne pas disperser les troupes anglaises, les seules sur lesquelles on pût compter un jour de bataille, et de consacrer aux usages accessoires les Espagnols, dont le nombre importait peu dans une rencontre décisive, où ils étaient plus embarrassants qu'utiles. Après de vives contestations on se mit d'accord, en envoyant sous le général Wilson quelques mille Espagnols, quelques mille Portugais, avec un millier d'Anglais le long des montagnes qui séparent l'Estrémadure de la Castille, afin de flanquer les armées combinées. On disputa ensuite sur les vivres et les transports que les Espagnols avaient promis de fournir aux Anglais, moyennant qu'on les leur payât, et qu'ils ne leur fournissaient même pas contre argent. Les choses furent poussées à ce point que sir Arthur Wellesley voyant les Espagnols bien pourvus, et ses soldats condamnés à toutes les privations, menaça de se retirer si on n'était pas plus exact à lui procurer ce dont il manquait, à quoi les Espagnols répondirent que les Anglais n'en avaient jamais assez, qu'ils ne savaient que se plaindre, que là où ils se trouvaient dans la misère, eux, Espagnols, se regardaient comme dans l'abondance : contradiction qui s'expliquait facilement par la différence de leurs mœurs et de leur manière de vivre.

Ces arrangements conclus tant bien que mal, sir Arthur Wellesley retourna le 13 juillet à Plasencia. Après avoir donné à la réunion de quelques détachements qui étaient encore en arrière le temps nécessaire, il marcha sur le Tietar, qu'il franchit sans difficulté le 18 juillet. Il se porta sur Oropesa, se réunit par les ponts d'Almaraz et de l'Arzobispo avec Gregorio de la Cuesta, et rejeta les arrière-gardes du corps de Victor sur Talavera, où il entra le 22 juillet. Sir Arthur Wellesley aurait voulu attaquer les Français tout de suite, sachant qu'ils n'étaient pas encore concentrés, et se flattant d'accabler, avec l'armée combinée qui était de plus de soixante mille hommes (26 mille Anglais et 36 mille Espagnols), les 22 mille Français du maréchal Victor. Mais Gregorio de la Cuesta déclara qu'il n'était pas prêt, et on laissa le corps de Victor se retirer tranquillement derrière l'Alberche, petit cours d'eau qui descend des montagnes, et se jette dans le Tage un peu au delà de Talavera.

C'est à ce moment que les Français apprirent enfin d'une manière précise la marche des généraux coalisés, et la réunion, par les débouchés d'Almaraz et de l'Arzobispo, des armées anglaises et espagnoles. Depuis une quinzaine de jours ils avaient eu avis du mouvement de sir Arthur Wellesley vers Abrantès et Alcantara, mais il leur restait des doutes sur sa direction ultérieure, sur sa

Juillet 1809.

Jonction des Anglais et des Espagnols aux environs de Talavera.

Les Français, avertis des mouvements de sir Arthur Wellesley, se concentrent pour combattre les Anglais et les Espagnols réunis.

jonction future avec les Espagnols, sur son plan de campagne. Ce plan était aujourd'hui évident, et dès le 20 et le 21 juillet, le maréchal Victor le fit connaître à Madrid. Ne sachant pas s'il serait appuyé, il avait repassé l'Alberche, et il était résolu à rétrograder plus loin encore, jusqu'à un autre petit cours d'eau qui se précipite dans le Tage des hauteurs du Guadarrama, dont il porte le nom.

Joseph, averti le 22 et éclairé par les conseils du maréchal Jourdan, prit sur-le-champ son parti, et se décida à porter toutes ses forces au-devant de l'armée combinée. Il ne pouvait mieux faire assurément. Il avait à sa disposition le corps du général Sébastiani (4e corps), qui, en détachant 3 mille hommes pour la garde de Tolède, conservait encore 17 ou 18 mille soldats excellents. Il avait celui du maréchal Victor, qui, toute défalcation faite, en comptait 22 mille tout aussi bons. Il pouvait tirer de Madrid une brigade de la division Dessoles, sa garde, un peu de cavalerie légère, formant une réserve de 5 mille hommes et de 14 bouches à feu, ce qui présentait un total de 45 mille hommes de la meilleure qualité. Dans la main d'un général habile, une pareille force aurait été plus que suffisante pour accabler l'armée combinée, qui était de 66 à 68 mille hommes, en y comprenant le détachement du général Wilson placé dans les montagnes, mais dont 26 mille seulement étaient de vrais soldats. Il n'y aurait même eu aucun doute sur le résultat, quel que fût le général qui commandât nos troupes, si le maréchal Mortier, laissé à Villacastin, avait pu être porté en deux marches à Tolède. Un renfort de 18 à 20 mille vieux soldats aurait donné à l'armée française une telle supériorité que l'armée anglo-espagnole n'aurait pu résister. Ce précieux avantage avait malheureusement été sacrifié à l'idée de fondre les trois corps du nord en un seul, idée conçue par Napoléon, à six cents lieues du théâtre de la guerre, et à trois mois du moment où les événements devaient s'accomplir. Néanmoins il était encore possible de réparer l'inconvénient de cette réunion intempestive, en ordonnant au maréchal Soult de marcher de Salamanque sur Avila, pour descendre entre Madrid et Talavera (voir la carte n° 43), et s'il n'y avait pas moyen de réunir ces trois corps immédiatement, d'acheminer celui des trois qui serait prêt le premier, sauf à faire rejoindre plus tard le second, puis le troisième. N'arrivât-il que celui du maréchal Mortier, qui était prêt depuis long-temps, il suffisait pour assurer à Joseph une supériorité décisive. Joseph et le maréchal Jourdan conçurent en effet cette idée, mais estimant qu'amener les forces du maréchal Soult vers Madrid entraînerait une perte de temps considérable, qu'en le faisant déboucher directement de Salamanque sur Plasencia il pourrait être le 30 ou le 31 juillet sur les derrières des Anglais, ils aimèrent mieux lui donner ce dernier ordre que celui de déboucher par Avila entre Talavera et Madrid. Il y avait à cela l'inconvénient de se présenter à l'ennemi en deux masses, l'une descendant le Tage de Tolède à Talavera, l'autre le remontant d'Almaraz à Talavera, et d'offrir à sir Arthur Wellesley qui serait placé entre elles la possibilité de les battre l'une après l'autre, comme avait fait tant de fois le général Bonaparte autour de Vérone. Mais sir Arthur Wellesley, quoique un excellent capitaine, n'était pas le général Bonaparte, et ses soldats surtout ne marchaient pas comme les soldats français. Il n'avait que 26 mille Anglais, et il ne pouvait pas avec un pareil nombre battre tour à tour les 45 mille hommes de Joseph, et les 50 mille que devait amener le maréchal Soult. Si ce dernier recevant le 24 juillet l'ordre envoyé le 22, se mettait en route le 26, ce qui était possible, il pouvait être le 30 juillet à Plasencia, et l'armée anglaise prise en queue, tandis qu'on la pousserait en tête, devait succomber. Le maréchal Soult ne pût-il pas réunir le corps du maréchal Ney, placé près de Benavente, il suffisait qu'il marchât avec son corps, lequel devait être aujourd'hui de 20 mille hommes, avec celui du maréchal Mortier qui était de 18, pour accabler sir Arthur Wellesley qui n'en avait que 26 mille, et qui probablement serait ou déjà vaincu, ou du moins forcé à battre en retraite et séparé des Espagnols, lorsque la rencontre aurait lieu. Le roi Joseph envoya au maréchal Soult le général Foy avec les instructions que nous venons de rapporter, et la prière la plus instante de se mettre sur-le-champ en route. Du reste le général Foy, qui arrivait du camp du maréchal Soult, affirma itérativement que ce dernier pourrait être où on le désirait, et à l'époque indiquée[1]. Joseph ordonna ensuite au général Sébastiani de se porter par Tolède sur Talavera, au secours du maréchal Victor (voir la carte n° 43), et partit, dans la nuit du 22 au 23, avec sa réserve de 5 mille hommes pour le même point de ralliement. Il laissa le général Belliard dans Madrid avec la seconde brigade de Dessoles, une foule de malades et de convalescents, qui pouvaient tous au besoin se jeter dans le Retiro, et s'y défendre plusieurs semaines. Un régiment de dragons dut parcourir les bords du Tage au-dessus et au-dessous d'Aranjuez, pour donner avis de la première apparition de Vénégas. Les trois mille hommes détachés du corps de Sébastiani furent chargés de garder Tolède, de manière que depuis les sources du Tage jusqu'à Talavera, les précautions étaient prises sur la gauche de l'armée française pour ralentir la marche de Vénégas, pendant qu'on ferait face à don Gregorio de la Cuesta et à sir Arthur Wellesley. Ces dispositions, qui révélaient les conseils d'un militaire expérimenté (c'était le maréchal Jourdan), et faisaient honneur au jugement du roi Joseph qui les avait adoptées, devaient, si elles étaient bien exécutées, amener la destruction totale des Anglais, car ils allaient être assaillis par 45 mille hommes en tête et par 38 mille en queue, dans la supposition la moins favorable : que pouvaient faire 66 mille hommes, parmi les-

Juillet 1809.

Joseph marche sur Talavera avec Sébastiani, Victor, et une partie de la réserve de Madrid

---

[1] J'écris ici d'après les mémoires du maréchal Jourdan, et d'après la correspondance des maréchaux eux-mêmes.

quels il n'y avait qu'un tiers de véritables soldats, contre une telle masse de forces?

Joseph, parti de Madrid dans la nuit du 22 au 23 juillet, marcha sur Illescas, et le 25 parvint à Vargas, un peu en arrière du petit cours d'eau du Guadarrama, sur lequel le maréchal Victor s'était replié pour opérer sa jonction avec le général Sébastiani. Ce même jour 25, les trois masses, celles de Victor, de Sébastiani, de Joseph (Victor, 22,542; Sébastiani, 17,690; Joseph, 5,077), furent réunies à Vargas, un peu au delà de Tolède. Si on n'avait pas autant compté sur la prompte arrivée du maréchal Soult à Plasencia, il eût été plus prudent de ne pas trop s'avancer, de se tenir à portée de couvrir Madrid contre une tentative de Vénégas, et de choisir en même temps une bonne position défensive pour amener les Anglais au genre de guerre qu'ils savaient le moins faire, à la guerre offensive. On aurait donné ainsi au maréchal Soult le temps de se préparer, et de paraître sur le théâtre des événements. Mais espérant trop facilement la prochaine apparition de celui-ci à Plasencia, ne tenant pas assez compte des retards imprévus qui souvent à la guerre déjouent les calculs les plus justes, on n'hésita pas à éloigner les coalisés de Madrid, en marchant droit à eux, et en les poussant sur Oropesa et Plasencia, où l'on croyait qu'ils trouveraient leur perte. On résolut donc de se porter le lendemain en avant, et de reprendre une offensive énergique. Les nouvelles du maréchal Soult étaient excellentes. Désabusé enfin sur l'époque de l'entrée en action des Anglais, et renonçant à ses premiers plans, il avait écrit à la date du 24 que le corps du maréchal Mortier et le sien pourraient partir de Salamanque le 26, ce qui devait, même en laissant en arrière le maréchal Ney, amener une masse de forces suffisantes sur les derrières des Anglais du 30 au 31. D'après une telle nouvelle, on hésita encore moins à marcher en avant, et à pousser les coalisés sur l'abîme supposé de Plasencia.

Juillet 1809.

Don Gregorio de la Cuesta, qui le 23 n'avait pas été prêt pour attaquer le maréchal Victor alors isolé, s'était fort animé en voyant les Français battre en retraite, et avait passé l'Alberche derrière eux, les poursuivant vivement, et écrivant à son allié Wellesley qu'on ne pouvait joindre ces misérables Français, tant ils fuyaient vite. Ayant marché le 24 et le 25 sur Alcabon et Cebolla, il les trouva le 26 à Torrijos, résolus cette fois à se laisser joindre comme il en avait exprimé le désir, et comme ne le souhaitait pas sir Arthur Wellesley, qui ne cessait de lui répéter qu'en marchant ainsi il allait se faire battre. On va voir combien était grand le bon sens du général anglais.

Première rencontre entre Torrijos et Alcabon, et déroute des Espagnols.

La cavalerie légère de Merlin, appartenant au corps du général Sébastiani, marchait avec les dragons de Latour-Maubourg à l'avant-garde. Don Gregorio de la Cuesta, qui regrettait si fort la fuite précipitée des Français, s'arrêta court en les voyant prêts à résister, et se hâta de rétrograder pour chercher appui auprès des Anglais. Entre Torrijos et Alcabon il avait à passer un défilé, et, pour se couvrir pendant le passage, il présenta en bataille 4 mille hommes d'infanterie, et 2 mille chevaux sous le général Zayas. Le général Latour-Maubourg, qui commandait en chef les troupes de l'avant-garde, après avoir débouché d'un champ d'oliviers, déploya ses escadrons en ligne parallèle à l'ennemi. Les Espagnols tinrent d'abord en ne voyant devant eux que des troupes à cheval; mais dès qu'ils aperçurent la tête de l'infanterie, ils commencèrent à se replier en toute hâte, et se jetèrent dans Alcabon. Le général Beaumont s'élança alors sur eux avec le 2ᵉ de hussards et un escadron du 5ᵉ de chasseurs. Le général Zayas essaya de lui opposer les dragons de Villaviciosa; mais nos hussards et nos chasseurs chargèrent ces dragons en tout sens, les enveloppèrent et les sabrèrent. A peine s'en sauva-t-il quelques-uns. Après cet acte de vigueur, on se précipita sur l'arrière-garde, qui s'enfuit pêle-mêle avec le corps de bataille. Si, dans le moment, le 1ᵉʳ corps (celui du maréchal Victor) avait été en mesure de donner, l'armée espagnole tout entière aurait été mise en déroute. Mais les troupes étaient fatiguées par la chaleur, le terrain présentait de nombreux obstacles, et le maréchal Victor ne voulut pas risquer une nouvelle action, bien que l'état-major de Joseph l'en pressât vivement [1].

On se borna le soir à coucher à Santa-Olalla. Le lendemain, 27, on partit à deux heures pour

[1] Assertion du maréchal Jourdan.

profiter de la fraîcheur, et on se porta sur l'Alberche, afin d'arriver le jour même à Talavera, dans l'intention de pousser l'armée combinée sur Plasencia. Le 1ᵉʳ corps, précédé de la cavalerie de Latour-Maubourg, formait toujours la tête de la colonne. En approchant de l'Alberche, on rencontra sur la gauche les Espagnols qui passaient en désordre cet affluent du Tage pour se replier sur Talavera, et à droite une colonne d'Anglais qui étaient venus vers Cazalegas au secours de don Gregorio de la Cuesta, malgré leur répugnance à s'associer à ses imprudences. (Voir la carte n° 50.) Du sommet d'un plateau qui domine le cours de l'Alberche, on apercevait sur l'autre rive un vaste bois de chênes et d'oliviers, et plus loin une suite de mamelons très-saillants, très-fortement occupés, se liant d'un côté à une haute chaîne de montagnes, de l'autre à Talavera même, et au Tage, qui traverse cette ville. La plus grande partie de l'armée anglaise était en position sur cette suite de mamelons, derrière une nombreuse artillerie, des abatis, et de solides redoutes. La poussière qui s'élevait au-dessus de la forêt de chênes et d'oliviers, prouvait que les troupes ennemies qu'on avait combattues la veille étaient en retraite à travers cette forêt, et on pouvait espérer de les joindre avant qu'elles eussent atteint la position retranchée de l'armée anglaise. Le maréchal Victor, qui avait grande confiance dans ses vieux soldats, qui ne connaissait pas encore les soldats anglais, et qui, grâce à son grade élevé, croyait pouvoir prendre

Juillet 1809.

Le maréchal Victor se hâte de passer l'Alberche, pour se jeter sur l'armée

Juillet 1809.

espagnole, avant qu'elle ait pu atteindre le camp retranché de Talavera.

beaucoup sur lui, s'empressa de passer l'Alberche à gué avec ses trois divisions. Il s'avança, la division Ruffin à droite, celle de Villatte au centre, celle de Lapisse à gauche, Latour-Maubourg en flanqueur, et envoya dire au roi Joseph de le faire appuyer par le corps du général Sébastiani et par sa réserve. Bien familiarisé avec les lieux, qu'il avait souvent parcourus, il se flattait, si les circonstances le favorisaient, et si on le secondait à propos, d'enlever la position au moyen d'un simple coup de main.

Les troupes franchirent l'Alberche, en colonne serrée, ayant de l'eau jusqu'à mi-corps, et s'enfoncèrent avec ardeur dans la forêt. La division Lapisse, qui était à la gauche du maréchal Victor, se trouva engagée près de Casa de las Salinas avec la brigade Mackenzie, qui formait l'arrière-garde anglaise, et fit bientôt le coup de fusil avec elle. Le 16ᵉ léger serrait de près les Anglais, et, partout où

Grave échec éprouvé par la brigade anglaise Mackenzie.

le terrain le permettait, les abordait vivement. Arrivé près d'une éclaircie favorable au déploiement des troupes, le général Chaudron-Rousseau ordonna une charge à la baïonnette. Les braves soldats du 16ᵉ, jaloux de prouver qu'ils ne craignaient pas plus une armée solide et régulière que les troupes inaguerries des Espagnols, s'élancèrent brusquement sur les deux régiments anglais (le 31ᵉ et le 87ᵉ), qui leur étaient opposés, les rompirent, et leur causèrent une perte considérable. Les Anglais se rejetèrent précipitamment sur le gros de leur armée, qui était en position, comme nous venons de le dire, près de Talavera, entre le Tage et les montagnes. Le maréchal Victor voulait les suivre, mais il fallait attendre la division Villatte qui achevait de passer l'Alberche; il fallait attendre aussi la cavalerie, l'artillerie, qui ne l'avaient point passé; il fallait surtout être rejoint par le corps du général Sébastiani, qui était encore en arrière. Si, au lieu d'un roi courageux de sa personne, mais inexpérimenté et réduit à consulter un vieux maréchal, on avait eu pour diriger l'armée un véritable général en chef, venant lui-même à la tête de ses avant-gardes reconnaître les lieux, et prendre ses résolutions à temps, on se serait pressé de franchir l'Alberche en masse; et en profitant de l'échec des Anglais, et de la confusion avec laquelle se retiraient les Espagnols, on eût peut-être enlevé la position de l'ennemi. Mais chacun suivait sa propre direction, ou attendait un commandement qui n'arrivait qu'après coup et après de longues consultations.

Juillet 1809.

Toutefois il faut reconnaître qu'il était un peu tard pour couronner la journée par un acte aussi décisif, car le maréchal Victor lui-même n'arriva en face de la position des Anglais que vers la chute du jour. En sortant de la forêt de chênes et d'oliviers qui se rencontrait au delà de l'Alberche, on s'avançait sur une sorte de plateau, d'où l'on apercevait distinctement la position des Anglais. (Voir la carte n° 50.) C'était, comme nous l'avons dit, une suite de mamelons, dont le plus élevé se montrait à notre droite couvert de troupes anglaises et d'artillerie, dont les autres en s'abaissant vers Ta-

Description de la position des Anglais et des Espagnols devant Talavera.

lavera se voyaient à notre gauche couverts également de troupes et d'artillerie, celles-ci appartenant à l'armée espagnole. Au centre de cette position était une grosse redoute, hérissée de canons, gardée en commun par les troupes des deux nations. Plus loin, à notre gauche, des bouquets de chênes et d'oliviers, des abatis, des clôtures, s'étendaient jusqu'à Talavera et au bord du Tage, et servaient d'appui au courage de l'armée espagnole, qui ne brillait, avons-nous dit souvent, que lorsqu'il trouvait un soutien dans la nature des lieux. Il pouvait y avoir en position 25 ou 26 mille Anglais, 30 et quelques mille Espagnols, plus la division Wilson qu'on distinguait sur les montagnes à notre droite, pressée de rejoindre l'armée principale : c'étaient donc 65 ou 66 mille ennemis à combattre avec 45 mille soldats que nous amenions, mais excellents, et rachetant par leur qualité l'infériorité du nombre. L'important était de bien combattre, et de ne pas engager maladroitement leur courage, aussi ferme que bouillant.

Outre que la position des Anglais et des Espagnols était forte, elle était en rapport avec leur principale qualité, qui consistait à bien résister dans un poste défensif. Pour les aborder, il fallait franchir un ravin assez profond, qui les séparait du plateau sur lequel nous avions débouché en sortant de la forêt, puis gravir sous le feu une chaîne de mamelons escarpés. Il était possible toutefois de tourner cette chaîne de mamelons par notre droite, grâce à une circonstance de terrain dont on aurait pu profiter avantageusement. En effet le mamelon, point extrême de la position des Anglais, était séparé par un large vallon de la haute chaîne de montagnes qui borde la vallée du Tage : on pouvait, en descendant dans le ravin dont il vient d'être parlé, marcher droit à l'ennemi, puis, remontant à droite, s'introduire dans le vallon, et tourner le mamelon qui formait l'extrémité de la position des Anglais, et sur lequel était campée la division Hill. Il eût fallu amener là une portion notable des forces françaises sans que les Anglais s'en aperçussent, puis attaquer résolûment leur ligne de front et à revers. Grâce à cet ensemble de dispositions, on l'eût très-probablement enlevée, comme on va bientôt s'en convaincre.

Le maréchal Victor, qui avait remarqué une grande confusion dans la retraite des troupes ennemies, s'imagina que par une brusque attaque, tentée à la chute du jour, il emporterait le mamelon qui était à notre droite, que ce point emporté la position ne serait plus tenable pour les Anglais, et qu'il aurait à lui seul l'honneur de gagner la bataille. Cette résolution spontanée, résultat d'un zèle extrême et d'une bravoure brillante, n'eût certainement pas été prise sous un général en chef qui aurait commandé avec autorité et vigueur. On n'aurait pas commencé à son insu, par une aile, à une heure du jour si avancée, une grande bataille, sans qu'il eût réglé le moment de cette bataille, la manière de la livrer, et surtout sans qu'il eût décidé s'il fallait qu'elle fût livrée.

Juillet 1809.

Le maréchal Victor attaque sans ordre, le 27 au soir, le point extrême de la position des Anglais.

Juillet 1809.

Le maréchal Victor, entraîné par son courage et ignorant à quelles troupes il avait affaire, lança la division Ruffin sur le mamelon entre neuf et dix heures du soir. Cette division, l'une des meilleures de la grande armée, se composait de trois régiments accomplis, le 9ᵉ léger, les 24ᵉ et 96ᵉ de ligne. Elle avait pour la conduire deux officiers de grand mérite, le général de division Ruffin, et le général de brigade Barrois. Le maréchal Victor ordonna au 9ᵉ léger d'attaquer de front le mamelon principal qui s'élevait vis-à-vis de nous, au 24ᵉ de le tourner en débouchant à droite par le vallon qui nous séparait des montagnes, et au 96ᵉ de se porter à gauche pour appuyer directement le 9ᵉ. Le maréchal conserva les divisions Villatte et Lapisse en réserve afin de tenir l'ennemi en respect sur la gauche. L'artillerie braquée sur le plateau aurait pu agir contre les Anglais, en tirant par-dessus le ravin; mais dans l'obscurité on craignait de faire feu sur les nôtres, et on la laissa inactive.

Nos troupes s'avancèrent résolûment dans l'obscurité vers le but assigné à leurs efforts. Le 9ᵉ léger, qui s'était mis le premier en marche, descendit du plateau dans le ravin, et aborda de front le mamelon qu'il s'agissait d'emporter. Les Anglais s'étant aperçus de ce mouvement ouvrirent un feu meurtrier, quoique dirigé dans les ténèbres, sur nos braves soldats, mais ne parvinrent pas à les arrêter. Ceux-ci franchirent les pentes de la position, repoussant à la baïonnette la première ligne qui leur était opposée, et, toujours sous le feu, parvinrent jusqu'au sommet. Déjà quelques compagnies du 9ᵉ léger avaient atteint le haut du mamelon, et y avaient même enlevé quelques Anglais, lorsque le général Hill, voyant que ces hardis assaillants n'étaient soutenus ni de droite ni de gauche, porta dans leur flanc une partie de ses troupes et les arrêta dans leur succès. Le 9ᵉ, attaqué en tête et par sa gauche, fut obligé de rétrograder en laissant bon nombre de soldats morts ou blessés sur le sommet du plateau. Ce qui avait causé ce revers, c'était le retard du 96ᵉ, qui, rencontrant dans le fond du ravin des obstacles imprévus, avait mis à le franchir plus de temps qu'on ne l'avait supposé, et le retard aussi du 24ᵉ, qui en s'engageant à droite dans le vallon s'y était égaré. Ces deux régiments arrivant sur le terrain du combat trouvèrent le 9ᵉ léger en retraite, mais non en déroute, et conservant sous le feu des Anglais un aplomb inébranlable. Il avait perdu trois cents hommes dans cette tentative avortée. Son colonel Meunier avait reçu trois coups de feu. Le maréchal Victor ne crut pas devoir pousser plus loin cet engagement nocturne, et pensa qu'il convenait de donner quelque repos à des troupes qui, parties de Santa-Olalla à 2 heures du matin, combattaient près de Talavera à 10 heures du soir. On bivouaqua où l'on était, sur le plateau qui faisait face aux Anglais. A gauche la cavalerie liait les troupes du maréchal Victor avec celles du général Sébastiani et de la réserve, qui avaient enfin passé l'Alberche, et s'étaient déployées en face du centre de l'en-

Juillet 1809.

La nuit ayant empêché nos régiments de se soutenir les uns les autres, l'attaque du maréchal Victor demeure sans succès.

nemi. Les dragons de Milhaud à l'extrême gauche observaient la grande route de Talavera. De ce côté les Espagnols, poussés vivement par notre cavalerie, se trouvaient dans une confusion extraordinaire, et s'établissaient comme ils pouvaient dans leur position. Tout troublés, ils se crurent attaqués en entendant la fusillade de la division Ruffin, et se mirent à tirer dans l'obscurité, sans savoir ni sur qui, ni pourquoi. Aussi prétendirent-ils le lendemain avoir eu à repousser une violente attaque de nuit. Ce qui était moins pardonnable, les Anglais placés du même côté répétèrent ce mensonge.

Le lendemain 28, jour mémorable dans nos guerres d'Espagne, le maréchal Victor tenant à réparer l'échec fort accidentel de la veille, voulut entrer en action dès l'aurore, ne doutant pas de l'emporter cette fois quand l'attaque du mamelon serait exécutée avec l'ensemble convenable. Parcourant le terrain à cheval, voyant l'armée anglaise établie sur la suite des mamelons dont on avait assailli le principal, l'armée espagnole derrière des clôtures, des abatis, des bois, il se persuada de nouveau qu'en enlevant celui de ces mamelons qui était placé vis-à-vis de notre droite, l'armée combinée, arrachée en quelque sorte de sa position, serait refoulée sur Talavera, et probablement précipitée dans le Tage. Il résolut donc d'attaquer sur-le-champ, et avec la dernière vigueur, en faisant dire au roi Joseph de porter immédiatement sur le centre de l'ennemi les troupes du général Sébastiani et de la réserve, afin que les Anglais ne se jetassent point en masse sur lui, pendant qu'il serait occupé contre l'extrémité de leur ligne.

Prenant encore spontanément cette audacieuse résolution, il voulut fournir à la division Ruffin l'occasion de se dédommager de l'insuccès de la veille, et lui ordonna de se précipiter sur le mamelon avec ses trois régiments à la fois. Il plaça la division Villatte en réserve en arrière, et chargea la division Lapisse avec les dragons de Latour-Maubourg de feindre à gauche un mouvement sur le centre des ennemis. Mais ce n'était pas assez d'une feinte si on prétendait les empêcher de fondre en masse sur la division Ruffin.

Cette brave division s'ébranla en effet dès le point du jour avec un seul changement dans son ordre de marche. Le 9ᵉ, déjà décimé dans la première tentative, dut attaquer à droite par le vallon; le 24ᵉ, qui n'avait pas joint l'ennemi, dut attaquer au centre et de front; le 96ᵉ, à gauche comme la veille. Ces trois régiments descendirent dans le ravin, puis le traversèrent sous le feu de toute la division Hill, avec une fermeté qui fit l'admiration de l'armée anglaise. Ils franchirent les premières pentes, et arrivèrent sur un terrain qui formait en quelque sorte le premier étage de ce mamelon, opposant à la mousqueterie et à la mitraille un sang-froid incomparable. Mais sir Arthur Wellesley, placé au milieu de son armée et se conduisant en vrai général, discerna parfaitement que la division Lapisse, rangée à gauche de la division Ruffin, n'était pas à portée d'agir, et le reste de l'armée française

Juillet 1809.

encore moins. Allant alors au plus pressé, il dirigea une partie de son centre, composé des troupes du général Sherbrooke, sur la division Ruffin. Celle-ci, traitée en ce moment comme l'avait été le 9ᵉ pendant la nuit, c'est-à-dire prise en flanc, tandis qu'elle essuyait de front un feu terrible, fut contrainte de rétrograder. Elle recula lentement, en ôtant aux Anglais le courage de la poursuivre. Mais elle paya et son audacieuse attaque, et sa belle retraite, d'une perte énorme. Environ cinq cents hommes par régiment, ce qui faisait 1,500 pour la division, jonchaient les degrés de ce fatal mamelon, contre lequel venaient d'échouer deux attaques successives, exécutées avec un rare héroïsme.

Le maréchal Victor, qui de sa personne ne s'était pas ménagé, reconnut que contre des troupes pareilles on n'enlevait pas une position en la brusquant. Ne se décourageant pas toutefois, et toujours confiant dans la victoire, il remit l'attaque décisive au moment où l'armée française pourrait agir tout entière. Il était dix heures du matin. Joseph, accouru au premier corps pour y jouer enfin son rôle de commandant en chef, tint conseil avec le maréchal Jourdan, le maréchal Victor et le général Sébastiani, sur le parti à prendre. Avant de décider comment on attaquerait, il fallait savoir d'abord si on attaquerait, c'est-à-dire si on livrerait bataille. Telle était la première question à résoudre. On se partagea sur cette question essentielle. Le maréchal Jourdan avec sa grande expérience se prononça contre l'idée de livrer bataille. Il en donna d'excellentes raisons. Selon lui on avait manqué l'occasion d'enlever la position de l'ennemi qu'il venait de reconnaître, et dont il savait maintenant les côtés forts et faibles. Il aurait fallu, lorsque les Anglais ignoraient encore le vrai point d'attaque, porter pendant la nuit dans le vallon une partie considérable de l'armée française, en gardant le reste en ligne pour masquer ce mouvement, puis assaillir à l'improviste, avec vigueur et ensemble, le mamelon principal avant que l'ennemi pût y reporter des moyens de défense suffisants, et, le mamelon enlevé, refouler l'armée combinée sur Talavera et le Tage, où on aurait pu lui faire subir un véritable désastre. Mais il n'était plus temps d'opérer ainsi, parce que sir Arthur Wellesley était averti par deux tentatives successives du vrai point d'attaque, parce qu'il était jour, parce que le moindre mouvement serait aperçu, et que le général ennemi ne manquerait pas de reporter à sa gauche autant de troupes que nous en reporterions à notre droite; que d'ailleurs en exécutant ce changement de front, on n'aurait, pour se retirer en cas d'échec, que les routes impraticables qui conduisent à Avila, et que la retraite, si elle devenait nécessaire, ne pourrait se faire qu'en sacrifiant l'artillerie et les équipages de l'armée. Dans cet état de choses, l'attaque de front étant douteuse, l'attaque de flanc trop tardive et de plus périlleuse pour la retraite, il fallait temporiser, se replier derrière l'Alberche, y choisir une position défensive, et attendre que le maréchal Soult avec ses trois corps

Juillet 1809.

réunis débouchât sur les derrières de l'armée anglo-espagnole.

Juillet 1809.

Opinion du maréchal Victor.

Le maréchal Victor, rempli d'ardeur, ayant le désir de se dédommager des deux tentatives infructueuses de la veille et du matin, confiant dans l'énergie de ses troupes, soutint que c'était faute d'appui vers le centre que ses attaques n'avaient pas réussi; que si le 4ᵉ corps, celui du général Sébastiani, se portait suivi de la réserve contre le centre de l'armée anglaise, il se faisait fort, avec son corps seul, de s'emparer du mamelon qui était la clef de la position. Il répéta plusieurs fois qu'il fallait renoncer à faire la guerre, si, avec des troupes comme les siennes, il n'enlevait pas la position de l'ennemi. Joseph, placé entre la froide prudence du maréchal Jourdan, et la fougue entraînante du maréchal Victor, hésitait, ne sachant quel parti prendre, lorsqu'arriva une lettre du maréchal Soult annonçant que, malgré ce qu'il avait promis, il ne pourrait pas être avant le 3 août sur les derrières des Anglais. Pourtant le corps du maréchal Mortier était le 26 à Salamanque, le corps du maréchal Soult était le même jour moitié à Salamanque, moitié à Toro, et il semble que rien n'aurait dû l'empêcher d'être le 29 ou le 30 à Plasencia, avec 38 ou 40,000 hommes. Quoi qu'il en soit, on était au 28, et il aurait fallu attendre six jours l'apparition du maréchal Soult. Or, pendant ces six jours, pourrait-on tenir tête à sir Arthur Wellesley et à don Gregorio de la Cuesta d'un côté, à Vénégas de l'autre, celui-ci menaçant déjà Tolède

Hésitations de Joseph terminées par une dépêche du maréchal Soult, et résolution de livrer bataille.

et Aranjuez? Ces considérations et l'ardeur à combattre du maréchal Victor firent pencher la balance en faveur du projet de livrer bataille, et il fut décidé qu'on attaquerait immédiatement. Les dispositions furent arrêtées sur-le-champ. Il fut convenu que cette fois l'attaque serait simultanée de notre droite à notre gauche, afin que l'ennemi, obligé de se défendre partout, ne pût porter de renforts sur aucun point. Le maréchal Victor devait s'y prendre autrement qu'il n'avait fait la veille et le matin. Au lieu de gravir directement le mamelon, il devait faire filer la division Ruffin dans le vallon qui séparait la position de l'ennemi des montagnes, la conduire par le fond de ce vallon où l'Anglais Wilson commençait à se montrer, et ne lui faire escalader le mamelon que lorsqu'elle l'aurait complétement débordé. Pendant ce temps, la division Villatte aurait l'une de ses deux brigades au pied du mamelon pour le menacer et y retenir les Anglais, l'autre dans le vallon pour y soutenir Ruffin contre une masse de cavalerie qu'on apercevait dans le lointain. Quant à la division Lapisse, formant la gauche de Victor, elle devait, de concert avec le corps du général Sébastiani, attaquer le centre d'une manière vigoureuse, et de façon à y attirer les plus grandes forces de l'ennemi. C'est lorsque cette attaque au centre aurait produit son effet, et que la division Ruffin aurait gagné assez de terrain dans le vallon sur la gauche des Anglais, que le général Villatte devait, avec ses deux brigades, assaillir de front le mamelon, ainsi que

Juillet 1809.

Bataille de Talavera, livrée le 28 juillet, vers la moitié du jour.

Plan d'attaque générale.

l'avait déjà essayé la division Ruffin. Il était permis de compter qu'en s'y prenant de la sorte l'attaque réussirait. Les dragons de Latour-Maubourg devaient, avec la cavalerie légère du général Merlin, se porter à droite, et suivre la division Ruffin dans le vallon où se montrait, comme nous venons de le dire, beaucoup de cavalerie anglaise et espagnole. Les dragons de Milhaud étaient destinés à agir vers l'extrême gauche, et à occuper les Espagnols du côté de Talavera. La réserve de Joseph, placée en arrière au centre, avait mission de secourir ceux qui en auraient besoin. Enfin l'artillerie du maréchal Victor, établie sur le plateau vis-à-vis de la position des Anglais, devait les couvrir de projectiles, en tirant par-dessus le ravin. Ces dispositions, bien exécutées, faisaient espérer le succès de la bataille.

Les ordres de l'état-major général transmis et reçus promptement, grâce au peu d'étendue du champ de bataille, ne commencèrent cependant à s'exécuter que vers deux heures de l'après-midi, à cause des nombreux mouvements de troupes qu'il fallait opérer. La division Ruffin, descendant par une trouée dans le vallon, le remonta en colonne serrée sur le flanc des Anglais, tandis que les deux brigades du général Villatte, descendues dans le ravin qui nous séparait de l'ennemi, et faisant face l'une au vallon, l'autre au mamelon, étaient prêtes à se joindre à Ruffin, ou à se retourner pour assaillir de front la position si opiniâtrement disputée depuis la veille. Pendant ce temps, l'artillerie dirigée par le colonel d'Aboville, tirant par-dessus le ravin, couvrait de feu les Anglais. Enfin la division Lapisse s'apprêtait à fondre sur le centre de la ligne, et le corps du général Sébastiani s'ébranlait pour enlever la redoute vers laquelle se joignaient les deux armées combinées. Mais tandis que ces mouvements s'accomplissaient avec ensemble, un accident y apporta quelque trouble. La division allemande Leval, reportée depuis quelques jours du corps du maréchal Victor à celui du général Sébastiani, avait été placée à gauche de ce dernier, pour le flanquer de concert avec les dragons de Milhaud, en cas que les Espagnols voulussent déboucher de Talavera. Ayant ordre de se tenir à la hauteur du général Sébastiani, et ne discernant pas bien son poste à travers les bois d'oliviers et de chênes qui couvraient le terrain, elle se trouva tout à coup sous le feu de la redoute du centre, et assaillie à droite par les Anglais, à gauche par de la cavalerie espagnole. Les Allemands, formés en carré, reçurent cette cavalerie par un feu à bout portant et la dispersèrent. Ils marchèrent ensuite en avant. Dans leur mouvement offensif, ils débordèrent un régiment anglais qui les attaquait par la droite, et, l'ayant enveloppé, ils allaient le faire prisonnier, lorsque le général de Porbeck, commandant les troupes badoises, fut tué d'un coup de feu. Cet accident laissant les Badois sans chef, les Anglais eurent le temps de se reconnaître, de rétrograder et de se sauver. L'état-major de Joseph, en voyant cette action prématurée, voulut

Juillet 1809.

Accident survenu à la division allemande Leval, pendant que l'armée se mettait en bataille.

arrêter les Allemands de peur qu'engagés trop tôt ils ne fissent faute plus tard sur le flanc de la division Sébastiani, et ordonna au général Leval de se retirer. Mieux eût valu poursuivre vigoureusement cette attaque, en usant de la réserve pour le cas d'une apparition subite des Espagnols sur le flanc du général Sébastiani, que de rétrograder devant l'ennemi. Quoi qu'il en soit, on reporta la division Leval en arrière, mais au milieu des oliviers on eut de la peine à ramener l'artillerie dont les chevaux avaient été tués par le feu de la redoute, et on abandonna huit pièces dont l'ennemi se fit plus tard un trophée.

Après avoir ainsi paré autant que possible à cet accident, les généraux Sébastiani et Lapisse se portèrent l'un et l'autre en avant. Le général Lapisse, conduisant le 16ᵉ léger et le 45ᵉ de ligne, déployés, et suivi des 8ᵉ et 54ᵉ de ligne en colonne serrée, assaillit les hauteurs qui flanquaient le mamelon principal et le liaient à la plaine de Talavera. Malgré le feu des Anglais, il gagna du terrain. Le général Sébastiani, avec sa belle division française, composée de quatre régiments, attaqua à gauche du général Lapisse. Les Anglais se jetèrent sur lui avec fureur. Sa brigade de droite, commandée par le général Rey, et composée des 28ᵉ et 32ᵉ, leur tint tête, et les repoussa. La brigade de gauche, commandée par le général Belair, fut assaillie à la fois par les Espagnols et par les Anglais, mais elle ne se montra pas moins ferme que celle du général Rey, et, comme elle, tint tête à une multitude d'ennemis. Le 75ᵉ et le 58ᵉ arrêtèrent les charges de la cavalerie espagnole, pendant que les Allemands de Leval s'avançaient de nouveau en plusieurs carrés. De ce côté, comme du côté de la division Lapisse, on gagnait lentement du terrain. Tandis que ces événements se passaient à gauche et au centre, à droite en face du fameux mamelon, l'artillerie, continuant de tirer par-dessus le ravin, produisait un effet meurtrier sur la division Hill; le général Villatte attendait toujours dans le fond du ravin le signal de l'attaque, et la division Ruffin cheminait dans le vallon sur la gauche des Anglais. Dans ce moment la cavalerie portugaise d'Albuquerque, jointe à la cavalerie anglaise, voulut barrer le chemin du vallon à la division Ruffin, et se porta sur elle au galop. Cette division, voyant venir la charge, se rangea pour la laisser passer, et la cavalerie anglo-portugaise, lancée à toute bride, reçut ainsi le feu de Ruffin et de Villatte. Une partie rebroussa chemin; mais le 13ᵉ de dragons anglais, emporté par ses chevaux, ne put revenir. La brigade de cavalerie légère du général Strolz, manœuvrant habilement, attendit qu'il eût passé, puis se jeta à sa suite, et le chargea en flanc et en queue, pendant que les lanciers polonais et les chevaux-légers westphaliens l'attaquaient en tête. Ce malheureux régiment, enveloppé de toutes parts, fut sabré ou pris en entier.

Tel était l'état des choses vers notre droite, lorsqu'au centre le général Lapisse, qui conduisait

Juillet 1809.

Engagement de cavalerie dans le vallon, et destruction du 13ᵉ de dragons anglais.

Mort du général Lapisse

sa division en personne, et avait déjà gravi les hauteurs occupées par l'ennemi, à la tête du 16ᵉ léger, fut tué d'un coup de feu. Cette mort produisit une sorte d'ébranlement dans sa division, qui, chargée aussitôt par les troupes de Sherbrooke, fut ramenée en arrière. Le maréchal Victor, averti de cet incident, partit au galop, et vint sous le feu rallier ses troupes, et les reporter en ligne. Mais l'ennemi, insistant pour conserver ce premier succès, se jeta en masse sur la division Lapisse. Au même instant le corps du général Sébastiani, découvert par le mouvement rétrograde de la division Lapisse, fut vivement assailli sur sa droite. Les 28ᵉ et 32ᵉ, se conduisant avec leur bravoure accoutumée, tinrent ferme sous les ordres du général Rey, et ne cédèrent que ce qu'il fallait de terrain pour se remettre en ligne avec les troupes qui venaient de rétrograder.

C'était le moment de redoubler d'énergie, de porter la réserve au secours des divisions Lapisse et Sébastiani, et de jeter enfin les deux brigades du général Villatte sur le mamelon que Ruffin était parvenu à déborder. Tout en effet donnait lieu d'espérer la victoire. Les Anglais, mitraillés par nos batteries du plateau, paraissaient ébranlés ; leur artillerie était démontée, et leur feu presque éteint. Un effort simultané et vigoureux tenté alors devait vaincre leur ténacité ordinaire. Mais Joseph, qui, tout en se laissant entraîner par la chaleur du maréchal Victor, avait été fort sensible aux réflexions du maréchal Jourdan, voyant la journée avancée et la victoire encore douteuse, voulut suspendre l'action, sauf à recommencer le lendemain. Ce n'était assurément pas le cas de se décourager, car on allait l'emporter. Mais n'ayant ni l'habitude ni la ténacité du champ de bataille, il fit contremander l'attaque. Il était cinq heures à peu près, et au mois de juillet on pouvait compter sur plusieurs heures de jour pour terminer la bataille. Le maréchal Victor accourut aussitôt, fit valoir la certitude du succès, si Ruffin, qui avait pénétré dans le vallon à la hauteur convenable, attaquait les Anglais par derrière, tandis que Villatte les attaquerait de front; il allégua l'ébranlement visible de l'ennemi, et toutes les raisons qu'on avait de pousser à bout cette journée, en opposant à sir Arthur Wellesley une constance égale à la sienne. Joseph, touché de ces raisons, allait céder à l'avis du maréchal Victor, lorsque divers officiers accoururent lui dire que des détachements espagnols, remontant les bords du Tage, semblaient gagner l'Alberche; lorsque d'autres, arrivant de Tolède en toute hâte, vinrent lui apporter l'inquiétante nouvelle de l'apparition de Vénégas devant Aranjuez et Madrid. Le caractère incertain de Joseph ne résista point à l'effet redoublé de ces rapports : il craignit d'être tourné; et confirmé dans son appréhension par le maréchal Jourdan, qui blâmait la bataille, il fit dire au maréchal Victor de se retirer, et d'indiquer au général Sébastiani le moment précis de sa retraite, pour que celui-ci opérât la sienne simultanément.

Le maréchal Victor n'osant pas désobéir cette fois,

Juillet 1809.

Joseph, voyant l'action se prolonger, suspend la bataille au moment où on allait la gagner.

Vains efforts du maréchal Victor pour faire continuer la bataille.

Ordre définitif de la retraite adressé au maréchal Victor et au général Sébastiani.

manda au général Sébastiani qu'il battrait en retraite vers minuit; mais il réitéra ses instances auprès de Joseph pour être autorisé à continuer la bataille le lendemain. Joseph passa une partie de la nuit dans de cruelles perplexités, entouré d'officiers qui disaient, les uns qu'on était débordé par la droite et par la gauche, les autres au contraire que les Anglais paraissaient immobiles dans leur position, et hors d'état de faire un pas en avant. Placé ainsi entre la crainte d'être débordé s'il persévérait à combattre, et celle d'être accusé de faiblesse auprès de l'Empereur s'il ordonnait la retraite, il apprit tout à coup que l'armée quittait sa position, et fut de la sorte tiré de son irrésolution par les événements, qu'il ne conduisait plus. En effet le général Sébastiani, ayant reçu l'avis que Victor lui avait donné par obéissance, en avait conclu qu'il devait se replier, et s'était replié effectivement. Le maréchal Victor, de son côté, qui aurait voulu rester en position pour recommencer le lendemain, voyant le général Sébastiani se retirer, finit par rétrograder aussi, et toute l'armée le 29 à la pointe du jour se trouva en mouvement pour repasser l'Alberche. Ainsi le hasard après avoir commencé cette bataille se chargeait de la finir[1]. Au surplus

---

[1] L'ordre de se retirer donné ainsi presque sans motifs au maréchal Victor, qui ne le transmit au général Sébastiani que par obéissance, mais dans l'espérance que cet ordre serait révoqué, devint l'occasion d'une vive contestation entre le roi Joseph et le maréchal Victor lui-même. J'ai lu les mémoires de l'un et de l'autre adressés à l'Empereur, leur juge à tous, et c'est de leur comparaison, faite avec impartialité, que j'ai extrait les détails que je rapporte ici. J'ai cru devoir réunir les

notre armée repassa l'Alberche sans être poursuivie, et en emportant tous ses blessés, tous ses bagages, toute son artillerie, sauf les huit pièces de la division Leval laissées dans un champ d'oliviers. Les Anglais, fort heureux d'être débarrassés de nous, se seraient bien gardés de nous poursuivre. Ils avaient plusieurs généraux tués ou blessés et 7 à 8 mille hommes hors de combat, dont 5 mille pour leur compte, et le reste pour le compte des Espagnols. C'était surtout notre artillerie qui avait produit ce ravage dans leurs rangs. Nos pertes n'étaient guère moindres : nous avions environ 6 mille blessés et un millier de morts. Le général Lapisse, officier très-regrettable, avait été tué. Plusieurs généraux et colonels étaient également morts ou blessés. Cette bataille, demeurée indécise, eût été certainement gagnée, si le maréchal Victor n'eût pas attaqué intempestivement et sur un seul point, tant la veille que le matin; si, lorsque l'attaque de partielle était devenue générale, on eût donné le temps à la droite de seconder l'action de la gauche; si on ne se fût pas retiré trop tôt; si on n'eût pas terminé l'action comme on l'avait commencée, c'est-à-dire au hasard; si enfin tout n'eût pas été livré à la confusion, faute d'entente et de volonté. La bataille de Talavera est l'une des plus importantes de la guerre d'Espagne,

Juillet 1809.

Résultats de la bataille de Talavera.

pièces de ce singulier procès, et, à cause de leur étendue, les rejeter à la fin de ce volume, pour donner une idée du chaos des volontés là où Napoléon n'était pas. On y verra aussi, je l'espère, combien en peignant les passions du temps je suis loin de m'y associer, et d'en reproduire le langage.

et l'une des plus instructives, car elle offre à elle seule une image complète de ce qui se passait dans cette contrée, où l'on voyait des soldats héroïques perdre les fruits de leur héroïsme par défaut de direction. Assurément le roi Joseph et le maréchal Jourdan, obéissant uniquement l'un à son bon sens naturel, l'autre à son expérience, eussent beaucoup mieux agi qu'ils ne le pouvaient faire, s'ils n'avaient point été placés entre des généraux insubordonnés d'une part, et l'autorité trop éloignée de Napoléon de l'autre, entre une désobéissance qui déconcertait tous leurs plans, et une volonté qui, à la distance où elle était d'eux, les paralysait sans les guider. Talavera résumait complétement ce triste état de choses.

Joseph, qui était surtout ramené vers Madrid par la crainte des dangers qui menaçaient cette capitale, se reporta sur Santa-Olalla, nullement, il faut le reconnaître, avec la précipitation d'un vaincu, car il ne l'était pas, mais au contraire avec la lenteur d'un ennemi redoutable, que le calcul et non la défaite oblige à s'éloigner. Ses soldats avaient la fierté qui convenait à leur bravoure, et ne demandaient qu'à rencontrer de nouveau les Anglais. Mais l'attitude de ces derniers prouvait qu'on ne serait pas poursuivi, et on s'attendait d'ailleurs à les voir bientôt dans une position cruelle, par la prochaine arrivée du maréchal Soult sur leurs derrières. Néanmoins Joseph laissa Victor sur l'Alberche, pour les observer, et prendre aux événements la part qui pourrait lui échoir à l'apparition du maréchal

Soult. Puis afin d'arrêter le général Vénégas et de couvrir Madrid, il se porta sur Tolède et Aranjuez avec le corps de Sébastiani et la réserve, qui étaient plus que suffisants, malgré leurs pertes, pour tenir tête à l'armée de la Manche, que le général Sébastiani seul avait déjà battue à plate couture.

Sir Arthur Wellesley, bien qu'il eût reçu la brigade Crawfurd le lendemain de la bataille de Talavera, ce qui lui valait 3 à 4 mille hommes de renfort, avait été si gravement maltraité qu'il se trouvait dans l'impossibilité de livrer une nouvelle bataille. La plupart de ses pièces de canon étaient démontées, et ses munitions singulièrement diminuées. Quant à ses soldats, ils avaient absolument besoin de se remettre des violents efforts qu'ils avaient faits. Aussi n'y avait-il pas à craindre qu'il renouvelât une manœuvre, imitée de Napoléon, qu'on lui a reproché depuis de n'avoir pas exécutée, celle d'aller se jeter sur le maréchal Soult, après avoir tenu tête au roi Joseph, et de les battre ainsi l'un après l'autre. A chaque siècle, quand certaines manières de procéder ont réussi, on les convertit en type obligé, type sur lequel on veut modeler toutes choses, et d'après lequel on critique les actes de tous les hommes du temps. Napoléon en effet reprocha depuis au maréchal Jourdan, d'avoir amené le maréchal Soult sur Plasencia, au lieu de l'amener sur Madrid par Villacastin, d'avoir ainsi placé sir Arthur Wellesley entre les deux armées françaises, ce qui offrait à celui-ci l'occasion d'un beau triomphe; et à leur tour les critiques qui ont jugé sir Arthur Wellesley l'ont blâmé d'avoir laissé échapper cette heureuse occasion. Mais aucun de ces reproches n'est fondé. Pour amener le maréchal Soult sur Madrid par Villacastin, et de Madrid sur Talavera, il eût fallu avoir huit ou dix jours de plus, et on était si pressé par les trois armées de sir Arthur Wellesley, de don Gregorio de la Cuesta et de Vénégas, qu'on ne pouvait pas sans péril s'exposer à un tel retard. De plus, en débouchant avec 50 mille hommes sur Plasencia, le maréchal Soult était assez fort pour ne pas craindre à lui seul la rencontre de l'armée anglaise. Ce qui eût été plus simple assurément, c'eût été de diriger le corps du maréchal Mortier sur Talavera par Avila, sauf à porter plus tard le maréchal Soult par Plasencia sur les derrières des Anglais battus. Mais ce sont les ordres de Schœnbrunn qui empêchèrent cette façon si naturelle d'agir, en plaçant le maréchal Mortier sous les ordres du maréchal Soult. Il n'y avait donc rien à reprocher au maréchal Jourdan. Quant à sir Arthur Wellesley, ses soldats ne marchaient pas comme ceux du général Bonaparte en Italie, et avec les 18 mille Anglais qui lui restaient après la bataille de Talavera, que l'arrivée de la brigade Crawfurd portait peut-être à 22 mille, qu'aurait-il fait contre les 50 mille hommes du maréchal Soult? Évidemment rien, sinon de s'exposer à un désastre. Il n'y a donc pas à lui reprocher d'avoir manqué ici l'occasion d'une grande victoire.

Du reste sir Arthur Wellesley avait eu à peine vingt-quatre heures pour se remettre de cette rude bataille, qu'il apprit par les gens du pays qu'on préparait des vivres en deçà et au delà du col de Baños, sur la route qui mène de Castille en Estrémadure. Les avis recueillis ne parlaient que d'une douzaine de mille hommes, ce qui n'avait pas lieu de l'inquiéter beaucoup. Il voulut aussitôt se porter au-devant d'eux, en laissant don Gregorio de la Cuesta sur ses derrières pour observer le maréchal Victor. En conséquence il se dirigea sur Oropesa, route de Plasencia, pour recevoir les Français qui s'avançaient de ce côté, et qui ne devaient être, d'après ses conjectures, que le corps du maréchal Soult déjà battu en Portugal.

Juillet 1809.

Wellesley vers Oropesa, pour tenir tête au maréchal Soult.

Ce maréchal arrivait enfin, mais trois ou quatre jours après le moment où sa présence aurait pu produire d'immenses résultats. Le 26 il avait sous la main le corps du maréchal Mortier à Salamanque, et le sien même à une marche en arrière. En partant le 26 ou le 27, il aurait pu en trois ou quatre jours déboucher sur Plasencia, et être le 30 ou le 31 sur les derrières de sir Arthur Wellesley. Le surprenant épuisé par une grande bataille, il devait, avec les 38 mille hommes qu'il amenait, le jeter en désordre sur le Tage, et lui faire payer cher la demi-victoire de Talavera. Mais le maréchal Soult n'osant pas se risquer sans avoir toutes ses forces réunies, voulut attendre le maréchal Ney, qui s'était hâté d'obéir, mais qui venait de trop loin pour rejoindre à l'époque indiquée. Il voulut aussi remplacer quelques parties d'artillerie qui lui manquaient, et il ne put être avec son avant-garde que

Arrivée tardive du maréchal Soult à Plasencia.

le 3 août à Plasencia, ce qui justifie notre assertion que la réunion des trois corps des maréchaux Ney, Mortier, Soult, causa autant de mal à la fin de la campagne, que leur séparation en avait causé au commencement. Sans cette réunion, le maréchal Mortier, comme nous l'avons déjà fait remarquer plusieurs fois, libre de ses mouvements et laissé à Villacastin à la disposition de Joseph, l'aurait suivi à Talavera, et eût décidé la victoire. Battue dans cette journée, on ne sait pas comment l'armée britannique aurait passé le Tage, ou regagné Alcantara, poursuivie par des soldats français, marchant deux fois plus vite que les Anglais.

Sir Arthur Wellesley, apprenant l'arrivée du maréchal Soult avec cinquante mille hommes, se hâte de regagner le Tage et de battre en retraite.

Quoi qu'il en soit, sir Arthur Wellesley ayant appris à Oropesa que les renseignements transmis du col de Baños étaient incomplets, car il arrivait par ce col 40 ou 50 mille hommes, au lieu de 12 mille qu'on avait d'abord annoncés, ne crut pouvoir prendre un meilleur parti que de se mettre à couvert derrière la ligne du Tage, ce qui, de l'état de vainqueur qu'il se vantait d'être, allait le faire passer à l'état de vaincu, avec toutes les conséquences de la défaite la plus complète. Il ne fallait pas qu'il perdît un moment entre Victor, qui pouvait revenir sur lui, et le corps de Mortier, qui, précédant le maréchal Soult, s'avançait en toute hâte. Il résolut de franchir le Tage sur le pont de l'Arzobispo, qui était le plus à sa portée, bien qu'en passant sur ce pont il fallût, pour rejoindre la grande route d'Estrémadure, descendre la rive gauche du fleuve jusqu'à Almaraz par des chemins presque impraticables. Heureusement pour lui, le maréchal Victor, que Joseph avait laissé sur l'Alberche pour observer les Anglais, avait pris ombrage des coureurs de Wilson dans les montagnes, et les voyant s'avancer sur sa droite vers Madrid, s'était replié dans la direction de cette capitale. S'il eût été sur l'Alberche, l'armée anglo-espagnole, assaillie au passage du fleuve, aurait pu essuyer d'énormes dommages. Sir Arthur Wellesley repassa donc le pont de l'Arzobispo, en abandonnant à Talavera 4 à 5 mille blessés, qu'il recommanda à l'humanité des généraux français, et beaucoup de matériel qu'il ne put emporter. C'étaient autant de prisonniers qu'il nous livrait, et qui nous procuraient tous les trophées de la victoire, comme si nous eussions gagné la bataille de Talavera. Sir Arthur Wellesley vint prendre position vis-à-vis d'Almaraz, sur les hauteurs qui dominent le Tage, et où il attendit que son artillerie eût parcouru les routes affreuses de la rive gauche de ce fleuve, depuis le pont de l'Arzobispo jusqu'à celui d'Almaraz. Les Espagnols de la Cuesta furent chargés de défendre le pont de l'Arzobispo et de s'opposer à la marche des Français.

Le maréchal Mortier, qui marchait en tête, ayant débouché des montagnes, se trouva vis-à-vis de l'Arzobispo les 6 et 7 août, suivi bientôt du maréchal Soult, qui formait le corps de bataille. L'armée qui arrivait si tard voulait naturellement signaler sa présence, et ne pouvait laisser échapper l'ennemi sans chercher à lui causer quelque grand dommage. En conséquence, on résolut d'enlever le pont de l'Arzobispo. C'était une démonstration de force bien plus qu'une opération de sérieuse conséquence. Le maréchal Mortier fut chargé de cette entreprise hardie. Il l'exécuta le 8 août. Les Espagnols avaient obstrué le pont de l'Arzobispo en y élevant des barricades, placé de l'infanterie dans deux tours situées au milieu du pont, élevé sur la rive opposée, tant à droite qu'à gauche, de fortes batteries, et rangé sur les hauteurs en arrière le gros de leur armée. Couverts par de tels obstacles ils se croyaient invincibles. Le maréchal Mortier fit chercher un gué un peu au-dessus, et en découvrit un à quelques centaines de toises, où la cavalerie et l'infanterie pouvaient passer. Pendant que l'artillerie française foudroyait le pont ainsi que les batteries établies à droite et à gauche, les dragons du général Caulaincourt franchirent le gué, protégés par une nuée de voltigeurs, et suivis des 34e et 40e de ligne. Don Gregorio de la Cuesta voulut les arrêter en leur opposant son infanterie formée en plusieurs carrés. Les dragons s'élancèrent sur elle et la sabrèrent. Mais ils eurent bientôt sur les bras toute la cavalerie espagnole trois ou quatre fois plus nombreuse, et se seraient trouvés dans un véritable péril s'ils n'avaient manœuvré avec beaucoup d'habileté et de sang-froid, soutenus par l'infanterie qui les avait suivis. Heureusement que durant cette action si vive le premier bataillon du 40e, marchant sur le pont malgré le feu des Espagnols, en força les barricades, et ouvrit le passage à l'infanterie du maréchal Mortier. Celle-ci prit à revers les batteries des Espagnols, et s'en empara. Dès cet instant les Espagnols ne purent plus tenir, et s'enfuirent en nous abandonnant 30 pièces de canon, un grand nombre de chevaux, et 800 blessés ou prisonniers. Cet acte de vigueur prouvait ce qu'étaient les corps de l'ancienne armée, et les officiers qui les conduisaient.

Maîtres des ponts du Tage, il s'agissait de savoir si les Français poursuivraient l'armée anglo-espagnole aujourd'hui fugitive, qui se disait victorieuse quelques jours auparavant. Ils avaient à leur disposition les ponts de l'Arzobispo et de Talavera. Mais pour gagner la grande route d'Estrémadure, seule praticable à la grosse artillerie, il fallait descendre jusqu'à celui d'Almaraz, dont la principale arche était coupée, et qu'on avait un moment remplacée par des bateaux maintenant détruits. Les Anglais pour amener leur artillerie par la rive gauche jusqu'à la grande route d'Estrémadure, en face du débouché d'Almaraz, y avaient perdu cinq jours, en employant les bras de tous les gens du pays. Il fallait donc ou les suivre presque sans artillerie, pour les combattre dans des positions inexpugnables, ou jeter à Almaraz un pont, dont on n'avait pas les premiers matériaux. Dès lors il n'était guère opportun de les poursuivre, à moins qu'on ne voulût occuper le pays du Tage à la Guadiana, d'Almaraz à Mérida, ou bien commencer immédiatement la marche en Andalousie. Mais la première de ces opérations était de peu d'utilité, le pays entre le Tage et la Guadiana ayant été ruiné par la présence des armées belligérantes

Août 1809.

L'armée française renonce à poursuivre les Espagnols et les Anglais dans le fond de l'Estrémadure.

Août 1809.

Suspension des opérations militaires, et distribution des corps des maréchaux Soult, Mortier et Ney, entre l'Estrémadure et la Vieille-Castille.

pendant plusieurs mois. Quant à la seconde, la saison était évidemment trop chaude et les vivres trop rares pour l'entreprendre actuellement. Il valait mieux attendre la moisson, la fin des grandes chaleurs, et surtout les instructions de Napoléon, qui devenaient indispensables après le bouleversement du plan de campagne de cette année. On s'arrêta donc au pont de l'Arzobispo, après l'acte brillant qui nous l'avait livré. En attendant les opérations ultérieures, l'état-major du roi distribua les troupes du maréchal Soult sur le Tage, et en reporta une partie en Vieille-Castille. Le 5e corps (celui du maréchal Mortier) fut placé à Oropesa pour observer le Tage d'Almaraz à Tolède. Le 2e (celui du maréchal Soult) fut établi à Plasencia pour observer les débouchés du Portugal. Enfin le maréchal Ney, qu'il y avait toujours grande convenance à éloigner du maréchal Soult, fut reporté à Salamanque, pour dissoudre les bandes du duc del Parque, qui infestaient la Vieille-Castille. L'intrépide maréchal, parti le 12, traversa le col de Baños en combattant et dispersant les bandes de Wilson, et prouva en exécutant cette pénible marche en moins de quatre jours, qu'on aurait pu arriver plus vite sur les derrières de l'armée anglaise.

Retraite définitive des Anglais dans l'Andalousie.

Pendant ce temps sir Arthur Wellesley s'était retiré sur Truxillo, et de Truxillo se proposait de marcher sur Badajoz. Réduit à une vingtaine de mille hommes, obligé de laisser ses malades et ses blessés aux Français, brouillé avec les généraux espagnols pour les vivres, pour les opérations à exécuter pour toutes choses en un mot, il n'avait pas mieux réussi que le général Moore dans son expédition à l'intérieur de l'Espagne. Aussi revenait-il plus convaincu que jamais qu'il fallait se réduire à la défense du Portugal, et ne pénétrer en Espagne que dans des cas d'urgence, et avec des probabilités de succès presque certaines. Du reste, rien n'était plus triste que les lettres qu'il écrivait à son gouvernement [1].

En se séparant des généraux espagnols, il leur avait fort conseillé de ne pas se hasarder à livrer bataille, de se borner à défendre le pays montagneux de l'Estrémadure entre le Tage et la Guadiana, barrière derrière laquelle ils pourraient se réorganiser, et recevoir même le concours de l'armée britannique, s'ils méritaient que ce concours leur fût continué. Mais ils étaient peu capables d'apprécier et de suivre d'aussi sages conseils.

Le premier d'entre eux qui aurait dû en faire usage était Vénégas, qui s'était dirigé sur Madrid pendant que sir Arthur Wellesley et de la Cuesta se réunissaient à Talavera, et contre lequel Joseph et le général Sébastiani marchaient en ce moment, en remontant sur Tolède. Après avoir poussé quelques partis au delà du Tage, il s'était promptement replié en deçà, en apprenant le retour de l'armée française, et il s'était arrêté à Almonacid, vis-à-vis de Tolède, dans une forte position, où il croyait être en mesure avec 30 mille hommes de braver les forces que Joseph pouvait diriger contre lui. Il eût mieux fait assurément de suivre les conseils de sir Arthur

---

[1] On trouvera ces lettres à la fin du volume, avec les pièces relatives à la bataille de Talavera.

Wellesley ; mais il n'en tint compte, et résolut d'attendre les Français sur les hauteurs d'Almonacid.

Il avait sa gauche établie sur une colline élevée, son centre sur un plateau, sa droite sur les hauteurs escarpées d'Almonacid, dominées elles-mêmes par une autre position plus escarpée, au-dessus de laquelle on apercevait un vieux château des Maures. Le général Sébastiani, devançant le roi Joseph, s'était porté par le pont de Tolède en face de Vénégas, et était arrivé devant lui le 10 août au soir. Après les pertes de Talavera, il comptait tout au plus 15 mille hommes. Le roi lui en amenait 5 mille. Le 11 au matin, il fit assaillir par la division Leval la gauche de Vénégas. Les Polonais gravirent les premiers la colline qu'occupaient les Espagnols. Vénégas jeta sur eux une partie de sa réserve. Les Allemands, venus au secours des Polonais, résistèrent au choc, et enlevèrent la gauche des Espagnols, pendant que les quatre régiments français de la division Sébastiani, les 28°, 32°, 58° et 75°, abordaient leur centre et leur droite, suivis de la brigade Godinot, qui appartenait à la division Dessoles. Tout fut emporté, et les Espagnols se virent forcés de se replier vers le château d'Almonacid. On aurait pu tourner cette position. Mais les vieux régiments de Sébastiani et de Dessoles ne voulaient pas qu'on leur épargnât les difficultés. Ils gravirent sous le feu de positions presque inaccessibles, et achevèrent de mettre en déroute ce qui restait d'ennemis. On tua ou blessa trois à quatre mille hommes aux Espagnols. On leur fit un nombre à peu près égal de prisonniers, et on leur prit 16 bouches à feu. Les Français, à cause des positions attaquées, perdirent plus de monde que de coutume. Ils eurent plus de 300 tués, et environ 2,000 blessés.

L'armée anglaise étant en retraite sur Badajoz, l'armée de la Cuesta obligée de la suivre, celle de Vénégas tout à fait dispersée, Joseph n'avait plus qu'à retourner à Madrid. Il y rentra après avoir envoyé le maréchal Victor dans la Manche, et laissé le général Sébastiani à Aranjuez. Il y paraissait en triomphateur aux yeux des Espagnols, car Gregorio de la Cuesta, Vénégas, sir Arthur Wellesley (celui-ci avec plus de réserve, comme il convenait à son grand mérite), avaient annoncé leur prochaine entrée dans Madrid et la délivrance de l'Espagne. Loin de pouvoir réaliser ces pompeuses promesses, ils se retiraient les uns et les autres sur la Guadiana, les Anglais découragés, les Espagnols non pas découragés, mais dispersés. Joseph pouvait donc se montrer à sa capitale avec toutes les apparences de la victoire. Ce n'était que pour les bons juges, pour ceux qui connaissaient les moyens accumulés en Espagne, et les espérances conçues pour cette campagne, qu'il était possible, en comparant les résultats espérés et les résultats obtenus, d'apprécier les opérations de cette année. Avec trois cent mille vieux soldats, les meilleurs que la France ait jamais possédés, donnant 200 mille combattants présents au feu, on s'était promis d'être en juillet à Lisbonne, à Séville, à Cadix, à Va-

Août 1809.

Rentrée de Joseph dans Madrid.

Résultats et caractère de la campagne de 1809 en Espagne.

lence : et cependant on était, non pas à Lisbonne, non pas même à Oporto, mais à Astorga; non pas à Cadix, non pas à Séville, mais à Madrid; non pas à Valence, mais à Saragosse! L'opiniâtreté des Espagnols, leur fureur patriotique et sauvage, leur présomption qui les sauvait du découragement, le concours efficace des Anglais, la désunion de nos généraux, l'éloignement de Napoléon, sa direction qui, donnée de trop loin, empêchait le simple bon sens de Jourdan et de Joseph de saisir les occasions que la fortune leur offrait, étaient les causes générales de la profonde différence entre ce qu'on avait espéré, et ce qu'on avait accompli. Des causes générales passant aux causes particulières, il faut ajouter que si, au lieu de faire partir pour le Portugal le maréchal Soult avec son corps tout seul, on l'eût expédié avec le maréchal Mortier; que si le maréchal Soult se résignant à tenter cette expédition avec des moyens insuffisants, n'eût pas laissé La Romana sur ses derrières sans le détruire; qu'arrivé à Oporto il n'y eût pas perdu son temps, qu'il ne s'y fût pas laissé surprendre, ou qu'il eût fait une meilleure retraite; que, rentré en Galice, il eût mieux secondé le maréchal Ney; qu'ayant obtenu une réunion de troupes, désirable en mars, regrettable en juin, il ne les eût pas inutilement retenues à Salamanque; que Joseph pouvant alors réunir à lui le corps de Mortier, se fût présenté à Talavera avec des forces irrésistibles; que n'ayant pas ces forces, il eût temporisé et attendu le maréchal Soult, ou que ne l'attendant pas il eût attaqué à Talavera avec plus d'ensemble et de constance, et que même aucune de ces choses ne se réalisant, le maréchal Soult eût marché plus vite sur Plasencia, les Anglais eussent été victorieusement repoussés de l'Espagne, et cruellement punis de leur intervention dans la Péninsule. Une ou deux de ces fautes de moins, et le sort de la guerre était changé !

Lorsque Napoléon, qui était à Schœnbrunn, occupé à négocier et à préparer ses armées d'Allemagne, pour le cas d'une reprise d'hostilités, apprit les événements de la Péninsule, il en fut profondément affecté, car il avait besoin, pour négocier avantageusement et n'être pas obligé de combattre de nouveau, que tout se passât bien partout, et que l'Autriche ne trouvât pas dans les événements qui s'accomplissaient ailleurs des motifs d'espérance. Ne se faisant point à lui-même sa part dans les fautes commises, et, tout grand qu'il était, restant homme, ne voulant voir que les fautes des autres sans reconnaître les siennes, il jugea sévèrement tout le monde. Il eut un vif regret d'avoir sitôt tranché la question entre les maréchaux Ney, Mortier, Soult, par la réunion des trois corps dans la main du dernier ; il blâma le maréchal Soult d'avoir marché en Portugal sans avoir détruit La Romana, de n'avoir pas pris de parti à Oporto, de n'avoir pas rouvert ses communications avec Zamora, d'avoir fait une triste retraite. Il conçut d'étranges soupçons sur ce qui s'était passé à Oporto, et un moment même il éprouva une irritation telle qu'il songeait à mettre le maréchal en jugement. Mais il

Août 1809.

Sentiment de Napoléon à l'égard des événements d'Espagne.

avait déjà le procès du général Dupont, qui était devenu une grave difficulté ; il avait dû sévir à moitié contre le prince de Ponte-Corvo, et trop de rigueurs à la fois présentaient le double inconvénient de se montrer sévère envers des compagnons d'armes auxquels chaque jour il demandait leur sang, et surtout de révéler le besoin de la sévérité. Que de plaies en effet à révéler s'il se portait à un éclat! Parmi ses lieutenants, les uns finissant par faiblir devant l'immensité des périls, d'autres s'essayant à l'insubordination, d'autres encore devenant ambitieux à leur tour, et rêvant la destinée de ses frères! Toutefois Napoléon ne prit point de parti : il fit mander auprès de lui les principaux officiers qui avaient figuré à Oporto, et ordonna d'informer avec la plus grande rigueur contre le capitaine Argenton et les complices qu'il pouvait avoir. Il autorisa le maréchal Ney à rentrer en France, pour le tirer de la fausse position où on l'avait laissé; il garda le silence envers le maréchal Soult, le laissant plusieurs mois de suite dans les plus grandes perplexités. Enfin il n'épargna point Joseph, et encore moins son chef d'état-major Jourdan, envers lequel il avait l'habitude d'être injuste. Il les blâma l'un et l'autre amèrement d'avoir fait déboucher le maréchal Soult par Plasencia et non par Avila, reproche qui n'était pas mérité, comme nous l'avons montré ailleurs. Il les blâma avec plus de raison de n'avoir pas attendu, pour livrer bataille, l'arrivée du maréchal Soult, puis de n'avoir pas livré la bataille avec ensemble, et de n'avoir pas persisté plus énergiquement dans l'attaque des positions ennemies ; en un mot, quand on avait, avec Victor, Sébastiani, Soult, Mortier, Ney, près de cent mille hommes, de s'être trouvés avec 45 mille hommes contre 66 mille! reproches tous vrais, dont les dispositions ordonnées de Schœnbrunn sans connaître les faits étaient en partie la cause. Ses critiques du reste, pleines de cette justesse, de cette pénétration supérieures, qui n'appartenaient qu'à lui, ne réparaient rien, et n'avaient que le triste avantage de soulager son mécontentement, en désolant son frère. Il exprima particulièrement beaucoup de colère de ce qu'on lui avait laissé ignorer la perte de l'artillerie de la division Leval, et ajouta avec raison que dès qu'il pourrait aller passer un peu de temps en Espagne il en aurait bientôt fini. Il ordonna d'attendre la fin des chaleurs pour reprendre les opérations, et surtout la conclusion des négociations d'Altenbourg, parce que, la paix signée, il se proposait de renvoyer vers la Péninsule les forces qu'il attirait en ce moment vers l'Autriche. Au surplus, tandis qu'il écrivait à Joseph que Talavera était une bataille perdue, il disait à Altenbourg que c'était une bataille gagnée (assertions également fausses), et il faisait raconter avec détail l'état pitoyable dans lequel l'armée anglaise se retirait en Portugal, car les événements ne l'intéressaient plus que par l'influence qu'ils pouvaient exercer sur les négociations entamées avec l'Autriche.

Mais il n'était pas au terme des difficultés que

Août 1809.

efforts des Anglais sur le continent pendant que Napoléon est à Schœnbrunn, occupé à négocier et à renforcer ses armées.

lui préparaient les Anglais, soit pour venir au secours de l'Autriche qu'ils avaient de nouveau compromise, soit pour satisfaire leur ambition maritime. Ils n'avaient cessé, depuis l'ouverture de la campagne, de promettre à la cour de Vienne quelque grosse expédition sur les côtes du continent, et par les côtes du continent ils entendaient les côtes septentrionales, car toute expédition en Espagne, fort utile à la politique maritime de la Grande-Bretagne, était dans le moment presque indifférente pour l'Autriche. Une armée anglaise de plus ou de moins en Espagne ne pouvait y faire venir ou en faire partir un régiment français. Il en était autrement d'une tentative sur les côtes de France, de Hollande, ou d'Allemagne : sur les côtes de France ou de Hollande elle devait y attirer les renforts destinés à l'Autriche; sur les côtes d'Allemagne elle pouvait y déterminer une explosion. Aussi, depuis l'ouverture des négociations, n'avait-on cessé de demander aux Anglais l'accomplissement de leur promesse. D'ailleurs, comme il s'agissait de détruire des ports, de brûler des chantiers, d'exercer en un mot des ravages maritimes, on pouvait s'en fier à leur zèle, et s'il y avait retard, il ne fallait l'imputer qu'à la nature des choses, ou à l'inhabileté de leur gouvernement, qui, tout haineux et puissant qu'il fût, n'était pas conduit avec le génie qui présidait alors aux opérations du gouvernement français. Ils avaient perdu Nelson et Pitt : il leur restait à la vérité sir Arthur Wellesley, supérieur à l'un et à l'autre. Mais celui-ci se trouvait enfermé dans un théâtre limité, et l'administration actuelle était loin d'être habile.

Le projet des Anglais, outre leurs efforts pour débarrasser l'Espagne des Français, consistait à détruire sur tout le littoral de l'Empire les immenses préparatifs maritimes de Napoléon. On a vu précédemment que Napoléon, ne pouvant tenir la mer avec ses flottes contre la marine britannique, n'avait pourtant pas renoncé à combattre l'Angleterre sur son élément, et avait imaginé pour y parvenir de vastes combinaisons. Partout où il régnait, partout où il exerçait quelque influence, il avait préparé d'innombrables constructions navales, et, autant qu'il l'avait pu, des équipages proportionnés à ces constructions, se réservant, dès que ses armées seraient disponibles, de former des camps à portée de ses vaisseaux, pour faire partir à l'improviste, tantôt d'un point, tantôt d'un autre, de grandes expéditions pour l'Inde, les Antilles, l'Égypte, peut-être l'Irlande. A Venise, à la Spezzia, à Toulon, à Rochefort, à Lorient, à Brest, à Cherbourg, à Boulogne, où la flottille oisive commençait à pourrir, à Anvers surtout, création dont Napoléon s'occupait avec prédilection, des armements de toutes les formes occupaient les Anglais, les troublaient outre mesure (en quoi les vues de Napoléon se trouvaient justifiées), et leur inspiraient le désir ardent d'éloigner d'eux des dangers d'autant plus inquiétants qu'ils étaient inconnus.

Deux points avaient attiré toute leur attention pendant l'année dont nous racontons l'histoire, c'é-

Août 1809.

Projet
des Anglais
de détruire
les grands établissements
maritimes
de l'Empire.

Fév. 1809.

taient Rochefort et Anvers. A Rochefort s'était opérée, d'après les ordres de Napoléon, une réunion d'escadres qui mouillaient dans la rade de l'île d'Aix. A Anvers se préparait un établissement immense, qui, par sa position vis-à-vis de la Tamise, causait à Londres de véritables insomnies. Le secours que les Anglais voulaient apporter à l'Autriche, secours fort intéressé, c'était de détruire Rochefort et Anvers, quelques efforts qu'il pût leur en coûter. Vu la plus grande facilité d'agir contre Rochefort, où il n'y avait qu'une flotte à incendier, ils avaient été en mesure de bonne heure. Les préparatifs plus longs, plus vastes, plus dispendieux contre Anvers, n'étaient encore qu'une menace non exécutée, pendant que l'on combattait à Wagram et à Talavera.

Expédition de Rochefort.

L'expédition dirigée contre Rochefort avait été prête dès le mois d'avril. A Rochefort étaient réunies en ce moment deux belles divisions navales, sous les ordres du vice-amiral Allemand. Elles y étaient par suite d'une combinaison de Napoléon, fort ingénieuse, mais fort périlleuse, comme toutes celles auxquelles il était obligé de recourir sur mer. D'après ses ordres, le contre-amiral Willaumez avait dû sortir de Brest avec une division de six vaisseaux et de plusieurs frégates, recueillir en passant la division de Lorient, puis celle de Rochefort, se rendre aux Antilles, y porter des secours en vivres, munitions et hommes, revenir ensuite en Europe, traverser le détroit de Gibraltar, et jeter l'ancre à Toulon, où se préparait peu à peu une grande force navale, soit pour joindre la Sicile à Naples, soit pour approvisionner Barcelone, soit enfin pour menacer l'Égypte, que Napoléon n'avait pas renoncé à reprendre un jour. L'amiral Willaumez, parti en effet dans le mois de février, avait manqué la division de Lorient, par crainte de s'y trop arrêter, et n'avait pas trouvé celle de Rochefort prête à mettre à la voile à son apparition, ce qui l'avait forcé à s'arrêter à Rochefort même. Cette réunion avait porté à 11 vaisseaux et à 4 frégates la force navale mouillée dans ce port. Le brave vice-amiral Allemand, qui avait si heureusement traversé le détroit de Gibraltar pour rallier Ganteaume en 1808, et qui avait exécuté avec lui l'expédition de Corfou, venait d'être appelé au commandement de l'escadre de Rochefort. Ses instructions lui prescrivaient de prendre la mer à la première occasion. C'était un bel armement que celui dont il disposait, bien que, sous le rapport du personnel, cet armement laissât beaucoup à désirer, comme il arrive toujours quand une marine est réduite à se former dans les rades. Les Anglais avaient conçu le projet de détruire la flotte de Rochefort par les plus terribles moyens qu'on pût imaginer, fussent-ils au delà de ce que la guerre permet en fait de cruautés et de barbaries.

Ils n'avaient pas la prétention de remonter la Charente pour se présenter à Rochefort même. C'est ailleurs qu'ils voulaient faire une tentative de ce genre, car elle exigeait une armée et ils n'en avaient pas deux à leur disposition. Mais à Rochefort, ils voulaient détruire la flotte française au mouillage. L'amiral Gambier fut donc envoyé avec

Mars 1809.

Force de l'expédition navale dirigée

treize vaisseaux, grand nombre de frégates, corvettes, bricks et bombardes devant l'île d'Aix, et il vint hardiment mouiller dans la rade des Basques, profitant de ce qu'à cette époque ces parages si importants n'étaient pas encore assez défendus. Le fort Boyard n'existait alors qu'en projet. Les Anglais avaient résolu de convertir en brûlots une masse considérable de bâtiments, et de les sacrifier, quoi qu'il pût leur en coûter, à la chance de brûler l'escadre française. Ordinairement lorsqu'on veut employer ce moyen d'une légitimité contestée à la guerre, parce qu'il est atroce (comme le bombardement des places quand il n'est pas absolument indispensable), lorsqu'on veut, disons-nous, employer ce moyen, on se sert d'anciens bâtiments qu'on charge d'artifices incendiaires, quelquefois même de machines à explosion. Après les avoir transformés ainsi en volcans prêts à faire éruption, on les conduit devant une flotte, puis choisissant le moment où le vent et le courant les portent vers le but, on les abandonne à eux-mêmes après y avoir mis le feu, ne retirant les équipages que lorsque l'imminence du péril oblige à les sauveter dans des chaloupes. Un seul suffit souvent pour produire d'immenses ravages. Ce moyen est surtout dangereux quand l'escadre qu'on attaque est nombreuse, rapprochée, et que les brûlots sont assurés, quelque part qu'ils tombent, de causer du mal. Le danger s'accroît naturellement avec la quantité des brûlots. Les Anglais eurent idée d'en porter le nombre à trente, ce qui ne s'était jamais vu, et ce qui n'était possible qu'à une marine infiniment puissante, ayant dans son vieux matériel des ressources considérables à sacrifier. Trente bâtiments consacrés à périr pour en détruire peut-être trois ou quatre, c'était agir avec une fureur qui ne calcule pas le mal qu'elle essuie, pourvu qu'elle en fasse à l'ennemi. On avait poussé la passion de la destruction jusqu'à placer parmi ces bâtiments-brûlots des frégates, et même des vaisseaux, afin que la force d'impulsion fût plus grande contre les obstacles que les Français pourraient leur opposer. Les Anglais demeurèrent une vingtaine de jours au mouillage, pour préparer cette expédition sans exemple dans les annales de la marine, disposant à mesure qu'ils les recevaient, sur les bâtiments destinés à périr, les matières qui devaient les rendre si formidables.

Avril 1809.

Le vice-amiral Allemand, en les voyant mouillés aussi longtemps dans la rade des Basques, ne put pas douter de l'existence d'un projet incendiaire contre le port de Rochefort et contre la flotte. Il plaça ses onze vaisseaux et ses quatre frégates sur deux lignes d'embossage fort rapprochées l'une de l'autre, et appuyées à droite par les feux de l'île d'Aix, à gauche par ceux du bas de la rivière. Elles présentaient une direction non pas opposée au courant mais parallèle, de manière que les corps flottants destinés à les atteindre, au lieu de venir les heurter, passassent devant elles. Le vice-amiral y ajouta la précaution d'une double estacade, l'une à 400 toises, l'autre à 800, formée de bois

Dispositions de l'amiral Allemand pour garantir la flotte qu'il commande des dangers dont elle est menacée.

flottants fortement liés ensemble, et fixés à l'aide de lourdes ancres qu'on avait jetées de distance en distance. A mesure que le moment critique approchait, il organisa en plusieurs divisions les chaloupes et les canots des vaisseaux, les arma de canons, les fit monter par des hommes intrépides, qui, munis de crochets, étaient chargés de harponner les brûlots et de les détourner de leur but. Il les mit de garde chaque nuit le long des estacades. Il fit déverguer toutes les voiles inutiles pour offrir au feu le moins d'aliment possible, placer à fond de cale toutes les matières inflammables, enlever enfin tous les objets qui pouvaient servir de moyens d'accrochement, car le danger des brûlots est, en tombant sur les vaisseaux qu'ils rencontrent, d'y rester attachés par ce qui fait saillie dans la mâture ou la coque. Il demanda en outre au port de Rochefort beaucoup de matières, qu'on ne put pas lui fournir, parce qu'elles manquent presque toujours après une longue guerre qui n'a pas été heureuse. Quoi qu'il en soit, il fit, avec les ressources dont il disposait, tout ce qu'il put pour se mettre à l'abri de la catastrophe, qu'il croyait redoutable, mais qu'il était loin de se figurer aussi terrible qu'elle devait l'être.

Dans la nuit du 11 au 12 avril, par un vent très-prononcé de nord-nord-ouest qui portait sur notre ligne d'embossage, et à une heure où la marée poussait dans la même direction, les Anglais parurent en plusieurs divisions de grands et petits bâtiments, avec l'intention manifeste d'envelopper notre escadre. Une division de frégates et de corvettes se détacha ensuite en se dirigeant sur l'estacade. C'étaient les frégates et corvettes qui escortaient les brûlots. Le vice-amiral Allemand s'attendant, d'après les exemples connus, à cinq ou six brûlots peut-être, avait donné l'ordre à ses canots d'être sans cesse en station le long des deux estacades, lorsqu'on vit soudain une ligne enflammée de trente brûlots, lesquels abandonnés tout à coup par leurs équipages, continuèrent, entraînés par le vent et le flot, à se diriger sur l'escadre française. Jamais pareil spectacle ne s'était vu. Trois de ces affreuses machines sautèrent près des estacades, et les rompirent. Les autres, lançant des artifices de tout genre comme des volcans en éruption, emportèrent sous l'impulsion du flot et du vent les restes des estacades, et vinrent se répandre autour de nos vaisseaux. En vain les divisions de canots voulurent-elles accrocher ces bâtiments-brûlots. Ils étaient de trop fort échantillon pour être retenus par de faibles chaloupes, et ils entraînaient avec eux ceux qui étaient assez téméraires pour s'attacher à leur flanc. A l'aspect de ces trente machines enflammées il y avait peu de cœurs qui ne fussent émus, non par le danger auquel les hommes de mer sont habitués, mais par la crainte de voir tous les vaisseaux détruits sans combat. Dans cette horrible confusion, mêlée de détonations affreuses, de lueurs effrayantes qui montraient le danger sans éclairer la défense, il était impossible de recevoir des ordres, et d'en

Avril 1809.

Trente brûlots du plus grand échantillon lancés à la fois.

donner. Chaque capitaine, livré à lui-même, n'avait qu'à songer à son vaisseau, et à faire ce qu'il pourrait pour le sauver. Le premier mouvement chez tous fut de se débarrasser des brûlots qui venaient s'attacher à leurs flancs. Le vaisseau amiral *l'Océan* à lui seul en avait trois. Le moyen le plus sûr de se soustraire à ces funestes approches était de couper ses câbles, et de s'enfuir où l'on pouvait, en s'arrêtant sur de nouvelles ancres pour ne pas se briser au rivage. On employait encore un autre moyen, celui de tirer sur les brûlots, afin de les couler bas; et comme chacun avait perdu sa position dans la ligne d'embossage et qu'on était pêle-mêle, on tirait ainsi sur les siens en même temps que sur les ennemis. Toutefois par un singulier bonheur nos vaisseaux se sauvèrent sans de trop grands dommages sur divers points de la côte en se laissant couler sur des ancres jetées l'une après l'autre. Ceux qui avaient eu le feu à bord étaient parvenus à l'éteindre. Quant aux brûlots, échoués çà et là sur les îles voisines, les uns sautant en l'air avec d'horribles détonations, les autres lançant des fusées, des grenades, des bombes, ils brûlaient en éclairant au loin la rade. A la pointe du jour, nous eûmes la satisfaction de voir les trente bâtiments incendiaires échoués comme nous, achevant de se consumer, et n'ayant incendié aucun des nôtres. Jusqu'ici la rage des Anglais n'avait détruit que des richesses anglaises.

Mais la scène n'était pas finie. Nos vaisseaux, comme on vient de le voir, avaient coupé leurs câbles, et étaient allés s'échouer à l'embouchure de la Charente, du fort de Fouras à l'île d'Enett. Par malheur quatre d'entre eux, surpris par la marée descendante, étaient restés attachés aux pointes d'une chaîne de rochers qu'on appelle les Palles, et qui forme l'un des deux côtés de l'embouchure de la Charente. C'étaient *le Calcutta, le Tonnerre, l'Aquilon, le Varsovie*. Presque tous les capitaines obéissant à un mouvement spontané, avaient jeté leurs poudres à la mer, de peur de l'explosion en cas d'incendie. D'autres avaient été, au milieu de cette confusion, privés de leurs embarcations et des matelots qui les montaient. Ils n'étaient donc guère en état de se défendre. Les Anglais exaspérés par le peu d'effet de leurs brûlots, voulaient, en venant attaquer les quatre bâtiments échoués sur les Palles, les prendre ou les détruire, et se dédommager ainsi de l'insuccès de leur atroce combinaison. *Le Calcutta*, abordé par plusieurs vaisseaux et frégates, canonné dans tous les sens, et ayant à peine l'usage de son artillerie, fut défendu quelques heures, puis abandonné par le capitaine Lafon, qui n'ayant plus que 230 hommes, crut, dans l'impossibilité où il était de conserver son navire, devoir sauver son équipage. Le malheureux ignorait à quelles rigueurs il allait s'exposer! *Le Calcutta* ainsi abandonné sauta en l'air quelques instants après. *L'Aquilon* et *le Varsovie*, ne pouvant se défendre, furent obligés d'amener leur pavillon, et brûlés par les Anglais, qui y mirent eux-mêmes le feu. Deux nouvelles explosions apprirent à l'es-

Avril 1809.

Quatre de nos vaisseaux, échoués sur les Palles, sont attaqués par les Anglais et détruits.

cadre le sort de ces vaisseaux. Enfin *le Tonnerre* ayant une voie d'eau se traîna péniblement près de l'île Madame. Le capitaine Clément Laroncière, après avoir jeté à la mer son artillerie, son lest, tout ce dont il put faire le sacrifice pour s'alléger, ne réussit point à se relever. Après des efforts inouïs, continués sous le feu des Anglais, se voyant condamné à sombrer à la marée haute, il débarqua ses hommes sur une pointe de rocher, d'où ils pouvaient à marée basse gagner l'île Madame, puis il partit le dernier, en mettant lui-même le feu à son navire, qui s'abîma de la sorte sous les couleurs françaises.

Ainsi sur onze vaisseaux quatre périrent, non par la rencontre des brûlots, mais par le désir de les éviter. Le brave amiral Allemand était au désespoir quoiqu'il en eût sauvé sept, sans compter les frégates, qui, sauf une seule, furent toutes conservées. Il les fit remonter dans la rivière et désarmer. Son désespoir se convertit en une irascibilité si grande, qu'il fut impossible de lui laisser le commandement de Rochefort. Le ministre Decrès l'envoya à Toulon avec ses équipages, qu'on fit voyager par terre, afin d'armer les vaisseaux de la Méditerranée. Il fallait à Rochefort de nouveaux travaux de construction, avant qu'on pût y former une nouvelle division. L'amiral Gambier regagna les côtes d'Angleterre, avec la gloire douteuse d'une expédition atroce, qui avait coûté à l'Angleterre beaucoup plus qu'à la France. Le résultat le plus réel de cette expédition fut une profonde intimidation pour toutes nos flottes mouillées dans des rades, et une sorte de trouble d'esprit chez la plupart de nos chefs d'escadre, qui voyaient des brûlots partout, et imaginaient les plus étranges précautions pour s'en garantir. Le ministre Decrès, malgré ses rares lumières, ne fut pas exempt lui-même de cette forte émotion, et proposa à l'Empereur de faire rentrer à Flessingue la belle flotte construite dans les chantiers d'Anvers, et mouillée en ce moment aux bouches de l'Escaut. Mais l'amiral Missiessy, esprit froid, intelligent et ferme, s'y refusa, en disant qu'à Flessingue elle serait exposée à périr par les bombes ou les fièvres de Walcheren, dans une immobilité déshonorante. Il répondit de manœuvrer dans l'Escaut de manière à ne perdre ni son honneur ni sa flotte, et obtint une liberté d'action dont il fit bientôt un glorieux usage. L'Empereur ne prescrivit d'autre mesure que la mise en jugement des malheureux capitaines qui avaient perdu leurs vaisseaux dans la rade de Rochefort.

Juillet 1809.

L'expédition de Rochefort n'était pas celle que les Anglais avaient le plus à cœur. Ils auraient été fort satisfaits sans doute d'anéantir au mouillage l'une de nos principales flottes ; mais ils voulaient surtout se délivrer de l'inquiétude, du reste exagérée, que leur causait Anvers. Ils se figuraient toujours qu'avec le temps il pourrait sortir de ce port, non pas les dix vaisseaux qui mouillaient alors à Flessingue, mais vingt et trente que Napoléon avait le moyen d'y construire, et surtout une flottille, beaucoup plus dangereuse que celle de

Passion des Anglais pour la destruction d'Anvers.

Juillet 1809.

Raisons qui décident les Anglais à diriger vers l'Escaut la grande expédition promise à l'Autriche.

Boulogne, car elle pouvait en une marée jeter une armée de débarquement des bouches de l'Escaut aux bouches de la Tamise. Le grand armement qu'ils avaient promis à l'Autriche de faire partir avant la fin des hostilités, et que depuis l'armistice de Znaïm ils promettaient de faire partir avant la fin des négociations, ils l'achevaient en ce moment, non pour insurger l'Allemagne, mais pour détruire les établissements maritimes des Pays-Bas.

Deux raisons les décidaient à se diriger sur Anvers : l'importance de ce port, et l'espoir de n'y trouver aucun préparatif de défense. Des espions envoyés sur les lieux leur avaient appris qu'il n'y avait que sept à huit mille hommes sur les deux rives de l'Escaut, de Gand à Berg-op-Zoom. Avec de la hardiesse, ils pouvaient même aller plus loin, causer d'immenses ravages, et répandre un jour bien fâcheux sur la politique qui, portant toutes nos forces à Lisbonne, à Madrid, à Vienne, n'en gardait aucune pour protéger nos rivages. Leur ardeur pour une expédition aux bouches de l'Escaut était donc extrême, et ils avaient résolu d'y consacrer quarante mille hommes au moins, et douze ou quinze cents voiles. On n'aurait rien vu d'aussi considérable dans aucun siècle, s'ils atteignaient l'étendue projetée de leurs armements.

Vastes préparatifs de l'expédition d'Anvers.

Mais le temps dépensé à préparer cette expédition devait être proportionné à sa grandeur. Mise en discussion dès le mois de mars, résolue en avril au moment où Napoléon partait pour l'Autriche, elle n'était pas sous voiles le jour de la bataille de Wagram, et point arrivée le jour de celle de Talavera. Le cabinet britannique y voulait consacrer l'armée du général Moore, qui était une armée éprouvée, et une masse considérable de bâtiments de tout échantillon. Mais cette armée avait besoin d'être complétée, et fort accrue pour être élevée à 40 mille hommes : et comme il fallait de plus embarquer un grand équipage de siége, c'était la somme énorme de cent mille tonneaux de transport à réunir. La marine royale en pouvait fournir 25 mille; il restait donc à s'en procurer 75 mille, soit en les tirant des arsenaux de l'État, soit en les demandant au commerce. Mais déjà beaucoup de bâtiments avaient été envoyés sur les côtes d'Espagne pour le service de sir Arthur Wellesley, et on ne voulait pas lui ôter cet indispensable moyen de retraite, un revers étant toujours à prévoir dans la Péninsule. Il fallait donc se procurer tout entière l'immense quantité de 75 mille tonneaux de transport, et la passion du cabinet britannique était telle qu'un instant il avait songé à prendre d'autorité, sauf à les payer plus tard, tous les neutres qui étaient sur les bords de la Tamise. On renonça à cette ressource pour ne pas apporter ce nouveau trouble aux relations commerciales, et on se contenta d'élever le fret à un prix exorbitant. Cela fait, on prépara le matériel, on recruta l'armée avec des volontaires choisis parmi les anciens militaires, et de délais en délais on fut conduit de mai en juin, de juin en juillet. On était à peine prêt à la fin de ce mois. Il fallait se hâter, car si on n'agissait pas avant que la paix eût été arrachée à l'Autriche, on aurait sur les bras les armées françaises revenues des bords du Danube, et toute expédition de ce genre deviendrait une folle entreprise, sans compter qu'on aurait laissé encore une fois accabler ses alliés les plus sûrs.

Vers le 24 ou le 25 juillet, on fut en mesure de partir avec 38 mille hommes d'infanterie, 3 mille d'artillerie, 2,500 de cavalerie (en tout 44 mille hommes environ), 9 mille chevaux, 150 pièces de 24 ou gros mortiers, le tout embarqué sur 40 vaisseaux de ligne, 30 frégates, 84 corvettes, bricks, bombardes, 4 à 500 transports, et un nombre infini de chaloupes canonnières. Rien de pareil ne s'était jamais vu. On devait partir de Portsmouth, de Harwich, de Chatham, de Douvres et des Dunes. En possession de la mer, on n'était dominé que par ses propres convenances dans le choix des points de départ. Sir John Strachan commandait la flotte, lord Chatham l'armée. La mission était de prendre Flessingue si on pouvait, de détruire en même temps la flotte de l'Escaut, d'aller ensuite incendier les chantiers d'Anvers, enfin d'obstruer les passes de l'Escaut en y plongeant des corps de forte dimension, qui rendissent ces passes impropres à la navigation. Le but et les moyens avaient une égale grandeur.

On avait longtemps discuté le meilleur plan à suivre, en consultant soit des Hollandais émigrés, soit d'anciens officiers anglais qui avaient fait les campagnes de Flandre en 1792 et 1793. Deux plans principaux avaient été proposés : débarquer à Ostende, et se rendre par terre à Anvers, en marchant par Bruges et le Sas de Gand, ou bien aller par eau en remontant l'Escaut. (Voir la carte n° 51.) Faire vingt-cinq ou trente lieues par terre, sur le sol français, en présence d'une nation aussi belliqueuse que la nôtre, parut trop périlleux. Et cependant c'était le seul plan qui eût des chances, car on aurait à peine trouvé sur son chemin trois ou quatre mille hommes dispersés dans toute la Flandre. En se mettant en marche avant que des secours pussent être envoyés (et l'envoi de secours n'exigeait pas moins de 15 à 20 jours), on serait arrivé à Anvers sans coup férir. On eût brûlé les chantiers ainsi que la flotte, et on se serait rembarqué sur les transports amenés sous Anvers, lorsque les troupes françaises auraient commencé à paraître. Mais l'idée de traverser une pareille étendue du territoire de l'Empire fut un épouvantail qui fit renoncer à ce plan. Restait celui de remonter l'Escaut en naviguant jusqu'à Batz et Santvliet (voir la carte n° 51), point où de golfe l'Escaut se change en fleuve. Ce projet donnait encore lieu à de nombreuses contestations.

Juillet 1809.

L'Escaut à dix lieues au-dessous d'Anvers se divise en deux bras: l'un qui, continuant de couler directement à l'ouest, débouche dans la mer entre les feux de Flessingue et de Breskens, et qu'on appelle à cause de sa direction l'Escaut occidental; l'autre qui, à Santvliet, se détourne au nord, passe entre le fort de Batz et la place de Berg-op-Zoom, débouche au nord-ouest, et porte le nom d'Escaut oriental, uniquement parce qu'il coule moins direc-

Description de l'Escaut et de la Zélande.

tement à l'ouest que le précédent. L'un et l'autre, plus larges et moins profonds que l'Escaut supérieur composé des deux bras réunis, se rendent à la mer à travers une suite de bas-fonds, présentent par conséquent beaucoup d'obstacles à la navigation, et baignent une contrée appelée la Zélande. Cette contrée, la plus basse de la Hollande, formée de terrains inférieurs la plupart au niveau de la mer, n'existe qu'à la condition d'être toujours protégée par des digues élevées, n'offre en été que des prairies verdoyantes, de jolis saules, des peupliers élancés, mais sous cet aspect riant cache une mort hideuse, car, découverte par la marée deux fois par jour, elle exhale des miasmes pestilentiels, qui s'échappent des vases que lui apporte le flot sans cesse montant et descendant. Aussi entre toutes les fièvres n'y en a-t-il pas de plus funeste que la fièvre dite de Walcheren.

L'Escaut occidental, celui qui va directement à la mer de l'est à l'ouest, est le plus ouvert des deux à la grande navigation. Seul il peut porter des vaisseaux de ligne. C'est celui que Napoléon avait destiné à conduire ses flottes d'Anvers à la mer, et que protégent les feux de Flessingue dans l'île de Walcheren, les feux de Breskens dans l'île de Cadzand. (Voir la carte n° 54.)

En se décidant à prendre la voie de mer pour gagner Anvers, lequel fallait-il choisir de l'Escaut occidental ou de l'Escaut oriental? Ici encore le plus hardi des deux plans était le meilleur, car lorsqu'on veut faire une surprise, le chemin qui mène le plus vite au but est non-seulement celui qui promet le plus de succès, mais celui qui promet aussi le plus de sûreté. Il fallait entrer hardiment dans l'Escaut occidental en bravant les feux de Flessingue et de Breskens, au risque d'échouer plus d'une fois, car les balises qui signalaient les passes devaient naturellement avoir disparu, s'avancer précédé par de petits bâtiments qui navigueraient la sonde à la main, accabler la flotte française si on la rencontrait, débarquer l'armée à Santvliet, et marcher droit à Anvers. On y eût mis plus de temps, trouvé plus d'obstacles qu'au trajet de terre dont il vient d'être parlé, mais on serait certainement arrivé en moins de dix jours, et en dix jours Anvers n'aurait pas reçu les secours dont il avait besoin pour se défendre, ainsi qu'on le verra bientôt. Cette fois encore on adopta l'exécution la plus timide d'une expédition audacieuse, et comme d'usage on arrêta un plan qui, contenant quelques-unes des idées de chacun, courait la chance de réunir ce qu'il y avait de plus mauvais dans tous les projets proposés.

Il fut convenu qu'une division navale, sous la conduite du contre-amiral Ottway, débarquerait une douzaine de mille hommes dans l'île de Walcheren, avec lesquels le commandant en second, Eyre-Coote, prendrait Flessingue ; qu'une seconde division, sous le commodore Owen, débarquerait à l'île de Cadzand quelques mille hommes, avec lesquels le marquis de Huntley prendrait le fort de Breskens et les batteries de cette île ; que les feux

Juillet 1809.

Plan qui prévaut définitivement pour s'approcher d'Anvers.

de droite et de gauche étant ainsi éteints par la possession des deux îles qui forment l'entrée de l'Escaut occidental, on s'y engagerait avec le gros de l'expédition sous les ordres du contre-amiral Keates, des lieutenants généraux John Hope, Rosslyn, Grosvenor, des deux chefs principaux John Strachan et lord Chatham. Ils devaient débarquer près de Santvliet avec 25 mille hommes, et s'acheminer ensuite sur Anvers.

Tel était le plan définitivement adopté au moment du départ. Vers le 25 juillet, la plus grande partie de l'expédition était sous voiles à Portsmouth, à Harwich, à Douvres, aux Dunes. Le reste devait s'embarquer successivement et rallier l'expédition. Vers le 29 on se trouva en vue des basses terres de l'Escaut. Mais un vent dangereux qui pouvait faire chavirer les embarcations, ou les briser à la côte lorsqu'on voudrait descendre les troupes, empêcha de débarquer sur-le-champ. Les deux divisions qui devaient se diriger, l'une sur l'île de Walcheren au nord de l'embouchure de l'Escaut occidental, l'autre sur l'île de Cadzand au sud de cette même embouchure, stationnèrent devant ces deux îles en tenant la mer de leur mieux, malgré un temps assez difficile. La colonne principale, qui, sous le contre-amiral Keates et sir John Hope, devait s'emboucher hardiment dans l'Escaut pour le remonter, attendit également sous voiles des circonstances de mer plus favorables.

Mais le vent ne changeant pas, et un renseignement inattendu ayant appris que la flotte française au lieu d'être remontée sur Anvers se trouvait encore à Flessingue, on modifia le plan arrêté au départ. D'abord, pour parer au mauvais temps, on résolut de contourner l'île de Walcheren en s'élevant au nord, ce qui conduisait à l'entrée de l'Escaut oriental, de venir par la passe du Roompot dans le bras intérieur du Weere-Gat (voir la carte n° 51), et d'y débarquer les troupes à l'abri du ressac qui menaçait d'engloutir les embarcations si on essayait de débarquer en dehors. Tenant compte en outre du renseignement obtenu relativement à la flotte, on regarda comme dangereux de l'attaquer au milieu des batteries qui la protégeaient, dans des passes qu'elle connaissait bien, et on imagina, au lieu de l'aborder de front, de la tourner, en profitant du mouvement qu'on allait faire autour de l'île de Walcheren, pour s'enfoncer dans l'Escaut oriental. On se décida donc à s'engager dans l'Escaut oriental le plus avant qu'on pourrait, avec une forte partie de l'expédition, pendant que l'autre attaquerait les îles de Walcheren et de Cadzand, de débarquer les troupes dans les îles du Nord et du sud Beveland, de les conduire par terre à la jonction des deux Escaut vers le fort de Batz et Santvliet, ce qui permettrait d'intercepter la flotte française, et de l'empêcher de remonter sur Anvers. Dès lors elle serait bientôt capturée, et ne pût-on pas aller jusqu'à Anvers, ce serait déjà un beau résultat que d'avoir pris les îles de Walcheren et de Cadzand, la place de Flessingue et la flotte française. Les ordres furent aussitôt donnés conséquemment à ce plan, qui était le troisième. On attendit l'arrivée de la dernière division sous les lieutenants généraux Rosslyn et Grosvenor, pour en disposer suivant les événements, et on plaça l'amiral Gardner à l'entrée de l'Escaut occidental pour y tenir tête à la flotte française, soit qu'elle voulût risquer une bataille navale, secourir Flessingue, ou agir contre la division détachée vers l'île de Cadzand.

Les choses étant ainsi ordonnées, et pendant que le contre-amiral Gardner tenait la mer avec ses vaisseaux de ligne, que le commodore Owen se préparait avec ses frégates et ses bâtiments légers à débarquer les troupes du marquis de Huntley dans l'île de Cadzand, la forte division du contre-amiral Ottway, chargée de débarquer 12 mille hommes dans Walcheren, remonta l'île au nord le 29 et le 30, et entrant dans l'Escaut oriental, vint mouiller à l'entrée du Weere-Gat. Le temps n'était plus un obstacle, dès qu'on pénétrait dans les canaux intérieurs de la Zélande et qu'on cessait d'être exposé au coup de la pleine mer. Sur-le-champ on fit les préparatifs du débarquement. Les Anglais avaient une telle masse d'embarcations que la descente à terre d'un grand nombre de troupes à la fois était pour eux la plus facile des opérations.

On ne pouvait surprendre le territoire français dans un moment plus favorable pour l'insulter impunément. Il n'avait été fait dans l'île de Walcheren, ni dans la région environnante, aucun préparatif de défense, non pas que les avis eussent manqué, mais parce qu'on n'avait pas attaché

à ces avis l'importance qu'ils méritaient. Il était
certainement impossible qu'une aussi vaste réunion
de forces eût lieu sur les rivages d'Angleterre,
sans qu'on en sût quelque chose sur ceux de
France, malgré l'interruption des communications.
En effet, des prisonniers français échappés, des
espions bien payés, avaient averti les autorités du
littoral, et celles-ci avaient informé à leur tour les
ministres de la marine et de la guerre. Mais le ministre de la marine, tout plein du souvenir de Rochefort, n'avait cru qu'à un envoi de brûlots destinés à incendier la flotte de l'Escaut, et avait voulu,
comme nous l'avons dit, enfermer cette flotte dans
Flessingue, ce que l'amiral Missiessy avait refusé
de faire, pour des raisons que l'événement justifia.
Quant au ministre de la guerre, n'ayant rien à envoyer à Anvers contre une armée de 40 mille soldats, n'osant pas prendre sur lui de détourner du
Danube vers l'Escaut le torrent d'hommes et de
matières qu'on dirigeait sur l'Autriche, même depuis l'armistice, il n'arrêta aucune mesure, et aima
mieux croire avec le ministre de la marine que
l'expédition annoncée se réduirait à des brûlots,
contre lesquels il fallait se prémunir en interceptant
les diverses passes de l'Escaut. Il ne se trouvait
donc à la portée d'Anvers que le camp de Boulogne, quelques compagnies de gardes nationales
consacrées sous le sénateur Rampon à la surveillance des côtes, quelques demi-brigades provisoires, mais le tout dispersé, sans organisation,
sans artillerie, sans cavalerie, etc. Dans l'île de

Walcheren notamment, rien n'était préparé pour soutenir un siège. L'île avait été depuis plusieurs années partagée entre la France et la Hollande. Les Français occupaient la place de Flessingue, à cause de son port et de ses feux qui commandent l'Escaut occidental, et les Hollandais avaient gardé le territoire de l'île, avec la capitale Middlebourg et les petits forts qui dominaient l'Escaut oriental. Le général Monnet, brave homme qui s'était distingué dans les guerres de la révolution, se reposait en commandant Flessingue de ses campagnes antérieures. Il n'avait pour défendre l'île, ni artillerie attelée, ni cavalerie, ni rien de ce qui constitue un corps destiné à tenir la campagne; et il n'avait pour défendre la place qu'un ramassis de troupes composé d'un bataillon irlandais, d'un bataillon colonial, de deux bataillons de déserteurs prussiens, de quelques centaines de Français, le tout s'élevant à trois mille hommes. Le commandant hollandais avait à Middlebourg, et dans les ports de la côte, quelques centaines de vétérans. La place de Flessingue ne présentait pour toute fortification qu'une simple chemise bastionnée, entourée d'un fossé guéable partout. Elle ne possédait de fortes batteries que du côté de la mer. Rien n'était donc plus facile que d'enlever l'île de Walcheren et la place de Flessingue, quand on y débarquait avec 45 mille hommes et cinq à six cents voiles.

Dès que les Anglais eurent été aperçus, il fut aisé, en les voyant stationner obstinément aux bouches de l'Escaut, de deviner le but de leur expédition. Le général Monnet, ne voulant pas s'éloigner de Flessingue, se hâta d'envoyer le général Osten avec douze ou quinze cents hommes, c'est-à-dire avec la moitié de sa garnison, sur le rivage du nord de l'île, pour s'opposer de son mieux au débarquement, et avec le reste il se mit à préparer la défense de Flessingue. On composa au général Osten une artillerie de campagne, en prenant dans la place deux pièces de trois et deux de six, qu'on attela avec des chevaux du pays non dressés, et conduits par des paysans. Le général Osten, qui était fort brave, se porta en avant avec sa petite troupe, et la disposa de droite à gauche, du fort de Den-Haak à Dombourg, le long des digues, pour faire feu sur les Anglais au moment où ils toucheraient au rivage.

Ceux-ci s'étaient avancés en force imposante, et étaient descendus à terre au nombre de quelques milliers, protégés par l'artillerie de plus de soixante bâtiments. Les soldats du général Osten, sans discipline et sans esprit national, n'y tinrent plus dès qu'ils essuyèrent le feu des vaisseaux, bien qu'ils fussent couverts par des digues. Ils se replièrent en désordre, malgré les efforts de leurs chefs pour les ramener à l'ennemi. Les quatre pièces du général Osten tirées à propos contre les Anglais qui s'avançaient sur les digues, auraient pu les arrêter, ou du moins ralentir leur marche. Mais les chevaux non dressés se cabrèrent, les paysans coupèrent les traits et s'enfuirent avec leurs attelages. Deux

Juillet 1809.

Le général Osten, envoyé avec quinze cents hommes au nord de l'île de Walcheren, pour empêcher le débarquement.

Juillet 1809.

Malgré les efforts du général Osten, les Anglais débarquent dans l'île de Walcheren.

pièces sur quatre furent ainsi abandonnées sur le terrain. Le général Osten, après avoir fait de vains efforts pour maintenir sa troupe, la ramena sur Serooskerke, dans l'intérieur de l'île, et annonça au général Monnet ce qui s'était passé.

Tandis que le général Osten, par le mauvais esprit de ses soldats, était privé de l'honneur de disputer les digues aux Anglais, un général hollandais, Bruce, leur livrait le fort de Den-Haak, celui de Terweere, et la place de Middlebourg elle-même, n'ayant pas la moindre envie de se faire tuer pour les Français, sentiment que partageaient alors tous ses compatriotes. Il pouvait dire d'ailleurs pour sa justification qu'il n'avait pas de moyens suffisants pour résister aux forces ennemies.

Le 31 juillet, les Anglais répandirent une quinzaine de mille hommes dans l'île de Walcheren, et l'enveloppèrent de plusieurs centaines de voiles, car ils vinrent se placer avec la plus grande partie de leurs forces navales dans les bras du Weere-Gat et du Sloë, qui séparent l'île de Walcheren de celles du nord et du sud Beveland. (Voir la carte n° 51.) Ils se portèrent sur Middlebourg, et de Middlebourg sur Flessingue. Le général Osten se replia du mieux qu'il put, défendant le terrain pied à pied quand le courage de sa troupe répondait au sien; et bien qu'il n'obtînt pas de ses soldats tout ce qu'il aurait voulu, il couvrit honorablement sa retraite par la perte de deux ou trois centaines d'hommes, et par la destruction d'un plus grand nombre à l'ennemi.

Le général Monnet vint le recevoir sur les glacis de Flessingue, et ils firent leur jonction sous le feu de la place, résolus à en défendre les approches, avant de se renfermer dans son étroite enceinte. Le général Monnet occupa plusieurs postes au dehors, et un notamment à droite, vers Rameskens, afin de pouvoir couper les digues, et noyer l'île tout entière, quand il n'aurait plus que ce moyen de résistance. Il se hâta d'organiser un peu mieux sa garnison, de se faire avec des soldats d'infanterie des artilleurs dont il manquait, d'organiser la population en légions de pompiers pour parer aux suites d'un bombardement, et d'écrire à l'île de Cadzand, pour qu'on lui envoyât des troupes françaises, pendant que l'Escaut occidental était encore ouvert. C'était un trajet facile, long de trois à quatre portées de canon, et qui était possible encore, si dans l'île de Cadzand on avait sous la main les forces nécessaires.

Juillet 1809.

Soins du général Monnet pour la défense de Flessingue.

Cette île était commandée par le général Rousseau, officier plein d'activité et de courage, et appartenait au département de l'Escaut, compris dans la vingt-quatrième division militaire. A peine le général Rousseau avait-il été averti de la présence des Anglais, qu'il avait fait prévenir le général Chambarlhac, commandant la vingt-quatrième division militaire, et attiré à lui les troupes placées dans le voisinage. Il avait commencé par distribuer dans les batteries de la côte les quelques centaines d'hommes dont il pouvait disposer tout de suite, et par organiser quelques pièces d'artillerie

Grâce aux bonnes dispositions du général Rousseau, les Anglais ne peuvent descendre dans l'île de Cadzand.

de campagne. Puis deux quatrièmes bataillons, l'un du 65ᵉ, l'autre du 48ᵉ, lui ayant été envoyés, il s'était mis à leur tête le long du rivage, prêt à se jeter sur les premières troupes ennemies qui débarqueraient.

Ces dispositions, prises avec promptitude et résolution, étaient parfaitement visibles de la haute mer, car le sol ne présentait qu'une plaine basse et unie, comme la mer elle-même, et elles pouvaient faire supposer qu'un corps considérable de troupes se trouvait en arrière. Le commodore Owen et le marquis de Huntley, qui commandaient les forces destinées à l'île de Cadzand, apercevant de la passe de Vielingen, où ils luttaient contre le mauvais temps, les troupes du général Rousseau, n'osèrent point descendre. Ils voyaient 12 ou 1500 hommes qu'ils prenaient pour 3 ou 4 mille, et n'ayant des chaloupes que pour débarquer 700 hommes à la fois, ils craignirent d'être jetés à la mer s'ils se risquaient à mettre pied à terre. Si en ce moment l'amiral Strachan et lord Chatham eussent porté vers l'île de Cadzand toutes les forces et tous les moyens de débarquement employés sans utilité dans l'Escaut oriental, ils y auraient pénétré infailliblement, se seraient emparés de toutes les batteries de la gauche de l'Escaut, et seraient arrivés sur la Tête-de-Flandre, faubourg d'Anvers, avant tout secours. Heureusement il n'en fut point ainsi. Le commodore Owen, le marquis de Huntley, intimidés par l'attitude du général Rousseau, demandèrent au contre-amiral Gardner, qui commandait la division des vaisseaux de ligne dans la grande passe du Deurloo, de leur envoyer les embarcations dont il pourrait disposer afin de débarquer plus de monde à la fois; mais celui-ci en avait besoin pour les opérations ultérieures dont il était chargé, d'ailleurs le gros temps l'empêchait de les faire parvenir, et cette attaque de l'île de Cadzand, qui aurait dû réussir, ne s'exécuta ni le 29, ni le 30, ni le 31. Les chefs de l'expédition, satisfaits d'avoir pu débarquer à Walcheren, se trouvant fort à leur aise dans l'intérieur de l'Escaut oriental contre le mauvais temps, toujours pleins de l'idée de s'emparer des îles du nord et du sud Beveland qui séparent les deux Escaut, et dont la possession permettait de tourner la flotte, rappelèrent à eux le commodore Owen et sir Huntley, pour les amener dans l'Escaut oriental. Ils y attirèrent également le reste de l'expédition, qui venait d'arriver sous les lieutenants généraux Grosvenor et Rosslyn, et remplirent ainsi les bras du Weere-Gat et du Sloë. Ils commencèrent ensuite à débarquer dans les îles du nord et du sud Beveland tout ce qu'ils n'avaient pas débarqué de troupes dans l'île de Walcheren, afin de courir au point de jonction des deux Escaut, c'est-à-dire au fort de Batz, et de tourner ainsi la flotte française, pendant que le reste de l'armée exécuterait le siége de Flessingue.

Heureusement que dans ce premier moment deux hommes énergiques se trouvèrent sur les lieux, le général Rousseau et l'amiral Missiessy. Le général Rousseau, en voyant s'éloigner la division navale

Juillet 1809.

La tentative projetée sur l'île de Cadzand n'ayant pu être faite, toute l'expédition est dirigée dans l'Escaut oriental, afin d'assiéger Flessingue et de tourner la flotte française.

qui menaçait l'île de Cadzand, n'avait plus eu dès lors autant de craintes pour la rive gauche de l'Escaut, et s'était privé sans hésiter des deux bataillons du 65ᵉ et du 48ᵉ pour les envoyer par eau de Breskens à Flessingue. Il fallait traverser l'Escaut occidental, large en cet endroit de quelques centaines de toises, et il fit successivement passer tous les détachements qui lui arrivaient, songeant à son voisin, dont il apercevait les périls, plus qu'à lui-même.

Habile retraite de l'amiral Missiessy, et rentrée de la flotte française à Anvers.

De son côté l'amiral Missiessy, qui avait demandé à ne pas s'enfermer dans Flessingue, où il aurait péri par les bombes et par la fièvre, couronnait la sagesse de ses conseils par la fermeté et l'habileté de sa conduite. Sa constance à demeurer devant Flessingue, sans s'y enfermer, avait déjà suffi pour donner à l'expédition anglaise un cours différent, le plus dangereux pour elle, et le plus avantageux pour nous, comme on le verra bientôt, celui de l'Escaut oriental. Maintenant il ne fallait pas plus se laisser prendre à la jonction des deux Escaut, vers Batz et Santvliet, qu'à Flessingue même. Aussi après avoir fait bonne contenance à Flessingue les 29 et 30, il prit son parti résolûment, en homme sensé et ferme qui savait ce qu'il avait à faire, et se mit en marche le 31, profitant du vent qui était favorable pour remonter l'Escaut. Le 31 au soir il avait dépassé le fort de Batz, et il était entré dans l'Escaut supérieur, composé des deux Escaut réunis. A cet endroit deux de ses vaisseaux échouèrent sur une vase molle et bourbeuse, mais sans danger d'y rester attachés pour longtemps. Le lendemain en effet il remit à la voile, et à la marée haute tous ses bâtiments renfloués remontèrent entre les forts de Lillo et de Liefkenshoek, qui ferment le passage du fleuve par des feux croisés difficiles à franchir. Tous ces points, les forts de Batz et de Santvliet, les forts de Lillo et de Liefkenshoek, étaient négligés comme ils auraient pu l'être dans une paix profonde, chez une nation peu soigneuse. L'amiral Missiessy, qui voyait dans ces forts sa propre sûreté, s'occupa de leur défense. Il plaça une frégate en travers du canal qui joint l'Escaut occidental à l'Escaut oriental, qu'on appelle canal de Berg-op-Zoom, et que dominent les forts de Batz et de Santvliet. Il débarqua une centaine de canonniers hollandais dans le fort de Batz, et mit garnison française dans les forts de Lillo et de Liefkenshoek, en ayant soin de les approvisionner des munitions nécessaires. Il fit construire ensuite plusieurs estacades pour se garantir des brûlots, et ne voulut point se renfermer dans Anvers, se réservant de se mouvoir librement sur le fleuve, et de couvrir ainsi les alentours du feu des mille pièces de canon que portait son escadre. Il était suivi d'une flottille, détachée autrefois de celle de Boulogne, et établie dans l'Escaut. Grâce à ces habiles dispositions, ce n'était plus le rôle de réfugié, mais celui de défenseur qu'il se préparait à jouer dans Anvers.

Bien lui avait pris d'opérer si à propos sa retraite dans le haut Escaut, car deux jours plus tard les Anglais l'auraient tourné, en se plaçant entre Batz

Août 1809.

Les Anglais s'emparent du fort de Batz.

et Santvliet, et eussent donné ainsi à l'expédition de l'Escaut un premier résultat fort important, celui d'enlever toute une flotte neuve, de l'emmener ou de la détruire. En effet, les troupes de la division Hope, descendues dans les îles du nord et du sud Beveland (voir la carte n° 54) par les passes du Weere-Gat et du Sloë, avaient marché le plus vite qu'elles avaient pu, et étaient arrivées le 2 août devant le fort de Batz, occupé par une garnison hollandaise et le général Bruce, qui avait déjà livré les postes retranchés de l'île de Walcheren. Ce fort garni de trente bouches à feu, placées à fleur d'eau, et très-dangereuses pour les bâtiments qui l'auraient attaqué, n'avait pas de grands moyens de se défendre contre une attaque venant du côté de terre. Toutefois avec une garnison et un brave commandant, il aurait pu tenir quelques jours. Il avait l'une, et point l'autre. Le général Bruce ne voulant pas plus à Batz qu'à Middlebourg résister à outrance dans une petite place sans casemates, sans blindage, où l'on devait être accablé de feux, et cela pour le compte des Français, évacua le fort, dans lequel les Anglais entrèrent sans coup férir. Dès ce moment, ils devinrent maîtres du passage de l'un à l'autre Escaut, et s'ils s'étaient hâtés d'amener toute leur armée par le chemin des îles du sud et du nord Beveland, comme ils l'avaient fait pour la division Hope, ils pouvaient en peu de jours arriver sous Anvers, qui était une place fermée à la vérité, mais fermée par de vieux ouvrages, à moitié détruits, où se trouvaient au plus 2 mille hommes sans un canon sur les remparts, et où régnait autant de trouble chez les autorités, surprises par l'apparition de l'ennemi, que de malveillance dans la population, flamande par l'origine et les sentiments. Heureusement les deux commandants de l'expédition anglaise, sir John Strachan et lord Chatham, pensèrent qu'il fallait auparavant achever le siége de Flessingue, ce qui permettrait d'introduire la totalité de la flotte dans l'Escaut occidental, et de parvenir par mer à Batz et Santvliet, point de départ pour conduire l'expédition de terre jusqu'à Anvers. Cette disposition donnait quelques jours au gouvernement français pour organiser les premiers moyens de défense.

Le télégraphe avait annoncé le 31 juillet, à Paris, le débarquement des Anglais dans l'île de Walcheren, et le 1er août le gouvernement tout entier avait été informé de la gravité du péril. En l'absence de Napoléon le gouvernement se composait des ministres présidés par l'archichancelier Cambacérès. Parmi les ministres, trois seulement pouvaient en cette occasion jouer un rôle, les ministres de la guerre et de la marine, MM. Clarke et Decrès, parce qu'ils étaient spéciaux dans une affaire qui intéressait la sûreté du territoire et de la flotte, et le ministre de la police Fouché, parce qu'il était le seul qui eût conservé une sorte d'importance politique depuis la retraite de M. de Talleyrand. Il avait vu son existence menacée, lors de la disgrâce de ce dernier, et il en était devenu plus remuant que de coutume, soit pour se remettre en faveur s'il réussissait à signaler son zèle dans un moment difficile, soit pour être personnage principal si les affaires de l'Empire venaient à péricliter, ainsi que bien des gens commençaient les uns à le craindre, les autres à l'espérer. Beaucoup d'esprits, en effet, voyaient des signes d'affaiblissement pour le pouvoir de Napoléon dans la guerre d'Espagne qui tendait à s'éterniser, dans la guerre d'Allemagne qui avait paru un instant douteuse, dans l'inquiétude qui déjà gagnait peu à peu les populations, dans le mécontentement qu'excitaient les affaires de l'Église, dont nous ferons bientôt connaître la suite. C'était donc pour un personnage inquiet, peu sûr, voulant être en tête de tous les changements de la fortune, une occasion de s'agiter.

Rôle joué par M. Fouché en cette occasion.

Bien qu'il flattât beaucoup l'Empereur, M. Fouché était l'allié secret de tous les mécontents, gémissant tout bas avec eux sur leurs déplaisirs, ou sur les maux de l'Empire dont en public il exaltait la gloire. Ainsi, l'amiral Decrès, ce ministre de tant d'esprit, mais qui n'avait que des malheurs dans son administration, était mécontent parce que l'Empereur s'en prenant injustement à lui des revers de la marine et blessé surtout de son langage caustique et hardi, ne s'était pas pressé de le faire duc. M. Fouché était aussitôt devenu le confident et l'ami de M. Decrès. Le maréchal Bernadotte, renvoyé de l'armée pour son ordre du jour aux Saxons, avait porté à Paris son orgueil et ses ressentiments. M. Fouché lui avait aussitôt serré la main, s'était apitoyé sur l'ingratitude dont il était l'objet, et en public avait pris le rôle d'un Mentor qui voulait, en modérant l'irritation du prince maréchal, l'empêcher de commettre de nouvelles fautes. L'expédition de Walcheren fut une occasion de faire éclater ces diverses dispositions, et si quelque chose en effet pouvait déceler déjà l'affaiblissement du règne, c'était qu'on osât sous un maître tel que Napoléon aspirer à un rôle politique quelconque.

A peine la nouvelle du débarquement arriva-t-elle, que M. Decrès courut chez les ministres et chez l'archichancelier pour provoquer des mesures extraordinaires. Il mit dans ses démarches une chaleur extrême, parce que depuis l'événement de Rochefort il ne dormait plus. Il voulait qu'on fît partir de Paris tous les ouvriers disponibles, qu'on levât les gardes nationales en masse, qu'on plaçât à leur tête un maréchal de France, le maréchal Bernadotte, par exemple, et qu'on imposât aux ennemis par un grand déploiement de forces, apparentes sinon réelles. M. Decrès parlait en cela avec la sincérité d'un ministre alarmé pour les intérêts de son département. M. Fouché, qui, par un singulier concours de circonstances, remplaçait provisoirement le ministre de l'intérieur, M. Cretet, atteint d'une maladie mortelle, avait dans les fonctions qui lui étaient accidentellement déférées un motif tout naturel de se mêler beaucoup de l'expédition de Walcheren. Convoquer les gardes nationales, presque en son nom et pour son compte, écrire des proclamations, mettre un grand nombre d'hommes en mouvement, choisir un chef

Août 1809.

Résolutions du conseil des ministres au sujet de l'expédition de l'Escaut.

militaire de sa propre main, tout cela convenait à sa double vue, de paraître à Schœnbrunn très-zélé, et à Paris très-influent. Il approuva beaucoup les idées de M. Decrès, et le conseil s'étant réuni le 1er août au matin, sous la présidence de l'archichancelier Cambacérès, il appuya les propositions du ministre de la marine. Celui-ci fort véhément, comme un homme très-préoccupé des dangers que courait Anvers, demanda la convocation extraordinaire de cent mille gardes nationaux, et la nomination du maréchal Bernadotte pour les commander. Ces propositions, qui avaient lieu de paraître excessives, même dans le cas le plus grave, surprirent et mirent en défiance le ministre de la guerre Clarke, dont le caractère n'était pas plus sûr que celui de M. Fouché, mais qui avait beaucoup de sens, de pénétration, et qui doutait extrêmement du goût de Napoléon soit pour les gardes nationales, soit pour le prince de Ponte-Corvo. Il soumit ses doutes au conseil, et énuméra ensuite les moyens qu'il avait à sa disposition sans recourir aux gardes nationales, moyens qui consistaient dans les demi-brigades provisoires instituées par Napoléon, dans la gendarmerie, dans les gardes nationales d'élite déjà organisées sous le sénateur Rampon, dans les troupes du camp de Boulogne. Le tout pouvait faire une trentaine de mille hommes, sous le sénateur Sainte-Suzanne, ancien officier de l'armée du Rhin, que Napoléon, dans la prévision d'une expédition anglaise, avait chargé du commandement des côtes depuis la Picardie jusqu'à la Hollande. Ce sénateur, quoique malade, avait déclaré qu'il était prêt à prendre son commandement. Il restait enfin le roi de Hollande lui-même, qui accourait avec quelques troupes sur Anvers, et qui en sa qualité de connétable avait déjà en 1806 été revêtu par Napoléon du commandement des côtes. Il y avait là de quoi se passer des levées en masse, et d'un chef disgracié comme le prince de Ponte-Corvo.

L'archichancelier, qui d'un côté se défiait du zèle de M. Fouché, qui de l'autre craignait qu'on ne fît pas assez pour la circonstance, ne se prononça pas très-ouvertement, mais calma l'emportement de M. Decrès, et sembla incliner vers l'avis du ministre de la guerre. Dès lors M. Fouché ne soutenant plus avec autant de vivacité son nouvel ami M. Decrès, se contenta de lui dire à l'oreille qu'il était de son opinion, et qu'au surplus il ferait de son chef tout ce qu'on n'allait pas résoudre en conseil. On se sépara sans avoir adopté les propositions de MM. Decrès et Fouché, et on considéra comme suffisantes pour le premier moment les mesures imaginées par M. Clarke, sauf ce qu'ordonnerait bientôt l'Empereur, que des courriers extraordinaires allaient avertir à Schœnbrunn des derniers événements.

Août 1809.

Le ministre de la guerre donna sur-le-champ des ordres conformes aux idées qu'il avait émises dans le conseil. Il y avait à Paris deux demi-brigades composées de quatrièmes bataillons, la 3ᵉ et la 4ᵉ : il les fit partir en poste. Il y avait dans le Nord un bataillon de la Vistule, quelques escadrons de

Ordres donnés par le ministre de la guerre en exécution des résolutions du conseil.

lanciers polonais, plusieurs batteries d'artillerie destinées à se rendre sur le Danube ; il y avait les 6ᵉ, 7ᵉ et 8ᵉ demi-brigades placées entre Boulogne et Bruxelles, quatre bataillons de divers régiments cantonnés à Louvain : il dirigea le tout sur l'île de Cadzand et Anvers. Le général Rampon avait, comme en d'autres occasions, été chargé de commander environ six mille gardes nationaux d'élite, dont l'organisation était déjà commencée. Le ministre Clarke leur ordonna de se rendre à Anvers. Il recommanda au maréchal Moncey de réunir toute la gendarmerie à cheval des départements du Nord, s'élevant à environ 2 mille chevaux, et enfin il prescrivit, dès qu'on serait rassuré pour Boulogne, d'en détacher sur Anvers toutes les troupes dont on pourrait se passer. Les trois demi-brigades du Nord, les deux de Paris, les quatre bataillons de Louvain, celui de la Vistule formaient à peu près 10 mille hommes d'infanterie, les gardes nationaux d'élite 5 mille. Avec la gendarmerie, l'artillerie, les dépôts tirés des environs, on pouvait compter sur une force de 20 mille hommes, à laquelle devaient s'ajouter le camp de Boulogne, et une division de Hollandais que le roi Louis amenait à sa suite. C'était un total de 30 mille hommes, qui suffirait en s'appuyant sur Anvers pour empêcher un coup de main. La difficulté consistait uniquement à les faire arriver à temps, car le plus grand danger que l'on courût dans le moment, c'était la promptitude que les Anglais apporteraient dans leur opération. Il fallait au moins quinze jours pour que ces forces fussent réunies à Anvers avec les chevaux, les officiers, le matériel nécessaire, et en quinze jours les Anglais pouvaient bien avoir pris Flessingue, et mis le siége devant Anvers. La quantité des forces importait donc moins que la célérité, vu que derrière les murs et les inondations d'Anvers, le nombre et la valeur des troupes devenaient d'une importance secondaire. Le général Clarke donna les ordres nécessaires pour que tous ces mouvements s'exécutassent le plus tôt possible. Il envoya à Anvers un officier du génie du premier mérite, M. Decaux, depuis ministre, et il écrivit au roi de Hollande, pour lui insinuer que s'il voulait le commandement, il ne tenait qu'à lui de le prendre en qualité de connétable.

Août 1809.

Cependant M. Fouché commença de son côté le grand mouvement dont le conseil n'avait pas paru être d'avis, et il écrivit à tous les départements de la frontière du Nord, pour les inviter au nom de l'Empereur à lever les gardes nationales. La lettre, adressée aux préfets, et destinée à être publiée, faisait appel à l'honneur, au patriotisme des populations, leur disait que Napoléon en s'éloignant de ses frontières pour s'enfoncer en Autriche avait compté sur elles, et que sans doute elles ne souffriraient pas qu'une poignée d'Anglais vinssent insulter le territoire sacré de l'Empire. Cette lettre, qui était une espèce de proclamation, se ressentait du style déclamatoire de 1792, et avait évidemment pour but d'émouvoir les esprits. Des circulaires administratives, jointes à la lettre du ministre, indiquaient

M. Fouché procède de sa propre autorité à la levée des gardes nationales.

Août 1809.

Zèle
du roi Louis
de Hollande à
courir
au secours
d'Anvers.

Esprit
hostile
des provinces
belges et
hollandaises.

les moyens d'appeler les hommes, de les lever, de les habiller, de les réunir. Le zèle des préfets était mis en demeure d'agir avec la plus grande célérité.

Tandis que ces mesures d'apparat étaient annoncées, les mesures plus modestes et plus efficaces du ministre de la guerre s'exécutaient, mais malheureusement moins vite qu'il ne l'aurait fallu. Une extrême confusion régnait à Anvers, où l'on avait à peine quelques centaines d'hommes et d'ouvriers à mettre sur les remparts. Le roi de Hollande, avec un zèle louable, s'y était rendu en toute hâte, amenant avec lui environ 5 mille Hollandais, seules troupes dont il pût disposer, et qu'il avait établies entre Berg-op-Zoom et Anvers. Ce prince, devenu économe pour plaire aux Hollandais, n'avait sur pied que ces cinq mille hommes, plus quatre régiments en Allemagne, et un ou deux bataillons en Espagne. Il avait laissé dépérir son armée et sa flotte pour se conformer à l'esprit de ses nouveaux sujets, et en portant ce qu'il avait au secours de l'Escaut, il exposait la Hollande aux tentatives des Anglais. Ce pays, autrefois amical pour la France et hostile à l'Angleterre, était complétement changé depuis que l'alliance de la France était devenue pour lui l'interdiction des mers. Il voyait venir les Anglais presque comme des libérateurs. La Belgique tout entière pensait de même, par les mêmes raisons, et de plus par esprit religieux. Un succès des Anglais pouvait très-facilement y déterminer un soulèvement des populations. Le clergé, si influent dans cette contrée, se montrait depuis la rupture avec le Pape ardent contre la domination française, et sauf l'archevêque de Malines, nommé par Napoléon, tous ses membres dirigeaient leurs efforts dans le sens des Anglais.

Août 1809.

Le roi Louis, arrivé à Berg-op-Zoom, porta ses troupes entre Santvliet et Anvers, de manière à pouvoir secourir cette dernière place. Sur la simple insinuation que contenait la lettre du ministre Clarke, il prit le commandement général, et se livrant à son imagination fort vive, il proposa des mesures qui auraient prématurément bouleversé le pays, et causé beaucoup de tort à l'établissement d'Anvers. Il voulait qu'on inondât toute la contrée, depuis Anvers jusqu'au bas Escaut, qu'on coulât dans les passes des carcasses de navire, qu'en un mot, pour écarter les Anglais, on fît presque autant de mal qu'ils auraient pu en causer eux-mêmes. Le commandant Decaux, homme d'un grand sens et ingénieur fort habile, réussit à calmer l'effervescence d'esprit du roi de Hollande, s'occupa de mettre en meilleur état les forts de Lillo et de Liefkenshoek, fit tendre l'inondation autour de ces forts, de manière à les rendre inaccessibles, la différa autour d'Anvers, s'entendit avec l'amiral Missiessy pour l'établissement de plusieurs estacades sur l'Escaut, fit réparer les murailles d'Anvers, et apporta enfin quelque ordre dans les mesures de défense. Déjà quelques mille hommes des 3ᵉ, 4ᵉ et 6ᵉ demi-brigades étant arrivés, les douaniers, la gendarmerie, les gardes nationaux survenant les uns après les autres, on eut vers le 10 ou le 12 août huit ou dix

Le roi de Hollande prend le commandement des forces réunies à Anvers.

Premières mesures de défense prises à Anvers sous la direction de M. Decaux.

mille hommes mal organisés, mais suffisants pour fournir la garnison de la place. D'ailleurs les Anglais heureusement s'acharnaient au siége de Flessingue. Le général Monnet avait reçu environ 2 mille hommes avant la clôture de l'Escaut occidental, et si l'on ne devait pas se flatter qu'il résistât jusqu'au bout, il procurait du moins le temps nécessaire pour organiser la défense d'Anvers. Le général Rousseau de son côté, ayant reçu la 8ᵉ demi-brigade et quelques gardes nationaux d'élite, continuait d'occuper la rive gauche de l'Escaut, dans l'île de Cadzand. On retardait ainsi les progrès de l'ennemi, et c'était assez pour faire échouer l'expédition britannique. La flotte avait échappé aux Anglais ; Anvers devenait d'heure en heure d'un accès plus difficile pour eux ; Flessingue seul était exposé à devenir leur proie, et en tout cas on pouvait espérer qu'il serait leur unique trophée.

Lorsque Napoléon apprit par courrier extraordinaire la nouvelle de l'expédition de Walcheren, il n'en fut pas surpris, car il s'attendait à quelque entreprise sur les côtes, et dans cette prévision il avait laissé en France les deux demi-brigades provisoires de Paris, les trois du Nord, ainsi qu'un certain nombre de compagnies d'artillerie, dont il n'avait pas un besoin indispensable. S'il n'en fut pas surpris, il en fut encore moins troublé, car dès le premier moment il jugea la portée de cette expédition, et fut convaincu que, sauf quelques dépenses pour lui, tout le mal serait pour les Anglais, qui périraient inutilement de la fièvre, sans prendre Anvers ni la flotte, à moins que celle-ci n'eût été mal dirigée. S'il avait jugé avec plus de désintéressement sa position, il aurait vu toutefois que cette expédition faisait à son gouvernement un genre de tort assez grave, celui de révéler d'une manière frappante les dangers d'une politique qui ayant 300 mille hommes en Espagne, 100 mille en Italie, 300 mille en Allemagne, n'avait pas un soldat pour garder Anvers, Lille et Paris.

Au premier abord, chose singulière, il ne fut point de l'avis de ceux qui avaient cru être du sien, c'est-à-dire de l'avis du général Clarke et de l'archichancelier Cambacérès[1]. L'un et l'autre avaient supposé qu'il n'approuverait ni la réunion des gardes nationales, ni la nomination du maréchal Bernadotte. Ils

---

[1] Dans cette curieuse affaire de Walcheren, pas plus que dans les autres, je ne fais de suppositions, ou même de conjectures. Je parle d'après les pièces authentiques, d'après la correspondance de Napoléon, de MM. Clarke, Fouché, Cambacérès, Decrès; d'après les mémoires inédits de l'archichancelier Cambacérès, et je puis, appuyé sur ces documents inconnus jusqu'aujourd'hui, rectifier les erreurs puériles répandues sur cet important événement. Ainsi on a cru que la disgrâce de M. Fouché avait été due à ce que, contre l'ordre ou la volonté de l'Empereur, il avait convoqué les gardes nationales et fait nommer Bernadotte. C'est tout le contraire qui est la vérité. Plus tard, sans doute, Napoléon commença à blâmer la conduite de M. Fouché dans la levée des gardes nationales, et sa correspondance permet de fixer avec précision le moment et le motif de ce changement d'opinion. Nous le dirons en son lieu. Quant aux faits militaires de l'expédition, la volumineuse enquête ordonnée en Angleterre, et la correspondance du ministère de la guerre en France, fournissent les plus amples documents, et les plus suffisants. C'est de tous ces matériaux que j'ai fait usage, après les avoir soigneusement compulsés, pour redresser les erreurs commises sur ce sujet, inexactement raconté, comme tous les autres, par les historiens contemporains.

l'avaient mal deviné. Bien que Napoléon n'aimât point recourir à des populations raisonneuses qui mettent des conditions à leur concours, et qu'il pressentît tout ce qu'il y avait de haine pour lui dans le cœur du prince de Ponte-Corvo, néanmoins il savait sacrifier ses ombrages quand il voyait un grand intérêt à le faire. D'abord il n'était pas exactement renseigné sur l'importance de l'expédition de Walcheren, et quoique avec sa sagacité transcendante il entrevît le résultat définitif, il n'était pourtant pas exempt de toute inquiétude en entendant parler de 40 à 50 mille soldats anglais, soldats dont l'Espagne lui avait appris la valeur. Il ne pensait pas qu'il fallût dédaigner une telle force, et surtout il ne voulait pas qu'on pût demeurer indifférent à son apparition. Il aurait donc souhaité qu'au premier signal la nation se montrât indignée, et pressée de fondre sur l'ennemi insolent qui osait violer le sol de l'Empire. C'eût été réunir l'enthousiasme de 1792 avec l'ordre profond de 1809; mais on n'allie pas à volonté des choses aussi contraires. Néanmoins, à mesure qu'il prend des années, le pouvoir devient singulièrement complaisant pour lui-même, quelque grand qu'il soit par l'esprit. C'est une faiblesse de la durée. Napoléon, bien qu'il commençât à fatiguer la nation, bien que l'évidence de son ambition donnât aux guerres entreprises un sens qui ne lui était pas favorable, Napoléon croyait qu'on lui devait tout; qu'au premier danger suscité par sa faute tous les Français devaient être debout; et il s'était créé d'ailleurs le préjugé d'un homme de génie, c'est qu'un gouvernement, quand il le veut, peut faire faire à une nation tout ce qui lui plaît. Il fut donc mécontent que ses ministres n'eussent pas, à la première apparition des Anglais sur le sol de l'Empire, fait appel à la France, provoqué son enthousiasme, réclamé son dévouement. Il croyait qu'ils l'auraient dû, qu'ils l'auraient pu, et il blâma leur extrême froideur. Il jugeait surtout utile, et ici ce n'était plus faiblesse, mais raison supérieure, de dégoûter les Anglais de semblables expéditions, en jetant sur eux des masses de peuple. Il regardait comme une grande convenance du moment de prouver aux Autrichiens avec lesquels il négociait, que la France était prête à s'unir à lui; et enfin, si on veut connaître son dernier motif franchement exprimé dans ses lettres, il désirait, la matière du recrutement commençant à lui manquer, s'en procurer une nouvelle, en tirant d'une forte commotion soixante à quatre-vingt mille jeunes gardes nationaux, qu'une fois levés il retiendrait sous le drapeau, attacherait au métier des armes, et convertirait en conscrits de la plus belle espèce, car ils auraient tous de vingt à trente ans. Il blâma donc amèrement le général Clarke, l'archichancelier Cambacérès de leur prudence excessive, et blâma plus encore MM. Fouché et Decrès de n'avoir pas persévéré dans l'avis qu'ils avaient ouvert, que MM. Clarke et Cambacérès de ne s'y être pas rangés. Il écrivit aux uns et aux autres qu'il ne comprenait pas leurs hésitations; qu'au premier signal ils auraient dû lever soixante mille gardes nationaux, convoquer le Sénat, s'en servir pour parler à la France, et prouver que derrière les armées employées au loin, il restait la nation elle-même, prête à les appuyer, à les suppléer partout. Si on compare ces idées à celles qu'on lui a prêtées dans tous les récits contemporains, on verra combien l'histoire est rarement bien informée.

Loin d'en vouloir à M. Fouché d'avoir agité la nation, Napoléon lui reprocha de ne l'avoir pas assez fortement remuée. Quant au choix du commandant en chef, il montra ici combien son jugement était supérieur à ses passions, quand un grand intérêt l'exigeait. Il avait pour la vanité, l'ambition, le caractère tout entier du maréchal Bernadotte, une aversion profonde, et devinait parfaitement ce que son cœur contenait de trahison présente et future; et néanmoins le jugeant le seul homme capable, entre tous ceux qui se trouvaient à portée du théâtre de l'expédition britannique, de prendre le commandement, il regretta vivement qu'on ne l'eût pas nommé général en chef des troupes réunies dans le Nord. Il reprocha donc à ses ministres de ne l'avoir pas choisi, et leur ordonna de lui conférer le commandement s'il en était temps encore. Il condamna tout aussi vivement l'idée qu'on avait eue d'offrir le commandement au roi Louis. Il commençait à concevoir une extrême impatience de voir son frère gouverner la Hollande dans un intérêt étroit, de le voir tolérer la contrebande, favoriser les relations clandestines avec l'Angleterre, seconder médiocrement et souvent abandonner la cause du blocus continental, abonder enfin dans un système d'économies agréable aux Hollandais, mais destructeur de leur armée et de leur marine. S'exagérant même les torts de son frère envers la politique impériale, il allait jusqu'à se défier de lui, et il reprocha à ses ministres de n'avoir pas vu que le roi Louis songerait en cette occasion à la Hollande plus qu'à la France, et pour préserver Amsterdam laisserait prendre Flessingue ou brûler Anvers. Rien n'était plus injuste qu'une telle supposition, car le roi Louis accourait en ce moment au secours du territoire français, et pour couvrir Anvers découvrait Amsterdam. Mais irrité par une correspondance avec son frère qui devenait tous les jours plus aigre, Napoléon blâma la confiance qu'on avait eue en lui, et joignant la raillerie au blâme, il écrivit à ses ministres : Est-ce parce qu'il porte le titre de connétable que vous avez choisi Louis? Mais Murat porte celui de grand amiral : que diriez-vous si je lui donnais une flotte à commander? —

Ces points réglés, la convocation des gardes nationales étant adoptée, le maréchal Bernadotte étant désigné pour le commandement en chef, il donna sur la conduite à tenir des instructions d'une prudence, d'une habileté, d'une prévoyance admirables. — N'allez pas, écrivit-il à ses ministres, essayer d'en venir aux mains avec les Anglais. *Un homme n'est pas un soldat*[1]. Vos gardes nationaux,

[1] Expression textuelle de Napoléon. Ce qui suit est une analyse fidèle d'une centaine de lettres admirables sur l'expédition de Walcheren. J'ai cru devoir en publier quelques-unes qu'on trouvera à la fin

vos conscrits des demi-brigades provisoires, conduits pêle-mêle à Anvers, presque sans officiers, avec une artillerie à peine formée, opposés aux bandes de Moore qui ont eu affaire aux troupes de la vieille armée, se feraient battre, et fourniraient à l'expédition anglaise un but qui ne tardera pas à lui manquer, si elle n'a pas pris la flotte, comme je l'espère, et si elle ne prend pas Anvers, comme j'en suis sûr. Il ne faut opposer aux Anglais que la fièvre, qui bientôt les aura dévorés tous, et des soldats blottis derrière des retranchements et des inondations pour s'y organiser et s'y instruire. Dans un mois les Anglais s'en iront couverts de confusion, décimés par la fièvre, et moi j'aurai gagné à cette expédition une armée de 80 mille hommes, qui me rendra bien des services si la guerre d'Autriche doit continuer. —

Conséquent avec ces pensées, Napoléon ordonna au général Monnet de défendre Flessingue à outrance, afin de retenir les Anglais le plus long-temps possible dans la région des fièvres, et de donner à la défense d'Anvers le temps de se compléter. Il lui enjoignit formellement de ne pas perdre une minute pour rompre les digues et plonger l'île entière de Walcheren sous les eaux. Ensuite il ordonna de faire remonter la flotte à Anvers et même au-dessus, si on ne l'avait pas encore fait, de tendre les inondations là seulement où elles seraient nécessai-

---

de ce volume. Je les cite pour montrer comment Napoléon jugea cette célèbre expédition, et combien ses jugements diffèrent de ceux que le public lui a prêtés.

res, de bien se garder de couler des carcasses de vaisseaux dans les passes, car il ne voulait pas qu'on perdît l'Escaut dans l'intention de le défendre; de réunir à Anvers sous le maréchal Bernadotte les demi-brigades provisoires, les gardes nationaux d'élite du général Rampon, les bataillons de dépôt disponibles, la gendarmerie du maréchal Moncey, les Hollandais du roi Louis, le tout pouvant constituer une armée de vingt-cinq mille hommes, qu'on établirait autour d'Anvers, derrière des digues et des inondations, de manière à rendre la place inaccessible, sans toutefois livrer de bataille, la fièvre devant seule, répétait-il, lui faire raison des Anglais; de former après cette première armée une seconde, exclusivement composée de gardes nationaux, distribuée en cinq légions commandées par autant de sénateurs anciens militaires, laquelle s'étendrait depuis la Tête de Flandre (faubourg d'Anvers), jusqu'à l'île de Cadzand, pour garder la gauche de l'Escaut, en cas que les Anglais essayassent d'y descendre; d'organiser le mieux possible cette nouvelle armée, d'y appeler non des officiers réformés, anciens serviteurs de la République, mais des officiers tirés des dépôts d'infanterie, notamment les majors, qui presque tous étaient excellents; de rassembler le matériel et le personnel de quatre-vingts bouches à feu, ce dont il donnait le moyen en laissant en France dix compagnies d'artillerie sur celles qu'il avait demandées; de mettre enfin cette seconde armée sous les ordres du maréchal Bessières, qui était guéri de la blessure reçue à Wagram, sur le

Août 1809.

dévouement duquel il comptait, et qu'il n'était pas fâché de placer à côté du prince Bernadotte, pour seconder et surveiller ce dernier. A ces deux armées, Napoléon sachant qu'on n'obtient jamais que la moitié de ce qu'on ordonne et de ce qu'on paye, voulut à tout risque en ajouter une troisième sur la Meuse, qui viendrait du Rhin, et qui aurait été composée de quelques demi-brigades destinées d'abord à se rendre sur le Danube. Il avait déjà reçu des hôpitaux, des dépôts d'Italie, des demi-brigades venues par Strasbourg et embarquées sur le Danube, une masse considérable de soldats, qui avaient été versés dans l'armée d'Allemagne, et l'avaient reportée au plus bel effectif. Il pouvait donc se passer d'une partie des ressources qu'il avait demandées, et en conséquence il prescrivit d'arrêter à Strasbourg tout ce qui était corps organisé, comme les demi-brigades par exemple, de les faire descendre par le Rhin sur la Meuse, de ne continuer à diriger sur Vienne que ce qui était simple détachement propre à recruter les bataillons, de commencer à Maestricht, sous le maréchal Kellermann, un rassemblement de 10 mille hommes, complet en toutes armes, afin de flanquer le maréchal Bernadotte sous Anvers. Estimant le corps de Bernadotte à 30 mille hommes, celui de Bessières à 40 mille, celui de Kellermann à 10 mille, Napoléon espérait avoir en Flandre une armée de 80 mille hommes, dont 50 mille au moins passablement organisés, qui allaient s'instruire d'ailleurs en peu de temps, et que plus tard il viendrait peut-être à l'improviste commander lui-même, s'il y avait quelque bon piége à tendre aux Anglais. Retenant ceux-ci dans un dédale d'îles, de marécages, de bras de mer, il ne désespérait pas de joindre à la fièvre quelque combinaison soudaine, qui leur ferait payer cher leur immense expédition, de sorte que loin d'être affligé d'une tentative qui au fond révélait, comme nous l'avons dit, l'un des côtés fâcheux de sa politique, il en fut charmé, parce qu'il entrevoyait la probabilité d'une revanche éclatante, et la création d'une armée de plus ajoutée à toutes celles qu'il avait déjà.

Lorsque ces instructions arrivèrent à Paris, elles remplirent d'orgueil M. Fouché, d'embarras MM. Clarke et Cambacérès. Mais chacun se mit à l'œuvre pour obéir de son mieux aux intentions de Napoléon. M. Fouché avait déjà sonné un véritable tocsin pour la levée des gardes nationales. Il avait d'abord fait appel à dix départements : il eut recours à vingt après les lettres de Schœnbrunn, et se prépara même à recourir à un plus grand nombre. L'Escaut, la Lys, la Meuse-Inférieure, Jemmapes, les Ardennes, la Marne, l'Aisne, le Nord, le Pas-de-Calais, la Somme, la Seine-Inférieure, l'Oise, Seine-et-Oise, la Seine, Seine-et-Marne, l'Aube, l'Yonne, le Loiret, Eure-et-Loir, l'Eure, furent mis à contribution, pour fournir des contingents de gardes nationaux. Les préfets convoquèrent les maires, et organisèrent une espèce de conscription, qui devait être volontaire en apparence, mais qui était forcée en réalité, et à laquelle on échappait en payant à

Août 1809.

Nouvelle ardeur de M. Fouché à convoquer les gardes nationales après les lettres de Schœnbrunn.

tant par jour les ouvriers sans travail, ou les mauvais sujets dont on ne savait que faire. Il y eut, en effet, très-peu de citoyens zélés qui s'offrirent à servir eux-mêmes, car on voyait dans cette réunion de gardes nationales une nouvelle forme de la conscription. On ne croyait pas fort au danger de l'expédition britannique, et en tout cas on l'imputait à la politique qui découvrait les frontières françaises pour envahir les frontières étrangères. Dans les départements belges, parce qu'on avait un mauvais esprit, dans les départements du Centre et du Midi, parce qu'à distance on appréciait plus froidement le péril, on se prêta peu à ces nouvelles levées. Mais dans les anciens départements, qui se rapprochaient de la frontière du Nord et du littoral, et chez lesquels la haine des Anglais a toujours été vive, on se présenta avec un certain empressement. Ces derniers avaient déjà fourni au général Rampon des compagnies d'élite, composées d'anciens soldats. Ils fournirent encore des hommes pour les nouveaux corps dont Napoléon avait ordonné la formation. M. Fouché, agissant révolutionnairement, n'hésita pas à ordonner sur le budget du ministère de l'intérieur des dépenses considérables pour habiller les gardes nationaux. Moitié zèle, moitié ostentation, il déploya une activité qui devait bientôt finir par être suspecte, car elle sortait des bornes du simple et de l'utile. A Paris surtout il montra une ardeur qui parut étrange. Dans cette grande capitale, habituée à passer si rapidement de l'enthousiasme à la raillerie, on avait changé de sentiments envers Napoléon depuis la guerre d'Espagne. Avoir les Anglais si près de soi quand on était à Madrid et à Vienne, tenir le Pape prisonnier à Rome quand on l'avait tant caressé à Notre-Dame, tout cela semblait d'une inconséquence qu'on ne prenait plus la peine de ménager. Paris, à lire les Bulletins de la police[1], n'était pas reconnaissable depuis un an, et, chose déplorable, qui résultait de l'abus de la guerre, Napoléon avait tellement fatigué le patriotisme, qu'on faisait circuler secrètement les bulletins mensongers de l'archiduc Charles, qui niaient les succès de l'armée française, non pas qu'on fût déjà assez coupable pour ne plus les désirer, mais parce que, sans douter du génie de Napoléon, on commençait à douter de sa fortune, et qu'il avait fait renaître le goût dangereux de la critique. Par ces motifs, M. Fouché avait eu de la peine à émouvoir la jeunesse qui aime les chevaux et les uniformes, et à organiser quelques bataillons de garde nationale à Paris. Il lui avait fallu parler d'une garde d'honneur qui escorterait la personne de l'Empereur sans aller bien loin à l'étranger, et même il avait été réduit, pour en compléter les rangs vides, à payer des hommes sans ouvrage. Il s'était livré ensuite au plaisir de les passer en revue, plaisir dangereux qui plus tard devait lui coûter cher. Quant au ministre de la guerre, M. Clarke, il s'occupait lui plus sérieu-

Août 1809.

Dispositions de l'esprit public qui rendent la levée des gardes nationales difficile.

Activité du ministre de la guerre, plus profitable que celle de M. Fouché.

[1] La collection de ces bulletins existe encore, bien que M. Fouché ait fait détruire tout ce qui appartenait à la police. Elle se trouve dans les papiers de Napoléon, et elle révèle un singulier revirement opéré dans les esprits dès 1809, tant la guerre d'Espagne avait changé la fortune du règne.

sement. Au reçu des lettres de Napoléon, il avait mandé le prince de Ponte-Corvo, et l'avait fait partir pour Anvers. Déjà les demi-brigades disponibles s'approchaient de l'Escaut; la gendarmerie réunie par les soins du maréchal Moncey avait fourni deux mille chevaux; l'artillerie détournée des routes de l'Alsace était sur celles de Flandre; et bien qu'avec beaucoup de confusion les moyens de défense commençaient à s'accumuler sur les points d'abord dégarnis d'Anvers, de la Tête de Flandre, du Sas de Gand, de Breskens, de l'île de Cadzand.

Heureusement les Anglais avaient tiré peu de profit du temps écoulé. Ils avaient fini par réunir toutes leurs forces de terre et de mer dans l'Escaut oriental. Leur flotte était répandue dans les divers canaux qui séparent l'île de Walcheren des îles du nord et du sud Beveland; leurs troupes stationnaient dans l'île de Walcheren autour de Flessingue, et dans celle du sud Beveland autour du fort de Batz. Ils ne croyaient pas pouvoir marcher en sûreté avant d'avoir ouvert à leur flotte le passage de l'Escaut occidental par la prise de Flessingue, ce qui devait leur permettre d'amener par mer leur armée tout entière devant Batz et Santvliet. Grâce à cette détermination, ils avaient employé les premiers jours d'août en travaux d'approche devant Flessingue, et ils avaient consacré à ces travaux leurs meilleures troupes. Le général Monnet, qui avait reçu, comme on a vu, 2 mille hommes de divers régiments, notamment deux bataillons français, l'un du 48ᵉ, l'autre du 65ᵉ, en avait profité pour disputer le terrain mieux qu'on ne l'avait fait dans les premiers jours. Les nouvelles troupes qu'on lui avait envoyées étaient, quoique jeunes, pleines d'honneur, et remplissaient mieux leur devoir que le ramassis d'étrangers dont se composait d'abord la garnison de Flessingue.

Août 1809.

Après avoir perdu 12 ou 1500 hommes, il était vers le 10 août entièrement resserré dans la place, et communiquait seulement par sa droite avec le poste de Rameskens, point par lequel il avait essayé de couper les digues, conformément aux ordres pressants de Napoléon. Mais soit que la marée ne fût pas assez haute, soit que le terrain ne fût pas disposé à recevoir l'inondation, il était entré peu d'eau dans l'île, et les Anglais, logés sur le sommet des chaussées, avaient pu rester devant Flessingue, où ils travaillaient à établir des batteries pour soumettre la ville au moyen d'une masse de feux accablante. C'était là le moment critique pour la défense, car le général Monnet manquait de casemates où il pût abriter ses troupes. Il avait dans la ville une population peu disposée en faveur de la France, comme toutes les populations maritimes; il avait dans la garnison un tiers de Français peu aguerris mais fidèles, et deux tiers d'étrangers, vrais bandits qui profitaient du désordre d'un siége pour piller et exaspérer les habitants. La condition était donc des plus mauvaises pour résister aux affreuses extrémités qui se préparaient.

Les Anglais, se conformant aux bons principes de l'attaque des places, avaient résolu de ne faire agir

Préparatifs d'attaque faits par les Anglais.

leurs moyens d'artillerie que tous à la fois. D'une part ils travaillaient à élever leurs batteries incendiaires, de l'autre à introduire dans la passe du Deurloo une portion de la division Gardner qui consistait en vaisseaux de ligne et en frégates, de manière à canonner la place par mer et par terre. Déjà même ils avaient réussi à la tourner par le dedans, en suivant le Weere-Gat, et en descendant dans le Sloë. (Voir la carte n° 51.)

Le 11 août les frégates, après avoir eu de la peine à pénétrer, vu que les pilotes manquaient, et que toutes les balises avaient été enlevées, commencèrent à s'introduire dans la passe du Deurloo, et à défiler devant Flessingue en dirigeant sur ses murs une canonnade qu'on leur rendit vigoureusement. Elles opérèrent leur jonction avec les bâtiments de moindre échantillon, descendus par le Sloë jusque devant Rameskens. Le 12 les vaisseaux entrèrent dans la passe à la suite des frégates, et aussitôt le général anglais, ayant sommé Flessingue, fit agir les batteries de terre et de mer à la fois. Jamais sur un moindre espace ne tonnèrent plus de bouches à feu. Les batteries de terre comptaient plus de soixante pièces de fort calibre, soit en canons de 24, soit en gros mortiers. La division de vaisseaux, de frégates, de bombardes, entrée par la passe du Deurloo, en avait de mille à onze cents qui ne cessaient de vomir des boulets, des obus et des bombes. Après vingt-quatre heures de cette effroyable canonnade, la ville se trouvait en feu : toutes les maisons étaient percées à jour, toutes les toitures enfoncées. La population poussait des cris de désespoir. Les batteries qui avaient action sur la mer ripostaient avec vigueur, et causaient à l'escadre britannique de sérieux dommages. Mais celle-ci était assez nombreuse pour remplacer dans la ligne les bâtiments endommagés, et de plus, grâce à la liberté de ses mouvements, elle s'était placée de manière à atteindre nos batteries par le travers. La lutte ne pouvait se soutenir longtemps sans que nos canonniers fussent tous hors de combat. Dès le 14, ils étaient pour la plupart tués ou blessés. On avait cherché à les remplacer par des soldats de la ligne, mais ceux-ci n'ayant aucune expérience ne pouvaient suppléer des artilleurs, et d'ailleurs les pièces elles-mêmes étaient presque toutes démontées. Le 14 le général anglais, voyant les feux de la place presque éteints, lui accorda un répit pour la sommer de nouveau. Ne recevant pas la réponse immédiatement, il recommença à tirer. Cette nouvelle canonnade mit Flessingue dans un tel état qu'il n'était plus possible de résister. On ne ripostait point, car nos batteries étaient détruites jusqu'à la dernière. Les troupes, sauf les Français, qui formaient le moindre nombre, refusaient le service, et n'étaient occupées qu'à piller. La population désolée demandait à se rendre, car plusieurs pans de mur abattus allaient l'exposer à un assaut. C'est dans ces circonstances que le général Monnet consentit à capituler, en signant la reddition de la place le 16 août. Bien qu'il ne faille jamais excuser les capitulations, on doit reconnaître qu'ici une plus

Août 1809.

Accablé par l'artillerie de terre et de mer, le général Monnet est obligé de se rendre et de livrer Flessingue aux Anglais.

longue défense était impossible, qu'elle n'eût retardé que d'un jour la reddition, en exposant la garnison et les habitants à toutes les suites d'un assaut. Du reste le général Monnet, en retenant l'ennemi dix-sept jours devant Flessingue, le général Rousseau en empêchant le débarquement dans l'île de Cadzand, avaient ruiné l'expédition britannique.

Flessingue pris, il fallait immédiatement s'avancer sur Anvers : mais ici l'opération devenait plus délicate et plus périlleuse, puisqu'il s'agissait de marcher en plein territoire français, à travers de vastes inondations, pour aller mettre le siége devant une place considérable, déjà remplie des renforts qui lui avaient été envoyés de tous côtés. Le plus simple, si on eût été en ce moment aussi résolu qu'au départ, c'eût été de débarquer toutes les troupes avec leur matériel dans les îles du nord et du sud Beveland, de traverser ces îles à pied, comme avait fait la division Hope pour aller prendre le fort de Batz, de se porter ainsi tout droit sur Santvliet, sans perdre le temps d'amener au fond des deux Escaut l'innombrable quantité de vaisseaux, de frégates, de transports qu'on avait avec soi. Une vive contestation s'éleva sur ce sujet entre les deux commandants des armées de terre et de mer, comme il arrive toujours dans les expéditions de ce genre, où concourent des forces de nature si différente. L'amiral, qui voulait qu'on débarquât sur-le-champ pour se rendre par terre à Batz, faisait valoir la difficulté de conduire à travers les deux Escaut, sous le feu des batteries restées aux Hollandais et aux

Français, à travers des passes à fond inconnu, une multitude de bâtiments tant de guerre que de transport, s'élevant avec les chaloupes canonnières à douze ou quinze cents, et de se touer pour remonter les courants, ce qui exigerait un nombre de jours indéterminé, tandis qu'en débarquant où l'on était, on serait rendu à Batz en quarante-huit heures. Le commandant des forces de terre au contraire voulait avoir tout son matériel déposé à Batz ou à Santvliet, alléguant l'impossibilité de parcourir avec ce matériel si encombrant des terrains coupés par tant de bras de mer, de canaux, de digues, pour parvenir au fond des deux Escaut. Il faisait valoir surtout la nécessité d'avoir des moyens de passage pour franchir le canal de Berg-op-Zoom, et se transporter de l'île du sud Beveland sur le continent où est situé Anvers. Il est probable que le général sur qui pesait la responsabilité de l'entreprise de terre n'était pas fâché de faire traîner en longueur une expédition qui l'épouvantait, maintenant qu'il fallait cheminer sur le sol de l'Empire.

Août 1809.

Après une forte altercation, le général comte Chatham, à qui appartenait de décider comment il emploierait son armée, ayant exigé qu'on transportât ses troupes et son matériel par eau jusqu'à Batz et Santvliet, l'amiral n'avait plus qu'à se soumettre, et à entreprendre l'introduction de cet immense armement dans les deux Escaut. C'est ce qu'il essaya en effet, tant par l'Escaut oriental que par l'Escaut occidental, introduisant dans le premier les bâtiments de faible échantillon, et dans le se-

L'amiral Strachan, d'après la volonté formelle de lord Chatham, entreprend de conduire le gros de l'expédition par eau jusqu'au fond des deux Escaut.

cond les grands bâtiments, tels que frégates et vaisseaux. Mais il fallait chaque jour attendre la marée, et quand le vent n'était pas favorable, se faire remorquer, ou se touer le long du rivage. A partir du 16 août tous les marins de l'escadre furent employés à ce pénible labeur.

Pendant ce temps, le prince de Ponte-Corvo s'était rendu à Anvers, où il était entré le 15, y apportant fort à propos l'autorité de son grade. Le roi Louis, qui, au milieu de cette confusion de gens effarés, de troupes à peine organisées, ne savait plus à qui entendre, s'était empressé de transmettre le commandement au prince maréchal, et s'était retiré à Berg-op-Zoom, de Berg-op-Zoom à Amsterdam, pour veiller à la sûreté de ses propres États. Du reste il avait laissé ses cinq mille Hollandais entre Santvliet et Berg-op-Zoom à la disposition du maréchal Bernadotte, qui avait pouvoir de les joindre à ses troupes.

Le maréchal avait trouvé en arrivant trois demi-brigades déjà réunies, plusieurs quatrièmes bataillons tirés de la vingt-quatrième division militaire, un bataillon polonais, trois à quatre mille gardes nationaux d'élite, environ deux mille gendarmes à cheval, un millier de cavaliers venus des dépôts, plusieurs compagnies d'artillerie, le tout formant vingt et quelques mille hommes, présents sous les armes, dont douze ou quinze mille étaient capables de se montrer en ligne, avec vingt-quatre pièces de canon assez mal attelées. Ce mélange de troupes eût mal figuré devant l'armée anglaise, surtout si elle avait été commandée comme elle l'était en Espagne ; mais derrière les inondations de l'Escaut et les murailles d'Anvers, sous le commandement d'un maréchal habitué à la guerre, et inspirant confiance, il était suffisant pour déjouer l'attaque qui se préparait. Il est vrai que la confusion dans Anvers était grande, et que le moment eût été encore assez favorable pour un ennemi audacieux qui, Flessingue pris, eût marché sur Anvers, où il aurait pu être rendu le 17, alors que le maréchal à peine arrivé, ne connaissant ni la place, ni son armée, n'avait pu encore se saisir du commandement. Le succès, facile le 1er août si on ne se fût pas arrêté à prendre Flessingue, devenait difficile le 16 après la prise de Flessingue, quand il y avait déjà dans Anvers un rassemblement considérable quoique mal organisé, des munitions et un chef ; et chaque jour allait le rendre plus difficile, sinon impossible, car les forces devaient non-seulement augmenter sans cesse, mais s'organiser, ce qui valait mieux encore que de s'augmenter.

Août 1809.

Le maréchal Bernadotte, en effet, se concertant avec deux hommes de tête, l'amiral Missiessy et le commandant du génie Decaux, compléta les dispositions prises pour le cas d'une marche des Anglais sur Anvers. Les forts de Lillo et de Liefkenshoek furent entièrement mis en état de défense, et entourés d'immenses inondations. En arrière de ces forts, deux estacades protégèrent la flotte. En deçà des deux estacades, une nombreuse flottille parcourant les bords de l'Escaut devait les couvrir de feux rasants ; et les dix vaisseaux de la flotte, libres de leurs mouvements, n'ayant plus à craindre les brûlots, pouvaient seconder la défense d'Anvers avec huit à neuf cents pièces de canon de gros calibre. Enfin la place, autour de laquelle on était prêt à tendre les inondations, se couvrait de retranchements, de palissades, de canons, et s'emplissait de troupes. Le maréchal Bernadotte passait ces troupes en revue, les organisait, les préparait à voir l'ennemi de près, leur donnait un commencement de confiance en elles-mêmes, et achevait d'atteler leur artillerie, tandis qu'en arrière, depuis la Tête de Flandre jusqu'à Bruges, se formaient de nombreux rassemblements de gardes nationaux, destinés à composer l'armée du maréchal Bessières. Le brave général Rousseau, avec une des demi-brigades envoyées sur les lieux, gardait tous les abords de l'île de Cadzand et la gauche de l'Escaut.

Après avoir consacré dix-sept jours à prendre Flessingue, les Anglais en mirent dix encore à conduire soit à la voile, soit en se faisant remorquer, leurs douze ou quinze cents bâtiments au fond des deux Escaut. Le 25 ils avaient, entre Batz et Santvliet, deux ou trois cents frégates, corvettes, bricks, chaloupes canonnières, et étaient en mesure de franchir avec leur armée le canal de Berg-op-Zoom qui forme, avons-nous dit, la jonction de l'Escaut occidental avec l'Escaut oriental. Ils pouvaient le traverser ou dans leurs innombrables embarcations, ou à gué, vers l'heure de la marée basse, en ayant de l'eau jusqu'aux épaules. Mais au delà il fallait affronter le territoire de l'Empire, un général expérimenté, et une armée qui, grâce à la renommée grossie par les exagérations des Français et par la peur des Anglais, passait pour être de quarante mille hommes. Ce n'était pas tout : le fléau, qui avait ménagé le corps chargé d'attaquer Flessingue, parce que l'activité garantit en général les armées de la fièvre, avait atteint non-seulement les troupes descendues dans le sud Beveland, mais la division qui après avoir fini le siége de Flessingue, se trouvait au repos dans l'île de Walcheren. L'oisiveté, la mauvaise eau qu'on buvait, et qui était une eau de marais, avaient agi avec d'autant plus de violence que le nombre d'hommes rassemblés était plus grand. Du 16 août, époque de la reddition de Flessingue, au 26, époque de l'arrivée des forces navales devant Batz, douze ou quinze mille hommes avaient été atteints par la fièvre, et chez beaucoup d'entre eux elle avait pris un caractère pernicieux. Ils mouraient par milliers, et on ne savait où les loger, car il y avait peu de ressources dans les îles toujours à demi inondées de la Zélande, et Flessingue n'offrait plus une toiture sous laquelle on pût abriter des malades. Après avoir laissé quelques mille hommes à Flessingue, il ne restait, en défalquant les blessés et les malades, que 24 à 25 mille soldats sur 44 mille, à conduire sous Anvers.

Août 1809.

Invasion foudroyante de la fièvre, et pertes extraordinaires de l'armée anglaise.

Lord Chatham, en voyant cet état de choses, intimidé de plus par ce qu'on racontait des moyens réunis sous la main du maréchal Bernadotte, tint un conseil de guerre, le 26 août, à Batz, pour délibé-

Conseil de guerre tenu à Batz, où l'on se décide à renoncer à l'expédition.

rer sur la suite à donner à l'expédition. Tous les lieutenants généraux assistaient à ce conseil. Au point où l'on était arrivé, il était bien évident qu'il serait impossible de traverser le canal de Berg-op-Zoom, soit à gué, soit dans des embarcations, et de marcher ensuite sur Anvers sans s'exposer à un désastre. On devait en effet rencontrer sur son chemin des difficultés invincibles, si les Français avaient la sagesse de ne pas livrer de bataille, et d'opposer seulement l'obstacle des eaux. On ne pouvait manquer d'être arrêté devant cet obstacle, tandis que la fièvre continuant ses ravages, réduirait de 24 mille à 20, peut-être à 15, l'armée agissante. Comment alors, si on avait échoué devant Anvers, ainsi que tout le présageait, comment ferait-on pour se retirer devant les Français, qui se hâteraient de sortir de leurs retranchements, et de poursuivre une armée démoralisée par la fièvre et l'insuccès? C'est tout au plus si on conserverait la chance de repasser sain et sauf le canal de Berg-op-Zoom.

Ces raisons étaient excellentes, et si le 1er août on avait toute chance de réussir, si le 16 il en restait quelques-unes, le 26 il n'y en avait plus une seule, et on ne pouvait sans folie poursuivre plus loin le but de l'expédition. Il fallait donc se contenter de la conquête de Flessingue, conquête, il est vrai, qu'on ne conserverait point, qu'on aurait payée de dépenses énormes, de quinze ou vingt mille malades, et de la honte de voir réduite au ridicule la plus grande expédition maritime du siècle. Mais il n'y avait point à délibérer. On envoya sur-le-champ l'avis du conseil de guerre à Londres. En quarante-huit heures un bâtiment pouvait l'y porter, et en rapporter la réponse. Pendant ce temps, on s'occupa de rétrograder, et d'embarquer des malades pour les transférer en Angleterre.

Le 2 septembre le cabinet britannique approuva l'avis du conseil de guerre, et ratifia l'abandon de cette expédition qui avait coûté tant d'efforts, et promis de si vastes résultats. Les Anglais commencèrent de nouveau la difficile opération de traîner le long de l'Escaut douze ou quinze cents bâtiments de toute forme et de toute grandeur, d'embarquer leurs hommes, leurs chevaux, leurs canons. Un grand nombre de bâtiments mirent à la voile pour les Dunes. Mais on ne pouvait laisser l'armée où elle se trouvait. Déjà quinze ou dix-huit mille soldats, tombés malades, étaient hors d'état de servir. On les embarqua comme on put, exécutant un va-et-vient continuel entre l'île de Walcheren et les Dunes. Comme on ne voulait pas avouer l'insuccès complet de cette expédition en évacuant immédiatement Flessingue, on résolut d'y laisser une garnison d'une douzaine de mille hommes, et l'eau qu'on buvait étant la principale cause de la fièvre, on décida qu'il serait envoyé huit cents tonneaux d'eau par jour, des Dunes à Flessingue. Les bâtiments de transport continuèrent donc ce trajet incessant, apportant de l'eau, ramenant des malades. Quatre mille avaient déjà péri à Walcheren. Douze mille avaient été transportés en Angleterre où beaucoup mouraient en arrivant, et la garnison de Flessingue diminuant chaque jour, il fut résolu qu'il n'y resterait que le nombre de troupes strictement nécessaire pour défendre la place. On se réserva même de l'évacuer définitivement, en faisant sauter les ouvrages, si la paix, qui devait être bientôt signée, ramenait les armées françaises du Danube sur l'Escaut.

Quand les Français s'aperçurent du mouvement rétrograde des Anglais (et ils ne furent pas longtemps à s'en apercevoir), la joie éclata bientôt parmi eux; les railleries suivirent la joie, et Anvers présenta le spectacle tumultueux de vainqueurs enivrés d'une victoire qui leur avait peu coûté. Le succès obtenu était dû exclusivement à la ferme attitude du général Rousseau qui avait préservé l'île de Cadzand, à la résistance du général Monnet qui avait fait perdre aux Anglais un temps précieux, enfin au sang-froid de l'amiral Missiessy qui avait sauvé la flotte par d'habiles manœuvres. Néanmoins le maréchal Bernadotte, toujours prompt à se louer lui-même, adressa un nouvel ordre du jour à ses troupes pour s'applaudir du triomphe qu'elles venaient de remporter sur les Anglais, ordre du jour qui ne devait pas mieux réussir à Schœnbrunn que celui qu'il avait adressé aux Saxons après la bataille de Wagram.

C'était le cas maintenant d'arrêter la levée des gardes nationales, qui remplissaient d'agitation le pays de Lille à Gand, de Gand à Anvers, qui exhalaient en partant un mécontentement fâcheux, qui en marchant désertaient pour la plupart, et qui arrivées se montraient aussi bruyantes qu'indisciplinées. C'était l'avis du général Clarke, mais le ministre Fouché, qui avait eu l'approbation de l'Empereur pour la première levée, qui trouvait dans les revues de Paris, dans le mouvement général imprimé aux populations, une occasion de se faire valoir, continua ces levées, et les étendit à tout le littoral de l'Empire, même jusqu'à Toulon et à Gênes, sous prétexte que les Anglais, obligés de quitter la Zélande, étaient bien capables d'aller se venger en Guyenne, en Provence, en Piémont, de leur désastre en Flandre.

{Sept. 1809. Persistance du ministre Fouché à lever des gardes nationales quand déjà le péril s'est éloigné.}

Tout cela fut mandé à Napoléon dès les premiers jours de septembre. Il en conçut une grande joie mêlée de beaucoup d'orgueil, car il attribuait ce succès à son heureuse étoile. Ayant vu cette étoile près de pâlir deux ou trois fois depuis les affaires d'Espagne, il crut la voir en ce moment briller d'un nouvel éclat. « C'est, écrivait-il, une suite du bonheur attaché aux circonstances actuelles, que cette expédition, qui réduit à rien le plus grand effort de l'Angleterre, et nous procure une armée de 80 mille hommes, que nous n'aurions pas pu nous procurer autrement. » — Il voulut que l'on continuât à organiser l'armée du Nord, à réunir cinq légions de gardes nationales, sous cinq sénateurs, en réduisant leur effectif à tout ce qui était jeune, vigoureux, disposé à servir ; que l'on achevât d'atteler l'artillerie, afin de chasser les Anglais de Flessingue s'ils tentaient d'y rester, ou de se reporter vers l'Allemagne si les hostilités reprenaient avec l'Autriche. Enfin Napoléon,

{Joie et orgueil de Napoléon en apprenant le résultat de l'expédition de Walcheren.}

{Mesures de Napoléon pour conserver sur pied l'armée réunie dans la Flandre.}

mécontent de nouveau du maréchal Bernadotte, de son goût à se vanter après les opérations les plus simples, le voyant avec défiance à la tête d'une armée composée d'anciens officiers républicains et de gardes nationales, le fit remercier par le ministre Clarke de ses services, et ordonna au maréchal Bessières de prendre le commandement général de l'armée du Nord.

Tels avaient été cette année les efforts des Anglais pour disputer la Péninsule à Napoléon, et détruire sur les côtes ses vastes armements maritimes. Avec peu de soldats et un bon général, ils avaient en Espagne tenu tête à des troupes admirables, faiblement commandées; et en Flandre, avec des troupes excellentes privées de général, ils n'avaient essuyé qu'un désastre devant les recrues qui remplissaient Anvers. Mais sur l'un comme sur l'autre théâtre la fortune de Napoléon l'emportait encore: sir Arthur Wellesley, poursuivi par la masse des armées françaises, se retirait en Andalousie, mécontent de ses alliés espagnols, et n'espérant presque plus rien de cette guerre; lord Chatham rentrait en Angleterre couvert de confusion. Napoléon pouvait donc arracher à l'Autriche abandonnée une paix brillante, et sauver sa grandeur et la nôtre, s'il profitait des leçons de la fortune, qui cette fois encore semblait l'avoir maltraité un moment pour l'avertir plutôt que pour le détruire.

FIN DU LIVRE TRENTE-SIXIÈME.

LIVRE TRENTE-SEPTIÈME.

LE DIVORCE.

Marche des négociations d'Altenbourg. — Napoléon aurait désiré la séparation des trois couronnes de la maison d'Autriche, ou leur translation sur la tête du duc de Wurzbourg. — Ne voulant pas faire encore une campagne pour atteindre ce but, il se contente de nouvelles acquisitions de territoire en Italie, en Bavière, en Pologne. — Résistance de l'Autriche aux sacrifices qu'on lui demande. — Lenteurs calculées de M. de Metternich et du général Nugent, plénipotentiaires autrichiens. — Essai d'une démarche directe auprès de Napoléon, par l'envoi de M. de Bubna, porteur d'une lettre de l'empereur François. — La négociation d'Altenbourg est transportée à Vienne. — Derniers débats, et signature de la paix le 14 octobre 1809. — Ruse de Napoléon pour assurer la ratification du traité. — Ses ordres pour l'évacuation de l'Autriche, et pour l'envoi en Espagne de toutes les forces que la paix rend disponibles. — Tentative d'assassinat sur sa personne dans la cour du palais de Schœnbrunn. — Son retour en France. — Affaires de l'Église pendant les événements politiques et militaires de l'année 1809. — Situation intolérable du Pape à Rome en présence des troupes françaises. — Napoléon pour la faire cesser rend le décret du 17 mai, qui réunit les États du saint-siége à l'Empire français. — Bulle d'excommunication lancée en réponse à ce décret. — Arrestation du Pape et sa translation à Savone. — État des esprits en France à la suite des événements militaires, politiques et religieux de l'année. — Profonde altération de l'opinion publique. — Arrivée de Napoléon à Fontainebleau. — Son séjour dans cette résidence et sa nouvelle manière d'être. — Réunion à Paris de princes, parents ou alliés. — Retour de Napoléon à Paris. — La résolution de divorcer mûrie dans sa tête pendant les derniers événements. — Confidence de cette résolution à l'archichancelier Cambacérès et au ministre des relations extérieures Champagny. — Napoléon appelle à Paris le prince Eugène, pour que celui-ci prépare sa mère au divorce, et fait demander la main de la grande-duchesse Anne, sœur de l'empereur Alexandre. — Arrivée à Paris du prince Eugène. — Douleur et résignation de Joséphine. — Formes adoptées pour le divorce, et consommation de cet acte le 15 décembre. — Retraite de Joséphine à la Malmaison et de Napoléon à Trianon. — Accueil fait à Saint-Pétersbourg à la demande de Napoléon. — L'empereur Alexandre consent à accorder sa sœur, mais veut rattacher cette union à un traité contre le rétablissement éventuel de la Pologne. — Lenteur calculée de la Russie et impatience de Napoléon. — Secrètes communications par lesquelles on apprend le désir de l'Autriche de donner une archiduchesse à Napoléon. — Conseil des grands de l'Empire, dans lequel est discuté le choix d'une nouvelle épouse. — Fatigué des lenteurs de la Russie, Napoléon rompt avec elle, et se décide brusquement à épouser une archiduchesse d'Autriche. — Il signe le même jour, par l'intermédiaire du prince de Schwarzenberg, son contrat de mariage avec Marie-Louise, copié sur le contrat de mariage de Marie-Antoinette. — Le prince Berthier envoyé à Vienne pour demander officiellement la main de l'archiduchesse Marie-Louise. — Accueil empressé qu'il reçoit de la cour d'Autriche. — Mariage célébré à Vienne le 11 mars. — Mariage célébré à Paris le 2 avril. — Retour momentané de l'opinion publique, et dernières illusions de la France sur la durée du règne impérial.

Ce qui touchait le plus Napoléon dans l'affaire de Walcheren, c'était l'influence de cette expédition sur les négociations d'Altenbourg. Il avait employé le temps écoulé depuis l'armistice de Znaïm à remettre son armée d'Allemagne dans l'état le plus florissant, de façon à pouvoir accabler les Autrichiens si les conditions de la paix proposée ne lui convenaient pas. Son armée campée à Krems, Znaïm, Brünn, Vienne, Presbourg, OEdenbourg, Gratz, bien nourrie, bien reposée, largement recrutée par l'arrivée et la dissolution des demi-brigades, remontée en chevaux de cavalerie, pourvue d'une nombreuse et superbe artillerie, était supérieure à ce qu'elle avait été à aucune époque de la campagne. Napoléon avait formé sous le général Junot, avec les garnisons laissées en Prusse, avec quelques demi-brigades confiées au général Rivaud, avec les réserves réunies à Augsbourg, avec les régiments provisoires de dragons, avec quelques Wurtembergeois et Bavarois, une armée de 30 mille fantassins et de 5 mille cavaliers, pour surveiller la Souabe, la Franconie, la Saxe, et empêcher les courses soit du duc de Brunswick-OEls, soit du général Kienmayer. Le maréchal Lefebvre avec les Bavarois bataillait dans le Tyrol. Enfin restait la nouvelle armée d'Anvers, dont sans doute il s'exagérait beaucoup le nombre et la valeur, mais qui n'en était pas moins une force de plus, ajoutée à toutes celles qu'il possédait déjà. Il était donc en mesure de traiter avantageusement, avec une puissance qui, tout en faisant de son côté de grands efforts pour réorganiser ses troupes, n'était pas en état de se relever. Néanmoins, malgré les ressources immenses dont il disposait, Napoléon voulait la paix, et la voulait sincèrement par des motifs excellents.

Sept. 1809.

Au début de la guerre, se flattant d'accabler l'Autriche du premier coup, oubliant trop la grandeur des moyens qu'elle avait préparés, Napoléon avait été surpris de la résistance qu'il avait rencontrée, et bien qu'il n'eût jamais été ébranlé dans sa confiance en lui-même, il avait cru un peu moins à la facilité de renverser la maison de Habsbourg. Ne songeant plus maintenant ou presque plus à la détruire, la guerre était sans but pour lui, car ayant ôté à cette puissance les États vénitiens et le Tyrol en 1805, il n'avait plus rien à en détacher pour lui-même. Arracher encore à l'empereur d'Autriche deux ou trois millions d'habitants pour renforcer le duché de Varsovie vers la Gallicie, la Saxe vers la Bohême, la Bavière vers la Haute-Autriche, l'Italie

Motifs de Napoléon pour faire aboutir à la paix les négociations d'Altenbourg.

vers la Carniole, n'était pas un intérêt qui valût une nouvelle campagne, quelque brillante qu'elle pût être. Ce qui eût tout à fait rempli ses désirs, c'eût été de séparer les trois couronnes d'Autriche, de Bohême et de Hongrie, de les disperser sur des têtes autrichiennes ou allemandes, d'abaisser ainsi pour jamais l'ancienne maison d'Autriche, ou bien de faire abdiquer l'empereur François, ennemi irréconciliable, pour le remplacer par son frère le duc de Wurzbourg, successivement souverain de la Toscane, de Salzbourg, de Wurzbourg, prince doux et éclairé, autrefois ami du général de l'armée d'Italie, et aujourd'hui encore ami de l'Empereur des Français. Dans ce cas Napoléon n'aurait pas exigé un seul sacrifice de territoire, tant son orgueil eût été satisfait de détrôner un empereur qui lui avait manqué de parole, tant sa politique eût été rassurée en voyant le trône de l'Autriche occupé par un prince sur l'attachement duquel il comptait. Mais séparer les trois couronnes, c'était détruire la maison d'Autriche, et pour cela il fallait encore deux ou trois batailles accablantes, que Napoléon avait grande chance de gagner, mais qui peut-être provoqueraient de l'Europe désespérée, de la Russie alarmée et dégoûtée de notre alliance, un soulèvement général. Quant au changement de prince, il n'était pas facile d'amener l'empereur François à céder sa place au duc de Wurzbourg, quoiqu'on le dît dégoûté de régner. Il n'était pas séant d'ailleurs de faire une telle proposition. Il aurait fallu que l'idée en vînt aux Autrichiens eux-mêmes, par l'espérance de s'épargner des sacrifices de territoire. Ainsi le second plan ne présentait pas beaucoup plus de chances que le premier. Affaiblir l'Autriche en Gallicie au profit du grand-duché de Varsovie, en Bohême au profit de la Saxe, en haute Autriche au profit de la Bavière, en Carinthie, en Carniole pour se faire une large continuité de territoire de l'Italie à la Dalmatie, et s'ouvrir une route de terre vers l'empire turc, était en ce moment le seul projet praticable. Napoléon résolut donc de demander le plus possible sous ces divers rapports, de demander même plus qu'il ne prétendait obtenir, afin de se faire payer en argent la portion de ses demandes dont il se départirait à la fin de la négociation. S'il trouvait la cour de Vienne trop récalcitrante, trop fière, trop remplie encore du sentiment de ses forces, alors il se déciderait à lui porter un dernier coup, et à reprendre ses projets primitifs de destruction, quoi que pût en penser l'Europe tout entière, la Russie comprise.

À l'égard de cette dernière puissance Napoléon entendait continuer à se montrer amical, à tenir la conduite d'un allié, mais sans lui laisser ignorer qu'il s'était aperçu de la tiédeur de son zèle pendant la dernière guerre, et qu'il ne faisait plus fond sur elle pour les cas difficiles. Certain d'ailleurs qu'elle n'était pas disposée à recommencer la guerre avec la France, croyant qu'elle ne s'y exposerait point pour améliorer le sort de l'Autriche, il ne voulait la braver que jusqu'où il le faudrait pour affaiblir suffisamment l'Autriche, et priver à jamais l'Angleterre de cette alliée. Néanmoins, comme il était toujours prêt aux résolutions extrêmes, il était déterminé, si les difficultés des négociations l'amenaient à une dernière lutte avec l'Autriche, à tout risquer avec tout le monde, afin de clore au plus tôt cette longue carrière d'hostilités, que lui avait value l'étendue gigantesque de son ambition. En conséquence, après avoir gardé un silence long, et même dédaigneux avec Alexandre, il lui écrivit pour lui faire part de ses succès, lui annoncer l'ouverture des négociations avec l'Autriche, et l'inviter à envoyer à Altenbourg un plénipotentiaire qui fût muni de ses instructions relativement aux conditions de la paix. N'indiquant du reste aucune des conditions de cette paix, il demanda que ce fût un négociateur ami de l'alliance, de cette alliance qui avait déjà procuré la Finlande à la Russie, et qui lui promettait la Moldavie et la Valachie. Qu'Alexandre accédât ou non à cette proposition, qu'il envoyât ou non un négociateur à Altenbourg, Napoléon y voyait autant d'avantages que d'inconvénients. Un négociateur russe pouvait compliquer la négociation ; mais aussi, forcé de marcher avec les Français, il engagerait encore une fois sa cour contre l'Autriche, si les hostilités devaient recommencer.

Telles étaient donc les dispositions de Napoléon lorsque s'ouvrirent les conférences pour la paix : il avait, comme nous venons de le dire, avec le désir d'en finir, l'intention de demander beaucoup plus qu'il ne voulait, afin de se faire payer la différence en contributions de guerre, ce qui était assez juste, les frais de cette campagne ayant été énormes.

En conséquence, M. de Champagny partit pour Altenbourg, petite ville placée entre Raab et Comorn, à quelques lieues du château de Dotis, où l'empereur François s'était retiré après la bataille de Wagram. M. de Champagny avait mission de poser pour base de négociation l'*uti-possidetis*, c'est-à-dire l'abandon à la France du territoire que nos armées occupaient, en laissant le choix à l'Autriche de reprendre dans ce que nous occupions ce qui serait à sa convenance, pour le remplacer par des concessions équivalentes. Ainsi nous avions Vienne, Brünn : il était bien évident que nous ne pouvions garder ces points; mais dans le système de l'*uti-possidetis*, l'Autriche céderait en Bohême, en Gallicie, en Illyrie, autant de territoire et de population qu'on lui en restituerait au centre de la monarchie. Tout en lui offrant cette facilité dans la répartition des sacrifices, on lui demandait près de neuf millions d'habitants, c'est-à-dire plus du tiers de ses États, ce qui équivalait à la détruire. Mais ce n'était là qu'un premier mot pour entamer les pourparlers.

Les négociations s'ouvrirent au moment où l'on commençait à savoir en Autriche que l'expédition de Walcheren aurait peu de succès; et naturellement elles languirent jusqu'au jour où l'on sut définitivement que cette expédition n'aurait d'autre résultat que de faire perdre à l'Angleterre quelques mille hommes et beaucoup de millions, et de procurer à Napoléon une armée de plus. L'empereur

Sept. 1809.

Première réunion des plénipotentiaires à Altenbourg.

M. de Champagny chargé de proposer l'*uti-possidetis* comme base de négociation.

François, amené par la perte de la bataille de Wagram, par le danger de son armée à Znaïm, par la démoralisation de tous les chefs militaires, amené malgré lui à traiter, avait chargé M. de Metternich, son ambassadeur à Paris, de négocier avec M. de Champagny en profitant de relations déjà établies. M. de Metternich devait remplacer dans la direction des affaires M. de Stadion, qui s'était constitué le représentant de la politique de guerre, moins par sa propre impulsion que par celle de son frère, prêtre passionné et fougueux, et qui avait senti après la bataille de Wagram la nécessité de donner sa démission, pour céder la place aux partisans de la politique de paix. Toutefois M. de Metternich n'avait consenti à devenir le successeur de M. de Stadion que lorsque les deux puissances auraient formellement opté entre la paix et la guerre, par la conclusion d'un traité définitif. Jusque-là, M. de Stadion avait dû rester avec l'armée aux environs d'Olmutz, et gérer les affaires par intérim. L'Empereur était venu en Hongrie, à la résidence de Dotis, et M. de Metternich, dont la paix devait être le triomphe et assurer l'entrée au cabinet, avait accepté la mission de négocier à Altenbourg. On lui avait adjoint M. de Nugent, chef d'état-major de l'armée autrichienne, pour tous les détails militaires, et pour la discussion des points relatifs au tracé des frontières. Du reste, tandis qu'on négociait, on tâchait aussi, comme le faisait Napoléon lui-même, d'exciter le zèle des provinces demeurées à la monarchie, de recruter l'armée, et de reconstruire son matériel.

Les premiers pourparlers eurent lieu à la fin d'août, plus d'un mois après le combat de Znaïm et la signature de l'armistice, tant il avait fallu de temps pour réunir les plénipotentiaires, et leur tracer leurs instructions. On avait facilement consenti à cette prolongation de l'armistice qui n'aurait dû avoir qu'un mois de durée, car personne n'était pressé, Napoléon parce qu'il vivait aux dépens de l'Autriche, et qu'il avait ses renforts à recevoir, et l'Autriche parce que, bien qu'elle payât les frais de notre séjour, elle voulait refaire ses forces, et connaître le résultat de l'expédition de Walcheren. En attendant elle voulait surtout que les négociateurs français s'expliquassent sur l'étendue véritable de leurs prétentions.

Sept. 1809.

Dès l'abord M. de Champagny se montra doux et calme, comme il avait coutume d'être, mais fier du souverain qu'il représentait; M. de Nugent, sombre, cassant, blessé, comme il devait être dans son orgueil de militaire; M. de Metternich, froid, fin sous des formes dogmatiques, longuement raisonneur, cherchant, comme il convenait à son rôle, à réparer les écarts du collègue qu'on lui avait donné[1]. Après quelque temps un commencement de confiance succéda à la gêne des premiers jours. M. de Nugent devint moins amer, M. de Metternich moins formaliste, et M. de Champagny, qui changeait

Attitude des trois négociateurs au début des conférences.

---

[1] Je n'ai pas besoin de répéter encore qu'aimant uniquement la vérité, et non les peintures de fantaisie, je prends dans les correspondances intimes de Napoléon, de MM. de Champagny, Maret, de Caulaincourt, le récit exact de cette curieuse négociation.

peu, resta comme il était, c'est-à-dire absolu, non par l'effet de son caractère, mais par celui de ses instructions. M. de Metternich dit qu'il y avait deux manières de concevoir la paix, l'une large, généreuse, féconde en résultats, consistant à rendre à l'Autriche toutes les provinces qu'on venait de lui enlever, à la laisser telle qu'elle était avant les hostilités, qu'alors touchée d'un tel procédé, elle ouvrirait les bras à qui les lui aurait ouverts, deviendrait pour la France une alliée beaucoup plus sûre que la Russie, parce qu'elle n'était pas aussi changeante, et une alliée au moins aussi puissante, ainsi qu'on avait pu s'en apercevoir dans les dernières batailles; qu'un pareil résultat valait mieux qu'une nouvelle dislocation de son territoire, qui profiterait à des alliés ingrats, impuissants, insatiables, tels que la Bavière, le Wurtemberg, la Saxe, poussant à la guerre pour s'enrichir, et ne valant pas ce qu'ils coûtaient. M. de Metternich dit qu'il y avait cette manière de concevoir la paix, et puis une autre, étroite, difficile, peu sûre, cruelle pour celui auquel on arracherait de nouveaux sacrifices, peu profitable à celui qui les obtiendrait; après laquelle on serait un peu plus mécontent les uns des autres, et résigné à la paix tant qu'on ne pourrait pas recommencer la guerre; que cette manière de traiter, consistant en supputations de territoires, était un vrai marché; que si c'était celle-là qu'on préférait, comme il le craignait fort, on devait dire ce qu'on voulait, et parler les premiers, car enfin ce n'était pas à l'Autriche à se dépouiller elle-même.

M. de Champagny répondit à cette façon d'entrer en matière, que le premier système de paix avait été essayé, essayé après Austerlitz, mais en vain et sans profit, qu'à cette époque Napoléon, vainqueur des armées autrichiennes et russes, avait reçu l'empereur d'Autriche à son bivouac, et sur la parole qu'on ne lui ferait plus la guerre, avait restitué toute la monarchie autrichienne, sauf de légers démembrements; qu'après avoir conservé un empire qu'il aurait pu détruire, il avait dû compter sur une paix durable, et que cependant à peine engagé contre les Anglais en Espagne, il avait vu toutes les promesses oubliées, la guerre reprise sans aucun souvenir de la parole donnée; qu'après une semblable expérience, il n'était plus permis d'être généreux, et qu'il fallait que la guerre coûtât à ceux qui la commençaient si facilement, et avec si peu de scrupule.

M. de Metternich répliqua par les mille griefs qu'il était si facile de puiser dans l'ambition de Napoléon. Il objecta, et avec raison, la destruction de la maison d'Espagne, l'effroi causé dans toutes les cours par cette entreprise audacieuse, et, tandis qu'on aurait dû les rassurer, l'établissement d'une intimité profonde avec la Russie, intimité qui faisait craindre les plus redoutables projets contre la sûreté de tous les États, enfin le refus d'admettre l'Autriche, sinon dans cette intimité, du moins dans la connaissance de ce que la Russie et la France préparaient au monde. Après la longue énumération de tous ces griefs, qui prit plus d'une confé-

Sept. 1809.

Idées opposées par M. de Champagny à celles de M. de Metternich.

Première énonciation par M. de

Sept. 1809.

Champagny de la condition de l'*uti-possidetis*.

Effet produit sur les négociateurs autrichiens.

rence officielle, et plus d'un entretien particulier, il fallut en venir à articuler une prétention, les Autrichiens persistant à soutenir que les Français, qui demandaient des sacrifices, devaient parler les premiers. M. de Champagny, quoiqu'il sentît l'énormité de ce qu'il allait énoncer, mais obéissant à son maître, présenta la base de l'*uti-possidetis*, d'après laquelle chacun garde ce qu'il a, sauf échange de certaines portions de territoire contre d'autres. M. de Metternich répondit que si c'était sérieusement qu'on faisait une telle proposition, il fallait se préparer à se battre, et à se battre avec fureur, car c'étaient neuf millions d'habitants qu'on demandait, c'est-à-dire le tiers au moins de la monarchie, c'est-à-dire sa destruction, et que dès lors on n'avait plus à traiter ensemble.

Après ce premier mot, on se tut pour quelques jours. Une précaution de Napoléon ajouta une nouvelle froideur à la négociation. De peur qu'à l'occasion de la Gallicie et de l'agrandissement du duché de Varsovie on ne lui prêtât ce qu'il ne dirait pas, et qu'on ne lui attribuât le projet de rétablir la Pologne, afin de le brouiller avec la Russie, il voulut qu'on tînt un procès-verbal des conférences. La précaution n'était pas sans utilité, mais elle allait rendre la négociation interminable. — Nous ne sommes plus des négociateurs, nous sommes de pures machines, fit observer M. de Metternich. La paix est impossible, répétait-il sans cesse, et là-dessus, se montrant triste et découragé, il avoua à M. de Champagny qu'il considérait cette négociation comme illusoire, car elle ressemblait à toutes celles que la France avait entamées avec l'Angleterre, et qu'au fond il croyait l'empereur Napoléon résolu à continuer la guerre. — M. de Champagny, qui savait le contraire, répondit qu'il n'en était rien, que Napoléon désirait la paix, avec les avantages qu'il avait droit d'attendre des résultats de la guerre. — Mais alors, répliquait M. de Metternich, pourquoi un principe de négociation inacceptable? pourquoi ces formalités interminables et qui tuent toute confiance? —

Sept. 1809.

Il fallait sortir de cette impasse, et Napoléon, satisfait du résultat déjà visible pour lui de l'expédition de Walcheren, n'en voulant pas tirer le moyen de continuer la guerre, mais au contraire celui de conclure une paix avantageuse, autorisa M. de Champagny à faire une première ouverture d'accommodement. Si l'Autriche, par exemple, laissait entrevoir qu'elle consentirait à des sacrifices, à des sacrifices tels que ceux auxquels elle avait consenti à Presbourg, et qui avaient consisté dans l'abandon de trois millions de sujets environ, on répondrait à cette concession par une autre, on prendrait un terme moyen entre neuf millions et trois, c'est-à-dire quatre ou cinq, et on verrait ensuite à s'entendre sur les détails.

Premier abandon des prétentions absolues de Napoléon.

Cette ouverture, faite confidentiellement à M. de Metternich, lui révélait ce qu'il supposait déjà, c'est qu'on voulait se départir de ses premières exigences; mais on prétendait à trop encore pour qu'il s'expliquât au nom de sa cour. Le mot essentiel, qu'elle était prête à faire de nouveaux sacrifices de territoire, ce mot lui coûtait à prononcer, car jusqu'ici elle était toujours partie de cette base, qu'elle donnerait de l'argent et point de territoire. Cependant M. de Metternich en référa à sa cour, qui était à quelques lieues d'Altenbourg, c'est-à-dire à Dotis. En attendant, les deux diplomates autrichiens demandèrent qu'on s'expliquât formellement sur ce qu'on voulait garder, et sur ce qu'on voulait rendre. Ils demandèrent qu'on laissât de côté ces principes généraux de négociation, tels que l'*uti-possidetis*, et ce qu'on appelait les *sacrifices de Presbourg*, lesquels ne signifiaient rien, ou signifiaient des choses inacceptables.

Napoléon, qui désirait la paix, se décida donc à faire un nouveau pas, et rédigea lui-même une note fort courte, dans laquelle il commençait à parler clairement, et demandait sur le Danube la Haute-Autriche, jusqu'à la ligne de l'Ens, pour l'adjoindre à la Bavière, se réservant d'indiquer plus tard le sacrifice qu'il croirait devoir exiger du côté de l'Italie. C'était un premier sacrifice de 800 mille habitants, qui privait l'Autriche de l'importante ville de Lintz (voir la carte n° 31), des lignes de la Traun et de l'Ens, et portait la frontière bavaroise à quelques lieues de Vienne. Les diplomates autrichiens reçurent cette note sans aucune observation, la prenant *ad referendum*, c'est-à-dire sauf communication à leur cour. M. de Metternich se contenta de dire en conversation à M. de Champagny : Il paraît que votre maître ne veut pas que l'empereur

François rentre à Vienne, puisqu'il place les Bavarois aux portes de cette capitale. — Il est certain qu'en concédant ce que demandait Napoléon, il ne restait plus que la position de Saint-Polten à disputer pour couvrir Vienne, et que l'empereur François n'avait qu'à transporter sa capitale à Presbourg, ou à Comorn.

Sept. 1809.

Après deux jours, les diplomates autrichiens répondirent le 27 août par une déclaration au procès-verbal des conférences, que tant qu'ils ne sauraient pas ce qu'on exigeait du côté de l'Italie, il leur serait impossible de s'expliquer, et qu'ils priaient le négociateur français de vouloir bien déclarer en entier les désirs de son gouvernement. Napoléon, obligé de décliner ses prétentions l'une après l'autre, rédigea encore une note, qu'il fit signifier à Altenbourg par M. de Champagny. Il entendait, disait-il, du côté de l'Italie, se réserver la Carinthie, la Carniole, et, à partir de la Carniole, la rive droite de la Save jusqu'aux frontières de la Bosnie. (Voir la carte n° 31.) Ainsi Napoléon se réservait : premièrement, le revers des Alpes Carniques, la haute vallée de la Drave, Villach et Klagenfurth; secondement, le revers des Alpes Juliennes, la haute vallée de la Save, Laybach, Trieste, Fiume, ce qui liait par une large et riche province l'Italie à la Dalmatie, et le menait par une contiguïté non interrompue de territoire jusqu'aux frontières de l'empire turc. Ce nouveau sacrifice découvrait Vienne du côté de l'Italie, comme on l'avait découverte du côté de la Haute-Autriche, puisque les positions de Tarvis, de Villach, de Klagenfurth, passaient dans nos mains, et qu'il ne restait plus pour défendre cette capitale que les positions de Léoben à Neustadt, c'est-à-dire le prolongement des Alpes Noriques. Comme population, c'était une perte de 14 à 1500 mille habitants.

Cette seconde note communiquée à la diplomatie autrichienne la trouva silencieuse et triste, de même que la première. Les plénipotentiaires la reçurent encore *ad referendum*. M. de Metternich, qui tous les soirs voyait M. de Champagny, se borna à lui dire qu'on démembrait ainsi la monarchie pièce à pièce, qu'on découvrait la capitale de tous les côtés, qu'on faisait tomber sur les deux routes d'Allemagne et d'Italie les défenses qui la protégeaient, qu'évidemment on ne voulait point la paix; qu'au surplus on se trompait si on croyait la puissance autrichienne détruite, que les provinces restées à la monarchie montraient un zèle extraordinaire, et que la guerre, si elle continuait, serait une guerre de désespoir : à quoi M. de Champagny répondit que sur le pied des sacrifices actuellement demandés, et en y ajoutant ce qu'on avait l'intention de réclamer en Bohême et en Gallicie, le total des prétentions de la France ne s'élèverait pas à la moitié de l'*uti-possidetis*. M. de Champagny ajouta que quant à la guerre on ne la craignait pas, que Napoléon avait employé les deux mois de l'armistice à doubler ses forces, qu'il avait, sans retirer un seul homme des armées d'Espagne, 300 mille combattants sur le Danube, outre 100 mille sur l'Es-

caut, ces derniers dus à l'heureuse expédition de
Walcheren, et qu'avec un mois de plus de guerre,
la maison d'Autriche serait détruite. A ces déclarations M. de Metternich répliquait par des expressions
de douleur, qui laissaient voir que son opinion différait peu de celle du négociateur français.

Sept. 1809.

Le 1ᵉʳ septembre on reçut une nouvelle signification des plénipotentiaires autrichiens, tendant à demander que la totalité des prétentions françaises fût produite. Cet abandon, disaient-ils, de la Haute-Autriche, de la Carinthie, de la Carniole, d'une partie de la Croatie, n'était pas tout certainement? la France ne voulait-elle rien ailleurs? On avait besoin de le savoir avant de s'expliquer. —

La diplomatie autrichienne exige, avant de s'expliquer, qu'on lui fasse connaître la totalité des prétentions de la France.

Napoléon, qui de Schœnbrunn dirigeait toute la négociation, mêlant à ce travail diplomatique des courses à cheval à travers les cantonnements de ses troupes, Napoléon fit répondre le 4 septembre par une note qu'il avait encore rédigée lui-même. Dans cette note, il disait que la ville de Dresde, capitale de son allié le roi de Saxe, se trouvant à une marche de la frontière de Bohême, situation dont la dernière campagne avait révélé le danger, il réclamait trois cercles de la Bohême, pour éloigner d'autant la frontière autrichienne. C'était un nouveau sacrifice de 400 mille habitants et qui, naturellement, pour couvrir Dresde, découvrait Prague. Enfin Napoléon, pour faire connaître la totalité de ses prétentions, indiquait d'une manière générale qu'en Pologne on aurait à stipuler une espèce d'*uti-possidetis* à part, ce qui, sans l'exprimer, supposait

Napoléon fait enfin connaître la totalité de ses prétentions.

l'abandon de la moitié de la Gallicie, c'est-à-dire de 2,400,000 habitants sur 4,800,000 constituant la population des deux Gallicies. Napoléon ne voulait entrer dans aucun développement sur ce sujet, de crainte qu'on ne le compromît avec la Russie, en parlant du rétablissement de la Pologne. Le total des sacrifices exigés dans les diverses provinces de la monarchie s'élevait donc à 5 millions, au lieu des 9 millions que supposait l'*uti-possidetis*. En Allemagne notamment, Napoléon, pour prix de la Haute-Autriche, de quelques cercles en Bohême, de la Carinthie et de la Carniole, rendait la Styrie, la Basse-Autriche, la Moravie, provinces superbes, qui contenaient Vienne, Znaïm, Brünn, Grätz, et qui formaient le centre de la monarchie. Du reste quelque spécieusement raisonnée, quelque doucement écrite que fût la note du 4 septembre, quelque soin qu'elle mît à faire ressortir la différence des prétentions actuelles avec celles qu'on avait d'abord énoncées, elle n'en était pas moins cruelle à recevoir. La légation autrichienne se tut encore, mais M. de Metternich dans ses entretiens particuliers continua à déplorer le système de paix adopté par Napoléon, et qu'il appelait la paix étroite, la paix cruelle, la *paix marché*, au lieu de la paix généreuse, qui eût procuré un long repos, et une pacification définitive.

Cependant les Français s'étant tout à fait expliqués, il fallait que les Autrichiens à leur tour s'expliquassent, ou rompissent. Il n'était plus possible de se faire illusion sur la situation. Les forces de

Napoléon s'augmentaient tous les jours ; l'expédition de Walcheren n'avait eu d'autre conséquence que celle de l'autoriser à lever des troupes de plus (les diplomates allemands l'écrivaient ainsi à leur cour); enfin la Russie venait de se prononcer, en envoyant M. de Czernicheff, porteur d'une lettre pour l'empereur Napoléon, et d'une autre lettre pour l'empereur François. Le czar déclarait qu'il ne voulait pas avoir un plénipotentiaire à Altenbourg, qu'il abandonnait la conduite de la négociation à la France seule, ce qui laissait la Russie libre d'en accepter ou d'en refuser le résultat, mais ce qui laissait aussi l'Autriche sans appui. Il conseillait à l'empereur François les plus prompts sacrifices, à l'empereur Napoléon la modération ; et il ne demandait formellement à ce dernier que de ne pas lui créer une Pologne, sous le nom de grand-duché de Varsovie. Moyennant qu'il ne commît pas cette infraction à l'alliance, Napoléon pouvait évidemment faire tout ce qu'il voudrait. Il ressortait même du langage russe que les prétentions de Napoléon en Allemagne et en Italie seraient vues de meilleur œil que ses prétentions en Gallicie. Dans un tel état de choses les Autrichiens devaient se résigner à traiter. En ce moment M. de Stadion avait été rappelé auprès de l'empereur pour lui donner un dernier conseil, et avec lui avaient été mandés les principaux personnages de l'armée autrichienne, tels que le prince Jean de Liechtenstein, M. de Bubna, et autres, pour dire leur avis sur les ressources qui restaient à la monarchie, et au besoin pour aller en mission auprès de Napoléon. Tous ces personnages étaient tombés d'accord qu'il fallait faire la paix, que la prolongation de la guerre, bien que possible avec les ressources qu'on préparait, serait trop périlleuse, qu'on ne devait rien attendre, ni de l'expédition de Walcheren, ni de l'intervention de la Russie, qu'il fallait donc se résigner à des sacrifices, moindres toutefois que ceux réclamés par Napoléon. Parmi ces mêmes hommes, les uns rivaux de M. de Metternich, comme M. de Stadion, les autres enclins en qualité de militaires à railler les diplomates, à les juger lents, formalistes, fatigants, on se montrait porté à croire que c'était la légation autrichienne qui menait mal la négociation, qu'elle perdait un temps précieux, qu'elle devait finir par indisposer et irriter Napoléon; qu'un militaire allant s'ouvrir franchement à lui, avec une lettre de l'empereur François, lui demander de se contenter de sacrifices modérés, réussirait probablement mieux que tous les diplomates avec leur marche pesante et tortueuse. Cet avis fut adopté, et il fut décidé qu'on enverrait à Schœnbrunn M. de Bubna, aide de camp de l'empereur François, militaire et homme d'esprit, pour s'adresser à certaines qualités du caractère de Napoléon, la bienveillance, la facilité d'humeur, qualités qu'on éveillait aisément dès qu'on s'y prenait bien. Ainsi d'une part la légation autrichienne à Altenbourg devait, pour répondre à un protocole par un protocole, offrir Salzbourg, plus quelques sacrifices en Gallicie, vaguement indiqués; d'autre part M. de Bubna devait s'ouvrir à Napoléon, le calmer sur la modicité de l'offre qu'on lui faisait, l'amener à préférer des territoires en Gallicie à des territoires en Allemagne ou en Italie, chose que désirait beaucoup l'Autriche, car elle avait trouvé la Gallicie peu fidèle, et elle aurait aimé à jeter ainsi une pomme de discorde entre la France et la Russie. M. de Bubna devait enfin lui insinuer qu'il était trompé sur le caractère de M. de Stadion; qu'avec ce ministre la paix serait plus prompte, plus sûre, et plus facilement acceptée, dans ses dures conditions, de l'empereur François.

Sept. 1809.

C'est le 7 septembre que M. de Bubna partit pour le quartier général de Napoléon. Celui-ci était en course pour visiter ses camps. Il reçut M. de Bubna à son retour, l'accueillit amicalement, gracieusement, comme il faisait quand on avait recours à ses bons sentiments, et parla avec une franchise extrême, qui aurait même pu être taxée d'imprudence, s'il n'avait été dans une position à rendre presque inutiles les dissimulations diplomatiques. M. de Bubna se plaignit des lenteurs de la négociation, des exigences de la France, rejeta tout du reste sur M. de Metternich, qui, disait-il, conduisait mal les conférences, invoqua ensuite la générosité du vainqueur, et répéta le thème ordinaire des Autrichiens, que Napoléon n'avait rien à gagner à agrandir la Saxe, la Bavière, à s'approprier un ou deux ports sur l'Adriatique; qu'il valait mieux pour lui accroître la nouvelle Pologne, s'en-

Entretien de Napoléon avec M. de Bubna.

tendre avec l'Autriche, se l'attacher, et prendre en gré M. de Stadion, qui était bien revenu de ses idées de guerre. Napoléon, excité par M. de Bubna, se laissa aller, et lui découvrit toute sa pensée avec une sincérité d'autant plus adroite au fond, qu'elle avait plus l'apparence d'un entraînement involontaire[1].—Vous avez raison, lui dit-il, il ne faut pas nous en tenir à ce que font nos diplomates. Ils se conforment à leur métier en perdant du temps, et en demandant plus que nous ne voulons, vous et nous. Si on se décide à agir franchement avec moi, nous pourrons terminer en quarante-huit heures. Il est bien vrai que je n'ai pas grand intérêt à procurer un million d'habitants de plus à la Saxe ou à la Bavière. Mon intérêt véritable, voulez-vous le savoir? C'est ou de détruire la monarchie autrichienne en séparant les trois couronnes, d'Autriche, de Bohême, de Hongrie, ou de m'attacher l'Autriche par une alliance intime. Pour séparer les trois couronnes, il faudrait nous battre encore, et bien que nous devions peut-être en finir par là, je vous donne ma parole que je n'en ai pas le désir. Le second projet me conviendrait. Mais une alliance intime, comment l'espérer de votre empereur? Il a des qualités sans doute; mais il est faible, dominé par son entourage, et il sera mené par M. de Stadion, qui lui-même le sera par son frère, dont tout le monde connaît l'animosité et la violence. Il y aurait un moyen certain d'amener

---

[1] Il existe aux archives impériales plus d'un compte rendu de cet entretien, rapporté tant par Napoléon lui-même que par M. de Bubna.

l'alliance, sincère, complète, et que je payerais, comme vous allez le voir, d'un prix bien beau, ce serait de faire abdiquer l'empereur François, et de transporter la couronne sur la tête de son frère, le grand-duc de Wurzbourg. Ce dernier est un prince sage, éclairé, qui m'aime et que j'aime, qui n'a contre la France aucun préjugé, et qui ne sera mené ni par les Stadion, ni par les Anglais. Pour celui-là, savez-vous ce que je ferais? Je me retirerais sur-le-champ, sans demander ni une province, ni un écu, malgré tout ce que m'a coûté cette guerre, et peut-être ferais-je mieux encore, peut-être rendrais-je le Tyrol, qui est si difficile à maintenir dans les mains de la Bavière. Mais quelque belles que fussent ces conditions, puis-je, moi, entamer une négociation de ce genre, et exiger le détrônement d'un prince, et l'élévation d'un autre? Je ne le puis pas.—Napoléon accompagnant ces paroles de son regard interrogateur et perçant, M. de Bubna se hâta de lui répondre, quoique avec l'embarras d'un fidèle sujet, que l'empereur François était si dévoué à sa maison, que, s'il supposait une telle chose, il abdiquerait à l'instant même, aimant mieux assurer l'intégrité de l'empire à ses successeurs que la couronne sur sa propre tête. — Eh bien! répondit Napoléon avec une incrédulité marquée, s'il en est ainsi, je vous autorise à dire que je rends l'empire tout entier, à l'instant même, avec quelque chose de plus, si votre maître, qui souvent se prétend dégoûté du trône, veut le céder à son frère. Les égards qu'on se doit entre souverains m'empêchent de rien proposer à ce sujet, mais tenez-moi pour engagé, si la supposition que je fais venait à se réaliser. Pourtant, ajouta Napoléon, je ne crois pas à ce sacrifice. Dès lors, ne voulant pas séparer les trois royaumes au prix d'une prolongation d'hostilités, ne pouvant pas m'assurer l'alliance de l'Autriche par la transmission de la couronne au duc de Wurzbourg, je suis forcé de rechercher quel est l'intérêt que la France peut conserver dans cette négociation, et de le faire triompher. Des territoires en Gallicie m'intéressent peu, en Bohême pas davantage, en Autriche un peu plus, car il s'agit d'éloigner votre frontière de la nôtre. Mais en Italie la France a un grand et véritable intérêt, c'est de s'ouvrir une large route vers la Turquie par le littoral de l'Adriatique. L'influence sur la Méditerranée dépend de l'influence sur la Porte; je ne l'aurai, cette influence, qu'en devenant le voisin de l'empire turc. En m'empêchant d'accabler les Anglais toutes les fois que j'allais y réussir, en m'obligeant à reporter mes ressources de l'Océan sur le continent, votre maître m'a contraint à chercher la voie de terre au lieu de la voie de mer, pour étendre mon influence jusqu'à Constantinople. Je ne songe donc pas à mes alliés, mais à moi, à mon empire, quand je vous demande des territoires en Illyrie. Cependant, poursuivit Napoléon, rapprochons-nous les uns des autres pour en finir. Je vais consentir à de nouveaux sacrifices en faveur de votre maître. Je n'avais pas encore renoncé formel-

lement à l'*uti-possidetis*, j'y renonce pour n'en plus parler. J'avais réclamé trois cercles en Bohême, il n'en sera plus question. J'avais exigé la Haute-Autriche jusqu'à l'Ens, j'abandonne l'Ens et même la Traun : je restitue Lintz. Nous chercherons une ligne qui, en vous rendant Lintz, ne vous place pas sous les murs de Passau, comme vous y êtes aujourd'hui. En Italie je renoncerai à une partie de la Carinthie, je conserverai Villach, je vous restituerai Klagenfurth. Mais je garderai la Carniole, et la droite de la Save jusqu'à la Bosnie. Je vous demandais 2,600 mille sujets en Allemagne : je ne vous en demanderai plus que 1,600 mille. Reste la Gallicie : là il me faut arrondir le grand-duché, faire quelque chose pour mon allié l'empereur de Russie, et il me semble que, vous comme nous, nous devons être faciles de ce côté, puisque nous ne tenons guère à ces territoires. Si vous voulez revenir dans deux jours, dit enfin Napoléon, nous en aurons terminé en quelques heures, et je vous rendrai Vienne tout de suite, tandis que nos diplomates, si nous les laissons faire à Altenbourg, n'en finiront jamais, et nous amèneront encore à nous couper la gorge.
— Après ce long et amical entretien, dans lequel Napoléon poussa la familiarité jusqu'à prendre et à tirer les moustaches de M. de Bubna[1], il fit à celui-ci un superbe cadeau, et le renvoya séduit, recon-

---

[1] Cette circonstance familière, qui ne serait pas digne de l'histoire, si elle ne peignait le caractère de Napoléon et son entretien mêlé de ruse, d'entraînement, de séduction, est rapportée par M. de Bubna lui-même.

la Carinthie et la Carniole, et j'abandonne Klagenfurth, ce qui est encore un sacrifice de 200 mille âmes! Je restitue donc une population d'un million de sujets à votre maître, et il dit que je ne lui ai rien concédé! Je n'ai gardé que ce qui m'est nécessaire pour écarter l'ennemi de Passau et de l'Inn, ce qui m'est nécessaire pour établir une contiguïté de territoire entre l'Italie et la Dalmatie, et pourtant on lui dit que je ne me suis départi d'aucune de mes prétentions! et c'est ainsi qu'on représente toutes choses à l'empereur François, c'est ainsi qu'on l'éclaire sur mes intentions! En l'abusant de la sorte on l'a conduit à la guerre, et on le mènera définitivement à sa perte! — Napoléon retint M. de Bubna fort tard auprès de lui, et sous l'empire des sentiments qu'il éprouvait dicta une lettre fort vive, fort amère pour l'empereur d'Autriche. Toutefois, lorsqu'il se fut calmé, il s'abstint de la remettre à M. de Bubna [1], en faisant la remarque qu'il ne fallait pas s'écrire entre souverains pour s'adresser des paroles injurieuses, et se reprocher de *ne pas*

---

[1] Voici une lettre à M. Maret, qui exprime parfaitement ce qui se passa en lui à ce sujet :

« Schœnbrunn, le 23 septembre 1809.

» Vous trouverez ci-joint une réponse à l'empereur, que vous remettrez au général Bubna. Je vous en envoie la copie, pour que vous la lui lisiez. Vous lui direz que j'avais d'abord fait une lettre de trois pages, mais que cette lettre pouvant contenir des choses qui auraient pu être désagréables à l'empereur, pour me tirer de ce mauvais pas, j'ai pris le parti de ne pas l'écrire. En effet, il n'est pas de ma dignité de dire à un prince : Vous ne savez ce que vous dites; or, c'est ce que je me trouvais obligé de lui dire, puisque sa lettre était basée sur une fausseté. NAPOLÉON. »

savoir ce qu'on disait. Il fit appeler M. de Bubna, répéta devant lui tout ce qu'il avait dit la veille, déclara de nouveau que ses dernières propositions étaient son ultimatum, qu'en deçà il y avait la guerre, que la saison s'avançait, qu'il voulait faire une campagne d'automne, qu'on devait donc se hâter de lui répondre, sans quoi il dénoncerait l'armistice; que dans un premier mouvement il avait écrit une lettre qui n'aurait pas été agréable à l'empereur, qu'il se décidait à ne pas l'envoyer, pour ne pas blesser ce monarque, mais qu'il chargeait M. de Bubna de reporter à Dotis tout ce qu'il avait entendu, et de revenir le plus tôt possible avec une réponse définitive.

Sept. 1809.

Mais ce qu'il ne voulut pas écrire directement à l'empereur, il le fit dire aux négociateurs à Altenbourg, en leur adressant, par M. de Champagny, une note des plus véhémentes, dans laquelle il exhalait tous les sentiments dont il avait cru devoir épargner l'expression à l'empereur lui-même [1].

Napoléon adresse à l'Autriche l'expression de son vif mécontentement, et se montre prêt à recommencer les hostilités.

[1] Je cite cette note, qui exprime très-complétement l'état de la négociation :

« *A M. de Champagny*.

» Schœnbrunn, le 22 septembre 1809, à midi.

» Je reçois votre lettre du 21, avec le protocole de la séance du même jour. Votre réponse ne me paraît pas avoir le caractère de supériorité que doit avoir tout ce qui vient de notre part. Il faut leur laisser le rabâchage et les bêtises. D'ailleurs, votre réponse ne remplit pas mon but, il faut en faire une seconde dans les termes de la note ci-jointe.

» *P. S.* Cette note étant ma première dictée, il y a beaucoup de choses de style à arranger, je vous laisse ce soin.

» NAPOLÉON. »

Sept. 1809.

Dispositions de Napoléon à recommencer la guerre.

Cette controverse l'avait entièrement changé, et bien qu'il ne considérât point les quelques lieues de territoire, les quelques milliers de sujets qu'on se disputait, comme valant une nouvelle guerre, l'idée de tous les mauvais vouloirs qu'il apercevait dans la cour d'Autriche lui revenait vivement à l'esprit, et la résolution de détruire cette puissance renaissait peu à peu. Il donna en effet des ordres formels pour une reprise d'hostilités. Son armée s'était accrue chaque jour depuis l'ouverture des négociations. Son infanterie était complétée, reposée, et aussi belle que jamais. Toute sa cavalerie

NOTE.

« Le soussigné a transmis à l'Empereur, son maître, le protocole de la séance du 21, et a reçu ordre de faire la réponse suivante aux observations des plénipotentiaires autrichiens.

» Les bases contenues dans le protocole du...... sont l'ultimatum de l'Empereur, duquel il ne saurait se départir. En mettant les 1,600 mille âmes sur la frontière de l'Inn et sur la frontière d'Italie, S. M. a cru faire une chose agréable à l'Autriche en la laissant maîtresse de faire elle-même les coupures, en consultant les localités et ses convenances. Mais c'est un caractère particulier de la négociation que tout ce qui est fait dans le sens de l'avantage de l'Autriche et imaginé pour diminuer les charges qui lui sont demandées, est considéré dans un sens inverse, soit que les plénipotentiaires autrichiens n'y veuillent pas réfléchir, soit qu'il soit dans leur volonté de s'attacher à tout ce qui peut contrarier la marche de la négociation.

» Ainsi donc S. M. a fait une chose plus avantageuse à l'Autriche, lorsqu'elle a demandé 1,600 mille âmes sur la frontière de l'Inn et sur celle d'Italie, à classer selon le désir des plénipotentiaires autrichiens, que si, en marquant elle-même les limites de ces 1,600 mille âmes, elle se fût exposée à froisser davantage les intérêts de l'Autriche.

» Une autre assertion, non moins singulière, est celle par laquelle les plénipotentiaires autrichiens prétendent que Salzbourg, la Haute-Autriche, la Carinthie, la Carniole, le littoral, et la partie de la Croatie au midi de la Save, ne renferment qu'à peine 1,600 mille habitants. Par

était remontée. Il avait 500 pièces de canon attelées, et 300 autres bien servies sur les murs des places autrichiennes qu'il occupait. Il avait renforcé le corps de Junot en Saxe, et voulait le joindre à Masséna et Lefebvre en Bohême, ce qui devait composer une masse de quatre-vingt mille hommes dans cette province. Il se proposait, avec les corps de Davout, d'Oudinot, largement recrutés, avec la garde actuellement forte de vingt mille hommes, avec l'armée d'Italie, le tout formant une masse d'environ cent cinquante mille hommes, de déboucher par Presbourg, où il avait exécuté de

cette maligne interprétation on veut persuader à l'empereur François que l'empereur Napoléon ne lui fait aucune concession, que la confiance qu'il a montrée en lui a été en pure perte, et par là les ministres qui dirigent les affaires montrent leur mauvaise volonté. Salzbourg, la Haute-Autriche, la Carinthie, la Carniole, la Croatie depuis la Save forment une population de 2,200,000 habitants, les cercles de Bohême 400 mille. C'est donc 2,600,000 habitants qui ont été demandés. En demandant ces 2,600 mille habitants on n'avait pas renoncé à la base de l'*uti-possidetis*. D'un seul coup, S. M. a fait d'immenses concessions, a renoncé à la base de l'*uti-possidetis*, et a déclaré qu'elle se contentait de 1,600,000 au lieu de 2,600,000, faisant par là une concession d'un million. S. M. a déclaré de plus que ces 1,600 mille âmes seraient réparties comme le désireraient les plénipotentiaires autrichiens, entre les frontières de l'Inn et de l'Italie, ce qui veut dire, puisque enfin il faut s'expliquer, et que les plénipotentiaires autrichiens, en se plaignant que la négociation ne marche pas, s'attachent à ne vouloir rien comprendre, que S. M. se réduit à 400 mille âmes sur l'Inn, elle en avait demandé 800 mille; qu'elle se contente de 1,200 mille habitants sur la frontière d'Italie, elle en avait précédemment demandé 1,400 mille; ce qui forme donc une concession de 600 mille âmes, indépendamment de la renonciation des 400 mille des cercles de Bohême.

» En demandant 400 mille habitants sur l'Inn au lieu de 800 mille, l'Autriche réacquiert la frontière de l'Ens, celle de la Traun, la ville de Lintz, et la plus grande partie de la Haute-Autriche; en ne deman-

grands travaux, d'entrer en Hongrie, et d'y porter les derniers coups à la maison d'Autriche. Il avait employé les matériaux de l'île de Lobau à créer quatre équipages de pont, pour franchir tous les cours d'eau que les Autrichiens voudraient laisser entre eux et lui. Il avait achevé de mettre en état de défense Passau, Lintz, Mölck, Krems, Vienne, Brünn, Raab, Grätz et Klagenfurth; et il avait ainsi au centre même de la monarchie une base formidable. Puis, bien que les Anglais n'eussent plus qu'une garnison à Walcheren, il avait ordonné d'achever l'organisation de l'armée des Flandres, en réunissant en divisions les demi-brigades qu'on

dant que 1,200 mille âmes du côté de l'Italie, S. M. renonce au cercle de Klagenfurth.

» Voilà ce que les plénipotentiaires autrichiens auraient pu facilement comprendre, s'ils cherchaient à faciliter la négociation et à s'entendre, au lieu de s'exciter et de s'aigrir. Les plénipotentiaires autrichiens menacent toujours de la reprise des hostilités ; ce langage n'est rien moins que pacifique, et l'avenir prouvera, comme l'expérience l'a prouvé plus d'une fois, à qui sera funeste le renouvellement des hostilités. Jamais on ne vit dans une négociation déployer moins de dextérité, d'esprit conciliant et d'aménité. Le rôle paraît renversé. Les plénipotentiaires seuls méritent le reproche de ne pas faire un pas, de mettre des entraves à tout, de se permettre sans cesse le reproche que le plénipotentiaire français n'avance pas, de faire voir toujours la férule levée, et d'avoir sans cesse la menace à la bouche. Voilà ce que tout homme impartial verra dans les protocoles, et les braves nations gémiront de voir leurs affaires traitées de cette singulière manière.

» Il ne reste plus au soussigné qu'à réitérer que la proposition faite par S. M. l'Empereur, son maître, est une cession de 1,600 mille âmes, telle qu'elle est de nouveau expliquée dans la présente note; que l'intention de S. M. est de maintenir toujours en faveur des plénipotentiaires autrichiens la faculté de répartir ces 1,600 mille âmes entre les frontières susmentionnées, comme cela leur paraîtra le plus convenable. »

y avait rassemblées, en complétant l'attelage de l'artillerie, et en réduisant les gardes nationales aux hommes disposés à servir. Enfin il avait pris un décret pour lever sur les anciennes conscriptions (ressource récente qu'il s'était ouverte) une dernière contribution de 36 mille hommes, qui devaient être versés dans les quatrièmes bataillons envoyés en France. Ces 36 mille conscrits, âgés de 21 à 25 ans, allaient lui procurer une bonne réserve si la guerre continuait, ou, si la paix était signée, contribuer à recruter l'armée d'Espagne. Aussi ordonna-t-il à l'archichancelier Cambacérès de présenter immédiatement ce décret au Sénat, pour qu'il fût voté avant la fin des négociations.

Sept. 1809.

A la tête de cette force imposante, il attendit la réponse de Dotis, aussi enclin à la guerre qu'à la paix, par suite des mauvaises dispositions qu'il avait cru apercevoir dans la cour d'Autriche. Dans la prévision même de la reprise des hostilités, il alla visiter, soit du côté de la Hongrie, soit du côté de la Styrie, des positions qu'il n'avait point encore vues, et qu'il tenait à connaître de ses yeux, au cas où il aurait des opérations ultérieures à diriger dans ces contrées.

A cette nouvelle apparition de M. de Bubna à Dotis, il fallait prendre son parti, et se décider pour la guerre, ou pour des sacrifices conformes aux exigences de Napoléon. L'irritation qu'on avait remarquée en lui, et qu'il avait déversée assez injustement sur la légation d'Altenbourg, qui, après tout, voulait la paix, bien qu'elle eût fort décrié

Translation des négociations d'Altenbourg à Vienne.

les concessions obtenues par M. de Bubna, ne permettait guère de laisser dans les mains de MM. de Metternich et de Nugent la suite des négociations. On imagina d'adjoindre à M. de Bubna le prince Jean de Liechtenstein, brave militaire, de peu de tête, mais de beaucoup de cœur, et ayant su plaire à Napoléon par son humeur guerrière et franche. On les envoya donc tous deux à Schœnbrunn par Altenbourg, avec pouvoir de consentir aux principales bases posées par Napoléon, mais en leur recommandant de se défendre beaucoup sur les sacrifices exigés du côté de la Haute-Autriche, sur les contributions de guerre dont on prévoyait la demande, enfin sur tous les détails du traité, de manière à le rendre le moins désavantageux possible.

Cette légation toute militaire réduisant à une véritable nullité la légation laissée à Altenbourg, M. de Metternich ne voulut point prolonger son séjour dans un lieu où les plénipotentiaires ne serviraient qu'à dissimuler la négociation réelle qui se passerait à Vienne, et il retourna à Dotis peu satisfait du rôle que M. de Stadion ou l'empereur lui avaient fait jouer dans cette circonstance. Il devait en être bientôt dédommagé en prenant, pour la garder quarante ans, la direction des affaires de l'Autriche. Du reste il prévoyait que les militaires, excellents pour résister sur un champ de bataille mais très-malhabiles sur le terrain d'une négociation, seraient bientôt vaincus par Napoléon; et en conséquence il les avertit de bien se tenir sur leurs gardes, mais il réussit de la sorte plutôt à les effrayer du rôle qui les attendait, qu'à les prémunir contre l'ascendant de Napoléon. D'ailleurs, il valait beaucoup mieux pour lui que les militaires qui avaient eu la gloire de figurer à Essling et à Wagram (et c'en était une, qu'on eût été vaincu ou vainqueur dans ces journées) portassent seuls la responsabilité des cruels sacrifices qu'on allait être contraint de faire, même après s'être vaillamment battu. Aussi voyant M. de Liechtenstein effrayé de ses avis hésiter presque à partir, M. de Metternich l'encouragea-t-il vivement à persister, et à se rendre à Schœnbrunn.

MM. de Liechtenstein et de Bubna, arrivés le 27 septembre à Schœnbrunn, furent parfaitement accueillis par Napoléon, et comblés de toutes sortes de soins. Déjà M. de Liechtenstein, sans avoir rien demandé, avait obtenu de Napoléon les témoignages les plus flatteurs. Ordre avait été donné de ménager ses possessions autour de Vienne, et de ne pas loger un soldat dans ses châteaux. Les deux plénipotentiaires laissèrent apercevoir à Napoléon qu'ils étaient autorisés à accepter ses principales conditions, sauf certains détails sur lesquels ils avaient mission de résister. Aussi voyant qu'il était maître d'eux, et qu'il allait en finir, au prix de quelques milles carrés, de quelques mille habitants, et de quelques millions, il voulut s'épargner des dépenses inutiles, et il prescrivit au ministre de la guerre de suspendre tous les mouvements de troupes vers l'Autriche, qui avaient recommencé de-

Sept. 1809.

Accueil que reçoivent à Schœnbrunn MM. de Bubna et Jean de Liechtenstein.

puis que l'expédition de Walcheren ne donnait plus d'inquiétude [1].

Le 30, après avoir conduit les négociateurs au spectacle et les avoir comblés de prévenances, il les obligea à se renfermer dans son cabinet, et arrêta avec eux les principales bases du traité. Du côté de l'Italie on était d'accord : c'était le cercle de Villach sans celui de Klagenfurth, ce qui nous ouvrait toujours les Alpes Noriques ; c'était Laybach et la rive droite de la Save jusqu'à la Bosnie. (Voir la carte n° 31.) Du côté de la Bavière, Napoléon avait d'abord voulu l'Ens, puis la Traun pour limite : il renonça encore de ce côté à quelques portions de territoire, et à quelques milliers de sujets, pour faciliter la négociation. Il consentit à une ligne prise entre Passau et Lintz, partant du Danube aux environs d'Efferding, laissant par con-

[1] Nous citons la lettre suivante, qui révèle parfaitement les impressions qu'éprouva Napoléon après avoir vu le prince Jean de Liechtenstein.

« *Au ministre de la guerre.*

» Schœnbrunn, le 27 septembre 1809.

» Je m'empresse de vous faire connaître que la cour de Dotis paraît enfin avoir adopté mes bases.

» Le prince de Liechtenstein est arrivé ici, et la paix peut être signée dans peu de jours. Mon intention est que ceci reste secret. Je n'en écris qu'à vous, afin que s'il y a des troupes en marche pour l'armée, vous puissiez les arrêter, telles que la cavalerie qui était au nord, et que je dirigeais sur Hanovre. Vous pouvez la diriger sur Paris, ainsi que ce qui existe dans les dépôts, car mon intention est de faire filer tout cela du côté de l'Espagne, pour en finir promptement de ce côté.

» S'il y avait des convois de boulets, de poudre, etc., arrêtez-les à l'endroit où ils se trouvent.

» NAPOLÉON. »

séquent un territoire autour de Lintz, venant tomber à Schwanstadt, abandonnant vers ce point le territoire de Gmünd, et se rattachant enfin par le lac de Kammer-Sée au pays de Salzbourg, qu'on cédait à la Bavière. Du côté de la Bohême il se contenta de quelques enclaves que l'Autriche avait en Saxe aux portes de Dresde, et ne comprenant pas 50 mille âmes de population. En somme, à la place de 1,600 mille sujets en Italie et en Autriche qu'il avait demandés en dernier lieu, Napoléon n'en exigeait plus que 1400 ou 1500 mille.

En Gallicie, la question était plus difficile, parce qu'elle était plus nouvelle, Napoléon ayant différé de s'expliquer au sujet de cette contrée à cause de la Russie. La Gallicie se composait de l'ancienne Gallicie, que l'Autriche avait obtenue lors du premier partage des provinces polonaises, laquelle bordait tout le nord de la Hongrie, et de la nouvelle Gallicie obtenue lors du dernier partage, laquelle descendait par les deux rives de la Vistule jusqu'aux portes de Varsovie. Celle-ci comprenait d'un côté les pays entre le Bug et la Vistule, de l'autre les pays entre la Vistule et la Pilica. (Voir la carte n° 27.) Napoléon avait voulu qu'on lui cédât, d'une part toute cette nouvelle Gallicie pour arrondir le grand-duché de Varsovie, plus deux cercles autour de Cracovie pour composer un territoire à cette antique métropole, et d'autre part trois cercles, ceux de Solkiew, de Lemberg et de Zloczow, vers la partie orientale, pour en faire à la Russie un don qui la consolât de voir agrandir le grand-du-

Sept. 1809.

Difficultés à l'égard de la Gallicie.

ché de Varsovie. C'était un sacrifice de 2,400,000 sujets, sur 4,800,000 dont se composaient les deux Gallicies réunies. Sur ce point encore Napoléon abandonna 4 à 500 mille âmes de population pour faciliter la négociation. Il n'exigea plus que la Gallicie nouvelle de la Vistule à la Pilica à gauche, de la Vistule au Bug à droite, plus le cercle de Zamosc, avec un moindre arrondissement autour de Cracovie, mais avec un territoire qui assurait aux Polonais les mines de sel de Wieliczka. Enfin il renonça au cercle de Lemberg, et se contenta pour la Russie des cercles de Solkiew et de Zloczow, ce qui réduisait le total de ses prétentions en Gallicie à environ 1,900 mille âmes.

Sur ces bases on fut à peu près d'accord. Mais deux points restaient à régler, deux points d'une grande importance, l'un la réduction de l'armée autrichienne, l'autre la contribution de guerre par laquelle Napoléon voulait s'indemniser de ses dépenses. La Prusse par traité secret s'était obligée à n'avoir pas plus de 40 mille hommes sous les armes, et à payer une énorme contribution. Napoléon voulait de même contraindre l'Autriche, non pas à réduire son effectif à 40 mille hommes, mais à diminuer beaucoup son armée, et à payer une partie des frais de la guerre. On n'avait parlé de ces objets que de vive voix, et on n'avait rien écrit, tant l'honneur et l'intérêt financier de l'Autriche se trouvaient engagés dans un tel débat. Napoléon entendait qu'à l'avenir l'Autriche se réduisît à 150 mille hommes, et qu'elle comptât 100 millions, pour solde des deux cents millions de contributions de guerre dont il n'avait encore perçu qu'une cinquantaine. Les deux négociateurs consentaient bien à ramener l'armée autrichienne à 150 mille hommes, les finances de l'Autriche ne lui permettant guère d'en entretenir davantage, mais il leur fallait une limite de temps, sans quoi une telle contrainte serait devenue une vassalité intolérable. Pour donner à cette condition un sens moins humiliant, il fut convenu que l'Autriche ne serait tenue à se renfermer dans cet effectif que pendant la durée de la guerre maritime, afin d'ôter à l'Angleterre tout allié sur le continent. Enfin Napoléon, en consentant à évacuer sur-le-champ les pays conquis, et à laisser une partie des contributions inacquittées, demandait cent millions sous un bref délai. Sur ce point les deux négociateurs autrichiens n'avaient pas de latitude, et après une longue soirée employée à discuter on se quitta sans avoir pu se mettre d'accord. Il fut convenu que les jours suivants M. de Bubna se rendrait à Dotis, pour aplanir les dernières difficultés.

Bien qu'on eût espéré d'abord finir en trois ou quatre jours, on passa jusqu'au 6 octobre à disputer, la carte à la main, sur certains contours de territoire, sur quelques milliers de sujets à prendre ou à laisser çà et là, et principalement sur les millions demandés par Napoléon. La contribution faisait surtout l'objet d'une difficulté qui paraissait insoluble. Le 6 octobre, Napoléon commençant de nouveau à perdre patience, laissa à M. de Champagny un ul-

Octob. 1809.

Napoléon s'éloigne pour quelques jours en laissant un ultimatum absolu.

timatum formel, et qui ne permettait plus de tergiversations. La saison était belle encore, et il y avait certaines positions de la Styrie qu'il désirait revoir, par cet instinct qui le portait à étudier de ses yeux les lieux où la guerre pouvait l'appeler un jour. Il résolut d'aller les visiter, entendant bien à son retour à Vienne trouver la paix ou la guerre décidée, mais l'une ou l'autre d'une manière positive qui n'admît plus de doute. Cette fois néanmoins il voulait plutôt intimider que rompre, car pour les différences qui le séparaient des Autrichiens il n'aurait certainement pas recommencé la guerre, quoique la contribution lui tînt fort à cœur, ses finances ayant grand besoin d'un secours étranger et immédiat.

Les deux négociateurs autrichiens eurent recours à Dotis, et dans ce dernier moment on hésita beaucoup autour de l'empereur François avant de se résigner à de tels sacrifices. Perdre en Italie la frontière des Alpes, en Autriche celle de l'Inn, agrandir par l'abandon de la Gallicie le grand-duché de Varsovie, ce germe d'une nouvelle Pologne, perdre ainsi 3,500,000 sujets, payer cent millions, outre cinquante déjà soldés, subir enfin l'humiliation d'une limite imposée à l'effectif de l'armée autrichienne, était une cruelle punition de la dernière guerre. On se consulta pour savoir s'il n'y aurait pas quelque nouvelle bataille d'Essling à espérer, et surtout quelque secours à attendre de l'une des puissances de l'Europe. Mais d'une part les militaires étaient tous d'accord sur l'impossibilité de résister;

de l'autre les renseignements les plus fâcheux parvenaient de toutes les parties de l'Europe. L'Espagne, malgré les vanteries de ses généraux, était vaincue du moins pour le moment. Il n'y avait qu'à s'en rapporter aux lettres de sir Arthur Wellesley pour en être persuadé. L'Angleterre venait de perdre à Walcheren la moitié de sa meilleure armée, et cette expédition était devenue chez elle une vraie pomme de discorde jetée à tous les partis. La Prusse était tremblante à l'occasion de l'imprudence commise par le major Schill. La Russie seule était debout, et visiblement peu satisfaite du rôle assez brillant joué par les Polonais dans cette guerre, et de l'agrandissement que leur conduite devait leur valoir. Mais engagée dans les liens de l'alliance française, ne pouvant pas donner encore une fois, comme à Tilsit, l'exemple d'un revirement politique opéré en vingt-quatre heures, ayant gagné la Finlande à cette alliance, en espérant la Moldavie et la Valachie, elle ne voulait pas se détacher de Napoléon pour passer à l'empereur François; et comme une continuation de la guerre ne pouvait que la placer dans le plus extrême embarras, puisqu'il lui faudrait, à la reprise des hostilités, ou rompre avec les Français, ou marcher avec eux, elle venait de s'expliquer d'une manière catégorique à Dotis, et de déclarer qu'en cas de prolongation de guerre elle agirait résolûment avec Napoléon. Elle s'était exprimée ainsi pour faire cesser avec plus de certitude la guerre entre la France et l'Autriche. Elle y réussit en effet, car l'empereur François, acca-

Octob. 1809.

Une déclaration formelle de la Russie à l'Autriche, décide celle-ci à signer la paix.

blé par cet ensemble de circonstances, céda enfin, en autorisant MM. de Liechtenstein et de Bubna à consentir aux sacrifices exigés, sauf toutefois le chiffre de l'indemnité réclamée, sur lequel les deux négociateurs eurent ordre d'insister encore, afin d'obtenir une nouvelle réduction. C'est tout au plus s'ils étaient autorisés à souscrire à 50 millions, au lieu de 100 que demandait Napoléon.

Le 10 octobre ils s'abouchèrent avec M. de Champagny, et se montrèrent fort affligés des exigences de Napoléon à l'égard de la contribution de guerre, les seules auxquelles il leur fût interdit de satisfaire, à cause du déplorable état des finances autrichiennes. On ne se dit rien de part ni d'autre qui pût avoir la signification d'une rupture, et on employa les trois jours suivants à manier et remanier les articles du traité. Le 13 au soir Napoléon usa de tout son ascendant sur MM. de Bubna et de Liechtenstein, et les amena à une contribution de guerre de 85 millions, sans compter ce qui était déjà perçu sur celle de 200 millions frappée le lendemain de la bataille de Wagram. Le prince Jean, le plus grand personnage de la cour d'Autriche, prit sur lui de sortir de ses instructions pour sauver à son pays le désastre d'une nouvelle campagne. Sa bravoure héroïque l'autorisait d'ailleurs suffisamment à pencher ouvertement pour la paix. Napoléon pour le décider lui répéta que ce traité n'était qu'un projet soumis à la ratification de son souverain, et qu'il restait à celui-ci la ressource de ne pas ratifier dans le cas où les conditions ne conviendraient pas. Enfin, le 14 octobre au matin, M. de Liechtenstein signa avec M. de Champagny le traité de paix, qualifié traité de Vienne, le quatrième depuis 1792, et destiné, pour notre malheur, à ne pas durer plus long-temps que les autres. La paix était commune à tous les alliés de la France. L'Autriche cédait tout ce que l'on a précédemment énoncé : en Italie, le cercle de Villach, la Carniole, la rive droite de la Save jusqu'à la frontière turque; en Bavière, l'Innwiertel, avec une ligne d'Efferding au pays de Salzbourg; en Pologne, la nouvelle Gallicie avec le cercle de Zamosc pour le grand-duché, plus les deux cercles de Solkiew et de Zloczow pour la Russie. Les articles secrets contenaient l'engagement de ne pas porter l'armée autrichienne au delà de 150 mille hommes, jusqu'à la paix maritime, et l'obligation de verser 85 millions pour solde de ce que devaient les provinces autrichiennes, dont 30 millions comptant le jour de l'évacuation de Vienne. Il n'était accordé que six jours pour la ratification.

Octob. 1809.

Conditions de la paix de Vienne.

Ce double traité signé, Napoléon en ressentit une véritable joie, renvoya MM. de Bubna et de Liechtenstein comblés de ses témoignages, et fit aussitôt annoncer la signature à coups de canon. C'était une ruse habile, car le peuple de Vienne, qui désirait la fin de la guerre, étant mis ainsi en possession d'une paix ardemment souhaitée, il ne serait plus possible de l'en dessaisir par un refus de ratification. Napoléon se proposa d'y ajouter une ruse plus profonde encore et plus

La paix signée, Napoléon accélère ses dispositions de départ.

Octob. 1809.

Ordres pour l'évacuation de l'Autriche.

difficile à déjouer : c'était de partir lui-même pour Paris, en laissant à Berthier les soins de détail que devait entraîner l'évacuation des pays conquis. Il expédia sur-le-champ, avec son activité ordinaire, les ordres que comportait la paix qu'il venait de signer. Il prescrivit au maréchal Marmont d'aller s'établir à Laybach en Carniole, au prince Eugène de rentrer en Frioul avec l'armée d'Italie, au maréchal Masséna de se porter de Znaïm à Krems, au maréchal Oudinot de quitter Vienne pour Saint-Polten, enfin au maréchal Davout de quitter Brünn pour Vienne. Ce dernier devait faire l'arrière-garde de l'armée avec son magnifique corps, avec les cuirassiers, avec l'artillerie, tandis que la garde impériale en formerait l'avant-garde. Une partie des chevaux de l'artillerie devait aller vivre en Carniole, une autre suivre le maréchal Davout dans les provinces du nord de l'Allemagne, une autre passer en Espagne. Il était convenu que l'évacuation commencerait le jour des ratifications, et se continuerait au fur et à mesure de l'acquittement de la contribution de guerre.

Napoléon fait refluer vers l'Espagne toutes les réserves préparées dans l'intérieur de la France pour la guerre d'Autriche.

Napoléon, tout plein de l'idée d'en finir sur-le-champ avec les affaires d'Espagne, en y envoyant une masse considérable de forces, sans rien distraire toutefois des corps organisés qui venaient d'exécuter la campagne d'Autriche, reporta vers les Pyrénées tout ce qui était en marche vers le Danube. Le corps du général Junot, en y ajoutant ce qui était en Souabe et les garnisons de la Prusse, pouvait présenter environ 30 mille hommes d'infanterie, et en y joignant les dragons provisoires, les régiments de marche de hussards et de chasseurs, l'artillerie, à peu près 40 mille hommes de toutes armes. L'armée du Nord, dès que le maréchal Bessières aurait repris Walcheren, et sans y comprendre les gardes nationales, devait compter 15 mille hommes de troupes de ligne. Les dépôts du centre, de la Bretagne et des Pyrénées contenaient en conscrits tout formés une trentaine de mille hommes. Huit nouveaux régiments de la garde (quatre de conscrits, quatre de tirailleurs) représentaient près de 10 mille jeunes soldats pleins du désir de se signaler. Enfin la division Rouyer, composée des contingents des petits princes allemands, que Napoléon se proposait d'envoyer en Espagne, en devait donner 5 mille. Tous ces corps réunis ne faisaient pas moins de 100 mille hommes, à la tête desquels Napoléon, après avoir expédié à Paris ses affaires les plus urgentes, voulait entrer en Espagne dès que les grands froids de l'hiver tireraient à leur fin. L'idée de tout terminer avec l'Europe, et de mettre un terme à ses continuelles guerres, le préoccupait à tel point, qu'il enjoignit immédiatement de diriger sur l'Espagne les forces que nous venons d'énumérer, afin qu'à son arrivée à Paris l'exécution toujours longue d'ordres pareils fût déjà commencée. Il pressa vivement le maréchal Bessières de hâter la reprise de Walcheren avec les 15 ou 20 mille hommes de troupes de ligne et les 30 mille hommes de garde nationale dont il disposait. On avait levé 65 mille hommes de ces gardes nationales, ce qui avait causé un trouble profond dans les provinces du Nord, et entraîné des dépenses considérables. Sous prétexte de garder les côtes de la Méditerranée, M. Fouché allait jusqu'à mettre en mouvement tous les départements du Midi. En même temps on avait tiré de leur retraite beaucoup d'officiers de la Révolution, les uns réformés pour incapacité, les autres pour mauvais esprit. M. Fouché n'avait pas été fâché d'en flatter ainsi un certain nombre, et le ministre Clarke, faute de mieux, n'avait pu se dispenser d'accepter leur concours. Napoléon, prompt à se défier, blâma fortement M. Fouché de remuer ainsi la France pour un danger déjà fort éloigné du moment présent, fort éloigné surtout des provinces qu'on agitait par des appels intempestifs. Il dit qu'il comprenait qu'on levât 30 ou 40 mille hommes dans le Nord, près du point de la descente des Anglais, le lendemain de cette descente, mais que demander jusqu'à 200 mille hommes, en Provence, en Piémont, à trois mois de date de l'expédition, *était de la folie.* Il insinua même qu'il y voyait autre chose qu'un défaut de prudence et de bon sens. Il ordonna le licenciement de la garde nationale de Paris, composée de jeunes gens qui avaient la prétention, non point de servir, mais de garder la personne de l'Empereur; et il leur fit dire qu'il fallait, pour avoir cet honneur, quatre quartiers de noblesse, c'est-à-dire quatre blessures reçues dans quatre grandes batailles, et qu'il n'avait pas besoin de gens qui ne voulaient pas de dangers, mais de beaux uniformes. Il prescrivit de renvoyer dans leurs foyers la plupart des officiers tirés de la retraite, en recommandant de chercher des sujets dans les majors de régiment, qui étaient tous des officiers de mérite. Enfin, après avoir exprimé sévèrement la défiance que lui inspirait l'agitation qu'on avait si témérairement produite, il donna des instructions pour qu'avant son retour chaque chose rentrât dans l'ordre accoutumé, et qu'un reflux des forces disponibles s'opérât de toutes parts vers l'Espagne.

Ses dispositions ainsi arrêtées en vingt-quatre heures, il s'apprêta à partir sans attendre la réponse de Dotis, afin de rendre le refus de ratification impossible, car il n'était pas probable qu'on osât courir après lui pour dire qu'on refusait la paix. Un incident survenu un peu avant son départ donna beaucoup à penser tant à lui qu'à ceux qui l'entouraient. Le 12 au matin, il passait à Schœnbrunn l'une de ces grandes revues où figuraient les plus belles troupes de l'Europe, et où l'on accourait avec autant de curiosité à Vienne, à Berlin, à Varsovie, à Madrid qu'à Paris. Une foule immense de curieux, sortie de la capitale, assistait à cet imposant spectacle, pressée de voir son vainqueur, qu'elle admirait en le détestant. D'ailleurs la paix était annoncée comme certaine, et une sorte de joie commençait à succéder à la juste douleur de la nation autrichienne. Napoléon assistait tranquille et souriant au défilé de ses troupes, lorsqu'un jeune homme revêtu d'une grande redingote, comme aurait pu l'être un ancien militaire, se

Octob. 1809

Tentative d'assassinat faite sur la personne de Napoléon par un jeune Allemand nommé Staaps.

présenta, disant qu'il voulait remettre une pétition à l'empereur des Français. On le repoussa. Il revint avec une obstination qui fut remarquée par le prince Berthier et l'aide de camp Rapp, et attira tellement leur attention qu'on le livra aux gendarmes d'élite chargés de la police des quartiers généraux. Un officier de ces gendarmes ayant senti en saisissant ce jeune homme un corps dur sous sa redingote, le fouilla, et lui trouva un couteau fort long, fort tranchant, et destiné visiblement à un crime. Le jeune homme, avec le calme résolu d'un fanatique, déclara qu'en se plaçant ainsi armé sur les pas de l'empereur Napoléon il avait en effet le projet de le frapper. On en avertit Napoléon, qui, après la revue, voulut voir et interroger son assassin. Il le fit amener devant lui, et le questionna en présence de Corvisart, qu'il avait mandé à Schœnbrunn, parce qu'il aimait les entretiens de ce médecin célèbre, et qu'il désirait le consulter sur sa santé, quoiqu'elle fût généralement bonne.

Le jeune homme arrêté, dont la figure était douce et même assez belle, dont l'œil ardent décelait une âme exaltée, était fils d'un ministre protestant d'Erfurt, et se nommait Staaps. Il s'était enfui avec quelque argent de chez ses parents, leur laissant entrevoir qu'il nourrissait un grand dessein, et les désolant par sa fuite et ses projets, qu'ils redoutaient sans trop les connaître. Il allait, disait-il, délivrer l'Europe du conquérant qui la bouleversait, et surtout affranchir sa patrie. C'était une mission divine qu'il prétendait avoir reçue, et à laquelle il était résolu de sacrifier sa vie. Il n'avait pas de complice, et son âme, enivrée de cette folie criminelle, s'était isolée au lieu de se communiquer à d'autres. Napoléon l'ayant interrogé avec douceur sur ce qu'il était venu faire à Schœnbrunn, il avoua qu'il était venu pour le frapper d'un coup mortel. Napoléon lui demandant pourquoi, il répondit que c'était pour affranchir le monde de son funeste génie, et particulièrement l'Allemagne qu'il foulait aux pieds. — Mais cette fois au moins, reprit Napoléon, pour être juste, vous auriez dû diriger vos coups contre l'empereur d'Autriche et non contre moi, car c'est lui qui m'a déclaré la guerre. — Staaps prouva par ses réponses qu'il n'en savait pas tant, et que cédant au sentiment universel, il attribuait à l'empereur des Français seul la cause des malheurs de l'Europe. Napoléon considérant ce jeune homme avec une pitié bienveillante, le fit examiner par le médecin Corvisart, qui déclara qu'il n'était pas malade, car il avait le pouls calme, et tous les signes de la santé. Napoléon demanda ensuite au jeune Staaps s'il renoncerait à son projet criminel, dans le cas où on lui ferait grâce. — Oui, dit-il, si vous donnez la paix à mon pays, non si vous ne la lui donnez pas. — Toutefois l'assassin, conduit en prison, parut étonné de la douceur, de la bienveillante hauteur de celui qu'il avait voulu frapper, et eut besoin de réveiller en son cœur son féroce patriotisme pour ne pas éprouver de regrets. Il se prépara à mourir en priant Dieu, et en écrivant à ses parents.

Octob. 1809.

Octob. 1809.

Napoléon se montra peu ému de cet incident, et affecta de dire qu'il était difficile d'assassiner un homme tel que lui. Il comptait, outre la difficulté de l'approcher, sur le prestige de sa gloire, et sur sa fortune, à laquelle il avait confié tant de fois sa vie avec une insouciance héroïque. Une réflexion néanmoins le préoccupa beaucoup : c'est que ce n'était plus la révolution française, mais lui, lui seul, qui devenait l'objet de la haine universelle, comme l'auteur unique des maux du siècle, comme la cause de l'agitation incessante et terrible du monde. Déjà l'Europe ne nommait plus que lui dans ses douleurs. Que ne tirait-il de la bouche de ce fanatique une leçon profonde et durable, au lieu d'une impression passagère, mêlée d'une certaine pitié pour son assassin, et de quelque tristesse pour lui-même! Tout en effet révélait qu'un sentiment violent naissait dans les âmes, car la police recueillit plus d'un propos attestant des pensées d'assassinat; elle obtint même la révélation d'un soldat à qui, dans l'île de Lobau, on avait fait la proposition de tuer l'Empereur.

Départ de Napoléon pour Munich avant d'avoir reçu la ratification du traité de paix.

Napoléon commençait à sentir son isolement moral, et se promit d'y penser; mais il ordonna de ne faire aucun bruit de cette aventure [1], songea même

---

« *Au ministre de la police.*

» Schœnbrunn, le 12 octobre 1809.

» Un jeune homme de dix-sept ans, fils d'un ministre luthérien d'Erfurt, a cherché à la parade d'aujourd'hui à s'approcher de moi. Il a été arrêté par les officiers, et comme on a remarqué du trouble dans

un instant à gracier le coupable, puis réfléchissant qu'il fallait effrayer les jeunes fanatiques allemands, il livra Staaps à une commission militaire, et partit dans la nuit du 15 octobre, laissant l'ordre de lui faire savoir à Passau, à l'aide de signaux, ce qu'on aurait résolu à Dotis. Ces signaux étaient organisés de Vienne à Strasbourg, le long du Danube, au moyen de pavillons. Un pavillon blanc lui apprendrait que la paix était ratifiée, un pavillon rouge qu'elle ne l'était pas; et il se proposait dans ce dernier cas de revenir sur-le-champ pour reprendre les hostilités. L'évacuation, au contraire, devait commencer sans délai, si la paix était ratifiée. En se retirant on devait faire sauter les fortifications de Vienne, de Brünn, de Raab, de Grätz, de Klagenfurth, triste adieu aux Autrichiens, mais conforme aux droits de la guerre.

ce petit jeune homme, cela a excité des soupçons, on l'a fouillé, et on lui a trouvé un poignard.

» Je l'ai fait venir, et ce petit misérable, qui m'a paru assez instruit, m'a dit qu'il voulait m'assassiner pour délivrer l'Autriche de la présence des Français. Je n'ai démêlé en lui ni fanatisme religieux, ni fanatisme politique. Il ne m'a pas paru bien savoir ce que c'était que Brutus. La fièvre d'exaltation où il était a empêché d'en savoir davantage. On l'interrogera lorsqu'il sera refroidi et à jeun; il serait possible que ce ne fût rien. Il sera traduit devant une commission militaire. — J'ai voulu vous informer de cet événement, afin qu'on ne le fasse pas plus considérable qu'il ne paraît l'être. J'espère qu'il ne pénétrera pas. S'il en était question, il faudrait faire passer cet individu pour fou. Gardez cela pour vous secrètement, si l'on n'en parle pas. Cela n'a fait à la parade aucun esclandre; moi-même je ne m'en suis pas aperçu.

» *P. S.* Je vous répète de nouveau, et vous comprendrez bien qu'il faut qu'il ne soit aucunement question de ce fait.

» Napoléon. »

Octob. 1809.

Disgrâce de MM. de Bubna et de Liechtenstein, et ratifications du traité de Vienne.

Pendant que Napoléon remontait rapidement la vallée du Danube, au milieu des colonnes de sa garde qui était déjà en marche vers Strasbourg, et qui le saluait de ses acclamations, la cour de Totis avait reçu avec une sorte de désespoir le traité conclu à Vienne. Vainement MM. de Liechtenstein et de Bubna firent-ils valoir l'impossibilité où ils s'étaient trouvés d'obtenir mieux, et la certitude qu'ils avaient acquise d'une reprise immédiate d'hostilités s'ils n'avaient pas cédé, on les accabla de reproches durs et violents. Les diplomates, si souvent raillés pour leur lenteur par les militaires, se vengèrent de ceux-ci en les taxant de duperie. M. de Liechtenstein, malgré la gloire dont il s'était couvert dans la dernière campagne, M. de Bubna, malgré la faveur dont il jouissait, furent pour ainsi dire frappés de disgrâce, et renvoyés à l'armée. Toutefois on accepta le traité dont on disait tant de mal, pour n'avoir pas la guerre avec Napoléon, et surtout pour ne pas arracher à ce bon peuple autrichien une paix dont Napoléon l'avait mis en possession par une publication anticipée. On choisit un nouveau négociateur, M. de Urbna, grand chambellan de l'empereur, pour porter les ratifications, avec mission de réclamer quelques changements dans le chiffre et les échéances de la contribution de guerre. Ces réclamations, écoutées avec politesse, mais renvoyées à l'Empereur, furent suivies de l'échange immédiat des ratifications, qui eut lieu le 20 octobre au matin. Sur-le-champ le prince Berthier, qui n'attendait que ce signal pour commencer l'évacuation, ordonna au maréchal Oudinot, qui campait sous Vienne, de se mettre en mouvement pour suivre sur la route de Strasbourg la garde impériale; au maréchal Davout de se rendre de Brünn à Vienne; au maréchal Masséna de se rendre de Znaïm à Krems; au maréchal Marmont, qui campait à Krems, de prendre par Saint-Polten et Lilienfeld la route de Laybach; au prince Eugène de prendre par OEdenbourg et Léoben celle d'Italie. En même temps il ordonna de mettre le feu aux mines pratiquées sous les remparts de la capitale, et tandis que les Viennois regardaient partir nos troupes avec des yeux où ne se peignait plus la colère, ils entendirent les détonations répétées qui leur annonçaient la destruction de leurs murailles. Ils en furent vivement affectés, et peut-être aurait-on pu leur épargner cette dernière affliction, en renonçant à un acte de prévoyance d'une utilité fort douteuse.

Octob. 1809.

Napoléon s'était d'abord rendu à Passau, pour y ordonner les travaux au moyen desquels il voulait faire de cette ville une grande place de la confédération. Les signaux lui ayant appris qu'il n'y avait rien de nouveau, il s'était rendu à Munich, où il avait attendu dans la famille du prince Eugène les dépêches qui devaient le ramener à Paris ou à Vienne. Un courrier lui ayant enfin apporté la nouvelle des ratifications, il fit ses adieux à ses alliés, agrandis encore une fois par sa protection, et il partit pour la France, où s'étaient accumulées de graves affaires, trop longtemps négligées ou trop

Départ de Napoléon pour Paris.

brusquement conduites, pendant qu'il les dirigeait du milieu des champs de bataille.

Au nombre des affaires qui allaient l'assaillir, la plus sérieuse, la plus affligeante, était celle de Rome, dont il est temps de faire connaître les tristes vicissitudes. On se souvient sans doute que lorsque Napoléon, disposé à détruire le vieil ordre de choses européen, voulut rompre avec la maison d'Espagne et avec le Pape, il s'empara des Légations, qu'il attacha au royaume d'Italie sous le titre de départements, et fit occuper Rome par le général Miollis. Pour justifier cette occupation, il avait prétexté la nécessité de lier par le centre de la Péninsule ses armées du nord et du midi de l'Italie, et en outre le besoin de se prémunir contre les menées hostiles dont Rome était constamment le théâtre. A partir de ce jour la situation était devenue intolérable. Le Pape ayant quitté le Vatican pour le Quirinal, s'était enfermé dans ce dernier palais comme dans une forteresse, et y avait donné lieu à des scènes aussi déplorables pour le pouvoir oppresseur que pour le pouvoir opprimé. Le général Miollis, condamné à un rôle des plus ingrats, pour lequel il n'était pas fait, car cet intrépide soldat était aussi cultivé par l'esprit que ferme par le cœur, le général Miollis s'efforçait vainement d'adoucir sa mission. Pie VII, indigné au plus haut point comme pontife de la violence exercée envers l'Église, ulcéré comme prince de l'ingratitude de Napoléon, qu'il était allé sacrer à Paris, ne pouvait plus contenir les sentiments auxquels il était en proie, et qui, sans diminuer le tendre et religieux intérêt qu'il méritait, lui faisaient perdre une partie de sa dignité. Le général Miollis ayant voulu le visiter au premier de l'an à la tête de son état-major, il avait refusé de le recevoir. Les cardinaux, de leur côté, n'avaient pas accepté les invitations que le général leur adressait, sous prétexte qu'ils étaient malades, et celui-ci avait affecté d'envoyer chercher de leurs nouvelles. Enfin le Pape n'ayant plus les caisses romaines à sa disposition, et résolu à ne rien demander, avait mis en gage la belle tiare dont Napoléon lui avait fait présent lors du couronnement; triste commerce d'épigrammes, qui n'aurait pas dû rabaisser les rapports déjà si difficiles qu'avaient entre elles des puissances si différemment grandes. Il n'était pas possible que de ces procédés offensants on ne vînt bientôt aux violences. Comme on avait appris que le Pape adressait des protestations aux cours étrangères, on avait arrêté ses courriers, ce qui prouvait suffisamment la vérité autrefois si bien comprise par le Premier Consul, que, pour être indépendant, le Pape devait être souverain temporel du territoire dans lequel il résidait. Pie VII se disant alors prisonnier n'avait plus voulu correspondre avec personne, pas plus avec le gouvernement français qu'avec d'autres.

Les troupes romaines, adroitement flattées par le général Miollis, qui leur avait persuadé qu'en se laissant incorporer dans les troupes françaises elles cesseraient de porter le vieux sobriquet de *soldats du Pape*, avaient consenti à cette incorporation.

Octob. 1809.

dans
le palais
Quirinal.

Octob. 1809.

Désarmement de la garde-noble dans le propre palais du Pape.

Le Pape voulant les punir en les dénationalisant, avait changé l'uniforme et la cocarde des troupes romaines, et n'avait accordé cette nouvelle cocarde qu'aux troupes qui lui étaient restées fidèles, c'est-à-dire à la garde noble et à la garde suisse qui occupaient son palais. Bientôt les jeunes gens de famille qui composaient la garde noble, blessés de ce qu'éprouvait leur souverain, avaient bravé les Français avec une arrogance qui, dans leur position, était un courage méritoire. Le général français, à son tour, cédant à un sentiment de fierté blessée, avait envahi le Quirinal, enfoncé les portes, et désarmé la garde noble, dans le propre palais du souverain pontife. Après un tel outrage il n'y avait plus aucune violence qu'on ne pût se permettre. Pie VII, depuis qu'il s'était privé du cardinal Consalvi, avait pris successivement pour secrétaires d'État le cardinal Gabrielli et le cardinal Pacca. On avait voulu arrêter ce dernier au milieu du Quirinal, mais le Pape, déployant en cette occasion toute la majesté de son âge et de sa dignité suprême, était venu en habits pontificaux couvrir son secrétaire d'État, qu'on n'avait pas osé saisir en sa présence. Depuis il l'avait fait coucher dans une chambre à côté de la sienne, et il vivait au milieu de quelques domestiques fidèles, qui se succédaient pour veiller jour et nuit à toutes les issues du palais Quirinal, dont les portes et les fenêtres étaient constamment fermées.

Napoléon, ainsi entraîné dans une lutte acharnée contre le vieil ordre européen, lutte dont la déplorable catastrophe de Vincennes avait été le premier acte, dont la spoliation de Bayonne était le second, la captivité de Pie VII le troisième, et pas le moins triste, oubliait à l'égard du pontife tout ce qu'il devait de respect à son rang, à son âge, à ses vertus, tout ce qu'il devait de gratitude à sa conduite, et surtout de ménagement à une puissance qu'il avait rétablie, et qu'il ne pouvait renverser sans la plus déplorable inconséquence. Combien ne prêtait-il pas à rire de lui, tout grand qu'il était, aux quelques philosophes restés à Paris autour de MM. Sieyès, Cabanis, de Tracy, et qui avaient tant blâmé le Concordat! Plutôt en effet que d'en arriver aux scènes du Quirinal, il est bien certain qu'ils avaient eu raison de vouloir que les deux puissances, au lieu d'entrer en rapports et de signer des traités, s'oubliassent tout à fait, et vécussent comme entièrement étrangères l'une à l'autre!

Mais Napoléon, aveuglé par la passion, oubliant qu'après s'être fait à Vincennes l'émule des régicides, qu'après s'être fait à Bayonne l'égal de ceux qui déclaraient la guerre à l'Europe pour y établir la république universelle, il se faisait au Quirinal l'égal au moins de ceux qui avaient détrôné Pie VI pour créer la république romaine, oubliant qu'il avait accablé les uns et les autres de mépris, et qu'il avait obtenu la couronne en affectant de ne pas leur ressembler, Napoléon avait bientôt mis le comble à ses procédés inouïs, en prenant la résolution de détrôner Pie VII, et de lui ôter le sceptre

Octob. 1809.

Résolution prise par Napoléon d'enlever au Pape le gouvernement temporel.

en lui laissant la tiare. Que ceux qui avaient imaginé la constitution civile du clergé, et créé la république romaine, en agissent ainsi, rien n'était plus simple et ne pouvait plus honorablement se justifier, puisqu'ils étaient convaincus! Mais l'auteur du Concordat se conduire de la sorte! C'était de sa part un oubli de lui-même, désolant pour les admirateurs de son rare génie, alarmant pour ceux qui songeaient à l'avenir de la France, impossible même à expliquer si on n'en tirait pas la leçon, tant de fois reproduite dans l'histoire, que l'homme le plus grand n'est plus qu'un enfant, dès que les passions s'emparent de lui.

Il faut que cette comédie finisse, avait dit Napoléon dans une de ses lettres, et il est vrai qu'elle ne pouvait pas durer davantage. Égorger le pontife, ce dont assurément le noble cœur de Napoléon était incapable, eût mieux valu que de le laisser au Quirinal s'agiter, se dégrader presque par l'irritation qu'il éprouvait. Napoléon avait donc pris le parti de supprimer la puissance temporelle du Pape, et il avait attendu pour prononcer sa sentence qu'il n'eût plus de ménagements à garder envers l'Autriche. Le 17 mai, en effet, après les batailles de Ratisbonne et d'Ébersberg, après l'entrée à Vienne, il avait, à Schœnbrunn, décrété la suppression de la puissance temporelle du Pape, et déclaré les États du Saint-Siége réunis à l'Empire. Il avait nommé, pour administrer ces États, une consulte composée de princes et de bourgeois romains, proclamé l'abolition des substitutions, de l'inquisition, des couvents, des juridictions ecclésiastiques, et appliqué enfin à l'État romain tous les principes de 1789. Il avait laissé à Pie VII les palais de Rome, une liste civile de deux millions, et toute la représentation pontificale, disant que les Papes n'avaient pas besoin de la puissance temporelle pour exercer leur mission spirituelle, que cette mission même avait souffert de leur double rôle de pontifes et de souverains, qu'il ne changerait rien à l'Église, à ses dogmes, à ses rites, qu'il la laisserait indépendante, riche et respectée, mais que, successeur de Charlemagne, il retirait seulement la dotation d'un royaume temporel que cet empereur avait faite au Saint-Siége. Tout cela était dit en un langage impérieux, grandiose, spécieux, mais bien étrange dans la bouche de l'ancien Premier Consul !

Octob. 1809.

Ce décret fut publié à Rome le 11 juin à son de trompe, au milieu d'une population partagée, le bas peuple et le clergé indignés de la violence faite à leur pontife, les classes moyennes, quoique fort disposées à se passer du gouvernement ecclésiastique, se défiant singulièrement de ce qui venait de l'homme qui avait comprimé la révolution française. Le Pape n'attendait que ce dernier acte pour recourir aux seules armes qui restassent dans ses mains, celles de l'excommunication. Plus d'une fois il avait songé à s'en servir; mais la crainte de montrer émoussées des armes autrefois si puissantes, la crainte si elles retrouvaient quelque efficacité contre un prince d'origine nouvelle, de le pousser aux plus redoutables extrémités, avaient fait hésiter les

Proclamation faite le 11 juin à Rome du décret du 17 mai.

conseillers du Saint-Siége. Néanmoins on était tombé d'accord que si la suppression de la puissance temporelle était décrétée, il fallait fulminer l'anathème. Dans la prévoyance de cet événement les bulles étaient toutes rédigées à l'avance, transcrites de la propre main du Pape, et signées. Elles prononçaient l'anathème avec ses conséquences non pas contre Napoléon nominativement, mais contre tous les auteurs et complices des actes de violence et de spoliation exercés sur le Saint-Siége et le patrimoine de Saint-Pierre. A peine la publication du décret du 17 mai avait-elle eu lieu, qu'au moyen des intelligences pratiquées en dehors du Quirinal, des mains courageuses et fidèles affichèrent dans Saint-Pierre, et dans la plupart des églises de Rome, la bulle d'excommunication, qui osait frapper Napoléon sur son trône, et qui n'ayant plus pour elle la force du sentiment religieux depuis longtemps affaibli, en devait trouver une cependant dans la justice humaine, révoltée des violences, des ingratitudes commises par le guerrier envers le pontife qui l'avait sacré.

La police française enleva ces audacieuses affiches, mais la bulle courant de mains en mains, ne pouvait manquer de se répandre bientôt jusqu'aux extrémités de l'Europe. Ces deux actes, dont l'un répondait à l'autre, devaient pousser au dernier degré d'exaspération les deux puissances personnifiées dans le général français et le pontife romain, et il n'était plus possible qu'elles continuassent de se trouver en face l'une de l'autre sans en venir à la violence matérielle. Napoléon pour les affaires de Rome correspondait avec le général Miollis, et surtout avec son beau-frère Murat, qui, en qualité de roi de Naples, commandait en chef les troupes d'occupation. Il lui avait écrit, dans la prévoyance de ce qui pourrait arriver, qu'il fallait, si on rencontrait de la résistance au décret du 17 mai, ne pas traiter le Pape autrement que l'archevêque de Paris à Paris même, et au besoin arrêter le cardinal Pacca et Pie VII. Cette instruction, qu'il regretta depuis d'avoir donnée, contenue dans diverses lettres du 17 et du 19 juin [1], parvint à Rome par Murat, au moment où régnait la plus grande inquiétude sur la situation. Un armement anglais, dont

---

[1] Voici ces lettres :

« *Au roi de Naples.*

» Schœnbrunn, le 17 juin 1809.

» Je reçois la lettre de V. M. du 8 juin. Vous aurez appris dans ce moment la mort de Lannes et de Saint-Hilaire. Durosnel et Fouler ont été faits prisonniers dans des charges très-éloignées. Je désirerais beaucoup que vous fussiez près de moi; mais dans ces circonstances il est convenable que vous ne vous éloigniez point de Naples. A une autre campagne, lorsque les choses seront tout à fait assises de votre côté, il sera possible de vous appeler à l'armée.

» Vous aurez vu par mes décrets que j'ai fait beaucoup de bien au Pape, mais c'est à condition qu'il se tiendra tranquille. S'il veut faire une réunion de cabaleurs, tels que le cardinal Pacca, etc., il n'en faut rien souffrir, et agir à Rome comme j'agirais avec le cardinal archevêque de Paris. J'ai voulu vous donner cette explication. On doit parler au Pape clair, et ne souffrir aucune espèce de contraste. Les commissions militaires doivent faire justice des moines et agents qui se porteraient à des excès.

» Une des premières mesures de la consulte doit être de supprimer l'inquisition.

» Napoléon. »

on s'exagérait l'importance et qui n'était qu'une démonstration des forces britanniques résidant en Sicile, se trouvait en vue de Civita-Vecchia. Le peuple de Rome était fort agité. L'abolition dans toutes les communes du gouvernement ecclésiastique, et son remplacement par des autorités civiles provisoires, produisaient un trouble général. A chaque instant on disait que le tocsin allait sonner dans Rome, et qu'à cet appel les Transtévérins se jetteraient sur les Français, qui n'étaient plus que trois à quatre mille, le roi Murat ayant porté toutes ses forces sur le littoral, pour observer la marine britannique. On s'attendait à cet événement pour le 29 juin, qui était la fête de Saint-Pierre. On prétendait que Pie VII en habits pontificaux devait

« *Au roi de Naples.*

» Schœnbrunn, le 19 juin 1809.

» Je vous expédie votre aide de camp. Il vous portera la nouvelle de la bataille que le prince Eugène vient de gagner sur l'archiduc Jean et l'archiduc Palatin réunis, le jour anniversaire de la bataille de Marengo.

» Je vous ai écrit par Caffarelli, qui est parti le 17 d'ici. A son arrivée en Italie il vous aura expédié mes dépêches par un courrier. — Je vous ai fait connaître que mon intention était que les affaires de Rome fussent conduites vivement, et qu'on ne ménageât aucune espèce de résistance. Aucun asile ne doit être respecté si on ne se soumet pas à mon décret, et sous quelque prétexte que ce soit on ne doit souffrir aucune résistance. Si le Pape, contre l'esprit de son état et de l'Évangile, prêche la révolte, et veut se servir de l'immunité de sa maison pour faire imprimer des circulaires, on doit l'arrêter. Le temps de ces scènes est passé. Philippe-le-Bel fit arrêter Boniface, et Charles-Quint tint longtemps en prison Clément VII, et ceux-là avaient fait encore moins. Un prêtre qui prêche aux puissances temporelles la discorde et la guerre, au lieu de la paix, abuse de son pouvoir.

» Napoléon. »

sortir ce jour-là du Quirinal, prononcer lui-même l'anathème, délier tous les sujets de l'Empire du serment prêté à Napoléon, et donner le signal d'une insurrection générale en Italie.

Il y avait alors à Rome, où il avait été envoyé pour diriger la police, un officier de gendarmerie, le colonel Radet, très-rusé, très-hardi, très-propre à un coup de main, chargé d'organiser la gendarmerie en Italie. Logé près du Quirinal, au palais Rospigliosi, il avait rempli d'espions la demeure du Pape, et placé des mains sûres près du clocher du Quirinal, pour s'emparer de la cloche d'où devait partir le signal du tocsin. Quoique ces bruits ne se fussent point réalisés, ils avaient excité l'imagination des autorités françaises, et leur avaient persuadé qu'il n'y aurait à Rome aucune sûreté, tant qu'on y souffrirait le Pape et surtout son ministre, le cardinal Pacca, qui était réputé l'agent principal du parti ecclésiastique le plus exalté. Arrêter le cardinal Pacca sans le Pape dont il ne quittait plus la personne, paraissait impossible et insuffisant, et arrêter les deux semblait être devenu le seul moyen de salut. On reculait toutefois devant cet attentat, digne conséquence de celui de Bayonne, lorsque les lettres si imprudemment écrites par Napoléon à Murat, et communiquées par ce dernier au général Miollis, levèrent tous les scrupules. Néanmoins le général Miollis hésitait encore, mais le colonel Radet insistant, par la raison que Rome n'était plus gouvernable si on ne faisait acte de vigueur, on résolut d'arrêter le Pape avec les

Octob. 1809.

Les autorités françaises, effrayées de l'état de Rome, et enhardies par les lettres de Napoléon, font arrêter le Pape et le cardinal Pacca.

précautions convenables, et de le transporter en Toscane, où l'on déciderait ce qu'on ferait de ce personnage sacré, fort embarrassant à Rome, mais destiné à être embarrassant partout, parce que partout il serait le témoignage vivant d'une odieuse et inutile violence.

Les dispositions faites, la gendarmerie échelonnée sur la route de Rome à Florence, le colonel Radet assaillit le Quirinal le 6 juillet à 3 heures du matin, moment même où notre armée se déployait pour livrer la bataille de Wagram. Les portes étant fermées, on franchit les murs du jardin avec des échelles, on pénétra dans l'intérieur du palais par les fenêtres, et on arriva à l'appartement du Pape, qui, averti de cet assaut, s'était revêtu en toute hâte de son costume pontifical. Le cardinal Pacca se trouvait auprès de lui, avec quelques personnages ecclésiastiques et civils de sa maison. Le pontife était indigné. Ses yeux, ordinairement vifs mais doux, lançaient des flammes. A l'aspect du colonel Radet, qui était à la tête de nos soldats, si odieusement travestis en vainqueurs d'un vieillard sans défense, le Pape demanda ce qu'il venait faire auprès de lui par un tel chemin. Le colonel Radet, troublé, s'excusa en alléguant des ordres auxquels il était obligé d'obéir, et lui dit qu'il était chargé de le conduire hors de Rome. Pie VII sentant que toute résistance serait inutile, demanda à être suivi du cardinal Pacca et de quelques personnes de sa maison; on y consentit, à condition qu'il partirait sur-le-champ, et que les personnes dont il voulait être suivi ne le joindraient que quelques heures après. Le pontife s'étant résigné, on le plaça dans une voiture, et le colonel Radet s'asseyant sur le siége de devant, on traversa Rome et les premiers relais sans être reconnu. On courut la poste sans s'arrêter jusqu'à Radicofani. Là, le Pape étant fatigué, et ne voyant pas arriver les personnes qu'il avait demandées, refusa d'aller plus loin. D'ailleurs une fièvre assez forte l'avait saisi, et il était impossible de ne pas lui accorder un peu de repos. Après une journée on le remit en route, puis on traversa Sienne, au milieu d'un peuple à genoux, mais soumis, et on arriva le 8 au soir à la Chartreuse de Florence.

Octob. 1809.

Translation de Pie VII à Florence.

La grande-duchesse Élisa, sœur aînée de l'Empereur, laquelle mettait autant de soin que d'intelligence à bien gouverner son beau duché de Toscane, et avait quelque peine à y contenir les esprits échappant là comme ailleurs à l'ascendant de Napoléon, fut épouvantée d'avoir un semblable dépôt à garder, et craignit qu'un simple soupçon de complicité dans une telle violence ne lui aliénât tout à fait ses sujets. Elle ne voulut donc point avoir le Pape à Florence. La promptitude de l'enlèvement ayant devancé tous les ordres qui auraient pu émaner de Schœnbrunn en pareille circonstance, chacun pouvait s'exonérer du fardeau en le rejetant sur son voisin. En conséquence, la grande-duchesse ordonna de faire partir le Pape pour Alexandrie, où il serait dans une place forte, et sur les bras du prince Borghèse. On le mit en route

Translation de Pie VII de Florence à Grenoble.

le 9 pour Gênes, sous l'escorte d'un officier de gendarmerie italien, doux et fait pour plaire à Pie VII. La grande-duchesse avait donné sa meilleure voiture de voyage pour y placer l'auguste voyageur, envoyé son propre médecin, et ajouté tous les soulagements propres à rendre la route moins fatigante. Le noble vieillard, se voyant avec regret éloigné de l'Italie, irrité par la fatigue, affligé de rencontrer des visages nouveaux, s'emporta un moment contre ce qu'on exigeait de lui, et partit cependant pour Gênes. Peu à peu il se calma en voyant les égards qu'on lui témoignait, et surtout en apercevant à genoux autour de sa voiture les populations qu'on laissait approcher, et qu'il n'y avait pas grand inconvénient à laisser approcher, car si dans tout l'Empire la haine commençait à remplacer l'amour, la crainte restait entière, et tout en plaignant le Pape personne n'eût osé braver l'autorité impériale pour le délivrer. Néanmoins aux portes de Gênes on sut que la population était debout pour saluer le pontife. On l'embarqua donc à quelque distance de la ville, dans un canot de la douane, et on le conduisit par mer à Saint-Pierre-d'Arena, d'où il fut transféré à Alexandrie.

Le prince Borghèse, gouverneur général du Piémont, effrayé à son tour d'avoir un tel prisonnier à garder, et n'ayant pas d'ordre, voulut s'en décharger, et envoya le Pape à Grenoble, où il arriva le 21 juillet avec le cardinal Pacca, qu'on avait momentanément séparé de lui, et qu'on lui rendit à Alexandrie.

A Grenoble le Pape fut logé à l'évêché, entouré de soins, de respects, mais tenu prisonnier.

Lorsque l'Empereur apprit à Schœnbrunn l'usage inconsidéré qu'on avait fait de ses lettres, il blâma l'arrestation du Pape, et regretta fort qu'on se fût permis une telle violence[1]. Ne voulant pas plus l'avoir en France, que le prince Borghèse n'avait voulu l'avoir à Alexandrie, et la grande-duchesse Elisa à Florence, ignorant d'ailleurs que le Pape fût déjà à Grenoble, il désigna Savone, dans la rivière de Gênes, où il y avait une bonne citadelle, et un logement convenable pour recevoir le Pape. Le ministre de la police, sur cette lettre, fit partir Pie VII de Grenoble pour Savone, mouvement que Napoléon blâma également lorsqu'il en fut informé, craignant que ces déplacements répétés

Octob. 1809.

Napoléon blâme l'arrestation du Pape, et le fait transférer à Savone.

[1] « *Au ministre de la police.*

» Schœnbrunn, le 18 juillet 1809.

» Je reçois en même temps les deux lettres ci-jointes du général Miollis, et une troisième de la grande-duchesse. Je suis fâché qu'on ait arrêté le Pape : c'est une grande folie. Il fallait arrêter le cardinal Pacca et laisser le Pape tranquille à Rome ; mais enfin il n'y a point de remède : ce qui est fait est fait. Je ne sais ce qu'aura fait le prince Borghèse ; mais mon intention est que le Pape n'entre pas en France. S'il est encore dans la rivière de Gênes, le meilleur endroit où l'on pourrait le placer serait Savone. Il y a là une assez grande maison où il serait assez convenablement, jusqu'à ce qu'on sache ce que cela doit devenir. Je ne m'oppose point, si sa démence finit, à ce qu'il soit renvoyé à Rome. S'il était entré en France, faites-le rétrograder sur Savone et sur San-Remo. Faites surveiller sa correspondance.

» Quant au cardinal Pacca, faites-le enfermer à Fenestrelle, et faites-lui connaître que s'il y a un Français assassiné par l'effet de ses instigations, il sera le premier qui payera de sa tête.

» NAPOLÉON. »

Octob. 1809.

ne parussent une suite de vexations indécentes à l'égard d'un vieillard auguste, qu'il aimait encore en l'opprimant, dont il était aimé aussi malgré cette oppression. Il ordonna qu'on envoyât de Paris un de ses chambellans, M. de Salmatoris, avec une troupe de valets et un mobilier considérable, afin de préparer au Pape une représentation digne de lui. Il ordonna qu'on le laissât faire tout ce qu'il voudrait, accomplir toutes les cérémonies du culte, et recevoir les hommages des populations nombreuses qui se déplaceraient pour venir le voir. En

Projet de Napoléon d'établir à Paris le centre du gouvernement spirituel.

même temps il prescrivit la translation à Paris des cardinaux, des généraux des divers ordres religieux, des personnages de la chancellerie romaine, des membres des tribunaux de la Daterie et de la Pénitencerie, enfin des Archives pontificales, roulant dans sa tête le projet de placer à côté du chef du nouvel empire d'Occident, le souverain pontife, et croyant qu'il pourrait ainsi établir à Paris le centre de toute autorité temporelle et spirituelle, singulier signe du vertige qui, dans cette tête puissante, avait déjà fait de si étranges progrès [1]!

[1] Voici une lettre bien courte, comme toutes celles au moyen desquelles Napoléon décidait de si grandes choses, et qui exprime clairement sa pensée à ce sujet :

« *Au ministre de la police.*

» Schœnbrunn, le 15 septembre 1809.

» J'ai lu la lettre que le Pape écrit au cardinal Caprara. Comme ce cardinal est un homme sûr, vous pouvez la lui faire remettre après en avoir fait prendre copie. Le mouvement de Grenoble à Savone a été funeste comme tous les pas rétrogrades. Vous n'avez pas saisi mes in-

Tels étaient en tout genre les événements qui s'étaient accomplis pendant cette prompte campagne d'Autriche, et chacun devine aisément l'effet qu'ils avaient dû produire sur les esprits. Cet effet avait été grand et rapide. L'opinion depuis un an, c'est-à-dire depuis les affaires d'Espagne, n'avait cessé de s'altérer par la conviction universellement répandue qu'après Tilsit tout aurait pu finir, et la paix régner au moins sur le continent, sans l'acte imprudent qui avait renversé les Bourbons d'Espagne pour leur substituer les Bonaparte. La guerre d'Autriche, bien que la cour de Vienne eût pris l'offensive, était rattachée par tout le monde à celle d'Espagne, comme à sa cause certaine et évidente. On était effrayé de ces guerres incessantes qui mettaient en péril la France, sa grandeur, son repos, l'Empereur lui-même, car tout en improuvant son insatiable ambition, on tenait encore à lui comme à un sauveur, et on lui en voulait autant de risquer sa personne que de compromettre la France, ainsi qu'il le faisait tous les jours. La fatigue, devenue générale, avait presque corrompu le patriotisme, et des malveillants, nous l'avons déjà dit, avaient

Octob. 1809.

État des esprits en France au moment du retour de Napoléon à Paris.

---

tentions. C'est ce pas rétrograde qui a donné des espérances à ce fanatique. Vous voyez qu'il voudrait nous faire réformer le code Napoléon, nous ôter nos libertés, etc. On ne peut être plus insensé.

» J'ai déjà donné l'ordre que tous les généraux d'ordre et les cardinaux qui n'ont pas d'évêché ou qui n'y résident pas, soit Italiens, soit Toscans, soit Piémontais, se rendissent à Paris, et probablement je finirai tout cela en y faisant venir le Pape lui-même, que je placerai aux environs de Paris. Il est juste qu'il soit à la tête de la chrétienté; cela fera une nouveauté les premiers mois, mais qui finira bien vite.

» NAPOLÉON. »

colporté secrètement la traduction des bulletins mensongers de l'archiduc Charles. La bataille douteuse d'Essling avait imprimé à ces sentiments une vivacité plus grande encore, et la levée de boucliers du major Schill, l'apparition des bandes allemandes insurgées tant en Saxe qu'en Franconie, étant venues s'y joindre, l'inquiétude des esprits s'était presque changée en haine. Wagram avait dissipé ces fâcheux sentiments, mais Walcheren les avait fait renaître, et quoique le désastre essuyé par les Anglais eût à son tour effacé l'alarme produite par leur débarquement, on avait pu remarquer la répugnance des gardes nationales à partir, leur indiscipline une fois parties, indiscipline poussée si loin que le général Lamarque commandant à Anvers une division de ces gardes nationales avait été obligé de faire fusiller quelques hommes. On avait vu à Paris les anciens officiers tirés de la réforme, continuer quoiqu'on eût recours à eux leur rôle de mécontents, et tenir un langage des plus fâcheux. Autour de MM. Fouché, Bernadotte, Talleyrand, on avait vu se réunir beaucoup d'ennemis de l'Empire devenus plus hardis que de coutume. Les anciens royalistes s'étaient agités dans le faubourg Saint-Germain, et avaient semblé retrouver un peu de mémoire pour les Bourbons. Ils accouraient en foule à Saint-Sulpice aux conférences d'un prédicateur déjà célèbre, M. de Frayssinous, avec un empressement que leurs sentiments religieux ne suffisaient pas à expliquer. Dans ces conférences on développait, à leur grande satisfaction, des doctrines fort en désaccord avec celles du décret du 17 mai, qui avait supprimé la souveraineté temporelle du Pape. Une décision de la police, en les faisant cesser, avait donné lieu à des propos plus fâcheux que les conférences elles-mêmes. Le clergé surtout était consterné de la nouvelle déjà répandue, qu'après bien des scènes scandaleuses, les choses avaient été poussées à Rome jusqu'à l'enlèvement du Pape. On priait dans les églises pour lui, on se riait du Concordat dans les salons où restaient encore quelques traces de l'ancien esprit philosophique, et partout on trouvait à se plaindre, à fronder, à déprécier dans Napoléon l'homme politique, quoiqu'on admirât toujours en lui le grand capitaine. Le bruit d'un assassinat commis sur sa personne s'était même propagé plusieurs fois, comme si le sentiment qui pousse les uns à méditer ce crime, poussait les autres à le prévoir. Enfin il était évident qu'une révolution s'opérait déjà dans l'opinion publique, et que le mouvement des esprits qui soulevait l'Europe contre Napoléon, commençait à détacher la France de lui. Toutefois, la dernière guerre, miraculeusement conduite à son terme en quatre mois, la glorieuse paix qui s'en était suivie, le continent encore une fois pacifié, ramenaient l'espérance, avec l'espérance la satisfaction, l'admiration, le désir de voir ce règne se calmer, se consolider, s'adoucir, se perpétuer dans un héritier, et bien qu'en la sachant frivole on aimât Joséphine comme une aimable souveraine qui représentait la bonté, la grâce, à côté de la force, on

Octob. 1809.

désirait, en la regrettant, un autre mariage qui donnât des héritiers à l'Empire. On ne se bornait pas à le souhaiter, on l'annonçait indiscrètement comme déjà résolu, plaignant celle dont on demandait le sacrifice, disposé peut-être à blâmer l'Empereur qui l'aurait sacrifiée, et à voir, suivant le choix qu'il ferait pour la remplacer, dans une nouvelle union un nouvel acte d'ambition.

Tel était l'état des esprits que Napoléon avait parfaitement discerné, mais qu'il n'aimait pas qu'on lui présentât tel qu'il était, se contentant de deviner les choses qui lui déplaisaient, et ne voulant pas les retrouver dans la bouche des autres. Pendant la guerre d'Autriche, le prince Cambacérès s'était tu pour n'avoir pas à les dire, mais Napoléon avait lui-même provoqué son discret archichancelier, et celui-ci, sommé de s'expliquer, avait tout dit avec une mesure infinie, mais avec une honnête sincérité. Napoléon pressé de lui parler de ces importants objets, de lui en parler avant tout autre, de lui en parler avec les plus grands développements, l'avait mandé à Fontainebleau pour le 26 octobre, jour où il espérait y arriver.

Le 26, en effet, Napoléon fut rendu à Fontainebleau avant tout le monde, avant sa maison, avant l'Impératrice, avant ses ministres. L'archichancelier, aussi exact que discret, y était dès l'aurore. Napoléon l'accueillit avec confiance, avec amitié, mais avec une hauteur qui ne lui était pas ordinaire. Plus il sentait l'opinion s'éloigner, plus il se montrait fier envers elle, même à l'égard de ceux qui la représentaient si amicalement auprès de lui. Il se plaignit à l'archichancelier de la faiblesse avec laquelle on avait supporté à Paris les angoisses de cette courte campagne, des alarmes qu'on avait si facilement conçues pour quelques courses du major Schill et de quelques autres insurgés allemands, de l'agitation à laquelle on s'était livré à l'occasion de cette expédition de l'Escaut, qui était, disait-il, un effet de son heureuse étoile; il témoigna quelque dédain pour le peu de caractère qu'on avait montré dans ces diverses circonstances, et se plaignit surtout qu'on eût mis tant d'hésitation à lever les gardes nationales quand elles auraient pu être utiles, et tant d'indiscrétion à les appeler tumultueusement quand elles ne pouvaient plus servir qu'à troubler le pays. Il laissa voir plus de défiance que de coutume à l'égard des anciens républicains et royalistes, sembla même étendre cette défiance à ses proches, affecta de considérer les affaires du clergé comme de médiocre importance, se réservant, maintenant qu'il était de retour, de les régler de concert avec le prince Cambacérès, parla enfin avec un singulier mépris de la mort, des dangers qu'il avait courus, affectant de croire, et croyant en effet, que, pour un instrument de la Providence tel que lui, il n'y avait ni boulets ni poignards à craindre. Il arriva ensuite à l'objet essentiel, à celui qui le préoccupait le plus, à la dissolution de son mariage avec l'impératrice Joséphine. Il aimait cette ancienne compagne de sa vie, bien qu'il ne lui gardât point une scrupuleuse

Octob. 1809.

Octob. 1809.

fidélité, et il en coûtait cruellement à son cœur de se séparer d'elle; mais à mesure que l'opinion s'éloignait, il se plaisait à supposer que c'était le défaut d'avenir, et non ses fautes, qui menaçait d'une caducité précoce son trône glorieux. La pensée de consolider ce qu'il sentait trembler sous ses pieds, était sa préoccupation dominante, comme si une nouvelle femme, choisie, obtenue, placée aux Tuileries, devenue mère d'un héritier mâle, les fautes qui lui avaient attiré le monde entier sur les bras avaient dû ne plus être que des causes sans effets. Il était utile sans doute d'avoir un héritier incontesté, mais mieux, cent fois mieux eût valu être prudent et sage! Cependant Napoléon, qui, malgré ce besoin d'avoir un fils, n'avait pu, après Tilsit, au faîte même de la gloire et de la puissance, se décider au sacrifice de Joséphine, venait enfin de s'y résoudre, parce qu'il avait senti l'Empire ébranlé, et il allait chercher dans un mariage nouveau la solidité qu'il eût fallu demander à une conduite habile et modérée [1].

Première ouverture de Napoléon à l'archichancelier Cambacérès, relativement à son projet de divorce.

Il parla donc de ce grave objet à l'archichancelier Cambacérès, déclara qu'il n'y avait aucun prince de sa famille qui pût lui succéder, jeta sur les misères de cette famille un regard triste et profond, dit que

[1] L'archichancelier Cambacérès a raconté avec discrétion dans ses mémoires le long entretien qu'il eut ce jour-là avec l'Empereur, et n'a énoncé que les titres des objets dont il fut question. C'est dans les nombreuses lettres de Napoléon que j'ai pu retrouver le sens de cette conversation, et c'est dans ces documents authentiques que j'ai pris, en la reproduisant avec une scrupuleuse exactitude, la pensée de Napoléon sur chaque objet.

ses frères étaient incapables de régner, profondément jaloux les uns des autres, et nullement disposés à obéir à son successeur, si l'hérédité directe ne leur faisait une loi de reconnaître dans ce successeur le continuateur de l'Empire. Il montra toutefois pour le prince Eugène une préférence marquée, se loua de lui, de ses services, de sa modestie, de son dévouement sans bornes, mais déclara que l'adoption ne suffirait pas pour le faire accepter après sa mort comme héritier de l'Empire; et il ajouta que, certain d'avoir des enfants avec une autre femme que Joséphine, il avait pris la résolution de divorcer, qu'il n'en avait rien dit surtout à celle qui allait être sacrifiée, que cet aveu lui était très-pénible, qu'il attendait le prince Eugène chargé de préparer sa mère, et que jusque-là il voulait que le secret le plus absolu fût gardé. Le prince Cambacérès apprit avec un vif déplaisir cette grave détermination, car, ainsi que tout le monde, il aimait Joséphine, et il sentait bien que Napoléon, en la répudiant, allait s'éloigner davantage encore de son passé, passé qui était celui des saines idées, des desseins modérés, passé dans lequel étaient compris tous les hommes de la Révolution, et duquel Napoléon ne se séparerait pas sans rompre aussi avec eux. La même prudence qui l'avait porté à condamner la conversion du consulat en empire, le portait à condamner une alliance avec quelque ancienne dynastie, sentant bien que la plus sûre consolidation c'était la durée, et que la durée dépendait uniquement de la sagesse dans la conduite.

Octob. 1809.

Opinion de l'archichancelier Cambacérès sur le divorce.

Octob. 1809.

Il fit quelques timides représentations fondées sur la faveur dont Joséphine jouissait en France, sur l'affection que lui avaient vouée le peuple et surtout les militaires, habitués à voir en elle l'épouse bienveillante de leur général; sur les souvenirs révolutionnaires qui se rattachaient à elle, sur le nouveau pas qu'il semblerait faire vers l'ancien régime en éloignant la veuve Beauharnais pour épouser une fille des Habsbourg ou des Romanoff. A toutes ces remarques, présentées d'ailleurs avec une extrême réserve, Napoléon répondit en maître absolu, dont la volonté planant sur le monde était en quelque sorte devenue le destin même. Il lui fallait un héritier : cet héritier obtenu, l'Empire, suivant lui, serait fondé définitivement. Le vieux conseiller du Premier Consul, confondu de la hauteur de son maître, se soumit en silence, dédommagé du reste par une bienveillance infinie, de l'inflexibilité des volontés qu'il avait essayé de combattre[1]. Il fut convenu qu'on se tairait jusqu'à l'arrivée du prince Eugène.

Entrevue de Napoléon avec Joséphine, et inquiétudes de celle-ci.

L'infortunée Joséphine n'arriva que dans l'après-midi à Fontainebleau, déjà tout alarmée de n'avoir pas été reçue la première. Napoléon l'accueillit

[1] Voici comment le prince Cambacérès exprime ce que lui fit éprouver cette conversation : « Nous fûmes seuls pendant plusieurs heures. L'Empereur l'avait voulu ainsi, afin de m'entretenir à loisir d'une foule d'objets... Pendant cet entretien Napoléon me parut préoccupé de sa grandeur; il avait l'air *de se promener au milieu de sa gloire*. Ce qu'il dit avait un caractère de hauteur qui me fit craindre de ne plus obtenir de lui aucun de ces ménagements délicats, dont il avait lui-même reconnu la nécessité pour conduire un peuple libre, ou qui veut paraître tel. »

avec affection, mais avec l'embarras du pesant secret qu'il n'osait dire. Cette princesse, qui, sans avoir de l'esprit, avait un tact infini et la pénétration de l'intérêt personnel, se sentit pour ainsi dire frappée à mort. Entendant de toutes parts la foule des adulateurs, plus empressée à flatter à mesure que l'opinion commençait à blâmer, répéter qu'il fallait consolider l'Empire, voyant toutes choses tendre à ce qu'on appelait la stabilité, elle se remit à répandre les larmes qu'elle avait versées tant de fois, lorsque son triste avenir lui avait apparu. Sa fille, devenue reine de Hollande, malheureuse par les sombres défiances de son époux, séparée de lui, était accourue auprès de sa mère pour la consoler, et, en la trouvant si désolée, elle finissait presque par désirer pour elle l'explication, quelle qu'elle fût, de ce secret funeste. Une foule nombreuse remplissait Fontainebleau, et plus cette foule avait été alarmée des événements d'Espagne, de la bataille d'Essling, plus elle affectait de proclamer invincible celui qu'elle avait cru si près d'être vaincu. A l'entendre, personne n'avait craint, n'avait douté, n'avait été inquiet. Les Anglais avaient été ineptes, les Autrichiens follement présomptueux. Les Espagnols allaient être accablés. Du Pape, de l'inutile et odieuse violence qu'il avait subie, pas un mot. Napoléon ne voulant pas qu'on en parlât, on n'en parlait pas, afin que ce fût, comme il le commandait, chose de peu de conséquence, affaire de prêtres, qui n'était plus digne d'occuper la gravité du dix-neuvième siècle. Et

Octob. 1809.

Spectacle de la cour à Fontainebleau.

21.

puis toute conversation sur les affaires publiques finissait par une confidence à l'oreille, sur le malheur de voir le trône occupé par une souveraine fort attachante, mais stérile. Il fallait se garder de sonder la pensée du tout-puissant Empereur, mais il n'était pas possible qu'il ne songeât pas à compléter l'édifice qu'il avait élevé, en donnant un héritier à l'Empire. Tous les trônes de l'Europe, disait-on, s'empresseraient d'offrir la mère de ce futur maître de l'Occident, et alors cet enfant né, l'Empire serait éternel! Enfin, tandis que Paris commençait à parler, à contredire, tout en admirant encore, à Fontainebleau on se taisait, à moins que ce ne fût pour dire en un langage humble, banal, insipide, ce qu'on avait entrevu dans le regard dominateur de Napoléon.

Toute sa famille avait demandé à venir pour expier, ceux-ci quelques faiblesses ou quelques résistances, ceux-là quelques propos dont ils avaient été la cause involontaire. Jérôme, roi de Westphalie, avait mal dirigé le peu de mouvements militaires qu'il avait eu à exécuter; il avait trop dépensé pour ses plaisirs et pas assez pour son armée. Louis, roi de Hollande, non pour satisfaire à ses goûts de luxe, mais pour plaire à l'esprit parcimonieux des Hollandais, n'avait point entretenu assez de troupes, et surtout il avait favorisé, ou du moins nullement réprimé, le commerce interlope avec l'Angleterre. Murat, éloigné de l'armée pour régner à Naples, où il essayait de flatter toutes les classes de ses sujets, Murat avait, probablement sans le savoir, donné lieu à des propos transmis par la police jusqu'à Schœnbrunn. On disait que, dans la prévoyance d'une catastrophe sur le Danube, qui eût emporté la personne ou la fortune de Napoléon, MM. Fouché et de Talleyrand, tournant les yeux vers Murat, s'étaient entendus pour préparer sur la route d'Italie les relais qui devaient l'amener de Naples à Paris. Du reste, c'était moins à son ambition à lui qu'à celle de sa femme que se rapportaient ces propos. Napoléon avait accueilli Jérôme avec indulgence, bien que le sacrifice des affaires aux plaisirs fût à ses yeux le plus grave de tous les torts. Mais il pardonnait beaucoup au dévouement de ce frère, et il lui avait laissé espérer un arrangement avantageux relativement au Hanovre. Il avait été plus sévère envers Louis, qu'il estimait, mais dont la sombre indépendance, l'extrême asservissement aux volontés des Hollandais, devenaient pour la politique de la France une vraie défection. Il laissa entrevoir au roi de Hollande les plus sinistres résolutions relativement à son territoire. Quant à Murat, qu'il n'avait pas vu depuis longtemps et dont le nom, présent à la pensée de tous les intrigants, l'offusquait parfois, il lui avait témoigné son déplaisir, moins cependant à lui qu'à sa femme, dont l'esprit inquiet présageait plus d'une faute capitale. Amical d'ailleurs, comme il était toujours envers ses proches, il affectait davantage à leur égard l'attitude d'un maître. En avançant dans la vie, il avait vu de plus près, chez eux comme chez tous ceux qui l'entouraient, le fond

Octob. 1809.

des affections humaines; et, en approchant, sans le voir, mais en le pressentant quelquefois, du terme de sa grandeur, il semblait avoir contre tout le monde on ne sait quelle amertume cachée, que l'heureuse et prompte fin de la guerre d'Autriche n'avait pas suffi à dissiper, et qui se manifestait par une expression d'autorité plus absolue[1].

La famille de Napoléon n'était pas seule venue. Les rois ses alliés, ayant tous quelque intérêt à débattre, ou quelques remercîments à adresser, avaient demandé à le visiter. C'étaient le roi de Saxe, le roi et la reine de Bavière, le roi de Wurtemberg. L'Empereur avait répondu à leurs demandes de la façon la plus courtoise, et tout annonçait, pour la fin de l'automne, la plus brillante réunion à Paris de têtes couronnées. En attendant on avait à Fontainebleau une suite de fêtes magnifiques. Les spectacles, les bals, les chasses se succédaient sans interruption. La chasse au cerf surtout semblait, dans ce moment, le plaisir le plus agréable à Napoléon. Il passait à cheval des heures entières, et le faisait dire dans les journaux, parce que, pendant la dernière campagne, on avait douté de sa santé aussi bien que de sa fortune. Ayant voulu avoir le médecin Corvisart auprès de lui, autant pour jouir de sa conversation dans les loisirs de Schœnbrunn, que pour le consulter sur quelques douleurs sourdes, présage de la maladie dont il

---

[1] Il est certain que dès cette époque le ton de sa correspondance commençait à changer, qu'il était plus sévère, plus défiant, plus absolu, et qu'il semblait être mécontent de tout le monde.

mourut douze ans plus tard, il avait donné lieu à beaucoup de vains propos sur l'état de sa santé. Pour démentir ces bruits il courait donc du matin au soir, se vantant de sa force qui était grande encore, et voulant qu'on y crût. L'aspect de sa personne avait singulièrement changé dès cette époque. De sombre et maigre qu'il était autrefois, il était devenu ouvert, assuré, plein d'embonpoint, sans que son visage fût moins beau. De taciturne il était devenu parleur abondant, et toujours écouté par l'esprit ravi des uns, par la bassesse docile des autres. De brusque et sec il était devenu impétueux, bouillant, quelquefois dur, quoique toujours calme dans le danger, et bon dès qu'il voyait souffrir. En un mot, sa toute-puissante nature s'était complétement épanouie, et elle allait décroître, comme sa fortune, car rien ne s'arrête. Enfin, au milieu de l'affluence empressée de sa cour, il avait distingué une ou deux femmes, et il s'était peu gêné pour montrer ses goûts, malgré les accès de jalousie de l'impératrice Joséphine, qu'il ne ménageait plus, qu'il désespérait même par sa manière d'être, comme s'il eût voulu la préparer à renoncer à lui, ou puiser lui-même dans des désagréments intérieurs le courage de rompre qu'il n'avait pas. Telle était sa vie au retour de la guerre d'Autriche, et l'éclat n'en était pas moins grand qu'après Tilsit, car il semblait que par des empressements sans bornes on cherchât à lui faire oublier les doutes conçus un moment sur sa prospérité.

Toujours travaillant, du reste, au milieu des plai-

Nov. 1809.

Changements opérés dans la personne de Napoléon.

Napoléon à

sirs, il avait, de Fontainebleau même, donné ses ordres sur une quantité d'objets. Il avait accéléré l'organisation, la réunion et le déplacement des corps destinés pour l'Espagne, lesquels se composaient, ainsi qu'on l'a vu, de celui du général Junot dispersé d'Augsbourg jusqu'à Dresde, de celui du maréchal Bessières consacré à reprendre Walcheren, des réserves préparées dans le centre et l'ouest de l'Empire, des dragons provisoires, des jeunes régiments de la garde. Les Anglais ayant fini par se retirer entièrement des bouches de l'Escaut, en faisant sauter les bassins et les ouvrages de Flessingue, Napoléon avait définitivement mis les troupes de ligne de ce corps en marche vers le Midi, et dissous les gardes nationales, sauf quelques bataillons composés du petit nombre d'hommes à qui était venu le goût de servir. Il avait fait continuer l'évacuation de l'Autriche au fur et à mesure des payements effectués, et dirigé le corps du maréchal Oudinot sur Mayence, le corps du maréchal Masséna sur les Flandres, le corps du maréchal Davout sur les parties de l'Allemagne qui restaient encore à la France, telles que Salzbourg, Bayreuth, le Hanovre. Il voulait dissoudre le corps du maréchal Oudinot, composé de quatrièmes bataillons (sauf l'ancienne division Saint-Hilaire), pour rendre les quatrièmes bataillons à chaque régiment. Il avait renforcé et régularisé les belles divisions du corps du maréchal Masséna, voulant leur donner le littoral du continent à garder, depuis Brest jusqu'à Hambourg. Quant au corps du maréchal Davout, il l'avait réuni à la cavalerie, et se proposait de le faire vivre en Hanovre, ou aux dépens de ce pays, ou aux dépens du roi Jérôme, s'il cédait le Hanovre à celui-ci. Il avait dirigé le corps du maréchal Marmont sur le camp de Laybach, pour le faire vivre en Carniole. Il cherchait ainsi les combinaisons les meilleures, pour ne pas diminuer réellement ses forces, et pour les rendre en même temps moins dispendieuses, car la guerre d'Autriche ne lui avait pas rapporté ce qu'il avait espéré (elle avait produit 150 millions à peu près), et l'expédition de Walcheren lui avait coûté beaucoup d'argent, pour l'armement et l'habillement des gardes nationales. Les finances étaient dans le moment le souci le plus vif de Napoléon, et la cause de la plupart de ses déterminations. Voulant mettre un terme aux affaires du continent, il traitait avec la Bavière pour la pacification du Tyrol, pour la répartition des territoires de Salzbourg, de Bayreuth, etc.; avec la Westphalie pour la cession du Hanovre; avec la Saxe pour le don de la Gallicie. Il demandait aux uns des dotations pour ses généraux, aux autres des moyens d'entretien pour ses armées, à tous un arrangement définitif, qui fît cesser les occupations extraordinaires de troupes, et procurât enfin au continent un aspect de paix et de stabilité. Pour tous ces arrangements on n'avait aucune difficulté à vaincre, car Napoléon donnait des territoires, et dès lors il était maître de fixer les conditions à volonté. Dans tous les cas on ne pouvait manquer d'être content.

Nov. 1809.

Soins donnés aux finances.

Quelques arrangements territoriaux avec les princes alliés.

Napoléon n'avait de difficulté sérieuse qu'avec son frère Louis. Il était irrité au dernier point des facilités accordées par ce dernier à la contrebande, et exigeait en punition qu'on lui livrât le territoire compris entre l'Escaut et le Rhin, d'Anvers à Breda, espérant se mieux garder contre la contrebande lorsqu'il aurait cette ligne, et menaçant même de prendre toute la Hollande, si les abus dont il se plaignait continuaient à se reproduire. Il organisait le domaine extraordinaire, dirigé par M. Defermon, et formé avec le trésor de l'armée et les propriétés de tout genre qu'il s'était réservées en divers pays, pour faire ainsi reposer sur des bases durables la fortune de ses serviteurs. Enfin, Napoléon s'occupait de l'Église, et songeait à un nouvel établissement qui placerait son chef dans la situation des patriarches de Constantinople à l'égard des empereurs d'Orient. Il avait fait traiter le Pape avec beaucoup d'égards, et lui avait envoyé, comme nous l'avons dit, son chambellan, M. de Salmatoris, avec une nombreuse livrée, pour qu'il fût entouré de tout l'éclat d'un souverain. Le Pape, revenu à sa douceur accoutumée après quelques jours d'irritation, mais persévérant dans sa résistance, avait répondu que le nécessaire lui suffisait, que l'éclat serait inconvenant dans sa nouvelle situation; que souverain il ne l'était plus, que prisonnier il y aurait de la dérision à l'entourer de magnificence; qu'un modeste entretien, celui qu'on accordait à des prisonniers qu'on respectait, suffirait pour sa personne et celle de ses serviteurs. On n'avait point écouté Pie VII, et sa maison était restée princière. Quant aux affaires de l'Église, le Pape avait refusé de se mêler d'aucune, tant qu'on ne lui aurait pas rendu un conseil de cardinaux, et un secrétaire d'État de son choix. Quant à l'institution des évêques, affaire toujours urgente, il avait également fermé l'oreille. Précédemment, et même depuis l'entrée du général Miollis à Rome, Pie VII avait consenti à instituer les évêques nommés par le gouvernement impérial, moyennant le retranchement d'une formalité toute de déférence, et qui avait rapport à l'Empereur. Ainsi il avait accordé la bulle qui institue l'évêque accepté par l'Église, celle qui s'adresse au clergé, celle qui s'adresse aux fidèles du diocèse, mais refusé celle qui s'adresse au souverain temporel dans les États duquel le nouveau prélat doit exercer ses fonctions. Napoléon proposait qu'il en fût ainsi désormais, mais le Pape avait même refusé ce terme moyen, depuis sa captivité à Savone. Les dispenses et tous les actes ordinaires s'accordaient à Rome par le cardinal di Pietro, laissé dans la capitale de l'Église pour y vaquer aux soins du gouvernement spirituel, conformément aux usages adoptés pour l'absence des papes. Napoléon ne s'était point ému de ces difficultés, et s'était flatté de les résoudre dès qu'il aurait Pie VII auprès de lui. Son projet était de l'amener à Fontainebleau, d'exercer là l'influence de la douceur, la séduction de l'esprit, puis de lui faire accepter un magnifique établissement à Saint-Denis, où le souverain pontificat serait entouré d'au-

Nov. 1809.

tant d'éclat qu'à Rome même. Persuadé qu'avec la force on fait tout, Napoléon s'était imaginé qu'après quelque résistance, le Pape, lorsqu'il verrait qu'il n'y avait rien à obtenir, finirait par se rendre ; que les cardinaux, les grands personnages de l'Église, amenés à Paris à la suite du pontife, richement traités, finiraient eux aussi par préférer une situation opulente et respectée à la persécution, et que les Romains, auxquels il destinait une cour, la plus brillante après la sienne (nous dirons plus tard laquelle), se passeraient volontiers d'un pontificat qui les soumettait au gouvernement des prêtres ; que les catholiques de France seraient flattés d'avoir le Pape chez eux, que les catholiques d'Europe, réduits à de bien autres sacrifices, se résigneraient à le voir en France, et qu'il en serait de ces vieilles habitudes catholiques, les plus anciennes, les plus enracinées, les plus opiniâtres chez les populations européennes, comme de l'une de ces frontières qu'il changeait à son gré, en écrivant un nouvel article de traité avec la pointe de son épée, le lendemain d'une victoire. Et faisant, selon son usage, suivre la conception de ses volontés de leur exécution immédiate, il avait renouvelé l'ordre de transférer à Paris les cardinaux siégeant à Rome, de quelque nation qu'ils fussent, les généraux d'ordre, Dominicains, Barnabites, Servites, Carmes, Capucins, Théatins, etc..., les membres des tribunaux de la Daterie et de la Pénitencerie. Il avait ordonné en outre que les archives si précieuses de la cour romaine, chargées sur cent voitures, fussent acheminées sur la route de Rome à Paris. Le ministre des cultes avait été envoyé à Saint-Denis, pour en visiter les bâtiments et combiner les moyens matériels d'un grand établissement. Toutefois, comme les consciences ne se prêtaient pas aussi facilement que Napoléon l'imaginait à ces nouveautés, et que le clergé n'osant résister ouvertement, employait une voie détournée pour exhaler son mécontentement, celle des missions extraordinaires, dans lesquelles on avait vu les royalistes du Midi et de la Bretagne accourir en foule, il avait interdit purement et simplement les missions, tant au dedans qu'au dehors de l'Empire. — « Pour le service du culte au dedans, avait-il dit, le clergé ordinaire suffit. Je présume assez de ses lumières et de son zèle pour croire qu'il n'a pas besoin de prédicateurs ambulants pour le suppléer. Quant au dehors, je n'ai pas le zèle du prosélytisme. Je me contente de protéger le culte chez moi. Je n'ai pas l'ambition de le propager chez autrui. » — Le cardinal Fesch ayant voulu faire sentir qu'une pareille interdiction alarmerait les fidèles beaucoup plus que tout ce qui les avait affligés jusqu'alors, Napoléon lui avait enjoint de s'abstenir de toute réflexion, et de donner le premier l'exemple de l'obéissance, car une simple apparence de résistance serait plus sévèrement réprimée chez lui que chez tout autre.

Tandis que Napoléon, mêlant les affaires sérieuses aux plaisirs, les résolutions sensées d'une grande administration aux illusions d'une politique aveugle,

Nov. 1809.

Napoléon se transporte de Fontainebleau à Paris

se reposait dans la belle résidence de Fontainebleau des fatigues et des périls de la guerre, l'arrivée à Paris des souverains alliés le décida à s'y rendre pour les recevoir. C'étaient le roi et la reine de Bavière, le roi de Saxe, le roi de Wurtemberg, qui venaient se joindre aux princes parents, aux rois et reines de Hollande, de Westphalie, de Naples. Napoléon fit sa rentrée à Paris à cheval le 14 novembre. Il n'y avait point paru depuis son départ pour l'armée, le 12 avril. Les fêtes pour la paix s'ajoutant à tout l'éclat d'une réunion princière sans exemple, Paris jouit d'un automne brillant et qui arrivait à propos, après un été et un printemps qui n'avaient présenté que solitude et tristesse.

Mais, au milieu de ces fêtes, Napoléon préparait enfin la grande résolution qui devait tant coûter à son cœur, tant plaire à son orgueil, et si peu servir sa puissance, nous voulons parler du divorce et du mariage qui allait s'ensuivre. Les scènes de jalousie devenues plus vives à mesure que l'infortunée Joséphine croyait s'apercevoir qu'on lui cachait quelque chose de plus grave qu'une infidélité, irritaient Napoléon sans lui donner pourtant la force de rompre. Il s'y essayait en devenant plus froid, plus contenu, plus dur. Mais cet état lui était insupportable, et il avait hâte d'en finir. Il fit partir pour Milan un courrier qui portait au prince Eugène l'ordre de venir sur-le-champ à Paris. Il y retint la reine Hortense, afin d'entourer Joséphine de ses enfants dans le moment difficile, et de lui préparer ainsi les consolations qu'il pensait devoir lui être les plus douces. Il manda l'archichancelier Cambacérès, M. de Champagny, et s'ouvrit séparément à eux, mais à eux seuls, de la résolution qu'il avait définitivement prise, et à laquelle ils étaient appelés à concourir chacun de son côté. Avec l'archichancelier Cambacérès il s'occupa de la forme du divorce. Il lui dit que Joséphine se doutait de ce qui se préparait, mais qu'il attendait le prince Eugène pour lui tout avouer; que jusque-là il désirait le secret le plus absolu, et qu'il voulait en finir immédiatement après. Il lui répéta ses raisons de divorcer, tirées de la nécessité d'assurer un héritier à l'Empire, un héritier incontesté, devant lequel se tairaient toutes les jalousies de famille. Il laissa voir encore toutes les illusions qu'il se faisait, attachant la durée non à la prudence, mais à un mariage, qui, bien qu'il eût son utilité, serait de peu d'importance contre l'Europe conjurée. Il parla du reste pour ordonner, non pour consulter, et montra la résolution où il était d'entourer cet acte des formes les plus affectueuses, les plus honorables pour Joséphine. Il ne voulait rien de ce qui pouvait ressembler à une répudiation, et n'admettait qu'une simple dissolution du lien conjugal, fondée sur le consentement mutuel, consentement fondé lui-même sur l'intérêt de l'Empire. Il fut convenu qu'après un conseil de famille, dans lequel l'archichancelier recevrait l'expression de la volonté des deux époux, un sénatus-consulte rendu par le Sénat, en forme solennelle, prononcerait la

Nov. 1809.

Il concerte avec M. de Cambacérès les formes du divorce et avec M. de Champagny la négociation relative au choix d'une nouvelle épouse.

Formes du divorce civil.

dissolution du lien civil, et que dans ce même acte le sort de Joséphine serait assuré magnifiquement. Napoléon avait décidé qu'elle aurait un palais à Paris, une résidence princière à la campagne, trois millions de revenu, et le premier rang entre les princesses après la future impératrice régnante. Il entendait la conserver auprès de lui, comme la meilleure et la plus tendre amie.

Dans tous ces arrangements Napoléon avait oublié le lien spirituel, qu'il fallait dissoudre aussi pour que le divorce fût complet. Il ne paraissait pas y attacher grande importance, comptant que le secret avait été gardé par le cardinal Fesch et Joséphine sur la consécration religieuse qui avait été donnée à leur mariage la veille du couronnement. Mais le cardinal Fesch en avait parlé à l'archichancelier Cambacérès, et celui-ci fit sentir à Napoléon que les cours étrangères auxquelles il songeait à s'unir pourraient bien attacher à la question religieuse une importance qu'il n'y attachait pas lui-même, qu'il fallait donc s'occuper de dissoudre le lien spirituel comme le lien civil. Napoléon s'irrita beaucoup contre le cardinal Fesch, dit que la cérémonie faite sans témoins, dans la chapelle des Tuileries, n'avait aucune valeur, qu'elle avait uniquement eu pour but de tranquilliser la conscience du Pape, et que vouloir en ce moment lui créer un pareil obstacle, était une perfidie de son oncle le cardinal. Il fut néanmoins convenu que l'archichancelier Cambacérès, dès qu'on ne serait plus obligé de garder le secret, réunirait quelques évêques pour rechercher le moyen de dissoudre le lien spirituel sans recourir au Pape, duquel on ne pouvait rien attendre dans l'état des relations de l'Empire avec l'Église romaine.

Nov. 1809.

Napoléon s'occupa ensuite de la princesse qu'il appellerait à remplacer Joséphine sur le trône de France, et à cet égard il prit pour unique confident M. de Champagny, comme il avait pris le prince Cambacérès pour unique confident relativement aux questions de forme. Il fallait que le nouveau mariage, en lui donnant un héritier, et en servant ainsi sa politique de fondateur d'empire, servît aussi sa politique extérieure, en consolidant son système d'alliances. Il pouvait choisir une épouse ou dans les petites cours ou dans les grandes, comme font les monarques prépondérants. En cherchant leurs épouses dans les grandes cours, ils se renforcent de la bonne volonté des grands États, mais pas pour longtemps, ainsi que l'expérience le prouve, les grands États étant nécessairement jaloux les uns des autres, et les alliances de famille n'étant que des trêves à leurs jalousies. En s'alliant aux petites, ils s'attachent plus solidement les seules cours qui puissent leur être fidèles, parce que n'ayant pas de raison d'être jalouses, elles peuvent être fidèles quand leur intérêt toutefois est pleinement satisfait. En demandant sa nouvelle épouse à une cour secondaire, Napoléon avait un choix simple et honorable à faire, c'était celui de la fille du roi de Saxe, le prince allemand qui lui était le plus attaché, qui lui devait le plus, qui mé-

Première préférence de Napoléon relativement au choix d'une nouvelle épouse.

ritait le plus d'estime. La princesse était d'âge mûr, bien constituée, respectable dans ses mœurs. Tout était facile et sûr dans cette union, quoiqu'elle présentât peu d'éclat.

En portant ses regards vers les grandes cours, Napoléon ne pouvait choisir qu'entre l'Autriche et la Russie. Rien n'était plus noble, plus près de ce qu'on appelle légitimité, qu'une alliance avec l'Autriche, et cette alliance était possible, car les représentants de la cour de Vienne avaient insinué en cent façons que cette cour ne demanderait pas mieux que de s'unir à Napoléon. Mais les haines étaient bien récentes! On venait de s'égorger : s'embrasser, s'épouser sitôt après les batailles d'Essling et de Wagram, n'était-ce pas une inconséquence choquante pour le bon sens des peuples? D'ailleurs (et cette raison était la principale), c'était renoncer à l'alliance russe, qui depuis Tilsit faisait le fondement de la politique de l'Empire. Napoléon avait eu depuis six mois plus d'un sujet de froideur avec Alexandre, notamment dans la dernière guerre, où il en avait été si mal secondé; mais il regardait encore l'alliance russe comme la principale, comme celle qui lui suffisait pour tenir le continent enchaîné et l'Angleterre isolée, ne dût-elle, dans sa froideur, produire que la neutralité. Il voulait donc la conserver, tout en disant à l'empereur Alexandre, comme il n'avait pas manqué de le faire dans ses dernières communications, en quoi il avait lieu d'être content ou mécontent de lui. Un mariage avec la cour de Russie était naturellement indiqué par tout ce qui s'était passé auparavant. A Erfurt Napoléon avait amené l'empereur Alexandre à lui parler de son union possible avec une princesse russe, la grande-duchesse Anne, qui restait à marier. Le czar s'était montré, quant à lui, tout disposé à y consentir, et n'avait paru prévoir de difficultés que de la part de sa mère, princesse respectable, mais orgueilleuse, et remplie des préjugés de l'aristocratie européenne. Celle-ci s'était hâtée d'unir la grande-duchesse Catherine, princesse remarquable par la beauté, l'esprit, le caractère, et d'âge tout à fait propre au mariage, à un simple duc d'Oldenbourg, afin d'éviter une demande qu'elle entrevoyait, et qu'elle redoutait. Il était donc à craindre qu'elle ne fût guère disposée à donner sa seconde fille à Napoléon, n'ayant pas hésité à précipiter le mariage de la première, pour éviter une alliance contraire à ses sentiments personnels. Alexandre néanmoins avait promis ses bons offices et presque le succès, sans toutefois s'engager, résolu qu'il était à ne pas violenter sa mère. Là-dessus, comme nous l'avons dit en son lieu, on s'était quitté enchanté l'un de l'autre. Après de tels pourparlers, il était impossible de songer à une autre union sans rompre l'alliance, ce que Napoléon ne voulait pas. Il espérait d'ailleurs qu'un semblable mariage rendrait à l'alliance russe toute la chaleur qu'elle avait perdue, et toute l'influence qu'il en attendait sur l'Europe.

En conséquence, il ordonna à M. de Champagny

d'écrire à Saint-Pétersbourg une dépêche qu'il chiffrerait de sa propre main, que M. de Caulaincourt, de son côté, déchiffrerait lui-même, qui resterait un secret pour tout le monde, même pour M. de Romanzoff, et qui ne serait connue que de l'empereur Alexandre en personne. Dans cette dépêche, datée du 22 novembre [1], M. de Champagny disait :

« Des propos de divorce étaient revenus à Erfurt aux oreilles de l'empereur Alexandre, qui en parla à l'Empereur, et lui dit que la princesse Anne sa sœur était à sa disposition. S. M. veut que vous abordiez la question franchement et simplement avec l'empereur Alexandre, et que vous lui parliez en ces termes :

« Sire, j'ai lieu de penser que l'Empereur, pressé
» par toute la France, se dispose au divorce. Puis-je
» mander qu'on peut compter sur votre sœur ? Que
» V. M. y pense deux jours, et me donne franche-
» ment sa réponse, non comme à l'ambassadeur
» de France, mais comme à une personne pas-
» sionnée pour les deux familles. Ce n'est point
» une demande formelle que je vous fais, c'est un
» épanchement de vos intentions que je sollicite.
» Je hasarde, Sire, cette démarche, parce que je
» suis trop accoutumé à dire à V. M. ce que je

---

[1] Je parle, comme on doit s'en douter, d'après les originaux eux-mêmes, restés inconnus jusqu'ici. Rien n'est plus curieux, plus défiguré dans les récits publiés, que ce qui concerne le divorce et le mariage de Napoléon. J'écris d'après la correspondance secrète, et d'après les mémoires inédits du prince Cambacérès et de la reine Hortense.

» pense, pour craindre qu'elle me compromette jamais. »

» Vous n'en parlerez pas à M. de Romanzoff, sous quelque prétexte que ce soit, et lorsque vous aurez eu cette conversation avec l'empereur Alexandre, et celle qui doit la suivre deux jours après, vous oublierez entièrement la communication que je vous fais. Il vous restera à me faire connaître les qualités de la jeune princesse, et surtout l'époque où elle peut être en état de devenir mère, car dans les calculs actuels six mois de différence font un objet. Je n'ai point besoin de recommander à V. E. le plus inviolable secret, elle sait ce qu'elle doit à cet égard à l'Empereur. »

Ces dépêches étant parties, et tout étant préparé pour amener la dissolution du mariage avec l'impératrice Joséphine, et la formation d'une nouvelle alliance avec une princesse russe, Napoléon attendait impatiemment l'arrivée du prince Eugène pour tout dire à Joséphine, lorsque le redoutable secret s'échappa comme malgré lui. Chaque jour l'infortunée étant plus triste, plus agitée, plus importune dans ses plaintes, Napoléon, fatigué, coupa court à ses reproches, en lui disant qu'il fallait du reste songer à d'autres nœuds que ceux qui les unissaient, que le salut de l'Empire voulait enfin une grande résolution de leur part, qu'il comptait sur son courage et sur son dévouement pour consentir à un divorce, auquel il avait lui-même la plus grande difficulté à se résoudre. A peine ces terribles mots étaient-ils prononcés que Joséphine

Nov. 1809.

Aveu imprévu de Napoléon à Joséphine, et communication à cette princesse du projet définitif de divorce.

fondit en larmes, et tomba presque évanouie. L'Empereur appela sur-le-champ le chambellan de service, M. de Beausset, lui dit de l'aider à relever l'Impératrice qui était en proie à des convulsions violentes, et tous deux la soutenant dans leurs bras la transportèrent dans ses appartements. On avertit la reine Hortense, qui accourut auprès de l'Empereur, qu'elle trouva tout à la fois ému et irrité des obstacles opposés à ses desseins. Il dit brusquement, presque durement à la jeune reine, que son parti était pris, que les larmes, les cris ne changeraient rien à une résolution devenue inévitable, et nécessaire au salut de l'Empire. Il se montrait dur comme pour arrêter des pleurs devant lesquels il se sentait prêt à défaillir. La reine Hortense, dont la fierté souffrait en ce moment pour elle et pour sa mère, se hâta d'assurer l'Empereur que des pleurs, des cris, il n'en entendrait pas, que l'Impératrice ne manquerait pas de se soumettre à ses désirs, et de descendre du trône comme elle y était montée, par sa volonté; que ses enfants, satisfaits de renoncer à des grandeurs qui ne les avaient pas rendus heureux, iraient volontiers consacrer leur vie à consoler la meilleure et la plus tendre des mères. L'épouse infortunée du roi Louis avait bien des motifs pour parler ainsi. Mais en l'écoutant Napoléon ramené sur-le-champ d'une dureté qu'il affectait à l'émotion vraie qu'il ressentait au fond du cœur, se mit lui-même à répandre des larmes, à exprimer à sa fille adoptive toute la douleur qu'il éprouvait, toute la violence qu'il était obligé de se faire pour prendre le parti qu'il avait pris, toute la gravité des motifs qui l'avaient décidé à agir de la sorte, et la supplia de ne point le quitter, de rester auprès de lui, d'y rester avec le prince Eugène, pour l'aider à consoler leur mère, à la rendre calme, résignée, heureuse même, en devenant une amie, d'épouse qu'elle ne pouvait plus être. Napoléon raconta alors tout ce qu'il voulait faire pour elle, afin de lui dissimuler autant que possible le changement de situation qui allait suivre ce pénible divorce. Des palais, des châteaux, de magnifiques revenus, le premier rang à la cour après celui de l'impératrice régnante, tout cela si peu que ce fût, en descendant du trône, était quelque chose néanmoins pour l'esprit mobile et frivole de Joséphine. La reine Hortense, qui aimait tendrement sa mère, courut auprès d'elle pour essayer de la consoler, ou du moins d'atténuer sa douleur. Elle eut d'abondantes larmes à voir couler, et à verser elle-même. Pourtant Joséphine se montra plus calme les jours suivants. Elle attendait son fils. Tant qu'il n'était pas arrivé, tant qu'un acte solennel n'était pas intervenu entre elle et son époux, elle espérait encore. Napoléon, du reste, la comblait de soins maintenant que le terrible secret était révélé, et de manière à lui faire presque illusion.

Cependant les éclats de la douleur de Joséphine entendus par les serviteurs du palais avaient bientôt retenti dans les Tuileries, et des Tuileries dans Paris. D'ailleurs la joie de la famille Bonaparte toujours jalouse de la famille Beauharnais, se manifestant par des indiscrétions involontaires, aurait suffi pour tout révéler. Déjà même une cour ingrate et curieuse, devançant les propos du public, oubliait l'impératrice détrônée, pour ne s'occuper que de l'impératrice future, et la chercher sur tous les trônes de l'Europe. Napoléon voulait faire cesser une situation aussi pénible et aussi fausse, et n'attendait pour cela que l'arrivée du prince Eugène.

Cet excellent prince arriva à Paris le 9 décembre. Sa sœur, accourue à sa rencontre, se jeta dans ses bras en lui annonçant le triste sort de leur mère. Il avait été jusque-là dans l'incertitude, et au lieu de prévoir un malheur, il avait été induit un moment à espérer le comble des grandeurs, car la princesse Auguste, son épouse, lui avait dit qu'on le mandait peut-être pour le déclarer héritier de l'Empire. Ses succès dans la dernière guerre avaient contribué à lui procurer cette courte illusion. Au surplus, ce prince, modéré dans ses désirs, en apprenant le motif qui le faisait mander à Paris, fut principalement affligé pour sa femme, car il était évident que si Napoléon avait pour successeur un fils, il n'amoindrirait pas l'héritage de ce fils, et n'en détacherait pas le royaume d'Italie. Il fallait donc non-seulement renoncer au trône de France, auquel il n'avait après tout ni aspiré, ni cru, mais au trône d'Italie, qu'une longue possession semblait l'avoir destiné à conserver comme patrimoine. Il se rendit néanmoins auprès de l'Empereur, résigné à tout, souffrant pour les siens bien plus que pour lui-même. Napoléon, qui l'aimait, le serra dans ses bras, lui expliqua ses motifs, lui démontra l'impossibilité de le faire régner lui Beauharnais sur les Bonaparte si difficiles à soumettre, et lui retraça ses projets pour conserver aux Beauharnais une existence conforme aux quelques années de grandeur dont ils avaient joui. Il conduisit ensuite les deux enfants de Joséphine à leur mère. L'entrevue fut longue et douloureuse. — Il faut que notre mère s'éloigne, répétait Eugène, comme déjà l'avait dit la reine de Hollande, il faut que nous nous éloignions avec elle, et que tous ensemble nous allions expier dans la retraite une grandeur éphémère, qui a troublé plus qu'embelli notre existence. — Napoléon, ému, bouleversé, pleurant comme eux, leur dit qu'il fallait au contraire rester auprès de lui, avec leur mère, dans tout l'éclat de situation où il voulait les maintenir, pour bien attester que Joséphine n'était ni répudiée ni disgraciée, mais sacrifiée à une nécessité d'État, et récompensée de son noble sacrifice par la grandeur de ses enfants, et par la tendre amitié de celui qui avait été son époux. — Après beaucoup d'exagérations, car les exagérations apaisent la douleur comme les larmes elles-mêmes, les enfants de Joséphine, comblés des témoignages d'affection de Napoléon, éprouvèrent un soulagement qui passa dans le cœur de leur mère. Un peu de calme succéda à ces violentes agitations, mais elles laissèrent sur le noble visage de Napoléon des traces profondes, dont furent frappés ceux qui ne le croyaient

Déc. 1809.

Longue entrevue de famille dans laquelle le divorce est définitivement convenu.

capable de concevoir dans son âme impérieuse que des volontés fortes et aucune affection tendre. Le sacrifice étant fait, il fallait le rendre irrévocable. Le 15 décembre fut le jour choisi pour consommer la dissolution du lien civil, d'après les formalités arrêtées avec l'archichancelier Cambacérès.

Cérémonie du divorce le 15 décembre.

Le 15 au soir, toute la famille impériale se réunit dans le cabinet de l'Empereur aux Tuileries. Étaient présents l'impératrice mère, le roi et la reine de Hollande, le roi et la reine de Naples, le roi et la reine de Westphalie, la princesse Borghèse, le prince Eugène, le chancelier Cambacérès et le comte Regnaud de Saint-Jean-d'Angely, ces deux derniers remplissant les fonctions d'officiers de l'état civil pour la famille impériale. Napoléon, debout, tenant par la main Joséphine qui était en pleurs, et ayant lui-même les larmes aux yeux, lut le discours suivant :

« Mon cousin le prince archichancelier, je vous
» ai expédié une lettre close en date de ce jour,
» pour vous ordonner de vous rendre dans mon
» cabinet, afin de vous faire connaître la résolution
» que moi et l'Impératrice, ma très-chère épouse,
» nous avons prise. J'ai été bien aise que les rois,
» reines et princesses, mes frères et sœurs, beaux-
» frères et belles-sœurs, ma belle-fille et mon beau-
» fils, devenu mon fils d'adoption, ainsi que ma
» mère, fussent présents à ce que j'avais à vous
» faire connaître.

» La politique de ma monarchie, l'intérêt et le
» besoin de mes peuples, qui ont constamment
» guidé toutes mes actions, veulent qu'après moi

» je laisse à des enfants, héritiers de mon amour
» pour mes peuples, ce trône où la Providence m'a
» placé. Cependant, depuis plusieurs années, j'ai
» perdu l'espérance d'avoir des enfants de mon
» mariage avec ma bien-aimée épouse l'impéra-
» trice Joséphine : c'est ce qui me porte à sacrifier
» les plus douces affections de mon cœur, à n'écou-
» ter que le bien de l'État, et à vouloir la dissolu-
» tion de notre mariage.

» Parvenu à l'âge de quarante ans, je puis con-
» cevoir l'espérance de vivre assez pour élever dans
» mon esprit et dans ma pensée les enfants qu'il
» plaira à la Providence de me donner. Dieu sait
» combien une pareille résolution a coûté à mon
» cœur; mais il n'est aucun sacrifice qui soit au-
» dessus de mon courage, lorsqu'il m'est démontré
» qu'il est utile au bien de la France.

» J'ai le besoin d'ajouter que loin d'avoir jamais
» eu à me plaindre, je n'ai au contraire qu'à me
» louer de l'attachement et de la tendresse de ma
» bien-aimée épouse. Elle a embelli quinze ans de
» ma vie; le souvenir en restera toujours gravé
» dans mon cœur. Elle a été couronnée de ma main;
» je veux qu'elle conserve le rang et le titre d'im-
» pératrice, mais surtout qu'elle ne doute jamais
» de mes sentiments, et qu'elle me tienne toujours
» pour son meilleur et son plus cher ami. »

Napoléon ayant cessé de parler, Joséphine, tenant un papier dans ses mains, essaya de le lire.
Mais les sanglots étouffant sa voix, elle le transmit
à M. Regnaud, qui lut les paroles suivantes :

« Avec la permission de mon auguste et cher
» époux, je dois déclarer que, ne conservant au-
» cun espoir d'avoir des enfants qui puissent satis-
» faire les besoins de sa politique et l'intérêt de la
» France, je me plais à lui donner la plus grande
» preuve d'attachement et de dévouement qui ait
» été donnée sur la terre. Je tiens tout de ses bon-
» tés ; c'est sa main qui m'a couronnée, et, du haut
» de ce trône, je n'ai reçu que des témoignages
» d'affection et d'amour du peuple français.

» Je crois reconnaître tous ces sentiments en
» consentant à la dissolution d'un mariage qui dé-
» sormais est un obstacle au bien de la France,
» qui la prive du bonheur d'être un jour gouver-
» née par les descendants d'un grand homme, si
» évidemment suscité par la Providence pour effa-
» cer les maux d'une terrible révolution, et réta-
» blir l'autel, le trône et l'ordre social. Mais la dis-
» solution de mon mariage ne changera rien aux
» sentiments de mon cœur : l'Empereur aura tou-
» jours en moi sa meilleure amie. Je sais combien
» cet acte, commandé par la politique et par de
» si grands intérêts, a froissé son cœur, mais l'un
» et l'autre nous sommes glorieux du sacrifice que
» nous faisons au bien de la patrie. »

Après ces paroles, les plus belles qui aient été prononcées en pareille circonstance, parce que, il faut le dire, jamais de vulgaires passions ne présidèrent moins à un acte de ce genre ; après ces paroles, l'archichancelier dressa procès-verbal de cette double déclaration, et Napoléon embrassant

Joséphine la conduisit chez elle, et l'y laissa presque évanouie dans les bras de ses enfants. Il se rendit immédiatement à la salle du conseil, où, conformément aux constitutions de l'Empire, un conseil privé était réuni pour rédiger le sénatus-consulte qui devait prononcer la dissolution du mariage de Napoléon et de Joséphine. Le sénatus-consulte rédigé dut être porté le lendemain au Sénat.

Il le fut en effet, et ce grand corps, réuni par ordre de l'Empereur, s'assembla pour recevoir la déclaration des deux augustes époux, et statuer sur leur résolution. La séance commença par la réception du prince Eugène comme sénateur. Nommé à l'époque de son départ pour l'Italie, il n'avait pas encore pris possession de son siége. On lui avait préparé quelques paroles dignes et simples qu'il prononça à l'occasion du nouveau sénatus-consulte. « Ma mère, ma sœur et moi, dit-il, nous devons
» tout à l'Empereur. Il a été pour nous un véritable
» père; il trouvera en nous, dans tous les temps,
» des enfants dévoués et des sujets soumis.

» Il importe au bonheur de la France que le fon-
» dateur de cette quatrième dynastie vieillisse en-
» vironné d'une descendance directe, qui soit notre
» garantie à tous, comme le gage de la gloire de
» la patrie.

» Lorsque ma mère fut couronnée devant toute
» la nation par les mains de son auguste époux,
» elle contracta l'obligation de sacrifier toutes ses
» affections aux intérêts de la France. Elle a rempli

Déc. 1809.

Consécration définitive du divorce de Napoléon avec Joséphine par un acte du Sénat.

» avec courage, noblesse et dignité, ce premier des
» devoirs. Son âme a été souvent attendrie en
» voyant en butte à de pénibles combats le cœur
» d'un homme accoutumé à maîtriser la fortune, et
» à marcher toujours d'un pas ferme à l'accomplis-
» sement de ses grands desseins. Les larmes qu'a
» coûté cette résolution à l'Empereur suffisent à la
» gloire de ma mère. Dans la situation où elle va
» se trouver, elle ne sera pas étrangère, par ses
» vœux et par ses sentiments, aux nouvelles pros-
» pérités qui nous attendent, et ce sera avec une
» satisfaction mêlée d'orgueil qu'elle verra tout ce
» que ses sacrifices auront produit d'heureux pour
» sa patrie et pour son Empereur. »

Le sénatus-consulte fut adopté séance tenante. Il prononçait la dissolution du mariage contracté entre l'empereur Napoléon et l'impératrice Joséphine, maintenait à celle-ci le rang d'impératrice couronnée, lui attribuait un revenu de deux millions, et rendait obligatoires pour les successeurs de Napoléon les dispositions qu'il ferait en sa faveur sur la liste civile. Ces dispositions furent le don d'une pension annuelle d'un million payée par la liste civile, indépendamment des deux millions payés par le Trésor de l'État, l'abandon en toute propriété des châteaux de Navarre, de la Malmaison, et d'une foule d'objets précieux.

Le lendemain 17 décembre, toutes les pièces furent insérées au *Moniteur*, et la dissolution du mariage connue du public. On fut ému du sort de Joséphine, qui était aimée pour sa bonté, même pour ses défauts, conformes au caractère de la nation. Mais après un moment d'intérêt accordé à sa disgrâce, on ne songea plus qu'à deviner celle qui la remplacerait. L'opinion était partagée entre une princesse russe et une princesse autrichienne. En général, on croyait plus à l'union avec une princesse russe, se fondant, comme Napoléon lui-même, sur le motif de l'alliance avec la Russie. Quant à la malheureuse Joséphine, elle s'était retirée à la Malmaison, où elle vivait entourée de ses enfants, qui cherchaient à la consoler, sans beaucoup y réussir. Napoléon était allé la voir dès le lendemain, et il continua de la visiter les jours suivants. Il crut devoir s'envelopper d'une sorte de deuil, et, quittant les hôtes illustres qui étaient venus à sa cour, il se retira à Trianon, pour y chasser, y travailler et y attendre la suite des négociations commencées. De nouvelles dépêches avaient été expédiées à Saint-Pétersbourg le 17 (jour de l'insertion du sénatus-consulte au *Moniteur*), afin de presser la cour de Russie de répondre sur-le-champ par oui ou par non. Elles disaient que toutes les conditions seraient acceptées, même celles qui seraient relatives à la religion; qu'un seul point pourrait faire obstacle : c'était l'âge et la santé de la princesse, car avant tout on voulait un héritier; mais que si on pouvait espérer de son âge et de son état de santé qu'elle eût des enfants, et que si sa famille consentait à l'union proposée, il fallait que la réponse arrivât sans aucun retard, et qu'on célébrât immédiatement l'alliance désirée, la France ne devant pas

Déc. 1809.

Retraite de Joséphine à la Malmaison, et de Napoléon à Trianon.

Nouvelles dépêches à Saint-Pétersbourg pour accélérer la réponse de la cour de Russie.

être tenue plus long-temps dans l'incertitude.

L'archichancelier Cambacérès avait été chargé de poursuivre la dissolution du lien spirituel, afin de lever les scrupules des cours de religion catholique, si on était ramené à une princesse de cette religion. Pour le lien spirituel ainsi que pour le lien civil, l'annulation du mariage fondée sur une raison de forme, ou sur une raison de grand intérêt public, avait été préférée au divorce ordinaire, comme plus honorable pour Joséphine, et plus conforme aux idées religieuses qui dominaient. La résolution de se passer de l'intervention du Pape avait également prévalu. L'archichancelier Cambacérès, fort expert en ces matières, et en général dans toutes celles qui exigeaient du savoir, de la prudence et une grande fertilité d'expédients, réunit une commission de sept évêques, auxquels il soumit le cas dont il s'agissait. C'étaient l'évêque de Montefiascone (cardinal Maury), l'évêque de Parme, l'archevêque de Tours, l'évêque de Verceil, l'évêque d'Évreux, l'évêque de Trèves, l'évêque de Nantes. Ces savants hommes, après un examen approfondi, reconnurent que, si pour dissoudre un mariage régulier dans un grand intérêt d'État, la seule autorité compétente était le Pape, l'autorité de l'officialité diocésaine suffisait pour un mariage irrégulier, comme celui dont il s'agissait. Or, la cérémonie occulte qui avait été célébrée dans une chapelle des Tuileries, sans témoins[1], sans consen-

---

[1] C'est sur une fausse indication d'un mémoire contemporain et manuscrit que j'ai dit, tome V, page 262, que MM. de Talleyrand et

tement suffisant des parties contractantes, ne pouvait, quoi qu'en dît le cardinal Fesch, constituer un mariage régulier. Il fallait donc en poursuivre l'annulation pour défaut de forme, devant l'officialité diocésaine en première instance, et devant l'autorité métropolitaine en seconde instance.

En conséquence de cet avis, une procédure canonique fut instruite sans bruit, à la requête de l'archichancelier, représentant de la famille impériale, pour parvenir à l'annulation du mariage religieux existant entre l'empereur Napoléon et l'impératrice Joséphine. On entendit des témoins. Ces témoins furent le cardinal Fesch, MM. de Talleyrand, Berthier et Duroc, le premier sur les formes observées, les trois autres sur la nature du consentement donné par les parties. Le cardinal Fesch déclara s'être fait remettre par le Pape des dispenses pour l'inobservance de certaines formes dans l'accomplissement de ses fonctions de grand aumônier, ce qui justifiait, suivant lui, l'absence de témoins et de curé. Quant au titre, il en affirmait l'existence, et par là rendait inutile la précaution qu'on avait prise de retirer des mains de Joséphine le certificat de mariage qui lui avait été délivré par le cardinal Fesch, et que ses enfants avaient obtenu d'elle avec beaucoup de peine. MM. de Tal-

Déc. 1809.

L'annulation du mariage poursuivie devant l'autorité diocésaine pour cause d'irrégularité de forme.

Berthier assistèrent comme témoins au mariage religieux secrètement célébré aux Tuileries la veille du sacre. L'auteur de ce mémoire tenait les faits de la bouche de l'impératrice Joséphine, et avait été induit en erreur. L'examen des pièces officielles, que je n'ai pu me procurer que plus tard, me fournit l'occasion de rectifier cette erreur, qui n'a du reste qu'une pure importance de forme.

leyrand, Berthier et Duroc affirmaient que Napoléon leur avait dit à plusieurs reprises n'avoir voulu consentir qu'à une pure cérémonie, pour rassurer la conscience de Joséphine et celle du Pape, mais que son intention formelle à toutes les époques avait été de ne point compléter son union avec l'Impératrice, ayant la malheureuse certitude d'être obligé bientôt de renoncer à elle, dans l'intérêt de son empire. Ces témoignages relataient des circonstances de détails qui ne laissaient aucun doute à ce sujet.

Motifs sur lesquels se fonde l'autorité diocésaine pour prononcer la nullité du mariage religieux entre Joséphine et Napoléon.

L'autorité ecclésiastique, tout examen fait, reconnut qu'il n'y avait pas consentement suffisant; mais, par respect pour les parties, elle ne voulut point s'appuyer spécialement sur cette nullité. Elle s'attacha à d'autres nullités tout aussi importantes, et qui provenaient de ce qu'il n'y avait point eu de témoins, point de *propre prêtre*, c'est-à-dire pas de curé de la paroisse (seul ministre accrédité par le culte catholique pour donner authenticité au mariage religieux). Elle déclara que les dispenses accordées au cardinal Fesch comme grand aumônier, d'une manière générale, n'avaient pu lui conférer les fonctions curiales, et que dès lors le mariage était nul pour défaut des formes les plus essentielles. En conséquence, le mariage fut cassé devant les deux juridictions diocésaine et métropolitaine, c'est-à-dire en première et seconde instances, avec la décence convenable, et la pleine observance du droit canonique.

Napoléon était donc libre, sans avoir recouru à

rien de ce qui a déshonoré dans l'histoire les répudiations de princesses, sans avoir recouru à la forme du divorce, peu conforme à nos mœurs, et avec tous les égards dus à l'épouse infortunée qui avait si long-temps partagé et embelli sa vie, comme il venait de le dire lui-même. Du reste on ne lui demandait pas tous ces scrupules. On ne lui demandait que son nouveau choix, pour savoir ce qu'il faudrait penser de l'avenir. Il attendait lui-même pour le connaître les réponses de Saint-Pétersbourg, et s'impatientait de ne pas les recevoir.

La communication dont avait été chargé M. de Caulaincourt était délicate et difficile, et quoique la grande faveur dont il jouissait auprès de l'empereur Alexandre lui facilitât toutes choses, cependant les circonstances n'étaient pas heureusement choisies pour réussir. La dernière guerre avait fort altéré l'alliance des deux cours. D'abord, si les choses s'étaient mieux passées cette année en Finlande, si une révolution que nous ferons connaître plus tard avait renversé du trône le roi de Suède, amené la paix et la cession de la Finlande à la Russie, les événements en Orient étaient moins favorables à l'ambition russe, et, depuis qu'on avait donné à l'empereur Alexandre toute liberté à l'égard de la Turquie, il n'avait presque fait aucun progrès sur le Danube, de manière que la Moldavie et la Valachie, bien que concédées par Napoléon, n'étaient pas encore conquises sur les Turcs. On était donc un peu moins satisfait de l'alliance française à Saint-Pétersbourg, quoiqu'on n'eût à se

Déc. 1809.

Négociations à Saint-Pétersbourg pour obtenir la main de la grande-duchesse Anne.

Dispositions politiques de la cour de Russie à la suite de la campagne de 1809.

plaindre que de soi, et non de cette alliance, qui avait tout accordé. Secondement, Napoléon, mécontent du peu de concours qu'il avait reçu de son allié, l'avait traité avec quelque négligence pendant la campagne, ne lui avait écrit qu'après qu'elle avait été finie, et avait mis une singulière hauteur à relever, sans toutefois s'en plaindre, l'inefficacité des secours russes. Alexandre, obligé d'avouer ou l'insuffisance de son gouvernement, ou sa mauvaise volonté, et préférant de beaucoup faire le premier aveu que le second, en avait infiniment souffert dans son amour-propre. — Que voulait-on, répétait-il sans cesse, que je fisse? Mes affaires en Finlande, en Turquie, n'ont pas été mieux menées que celles de Pologne pour l'empereur Napoléon. Pouvais-je faire pour lui plus que je n'ai fait pour moi-même?... — Et il alléguait pour s'excuser du peu de services qu'il avait rendus à Napoléon, les distances, les saisons, l'infériorité de l'administration russe, qui ne présentait ni en personnel ni en matériel les ressources de l'administration française. Mais ce qui, plus que tout le reste, avait blessé l'empereur Alexandre, c'étaient les conditions de la paix conclue avec l'Autriche, et l'agrandissement de près de deux millions de sujets accordé au grand-duché de Varsovie. Il avait vu là, et on avait vu à Saint-Pétersbourg, encore plus que lui, un présage certain du rétablissement prochain de la Pologne, et pendant quinze jours la cour de Russie avait retenti de cris violents contre la France, au point que M. de Caulaincourt osait à peine se montrer. Le don à la Russie d'un lot de quatre cent mille sujets n'avait paru qu'un leurre, destiné à couvrir le rétablissement de la Pologne, que les opposants disaient même complétement réalisé par la réunion de la Gallicie au grand-duché de Varsovie. Alexandre, moins touché de ses propres ombrages que de ceux qu'on ressentait autour de lui, n'avait cessé de se plaindre depuis le dernier traité de Vienne, et de demander des garanties contre le fàcheux avenir qu'on lui laissait entrevoir.

Déc. 1809.

On lui avait remis une lettre fort rassurante de Napoléon, lettre dont il avait fait confidence aux principaux personnages de la cour de Russie : mais les déclarations contenues dans cette lettre n'étant, lui disait-on, que des paroles, il avait été obligé de demander *de l'officiel* (expression textuelle). On avait consenti à lui en donner; et M. de Caulaincourt, après de vives instances de sa part, avait été autorisé d'une manière générale à signer une convention relative à la Pologne. Il s'était laissé entraîner à en signer une, qui devait être dans l'avenir un lien des plus embarrassants pour Napoléon. Dans cette convention, il était dit que le royaume de Pologne ne serait jamais rétabli; que les noms de Pologne et de Polonais disparaîtraient dans tous les actes, et ne seraient plus employés désormais; que le grand-duché ne pourrait s'agrandir plus tard par l'adjonction d'aucune portion des anciennes provinces polonaises; que les ordres de chevalerie polonais seraient abolis; qu'enfin tous ces engagements lieraient le roi de Saxe, grand-

Projet d'une convention par laquelle Napoléon devait s'engager à ne jamais rétablir la Pologne.

duc de Varsovie, comme Napoléon lui-même[1]. Cette étrange convention, qui exposait Napoléon à un rôle si singulier aux yeux des Polonais, n'avait pu être refusée aux ardentes prières de l'empereur Alexandre, qui avait paru décidé à rompre l'alliance si elle n'était pas ratifiée.

C'est dans cette situation, un peu avant la rédaction définitive de la convention précitée, au milieu même des débats de cette rédaction, que survint la demande que M. de Caulaincourt était chargé de faire à la cour de Russie. Ayant reçu du 8 au 9 décembre le premier courrier de Paris, il ne put voir immédiatement l'empereur Alexandre, qui était absent de Saint-Pétersbourg. Il en obtint une audience dès son retour, et lui fit directement l'ouverture dont il était chargé[2]. L'empereur Alexandre, un peu surpris, ne nia point l'espèce d'engagement pris à Erfurt, engagement qui, sans garantir le succès, l'obligeait à tenter un effort auprès de sa mère, pour obtenir la main de la grande-duchesse Anne. Il témoigna le désir et même la forte espérance de réussir; mais il voulut avoir du temps et la liberté de s'y prendre comme il l'entendrait, pour parvenir à ses fins. Soit qu'il fût sincère dans les grands ménagements qu'il affectait envers sa mère, soit que

---

[1] Ces faits si importants, et si décisifs dans la question du mariage, n'ont jamais été connus, et nous les exposons d'après la correspondance authentique de M. de Caulaincourt avec Napoléon.

[2] Presque toutes les lettres relatives au mariage ont été détruites. Pourtant il reste dans les fragments subsistants, et surtout dans la correspondance de Napoléon, des moyens suffisants pour rétablir les faits.

ce fût une manière de se préparer au besoin des moyens de refus, il dit qu'il ne parlerait point au nom de l'empereur Napoléon, mais en son nom propre; qu'il se présenterait non comme intermédiaire d'une demande déjà faite, mais d'une demande possible, probable même, et chercherait à obtenir le consentement de sa mère, en alléguant l'intérêt de sa politique plutôt que l'intention de satisfaire à un vœu exprimé par l'empereur des Français. Après avoir comblé M. de Caulaincourt de témoignages qui devaient être transmis à Napoléon, il ajourna sa réponse, en la promettant aussi prompte que possible.

Que l'empereur Alexandre, qui aimait sa mère et en était aimé, bien qu'une certaine jalousie d'autorité existât entre eux, lui fît un mystère d'un événement aussi important pour la famille impériale, c'était peu vraisemblable. Il est probable qu'il voulait, dans le cas où l'alliance de famille avec Napoléon ne conviendrait pas, que l'amour-propre des deux cours fût moins engagé, sa mère étant supposée avoir fait un refus à l'empereur Alexandre, et non à l'empereur Napoléon, qui n'aurait pas figuré dans la négociation. Il est probable surtout qu'il voulait se réserver une liberté plus grande, afin de faire payer son consentement d'un plus haut prix, et ce prix est celui qui a été indiqué précédemment, la convention relative à la Pologne.

M. de Caulaincourt écrivit donc à Paris le 28 décembre que ses ouvertures avaient été parfaitement accueillies, que tout en faisait espérer le succès, mais qu'il fallait des ménagements infinis, et un peu de patience. Pressé par les courriers de M. de Champagny qui se succédaient sans interruption, il usa des latitudes qui lui étaient données, et fit savoir à la cour de Russie qu'on accepterait toutes les conditions, même celles qui découleraient de la différence de religion. Il vit de nouveau l'empereur, qui lui parut satisfait du résultat de ses premières ouvertures, qui présenta comme à peu près certain le consentement de sa mère, comme tout à fait assuré celui de sa sœur la grande-duchesse Catherine, et comme très-prochain le consentement général et officiel de toute la famille impériale. Néanmoins l'empereur Alexandre réclama encore quelques jours pour s'expliquer d'une manière définitive. Il était évident que l'empereur Alexandre allait finir par consentir, puisqu'il donnait comme acquis le consentement de sa mère et de sa sœur, les seuls qui fissent difficulté ; il était évident qu'il n'oserait pas faire pour son propre compte un refus qui, en blessant l'orgueil si sensible de Napoléon, amènerait une rupture de l'alliance, un changement total de politique, la perte de ses plus chères espérances à l'égard de l'Orient, et enfin une alliance alarmante de la France avec l'Autriche. Les déplaisances tout aristocratiques qu'on pouvait trouver dans une alliance avec une dynastie nouvelle, fort atténuées d'ailleurs par l'incomparable gloire de Napoléon, ne valaient certainement pas le sacrifice des plus grands intérêts de l'Empire. Il n'y avait donc pas de doute quant au consentement définitif, mais la convention relative à la Pologne était le motif manifeste qui retenait encore Alexandre. On était parvenu, après des difficultés de rédaction de tout genre, à s'entendre sur cette convention, mais ce prince ne voulait pas s'engager, quant au mariage, avant de tenir dans ses mains le prix essentiel de l'alliance, c'est-à-dire la ratification de la convention qui le délivrerait du danger de voir s'élever sur ses frontières un royaume de Pologne. Il avait demandé dix jours d'abord, puis il demanda dix jours encore, et promit de s'être expliqué dans la seconde moitié de janvier. La première ouverture datait du milieu de décembre.

Napoléon, qui avait écrit le 22 novembre, qui comptait sur une réponse vers la fin de décembre, ou le commencement de janvier (les courriers mettaient alors 12 et 14 jours pour aller de Paris à Saint-Pétersbourg), était fort impatient de savoir à quoi s'en tenir, et déjà un peu blessé des lenteurs qu'on mettait à s'expliquer avec lui. Il se regardait comme supérieur à tous les princes de son temps, non pas seulement par le génie (ce qui n'était pas en question), mais par la situation que ce génie lui avait faite. Il croyait qu'on devait accepter sa main dès qu'il consentait à l'offrir, et ces affectations de ménagements pour une vieille princesse, qui en réalité dépendait d'Alexandre, le disposèrent assez peu favorablement. Une circonstance contribuait surtout à lui faire prendre en plus mauvaise part l'hésitation vraie ou calcu-

Janv. 1810.

d'Alexandre, qui veut évidemment faire dépendre le mariage de sa sœur de l'acceptation de la convention relative à la Pologne.

Effet que produisent sur Napoléon les lenteurs calculées de l'empereur Alexandre.

Janv. 1840.

Empressement des autres cours à s'unir à Napoléon.

Désir ardent de l'Autriche de former avec Napoléon une alliance de famille.

lée de la Russie, c'était l'empressement que manifestaient les autres cours auxquelles il pouvait s'allier.

La maison de Saxe, bien entendu, ne demandait pas mieux. En consentant à donner sa fille, princesse d'un âge déjà un peu avancé, mais parfaitement élevée, et constituée de façon à faire espérer une prompte et saine postérité, le vieux roi de Saxe semblait ne pas faire un sacrifice à la politique, mais céder à un penchant de son cœur. Il avait en effet conçu pour Napoléon un véritable attachement.

De la part de l'Autriche, les démonstrations n'étaient pas moins favorables. Des communications indirectes s'étaient établies avec cette cour, et avaient appris que son désir de s'allier à Napoléon était des plus vifs. Le prince de Schwarzenberg, passé de l'ambassade de Saint-Pétersbourg à l'ambassade de Paris, venait d'arriver en France, et avait éprouvé en y arrivant le chagrin d'y représenter une cour vaincue, et qui allait l'être bien plus encore, si l'alliance de la France avec la Russie devenait plus étroite. C'était cette alliance qui avait fait échouer la dernière levée de boucliers de l'Autriche; c'était cette alliance continuée qui allait la maintenir dans un état de nullité complète, et peut-être la livrer à un avenir inconnu. Un mariage avec la France, quand il ne rendrait pas à l'Autriche une situation bien forte, ferait cesser au moins l'alliance de la France avec la Russie, assurerait d'ailleurs la paix dont on avait grand besoin, et dissiperait les craintes plus ou moins fondées que l'événement de Bayonne avait inspirées à toutes les anciennes dynasties. Aussi tous les négociateurs autrichiens, tant civils que militaires, avaient-ils fait à cet égard des insinuations qui n'avaient pas été accueillies par Napoléon, tout plein alors de l'idée d'un mariage russe, mais qui étaient restées en sa mémoire. M. de Metternich, devenu premier ministre à la place de M. de Stadion, familiarisé à Paris avec les princes et princesses d'origine récente, n'ayant contre ceux-ci aucun des préjugés des anciennes cours, aurait voulu naturellement inaugurer son ministère par un mariage de si grande conséquence politique; et le prince de Schwarzenberg, informé des dispositions de ce premier ministre, désirait autant que lui substituer l'Autriche à la Russie, dans la nouvelle intimité qui allait, croyait-on, dominer l'Europe. Mais arrivé à Paris, il voyait avec chagrin le prince Kourakin caressé, flatté, comme le représentant de la cour avec laquelle on allait contracter mariage, et sa situation, déjà fâcheuse par suite de la dernière guerre, devenir plus fâcheuse encore par suite de l'union qui se préparait. On avait été informé de ces dispositions par le secrétaire de la légation autrichienne, M. de Floret, lequel en avait parlé à M. de Sémonville, et celui-ci se mêlant le plus qu'il pouvait de toutes choses, avait redit à M. Maret ce qu'il avait appris de M. de Floret. On avait de plus sous la main un Français fort lié avec M. de Schwarzenberg, c'était M. de Laborde, fils du célèbre ban-

Janv. 1810.

Secrètes communications avec le prince de Schwarzenberg, qui révèlent les désirs de l'Autriche.

quier du dix-huitième siècle, établi en Autriche pendant la Révolution, et récemment rentré en France. M. de Laborde était fort connu de M. de Champagny, qui l'employa en cette circonstance pour parvenir à pénétrer exactement les dispositions de l'Autriche. Le prince de Schwarzenberg fit part à M. de Laborde de ses inquiétudes, de ses déplaisirs, du chagrin qu'il avait de remplir à Paris une mission qui devenait des plus désagréables, surtout le mariage avec une princesse russe semblant assuré, d'après toutes les apparences. M. de Laborde se hâta de rapporter ces détails à M. de Champagny, qui l'autorisa à insinuer que le choix de l'empereur Napoléon n'avait rien de définitif, que tout ce qu'on disait dans le public était très-hasardé, et qu'il n'était pas impossible que la politique de l'Empereur le ramenât bientôt vers une alliance autrichienne. Ces paroles, redites, sans caractère officiel, avec beaucoup d'adresse, comme bruits recueillis à bonne source, causèrent une grande satisfaction au prince de Schwarzenberg, qui se hâta d'écrire à Vienne, pour savoir comment il devrait accueillir une demande de mariage, si le sort des négociations lui en faisait arriver une.

Pendant ces négociations avec la cour de Saint-Pétersbourg, et ces secrètes communications avec la cour d'Autriche, la croyance à un mariage russe était généralement établie à Paris, mais les désirs fort partagés entre une princesse russe et une princesse autrichienne. La plupart de ceux qui entouraient Napoléon se faisaient une opinion suivant leur position, leur passé, leurs intérêts ; quelques-uns, en petit nombre, suivant leur prévoyance désintéressée. Tous ceux qui avaient une affinité quelconque avec l'ancien régime, comme M. de Talleyrand, par exemple, et qui voyaient dans un mariage autrichien un pas de plus en arrière, opinaient pour une fille de l'empereur François. M. de Talleyrand avait en outre un penchant invariable pour l'Autriche contre les puissances du Nord, et des liaisons avec cette cour, qui souvent avaient paru suspectes à Napoléon. M. Maret, que M. de Talleyrand traitait avec un extrême dédain, se trouvait cette fois d'accord avec lui, et tous deux semblaient s'être entendus pour tenir le même langage. M. Maret n'avait pas d'autre raison que d'avoir été l'intermédiaire par MM. de Sémonville et de Floret des premières confidences de l'Autriche. Dans la famille impériale, la famille Beauharnais tout entière inclinait pour l'Autriche, et sur une question qui n'aurait jamais dû provoquer de sa part aucun avis, elle se hâtait d'en avoir un et de l'exprimer avec une étrange vivacité. Son motif vrai c'était le désir d'une paix durable en Italie et en Bavière, ce qui pour le prince Eugène et son beau-père était d'un fort grand intérêt. Bien que le prince Eugène ne fût pas destiné à régner en Italie si Napoléon avait un héritier direct, il était appelé à gouverner ce royaume, en qualité de vice-roi, pendant la vie de Napoléon, c'est-à-dire pendant vingt ou trente ans (on supposait alors cette durée à son règne et à sa vie), et il souhaitait que ce royaume ne fût pas comme dans la dernière guerre exposé à voir les Autrichiens à Vérone. Joséphine, qui se dédommageait de sa chute par son ardeur à servir les intérêts de ses enfants, avait fait à ce sujet les plus indiscrètes ouvertures à madame de Metternich, qui n'avait pas quitté Paris.

Au contraire, tout ce qui tenait à la Révolution, tout ce qui aimait peu l'ancien régime, tout ce qui appréhendait un trop complet retour vers le passé, tout ce qui avait aussi quelque prévoyance militaire et politique, souhaitait un mariage avec la Russie. La famille Murat, gouvernée surtout par la reine de Naples, craignait que bientôt une princesse autrichienne n'apportât au milieu de la cour impériale une morgue dont auraient à souffrir les princes et princesses de la famille Bonaparte, qui n'avaient pas comme Napoléon leur gloire personnelle pour les rehausser. L'archichancelier Cambacérès, resté par goût et par sagesse attaché à ce qu'il y avait de fondamental dans la révolution de 1789, craignant toujours les penchants ambitieux de Napoléon et ses faiblesses cachées sous sa grandeur, partageait l'éloignement des Bonaparte pour un mariage autrichien, qui était une sorte d'alliance avec l'ancien régime. De plus, son tact particulier pour juger de l'esprit du pays ne lui faisait pressentir aucun avantage pour Napoléon à ressembler en quelque chose à Louis XVI, et sa sagacité politique lui faisait entrevoir que celle des deux puissances dont l'alliance serait écartée deviendrait bientôt une ennemie ; que si c'était l'Autriche, il n'y aurait à cela rien de nouveau ni de bien redoutable ; que si c'était la Russie, la chose serait plus grave, car quoiqu'on eût trouvé deux fois le chemin de Vienne, on n'avait pas encore trouvé celui de Saint-Pétersbourg. Mais, chose singulière, il fallait déjà du courage pour conseiller à Napoléon le mariage russe, tant un secret instinct apprenait à tous que le mariage avec une archiduchesse était celui qui devait flatter le plus l'amour-propre d'un empereur qui n'était pas légitime (suivant la langue de ceux auxquels il voulait ressembler), et qui tenait à le devenir autrement encore que par la gloire.

Cependant au milieu de ces opinions contraires Napoléon flottait incertain. On devinait véritablement ses secrètes faiblesses, quand on croyait que la fille des Césars était celle qui flatterait le plus sa vanité, parce qu'elle le rapprocherait le plus de la situation d'un Bourbon. Mais sa prévoyance, que ses faiblesses ne pouvaient pas obscurcir, lui faisait sentir, bien que les armées autrichiennes se fussent vaillamment conduites dans la dernière guerre, que se brouiller avec la Russie était beaucoup plus grave que de rester brouillé avec l'Autriche, et que la guerre avec l'une était une affaire plus périlleuse que la guerre avec l'autre. Il désirait donc l'alliance avec les Romanoff, bien que moins conforme à ses idées aristocratiques ; mais les retards qu'on mettait à lui répondre lui inspiraient une humeur qu'il avait peine à contenir, et qui pou-

Janv. 1810.

Au milieu des opinions contraires qui se manifestent autour de lui, Napoléon est incertain, et attend avec impatience des réponses de Russie.

vait à tout moment amener une détermination brusque et imprévue.

Janv. 1810.

Conseil des grands de l'Empire, assemblé pour discuter le choix d'une épouse.

Dans cet état d'incertitude d'esprit, il provoqua aux Tuileries un conseil privé, pour entendre l'avis de tout le monde, désirant presque, lui qui était en général si résolu, trouver dans l'opinion d'autrui des raisons de se décider.

Le conseil fut subitement convoqué un dimanche, 21 janvier, au sortir de la messe. On y appela les grands dignitaires de l'Empire, parmi les ministres celui des affaires étrangères, et le secrétaire d'État Maret remplissant les fonctions de secrétaire du conseil; enfin, les présidents du Sénat et du Corps Législatif, MM. Garnier et de Fontanes. Napoléon, grave, impassible, assis dans le fauteuil impérial, avait à sa droite l'archichancelier Cambacérès, le roi Murat, le prince Berthier, M. de Champagny, à sa gauche l'architrésorier Lebrun, le prince Eugène, MM. de Talleyrand, Garnier, de Fontanes; M. Maret, fermant le cercle, était assis à l'extrémité de la table du conseil, vis-à-vis de l'Empereur.

— Je vous ai réunis, dit Napoléon, pour avoir votre avis sur le plus grand intérêt de l'État, sur le choix de l'épouse qui doit donner des héritiers à l'Empire. Écoutez le rapport de M. de Champagny, après quoi vous voudrez bien me donner chacun votre opinion. — M. de Champagny présenta un rapport disert et développé sur les trois alliances entre lesquelles il s'agissait de choisir : l'alliance russe, l'alliance saxonne, l'alliance autrichienne. Il affirma que les trois étaient également possibles,

les trois cours étant également bien disposées (assertion un peu exagérée quant à la Russie, mais suffisamment vraie pour qu'on pût la présenter comme telle à ce conseil). Il compara ensuite les avantages personnels des trois princesses. La princesse saxonne était un modèle de vertus, un peu avancée en âge, mais parfaitement constituée. La princesse autrichienne avait dix-huit ans, une excellente constitution, une éducation digne de son rang, des qualités douces et attachantes. La princesse russe était un peu jeune, âgée d'environ quinze ans, douée, disait-on, des qualités désirables dans une souveraine, mais d'une religion qui n'était pas celle de la France, ce qui entraînerait plus d'un embarras, celui notamment d'une chapelle grecque aux Tuileries. Quant aux avantages politiques, M. de Champagny n'hésita pas. Il n'en voyait, il n'en montra que dans l'alliance avec la cour d'Autriche. Il parla sur ce sujet en ancien ambassadeur de France à Vienne.

Après ce rapport il y eut un grand silence, personne n'osant parler le premier, et chacun attendant, pour ouvrir la bouche, une invitation de l'Empereur. Napoléon se mit alors à recueillir les voix, en commençant par la gauche, c'est-à-dire par le côté où allaient être exprimés les avis les moins sérieux, bien que M. de Talleyrand s'y trouvât. Il se réservait les avis les plus graves pour les derniers. L'architrésorier Lebrun, vieux royaliste, resté tel à la cour impériale quoique très-dévoué à l'Empire, sortit d'une sorte de somnolence, qui lui était habituelle, pour émettre une opinion qui ne manquait pas de sens. Je suis pour la princesse saxonne, dit-il, cette princesse ne nous engage dans la politique de personne, ne nous brouille avec personne, et de plus est de bonne race. L'architrésorier n'en dit pas davantage. Le prince Eugène, parlant après le prince Lebrun, reproduisit en termes simples et modestes les raisons que donnaient les partisans de la politique autrichienne, et qui furent répétées avec plus de force, quoique avec une concision sentencieuse, par M. de Talleyrand. Celui-ci était, après l'archichancelier, le juge le plus compétent en pareille matière. Il dit que le temps d'assurer la stabilité de l'Empire était venu, que la politique qui rapprochait de l'Autriche avait plus qu'une autre cet avantage de la stabilité, que les alliances avec les cours du Nord avaient un caractère de politique ambitieuse et changeante, que ce qu'on voulait c'était une alliance qui permît de lutter avec l'Angleterre, que l'alliance de 1756 était là pour apprendre qu'on n'avait trouvé que dans l'intimité avec l'Autriche la sécurité continentale nécessaire à un grand déploiement de forces maritimes ; qu'enfin, époux d'une archiduchesse d'Autriche, chef du nouvel Empire, on n'aurait rien à envier aux Bourbons. Le diplomate grand seigneur, parlant avec une finesse et une brièveté dédaigneuse, s'exprima comme aurait pu le faire la noblesse française, si elle avait eu à émettre un avis sur le mariage de Napoléon. Le sénateur Garnier se prononça pour cet avis moyen qui ne com-

promettait aucun intérêt, l'alliance saxonne. M. de
Fontanes s'éleva avec une chaleur toute littéraire,
même avec une sorte d'amertume royaliste, contre
les alliances du Nord. Il parla comme on parlait à
Versailles quand le grand Frédéric et la grande
Catherine étaient sur les trônes du Nord.

Contre l'usage, M. Maret, simple secrétaire, chargé
d'écouter et de recueillir l'opinion des autres, fut
admis à donner la sienne, et émit un avis qui n'avait pas grande importance aux yeux du conseil. Il
avait été l'intermédiaire de quelques confidences
de la légation d'Autriche, et, par le motif du hasard, il opina pour la princesse autrichienne. En
passant à sa droite, Napoléon devait rencontrer des
sentiments différents. Il entendit bien M. de Champagny répéter ce qu'il avait dit dans son rapport,
le prince Berthier qui aimait l'Autriche se prononcer pour elle, et une forte majorité se déclarer
ainsi pour une archiduchesse. Mais il restait à consulter Murat et l'archichancelier Cambacérès. Murat montra une vivacité extrême, et exprima au
milieu de ce conseil des grands de l'Empire tout ce
qui restait de vieux sentiments révolutionnaires
dans l'armée. Il soutint que ce mariage avec une
princesse autrichienne ne pouvait que réveiller
les funestes souvenirs de Marie-Antoinette et de
Louis XVI, que ces souvenirs étaient loin d'être
effacés, loin d'être agréables à la nation; que la
famille impériale devait tout à la gloire, à la puissance de son chef; qu'elle n'avait rien à emprunter
à des alliances étrangères, qu'un rapprochement

avec l'ancien régime éloignerait une infinité de cœurs attachés à l'Empire, sans conquérir les cœurs de la noblesse française. Il s'emporta même avec toutes les formes du dévouement contre les partisans de l'alliance de famille avec l'Autriche, affirmant qu'une telle alliance n'avait pu être imaginée par les amis dévoués de l'Empereur. On croyait voir derrière lui les Bonaparte l'inspirant contre les Beauharnais, et M. Fouché contre M. de Talleyrand. A la chaleur du roi de Naples succéda la froide prudence de l'archichancelier Cambacérès, s'énonçant en un langage simple, clair, modéré, mais positif. Il dit que le premier intérêt à consulter était celui de procurer des héritiers à l'Empire, et qu'il fallait savoir si la princesse russe était capable d'en donner; que, si elle était dans ce cas, il n'y avait pas à hésiter; que, pour ce qui regardait la religion, on obtiendrait certainement, en s'y appliquant, que la cour de Russie renonçât à des exigences qui pourraient choquer les esprits en France; que, relativement à la politique, il n'y avait pas un doute à concevoir; que l'Autriche, privée à la fois dans ce siècle des Pays-Bas, de la Souabe, de l'Italie, de l'Illyrie, et enfin de la couronne impériale, serait une ennemie à jamais irréconciliable; que de plus ses penchants naturels la rendaient incompatible avec une monarchie d'origine nouvelle; que la Russie, au contraire, avait sous ce dernier rapport moins de préjugés qu'aucune autre cour (ce qui était vrai alors); qu'elle avait dans son territoire, dans son éloignement, des raisons de tout genre d'être l'alliée de la France, aucune d'être son ennemie; que repoussée elle ne pourrait pas manquer de devenir hostile, que la guerre avec elle serait infiniment plus chanceuse qu'avec l'Autriche, et qu'en la négligeant on abandonnerait une alliance possible et facile pour une alliance menteuse et impossible. Il conclut donc de la manière la plus formelle en faveur du mariage avec la princesse russe.

Ces deux avis, le dernier surtout provenant de l'homme le plus grave du temps, avaient fortement contre-balancé les opinions émises en faveur de l'alliance autrichienne; mais comme c'était au surplus une consultation plutôt qu'une délibération que Napoléon avait provoquée, il n'y avait pas de résolution définitive à prendre. Les opinions de chacun exprimées, tout était fini. Napoléon, resté calme et impénétrable, sans qu'on pût à son visage deviner de quel côté il penchait, remercia les membres de son conseil de leurs excellents avis. — Je pèserai, leur dit-il, vos raisons dans mon esprit. Je demeure convaincu que, quelque différence qu'il y ait entre vos manières de voir, l'opinion de chacun de vous a été déterminée par un zèle éclairé pour les intérêts de l'État, et par un fidèle attachement pour ma personne. —

Le conseil fut immédiatement congédié, et il y eut dans le palais, malgré la discrétion que Napoléon imposait autour de lui sans se l'imposer toujours à lui-même, un grand retentissement de toutes les opinions émises. La famille Murat crut

Fév. 1840.

Dernier courrier venu de Russie, qui mécontente Napoléon, et détermine brusquement son choix en faveur de la princesse autrichienne.

même un instant que la cause de l'alliance russe était gagnée, et le dit au prince Cambacérès avec de grands signes de joie. Mais les événements devaient décider la question bien plus que l'opinion personnelle de Napoléon[1].

On attendait avec impatience un courrier de Russie, lorsque le 6 février il arriva des dépêches de M. de Caulaincourt faites pour prolonger l'incertitude où l'on était depuis plus d'un mois et demi. Le 16 janvier avait expiré le dernier délai de dix jours demandé par l'empereur Alexandre à M. de Caulaincourt. Le 24 il n'avait pas encore répondu. Évidemment il voulait gagner du temps, et obtenir la ratification du traité relatif à la Pologne avant de s'engager irrévocablement à accorder la main de sa sœur. Il avait répété à M. de Caulaincourt que l'impératrice mère ne refusait plus son consentement, que la grande-duchesse Catherine donnait également le sien, que les choses enfin iraient comme le désirait Napoléon; mais qu'il lui fallait encore un peu de temps avant de rendre sa réponse définitive. Une circonstance plus grave c'était la santé de la jeune princesse, qui ne répondait pas

---

[1] L'archichancelier Cambacérès, dans son récit, en confondant en un seul deux conseils qui furent tenus sur le même sujet, raconte que tout lui parut arrangé dans ce conseil, et que l'opinion de Napoléon était faite quand il les appela à donner leur avis. C'est une erreur de mémoire qui se produit souvent chez les esprits les plus fermes et les plus exacts. Lors du premier conseil Napoléon était loin d'être fixé. Mais il en fut tenu un second le 7 février, qui n'eut lieu en effet que pour la forme, et c'est le souvenir de ce dernier qui se confondant avec le premier, aura laissé dans le véridique archichancelier l'impression d'une scène arrangée d'avance.

entièrement à l'impatience qu'on avait de procurer un héritier à l'Empire, et l'exigence de l'impératrice mère, qui voulait absolument une chapelle avec des prêtres grecs aux Tuileries. Du reste, M. de Caulaincourt ajoutait qu'il attendait prochainement une explication formelle, et qu'il ne doutait pas qu'elle ne fût favorable. Le caractère impétueux de Napoléon ne pouvait pas s'accommoder d'un tel état d'incertitude. Soit qu'on hésitât parce qu'on répugnait à s'unir à lui, soit qu'on cherchât à gagner du temps afin de lui arracher un traité déplaisant pour le présent, imprudent pour l'avenir, il fut également révolté de ces hésitations et de ces calculs. Il lui était en outre souverainement désagréable de rester plus longtemps l'objet de tous les propos, comme ces riches héritiers auxquels chacun à son gré donne une épouse. Il se laissa donc aller à un de ces mouvements dont il n'était pas maître, et qui ont fini par décider de sa destinée; il résolut de rompre avec la Russie, et de prendre les lenteurs de cette cour pour un refus qui le dégageait envers elle. Il n'avait pas laissé d'ailleurs d'être sensible aux raisons alléguées en faveur de l'Autriche et contre la Russie, à l'inconvénient d'avoir une épouse qui peut-être lui ferait attendre des enfants deux ou trois ans, qui n'assisterait pas aux cérémonies du culte national, qui aurait ses prêtres à elle, circonstance accessoire, mais fâcheuse chez une nation comme la nation française, qui, sans être dévote, a toutes les susceptibilités de la dévotion la plus vive. Il éprouvait de plus pour l'armée autri-

Fév. 1810.

chienne un retour d'estime depuis la dernière campagne, et considérait comme aussi grave d'avoir affaire à elle qu'à l'armée russe. Ces raisons réunies, complétées par la plus puissante de toutes, l'orgueil blessé, agissant sur lui, il se décida sur-le-champ et avec l'incroyable promptitude qui était le trait distinctif de son caractère. Après avoir lu les dépêches de M. de Caulaincourt, il fit appeler M. de Champagny, lui ordonna d'écrire à Saint-Pétersbourg, et de déclarer le jour même à M. de Kourakin, que les lenteurs qu'on mettait à lui répondre le déliaient non d'un engagement (il n'y en avait jamais eu à Erfurt), mais de la préférence qu'il avait cru devoir à la sœur d'un prince son allié et son ami, qu'une plus longue attente était impossible dans l'état d'anxiété où se trouvaient les esprits en France; qu'au surplus les nouvelles qu'on lui donnait de la santé de la jeune princesse ne répondaient pas au motif qui lui avait fait dissoudre son ancien mariage pour en contracter un nouveau; que par ces raisons il se décidait pour la princesse autrichienne, dont la famille, loin d'hésiter, s'offrait elle-même avec un empressement qui avait lieu de le toucher.

Quant à la convention relative à la Pologne, il s'expliqua d'une manière plus vive encore, et qui dénotait mieux à quel point le désir de se soustraire aux exigences qu'on voulait lui imposer influait sur le choix qu'il venait de faire. — Prendre, dit-il, l'engagement absolu et général que le royaume de Pologne ne sera jamais rétabli, est un acte imprudent et sans dignité de ma part. Si les Polonais, profitant d'une circonstance favorable, s'insurgeaient à eux seuls et tenaient la Russie en échec, il faudrait donc que j'employasse mes forces à les soumettre? S'ils trouvaient des alliés, il faudrait que j'employasse toutes mes forces pour combattre ces alliés? C'est me demander une chose impossible, déshonorante, indépendante d'ailleurs de ma volonté. Je puis dire qu'aucun concours, ni direct ni indirect, ne sera fourni par moi à une tentative pour reconstituer la Pologne, mais je ne puis aller au delà. Quant à la suppression des mots POLOGNE et POLONAIS, c'est une barbarie que je ne saurais commettre. Je puis, dans les actes diplomatiques, ne pas employer ces mots, mais il ne dépend pas de moi de les effacer de la langue des nations. Quant à la suppression des anciens ordres de chevalerie polonais, on ne peut y consentir qu'à la mort des titulaires actuels, et en cessant de conférer de nouvelles décorations. Enfin, quant aux agrandissements futurs du duché de Varsovie, on ne peut se les interdire qu'à charge de réciprocité, et à condition que la Russie s'engagera à ne jamais ajouter à ses États aucune portion détachée des anciennes provinces polonaises. Sur ces bases, ajoutait Napoléon, je puis consentir à une convention, mais je ne puis en admettre d'autres. — En conséquence, il fit rédiger un nouveau texte conforme aux observations que nous venons de rapporter, et ordonna à M. de Champagny de l'expédier sur-le-champ. Tout cela évidemment devait être plus tôt ou plus tard la fin de l'alliance, et l'origine d'une brouille fatale.

Fév. 1810.

Le prince de Schwarzenberg mandé sur-le-champ aux Tuileries pour signer un projet de contrat de mariage avec l'archiduchesse Marie-Louise, modelé sur le contrat de mariage de Marie-Antoinette.

Napoléon ne s'en tint pas à rompre avec l'une des deux puissances entre lesquelles il avait balancé, il voulut contracter le jour même avec l'autre. On n'avait cessé d'entretenir par M. de Laborde des communications secrètes avec M. de Schwarzenberg. On avait su que sa cour, répondant à ses questions, l'avait non-seulement autorisé à accepter toute offre de mariage, mais à faire ce qu'il pourrait sans compromettre la dignité de l'empereur François, pour décider le choix de Napoléon en faveur d'une archiduchesse. On lui fit demander le soir même du 6 février, s'il était prêt à signer un contrat de mariage. Sur sa réponse affirmative, les articles furent rédigés, et rendez-vous lui fut donné pour le lendemain 7 aux Tuileries. Toujours brusquant toutes choses, Napoléon convoqua de nouveau un conseil des grands dignitaires aux Tuileries, leur soumit définitivement la question, mais pour la forme seulement, puisque son parti était pris, et disposa tout pour que le lendemain son sort fût définitivement lié à celui de l'archiduchesse d'Autriche.

Le lendemain, en effet, sa volonté fut exécutée sans désemparer. Il avait fait prendre aux archives des affaires étrangères le contrat de mariage de Marie-Antoinette, et il le fit exactement reproduire dans la rédaction du sien, sauf quelques différences de langage, que le temps et sa dignité lui semblaient exiger. Ainsi, il ne voulut aucune mention d'une dot, aucune précaution pour en assurer la remise, et voulut que tout fût marqué au cachet de sa grandeur. Il décida que Berthier, son ami, l'interprète de ses volontés à la guerre, irait demander la princesse à Vienne, en y déployant la représentation la plus magnifique. Comme d'après l'usage monarchique, lorsque le prince qui se marie ne va pas épouser en personne, on emploie un procureur fondé, et que le procureur fondé doit être lui-même prince du sang, Napoléon fit choix de son glorieux adversaire, de l'archiduc Charles, pour le représenter au mariage, et épouser à sa place l'archiduchesse Marie-Louise. On fit rechercher comment les choses s'étaient passées aux mariages de Louis XIV, de Louis XV, du grand Dauphin père de Louis XVI, et enfin de Louis XVI lui-même. Ce dernier mariage surtout devint le modèle auquel on voulut se rapporter, bien que la cruelle fin de ce prince et de son épouse infortunée fussent de tristes présages. Mais loin de là, plus ils étaient tristes, plus on y voyait un contraste à l'avantage du présent. Napoléon aurait la gloire non-seulement d'avoir ramené la royauté du martyre à la plus éclatante des grandeurs, mais d'avoir restauré jusqu'au système de ses alliances. On mesurerait sa gloire, ses services, par la différence qu'il y avait de l'échafaud où avait monté Marie-Antoinette, au trône éblouissant où devait monter Marie-Louise ! On alla consulter les plus vieux seigneurs de l'ancienne cour, notamment M. de Dreux-Brézé, autrefois maître des cérémonies, pour savoir

Fév. 1810.

Soin à reproduire tous les détails du cérémonial employé lors du mariage de Louis XVI.

comment toutes choses s'étaient passées au mariage de Marie-Antoinette, et pour les reproduire exactement, avec une seule différence, celle de la magnificence. On laissa pour la forme la mention mesquine d'un douaire de quelques centaines de mille francs en faveur de la future impératrice, en cas de veuvage, et Napoléon fit stipuler pour elle un douaire de quatre millions. On prépara des joyaux de la plus grande richesse. Napoléon était si impatient, qu'il fit calculer la marche des courriers, de manière que la nouvelle du consentement étant parvenue à Paris par le télégraphe, Berthier pût partir le jour même, demander la princesse le jour de son arrivée à Vienne, célébrer le mariage le lendemain, et amener la nouvelle épouse sur-le-champ à Paris, pour consommer le mariage vers le milieu de mars. Le prince de Schwarzenberg consentit à tout ce qu'on voulut, et expédia son courrier en sortant des Tuileries, après avoir pris sur lui de signer pour l'archiduchesse Marie-Louise une copie littérale du contrat de mariage de Marie-Antoinette.

Accueil empressé fait à Vienne à la demande de mariage.

Le courrier expédié de Paris le 7 février arriva le 14 à Vienne, et y causa la plus vive satisfaction. Le parti de la guerre vaincu dans la personne des Stadion, confondu par le résultat de la dernière campagne, avait fait place au parti de la paix, à la tête duquel se trouvait M. de Metternich. L'idée de chercher à l'avenir le repos, la sûreté, un rétablissement d'influence dans l'alliance avec la France, laquelle devait amener la dissolution de l'alliance de la France avec la Russie, cette idée dominait Vienne, dominait la cour et la ville. On ne pouvait donc que bien accueillir un résultat qu'on avait ardemment désiré. M. de Metternich trouva l'empereur François parfaitement disposé au projet de mariage, comme souverain et comme père. Comme souverain, il y voyait une combinaison heureuse pour sa politique, car la couronne des Habsbourg était garantie, et l'union de la Russie avec la France détruite. Comme père, il entrevoyait pour sa fille la plus belle fortune imaginable, et il pouvait même espérer le bonheur, car Napoléon passait pour facile et bon dans ses relations privées, indépendamment de tout ce qui devait chez lui exalter l'imagination d'une jeune princesse. M. de Metternich, qui avait vécu à Paris dans le sein de la famille impériale, pouvait d'ailleurs, sous ces derniers rapports, rassurer complétement l'empereur François. Toutefois ce monarque, qui aimait beaucoup sa fille, et qui ne voulait à aucun degré la contraindre, chargea M. de Metternich d'aller lui en parler lui-même. Ce ministre se rendit donc auprès de l'archiduchesse Marie-Louise, pour lui faire part du sort qui l'attendait, si elle voulait bien l'agréer. Cette jeune princesse, comme nous l'avons dit, avait dix-huit ans, une belle taille, une excellente santé, la fraîcheur allemande, une éducation soignée, quelque esprit, un caractère doux, les qualités désirables enfin chez une mère. Elle fut surprise et satisfaite, loin d'être effrayée, d'aller dans cette France où le monstre révolutionnaire dévorait naguère les rois, et où un conquérant

Fév. 1810.

Consentement de Marie-Louise demandé et reçu par M. de Metternich.

dominant aujourd'hui le monstre révolutionnaire, faisait trembler les rois à son tour. Elle accueillit avec la réserve convenable, mais avec une joie sensible, la nouvelle du sort brillant qui lui était offert. Elle consentit à devenir l'épouse de Napoléon, la mère de l'héritier du plus grand empire de l'univers.

Ce consentement donné, on se hâta de tout disposer à Vienne pour satisfaire l'impatience de Napoléon. On accepta le contrat de mariage signé à Paris le 7 février par le prince de Schwarzenberg, à condition d'une rédaction plus développée, et contenant diverses stipulations d'usage dans la maison de Habsbourg. On entra dans l'idée de Napoléon de copier en tout les formes employées lors du mariage de Marie-Antoinette, sauf, comme nous l'avons dit, une forte augmentation de magnificence. La cour de Vienne, ainsi que celle de Paris, se livra à la joie de cette nouveauté, et à la joie toujours un peu puérile et toujours involontaire, des apprêts de fête. Dans ces occasions, on se laisse aller, on se confie, on se réjouit, sans être bien sûr qu'il y ait lieu de le faire, comme les enfants, par le seul besoin physique du mouvement et du plaisir. Tout en entrant dans les vues de Napoléon, et en se décidant, pour lui complaire, à précipiter les choses, on ne pouvait pas aller aussi vite qu'il le voulait, parce qu'il aurait fallu omettre une foule de cérémonies fort imposantes, et qu'il eût été contre son dessein de négliger. L'archiduc Charles fut accepté comme procureur fondé de Napoléon pour épouser la princesse, et Berthier comme son ambassadeur extraordinaire pour la demander. Le mariage fut fixé aux premiers jours de mars.

Fév. 1810.

La nouvelle de l'accueil fait à ses propositions charma Napoléon et sa cour. Avec tout ce qui l'entourait, il se livra au plaisir des fêtes, des préparatifs, des détails d'étiquette. Bientôt le public se mit de la partie et s'associa aux sentiments qu'il éprouvait. Les nuages élevés par la dernière guerre semblaient se dissiper par enchantement. On revint à l'espérance, à l'enthousiasme. La vieille noblesse, occupée à médire dans le faubourg Saint-Germain, s'émut elle-même, et une nouvelle portion sembla prête à s'en détacher pour se rendre à l'époux d'une archiduchesse d'Autriche. Il y eut des ralliements nouveaux, car on pouvait bien servir celui que la plus grande famille régnante de l'univers consentait à adopter pour gendre. Cet empressement était tel qu'il faisait naître un danger, celui d'offusquer les grandeurs récentes nées de la Révolution et de l'Empire. Napoléon fit preuve d'un tact parfait dans la composition de la maison de la jeune Impératrice, en choisissant pour sa première dame d'honneur la duchesse de Montebello, veuve du maréchal Lannes, tué à Essling par un boulet autrichien! Tout le monde devait approuver cet acte de gratitude, et la personne choisie, par sa conduite, par sa distinction, non pas héréditaire mais personnelle, méritait le rôle élevé qu'on lui destinait. Des apprêts magnifiques furent ordonnés, et Berthier hâta son départ afin d'être rendu dans les premiers jours de

Joie de Napoléon, de sa cour, et de la France elle-même.

mars à Vienne. La reine de Naples quitta Paris de son côté avec une cour brillante, pour aller à Braunau recevoir la nouvelle Impératrice aux frontières de la Confédération du Rhin.

Berthier, arrivé le 4 mars 1810, fit le lendemain, 5, son entrée solennelle à Vienne, au milieu d'un concours inouï de grands seigneurs et de peuple. Toute la cour était allée à sa rencontre avec les équipages de la couronne qui devaient le transporter au palais. Le peuple de Vienne, dans un excès de contentement, voulait dételer sa voiture pour la traîner, et on eut beaucoup de peine à empêcher cette manifestation tumultueuse.

Le 6 et le 7 se passèrent en fêtes. Le 8, Berthier, suivant les usages de la cour d'Autriche, et conformément à ce qui s'était pratiqué pour le mariage de Marie-Antoinette, fit la demande solennelle de la main de l'archiduchesse Marie-Louise, demande qui fut suivie du consentement donné dans les formes les plus pompeuses. Les jours suivants furent consacrés à de nouvelles formalités et à de nouvelles fêtes. Le 11 eut lieu le mariage, au milieu de la plus grande affluence de monde, avec un appareil qui dépassait tout ce qu'on avait vu jadis, avec une joie qui égalait toutes les joies populaires. L'archiduchesse, épousée par l'archiduc Charles, fut sur-le-champ traitée comme impératrice des Français, et eut même le pas sur toute sa famille, par un excès de courtoisie de l'empereur François et de l'impératrice sa seconde femme.

Le 13 était le jour désigné pour le départ de l'Impératrice des Français. Le peuple de Vienne la suivit avec des acclamations, avec un sentiment affectueux, inquiet même au dernier moment; car en la quittant, le souvenir du passé, le souvenir de l'infortunée Marie-Antoinette, se réveillait involontairement. Toute la cour accompagna Marie-Louise.

L'empereur François, qui aimait sa fille, voulut l'embrasser encore une fois, et il partit clandestinement pour Lintz, afin de l'y surprendre et de lui adresser un dernier adieu.

Elle était à Braunau le 16 mars. Tout y avait été préparé comme pour le mariage de 1770, objet d'une constante imitation. Trois pavillons liés l'un à l'autre, le premier réputé autrichien, le second neutre, le troisième français, avaient été dressés pour recevoir la jeune Impératrice. Elle fut amenée du pavillon autrichien dans le pavillon neutre par la maison de son père, et là confiée au prince Berthier, représentant de l'Empereur, avec la dot, les joyaux, le contrat de mariage, puis introduite dans le pavillon français, où la reine de Naples, sœur de Napoléon, la reçut en l'embrassant. De Braunau on la conduisit à Munich, de Munich à Strasbourg, partout accompagnée par les acclamations des populations allemandes et françaises, à travers lesquelles passait ce spectacle étrange, de la fille des Césars allant épouser le soldat heureux, vainqueur de la Révolution française et de l'Europe. A la fièvre de la guerre avait succédé une fièvre de joie et d'espérance.

Le 23 mars, l'impératrice Marie-Louise entra à

Mars 1810.

de la nouvelle Impératrice le 13.

La nouvelle Impératrice livrée aux mains françaises à Braunau.

Entré

Avril 1840.

de l'Impératrice à Strasbourg le 23 mars.

Première entrevue de Napoléon avec Marie-Louise à Compiègne, le 27 mars.

Strasbourg, accueillie par le même enthousiasme populaire. Elle passa par Lunéville, Nancy, Vitry. C'est à Compiègne qu'elle devait voir Napoléon pour la première fois entouré de toute sa cour. Mais, afin de lui épargner l'embarras d'une entrevue officielle, Napoléon partit de Compiègne avec Murat, et alla la surprendre en route. Il se jeta dans ses bras, et sembla content du genre de beauté et d'esprit qu'il crut apercevoir en elle à la première vue. Une femme bien constituée, bonne, simple, convenablement élevée, était tout ce qu'il désirait. Il parut parfaitement heureux en entrant avec elle dans le château de Compiègne, le 27 mars au soir.

Ils y restèrent jusqu'au 30. Ce jour-là il partit avec la nouvelle Impératrice pour Saint-Cloud, où devait se célébrer le mariage civil. Les cérémonies qui avaient eu lieu à Vienne, conformément aux usages des anciennes cours, suffisaient pour rendre le mariage complet et irrévocable. Leur renouvellement à Paris n'était plus qu'une forme, une solennité due à la nation chez laquelle venait régner la nouvelle souveraine.

Mariage civil à Saint-Cloud, le 1er avril.

Mariage religieux à Paris le 2 avril.

Le 1er avril, en présence de toute la cour impériale et dans la grande galerie de Saint-Cloud, eut lieu le renouvellement du mariage civil entre Napoléon et Marie-Louise, par le ministère de l'archichancelier Cambacérès. Le 2 avril devait se faire aux Tuileries le renouvellement du mariage religieux pour le peuple de Paris.

Le 2, en effet, Napoléon précédé de sa garde, entouré de ses maréchaux à cheval, suivi de sa famille et de sa cour contenues dans cent voitures magnifiques, fit son entrée dans Paris, par l'arc de triomphe de l'Étoile. Ce monument, dont les fondements étaient à peine posés alors, avait été figuré à peu près comme il existe aujourd'hui. Napoléon passa sous sa voûte dans la voiture du sacre, voiture à glaces, qui permettait de le voir assis à côté de la nouvelle Impératrice. Il parcourut les Champs-Élysées en passant entre une double rangée de somptueuses décorations, et à travers un peuple immense.

Avril 1810.

Il entra dans le palais des Tuileries par le jardin. On avait choisi pour y dresser l'autel nuptial le grand salon où sont rassemblés aujourd'hui les plus beaux ouvrages de l'art, et où l'on arrive par une galerie de tableaux, la plus longue, la plus riche qu'il y ait au monde, et qui réunit les Tuileries au Louvre. Toute la population opulente de Paris, resplendissante de toilette, avait trouvé place sur deux rangs de banquettes le long de cette galerie. Napoléon donnant la main à l'Impératrice, et suivi de sa famille, fit le trajet à pied, et vint recevoir dans la grande salle, où était préparée une chapelle éblouissante d'or et de lumière, la bénédiction nuptiale. Des cris d'enthousiasme couronnèrent la fin de la cérémonie. Le soir il y eut un banquet de noces dans le grand théâtre des Tuileries. Les jours suivants furent employés en fêtes élégantes et magnifiques. Toutes les classes prirent part à cette joie, qui succédait aux sombres impressions que la dernière guerre avait fait naître. En voyant de nouveau Napoléon tout-puissant et heureux, on oublia qu'un moment il avait failli ne plus l'être. En le voyant si bien marié, on crut qu'il était définitivement établi. On repoussa loin de soi des pressentiments passagers, comme un rêve sinistre et sans réalité. On recommença à croire à la grandeur infinie et éternelle de l'Empire, comme si on n'en avait jamais douté. En effet, la victoire de Wagram, quoiqu'elle n'eût pas égalé celles d'Austerlitz, d'Iéna, de Friedland par la grandeur des trophées, tout en les égalant par le génie, la victoire de Wagram complétée par le mariage avec Marie-Louise, replaçait Napoléon à son plus haut degré de puissance; et la prudence venant réparer peu à peu la grande faute de la guerre d'Espagne, les dernières illusions nées de ce mariage pouvaient se réaliser. Mais pour qu'il en fût ainsi, il eût fallu changer quelque chose qu'on change moins que le destin, il eût fallu changer le caractère d'un homme, et cet homme était Napoléon.

Avril 1810.

Le mariage de Napoléon renouvelle ses illusions et celles de la France.

FIN DU LIVRE TRENTE-SEPTIÈME
ET DU ONZIÈME VOLUME.

DOCUMENTS

SUR

LA BATAILLE DE TALAVERA.

(VOIR PAGES 162 ET 173.)

Extrait du rapport historique des opérations du 1er corps de l'armée d'Espagne, commandé par le maréchal Victor.

1809.

« L'armée vint prendre position le 26 juillet au soir à Santa-Olalla, la cavalerie à el Bravo-Etoten et Domingo-Perez. L'on apprit à Santa-Olalla que Cuesta y était arrivé la veille avec son armée, que les Anglais devaient le suivre, et qu'aussitôt que Cuesta avait appris que son avant-garde était engagée à Alcabon, il avait fait sa retraite sur Talavera. Le 27, l'armée se mit en mouvement à deux heures du matin, se dirigeant sur Talavera, le 1er corps ouvrant la marche, ayant la cavalerie du général Latour-Maubourg qui formait son avant-garde et qui rencontra l'arrière-garde de l'ennemi à la hauteur de Cazalegas ; elle était composée de troupes anglaises du corps de dix mille hommes qui avait passé la journée du 26 à Cazalegas ; elle se reploya vivement sur l'Alberche et passa cette rivière.

» Le 1er corps était réuni sur le plateau qui domine l'Alberche à une heure après-midi ; l'on apercevait sur la rive droite quelques escadrons ennemis sans infanterie ; l'on voyait sur les plateaux en arrière et au nord de Talavera des mouvements de troupes, mais on ne pouvait reconnaître l'armée ennemie, ses forces et ses dispositions, le terrain qui conduit de l'Alberche à Talavera et au plateau qui domine cette ville étant couvert d'oliviers et de forêts de chênes ; c'était à la faveur de ces bois que l'ennemi masquait ses dispositions et se formait pour recevoir la bataille.

» M. le maréchal duc de Bellune, qui, pendant son séjour à Talavera, avait parfaitement reconnu le terrain, jugea la position que l'ennemi allait prendre : sa droite appuyée à Talavera, sa gauche à la montagne qui forme le contre-fort du bassin du Tietar ; elle est fortifiée d'un mamelon qui s'élève à l'est par une rampe très-rapide, et qui s'inclinant à l'ouest par un mouvement de terrain beaucoup plus doux se lie à une continuité de petits mamelons qui se prolongent dans la direction de Talavera. Ce mamelon laisse entre lui et la montagne une vallée de trois cents toises de développement où prend naissance un ravin qui se prolonge du nord au sud et qui, couvrant la gauche et le centre de l'ennemi, vient se perdre dans la vallée de Talavera, à la naissance des oliviers où la droite de l'ennemi était adossée ; cette droite a sur son front plusieurs accidents de terrain dont l'ennemi profita, soit en y élevant des ouvrages, soit en y faisant des abatis pour la rendre d'un plus difficile accès. Deux routes faciles et praticables pour l'artillerie conduisent de l'Alberche à la position de l'ennemi : l'une est la grande route de Talavera, et l'autre se rencontre à la Casa del Campo de Salinas. On la suit pendant une demi-lieue dans la forêt de chênes, et, pour y arriver, il faut passer l'Alberche à gué.

» La poussière que l'on avait vue s'élever dans la direction de Casa de las Salinas faisait présumer que l'ennemi y avait un corps d'avant-garde. M. le maréchal duc de Bellune, dont le projet était de manœuvrer sur la gauche de l'ennemi avec tout son corps, tandis que M. le général Sébastiani, avec le 4e, soutenu de la réserve, opérerait une diversion sur la droite, et que la cavalerie du général Latour-Maubourg observerait le centre, ordonna au général Lapisse de passer l'Alberche, de se diriger à Casa de las Salinas, d'en chasser l'ennemi ; au général Ruffin de passer aussi l'Alberche avec son infanterie seulement, et d'appuyer par la droite le mouvement du général Lapisse. Le 16e d'infanterie légère, qui était en tête de la division Lapisse, engagea bientôt la fusillade ; elle fut très-vive pendant une heure. L'ennemi avait sur ce point 6 mille hommes soutenus de quatre bouches à feu ; il se retirait lentement de position en position ; le général Chaudron-Rousseau, qui dirigeait le 16e régiment, profitant habilement d'un terrain moins garni d'arbres, ordonna à ce régiment de charger l'ennemi à la baïonnette, ce qu'il fit avec toute la bravoure qui le distingue. Bientôt l'ennemi fut en pleine déroute et ne songea plus qu'à gagner à la course le gros de ses troupes.

» M. le maréchal duc de Bellune, qui s'était porté sur ce point, envoya l'ordre au général Villatte de passer l'Alberche et de suivre la direction du général Ruffin ; à la brigade de cavalerie légère du général Beaumont de soutenir la division Lapisse qui continuait à se porter en avant, ainsi que le général Ruffin ; au général Latour-Maubourg de passer l'Alberche avec sa cavalerie et de se former dans la plaine située entre la grande route de Talavera et celle de Casa de las Salinas, et à l'artillerie des divisions et à la réserve de passer l'Alberche au gué et de suivre par le chemin de Casa de las Salinas le mouvement de l'infanterie.

» Les divisions Lapisse et Ruffin débouchaient de la forêt de chênes ; le pays commençait à s'ouvrir ; l'on aurait pu facilement distinguer les mouvements de l'ennemi s'il n'eût pas été si tard. Cependant on apercevait un corps de 10 à 12 mille hommes qui se pressait d'arriver à sa position ; l'artillerie, qui avait débouché sur le plateau aussitôt que les divisions, fit un mal considérable à ces troupes et y jeta le plus grand désordre. Ce désordre fut beaucoup plus grand à la droite de l'armée ennemie ; quoiqu'elle n'eût pas été attaquée, elle se mit en pleine déroute, et si dans cet instant le 4e corps eût pu former son attaque, l'action était décidée. D'après le rapport des prisonniers, des déserteurs et des gens du pays, Cuesta fut obligé d'envoyer cinq régiments de cavalerie pour rallier les fuyards, et ce ne fut que fort avant dans la nuit qu'on parvint à en ramener une partie. Cuesta fit décimer les officiers, sous-officiers et soldats de plusieurs régiments. Cette terreur avait été imprimée dans son armée par le mouvement rapide du 1er corps sur la gauche de l'armée combinée.

» Les divisions Ruffin, Villatte et Lapisse n'étaient plus qu'à une demi-portée de canon de la position de l'ennemi ; il était nuit, l'on ne pouvait plus engager l'action ; mais le maréchal duc de Bellune jugea que si, à la faveur de l'obscurité et de la confusion que son attaque vive et rapide avait jetée dans les troupes ennemies, l'on réussissait à enlever le mamelon que l'on pouvait regarder comme la clef de la position, l'ennemi ne pourrait plus tenir sans s'exposer à une défaite totale; en conséquence il ordonna au général Ruffin d'emporter le mamelon avec ses trois régiments, au général Villatte de soutenir cette attaque, et au général Lapisse d'opérer une diversion sur le centre de la ligne ennemie sans cependant s'engager. Cette attaque n'eut pas le résultat que l'on devait attendre; le 9ᵉ régiment, qui en formait la tête et qui la détermina avec cette bravoure qu'on lui connaît, ne fut pas soutenu; l'obscurité qui régnait avait fait prendre une fausse direction au 24ᵉ régiment, et la marche du 96ᵉ fut retardée par le passage du ravin. L'ennemi qui sentait toute l'importance de ce mamelon l'avait garni de plusieurs bataillons qu'il fit soutenir par d'autres troupes aussitôt qu'il vit qu'il était attaqué. La configuration du mamelon lui donnait la facilité de faire arriver ses secours promptement, tandis que nous avions un terrain difficile à pratiquer pour y envoyer les nôtres; le 9ᵉ régiment était presque parvenu à la crête du mamelon, quelques hommes même furent tués en le couronnant; mais obligé de s'engager de nouveau avec des troupes fraîches, il fut contraint de se replier, et il le fit jusqu'à mi-côte, où il se maintint. Ce régiment s'acquit une grande gloire dans cette affaire, où il perdit 300 hommes tués et blessés; le colonel Meunier s'est particulièrement distingué, il a reçu trois coups de feu; l'artillerie était placée sur un monticule formé par un mouvement de terrain qui du grand mamelon court à l'est, et domine le vallon de droite, le plateau et la vallée de Talavera : elle aurait pu favoriser l'attaque du mamelon, mais on craignait de la faire agir sur nos troupes.

» M. le maréchal duc de Bellune ne crut pas devoir faire renouveler l'attaque; les troupes étaient harassées; depuis deux heures du matin elles étaient en marche, et il en était dix du soir.

» La division Ruffin prit position au pied du mamelon avec ses deux régiments, le 9ᵉ d'infanterie resta à celle qu'il occupait.

» La division Villatte en réserve derrière l'artillerie et sur le rideau.

» La division Lapisse en colonne par régiment sur le plateau en face du centre de l'ennemi.

» La cavalerie du général Latour-Maubourg en réserve derrière elle.

» La brigade du général Beaumont en seconde ligne derrière la division Ruffin.

» Il y eut dans l'armée combinée, à onze heures du soir et à deux heures du matin, une fusillade qui se prolongea de la droite à la gauche et que l'on présuma être occasionnée par une méprise ou une terreur panique.

» M. le maréchal duc de Bellune dépêcha dans la nuit son aide de camp, M. le colonel Chateau, près de Sa Majesté Catholique, pour lui rendre compte des événements de la journée, et lui demander ses intentions pour les opérations du lendemain; il fit représenter à Sa Majesté qu'il croyait que l'attaque devait toujours se faire par la gauche de l'ennemi, mais que le 4ᵉ corps devait aussi agir sur la droite pour la soutenir.

» Une centaine de prisonniers, dont quatre officiers, avaient été faits par le 9ᵉ régiment sur le plateau; l'on apprit d'eux que l'armée anglaise occupait la gauche depuis les oliviers jusqu'à la montagne et que les Espagnols étaient à la droite, occupant fortement Talavera.

» A la pointe du jour l'on vit l'ennemi couronner le mamelon, sur lequel il avait conduit quatre bouches à feu; une ligne d'infanterie, ayant sa gauche au mamelon, sa droite au bois d'oliviers; et derrière une autre ligne de cavalerie; derrière le mamelon et dans le prolongement del Casar de Talavera, l'on remarquait cinq à six lignes d'infanterie et de cavalerie.

» Quelques escadrons observaient à gauche le vallon, où ils étaient appuyés de deux ou trois bataillons; quant à la droite, il était impossible de juger de quelles troupes elle se composait, à cause des oliviers; l'on apercevait seulement sept à huit mille hommes, infanterie et cavalerie, en avant de Talavera.

» La reconnaissance que M. le maréchal duc de Bellune fit le matin sur tout le front de la ligne ennemie le confirma dans l'opinion où il était la veille, que l'enlèvement du mamelon déciderait la bataille; il dépêcha de nouveau le colonel Chateau auprès de Sa Majesté Catholique pour la prévenir qu'il allait faire attaquer le mamelon, et il la priait de faire agir le 4ᵉ corps, soutenu de la réserve, sur la droite de l'ennemi, tandis que le général Lapisse, ayant en seconde ligne la cavalerie du général Latour-Maubourg, menaçait le centre. Les ordres furent expédiés aux généraux du premier corps. Le général Ruffin disposa ses trois régiments pour l'attaque de la manière suivante : le 9ᵉ d'infanterie légère à droite, le 24ᵉ au centre, et le 96ᵉ à la gauche en colonnes serrées par divisions et bataillons; ce fut dans cet ordre que cette division s'ébranla; la fusillade fut bientôt engagée, et le 24ᵉ régiment ne tarda pas à occuper le premier plateau du mamelon. Il continua, toujours soutenu des 9ᵉ et 96ᵉ, son attaque; il était prêt à couronner le mamelon et à enlever les pièces, lorsque l'ennemi le fit attaquer ainsi que les 9ᵉ et 96ᵉ par des troupes fraîches qu'il avait pu facilement tirer de son centre et faire remplacer par celles de sa droite qui ne fut pas attaquée; l'engagement fut vif et meurtrier; mais nos troupes épuisées par les pertes qu'elles avaient faites, furent obligées d'abandonner le mamelon et de se replier. Ce mouvement rétrograde se fit en ordre et lentement pour donner le temps aux blessés de se retirer : il en resta très-peu au pouvoir de l'ennemi. Les 9ᵉ, 24ᵉ et 96ᵉ se sont montrés dignes de leur réputation; ils ont eu plus des deux tiers de leurs officiers hors de combat et 500 hommes par régiment tués ou blessés. MM. les généraux Ruffin et Barrois commandaient cette attaque; ils se sont fait remarquer par la bonté de leurs dispositions et le calme qu'ils ont mis à les exécuter : ils ont été parfaitement secondés par le chef de bataillon Regeau, commandant le 9ᵉ; le colonel Jamin, du 24ᵉ, et le chef de bataillon Loyard, du 96ᵉ : ce dernier a été blessé, ainsi que l'aide de camp Challier du général Ruffin, et Auguste Vilmorin du général Barrois.

» Jusqu'alors l'ennemi n'avait été attaqué que par la gauche; le roi, pénétré de la nécessité de mettre de l'ensemble dans les opérations pour obtenir le succès que l'on pouvait espérer, malgré les forces supérieures de l'ennemi et la bonté de sa position, se rendit en personne sur le terrain, et après avoir reconnu la ligne ennemie, Sa Majesté détermina une attaque générale sur tout son front; les dispositions suivantes furent transmises à MM. les généraux.

» La division Ruffin, en longeant le pied de la grande chaîne de la montagne, devait déborder l'ennemi par sa gauche.

» Le général Villatte eut ordre de menacer le mamelon avec une brigade, et de garder le vallon avec l'autre brigade et le bataillon de grenadiers.

» Le général Lapisse eut pour instruction de passer le ravin, d'aborder le centre de l'ennemi, soutenu de la division de dragons et de la division Dessoles.

» Le général Sébastiani de négliger la grande route de Talavera, qu'on se bornait à faire observer par la division de dragons Milhaud, et de lier son attaque sur la droite de l'ennemi avec celle du centre exécutée par le général Lapisse.

» L'artillerie fut disposée en conséquence; il était deux heures de l'après-midi quand ces dispositions furent connues de MM. les généraux; c'est aussi à cette heure que l'ennemi reçut un renfort de toutes les troupes anglaises détachées dans les montagnes, et qui faisaient partie du corps commandé par le général Wilson. Elles débouchèrent par le chemin de Mejorada, et vinrent se former en 4ᵉ ligne sur le prolongement du grand mamelon dans la direction del Casar de Talavera. L'on avait été aussi obligé de détacher quelques troupes pour couronner la crête de la montagne et pour arrêter quelques bataillons portugais qui avaient été envoyés sur ce point.

» Les généraux plaçaient leurs troupes pour opérer d'après les dispositions arrêtées par Sa Majesté Catholique. M. le maréchal duc de Bellune attendit pour faire agir les siennes que le 4ᵉ corps fût arrivé à sa hauteur; aussitôt qu'il fut engagé, les généraux Lapisse, Villatte et Ruffin ébranlèrent leurs troupes.

» Le général Lapisse passa le ravin soutenu de la cavalerie du général Latour-Maubourg et appuyé de deux batteries de huit bouches à feu chacune.

» Le général Villatte menaça le mamelon, couvrit le vallon, et le général Ruffin suivit la direction qui lui avait été donnée.

» L'attaque du 4ᵉ corps eut dans son principe tout le succès que l'on pouvait espérer, mais elle fut bientôt repoussée, et le mouvement rétrograde de ce corps qui découvrait la gauche du général Lapisse, le força à s'arrêter malgré le succès qu'il avait remporté sur l'ennemi; il avait enfoncé son centre, et mis le plus grand désordre dans ses troupes. En cela, il fut puissamment secondé par l'artillerie, qui était dirigée par le général d'Aboville. Elle rendit dans cette occasion, comme dans toutes celles où elle se trouva, les plus grands services. Le général Latour-Maubourg, par les mouvements qu'il fit faire à sa cavalerie, contribua beaucoup au succès de cette attaque. C'est dans cet instant que le général Lapisse fut frappé du coup mortel qui le conduisit au tombeau quelques jours après. L'armée perdit un de ses bons officiers généraux, et sa perte fut vivement sentie par M. le duc de Bellune et par tout le premier corps.

» Toutes les troupes se sont bien conduites, particulièrement le 16ᵉ d'infanterie légère, les 8ᵉ et 54ᵉ de ligne; le 3ᵉ bataillon du 54ᵉ, commandé par le chef de bataillon Martin, s'est fait remarquer par plusieurs charges qu'il a faites à la baïonnette.

» Les colonels Philippon, du 54ᵉ; Barrié, du 45ᵉ; le chef de bataillon Gheneser, commandant le 16ᵉ léger, les colonels Dermoncourt, du 1ᵉʳ dragons, et Ismert, du 2ᵉ, ont été blessés, les généraux Laplane et Chaudron-Rousseau se sont fait remarquer par leurs bonnes dispositions.

» Un seul mouvement d'indécision fut remarqué par M. le maréchal duc de Bellune dans un des régiments de la division Lapisse ; Son Excellence s'y porta de suite et prévint les inconvénients qui pouvaient en résulter.

» Tandis que la division Lapisse obtenait ces avantages sur le centre de l'ennemi, le général Villatte manœuvrait au pied du mamelon et disposait la brigade qui était destinée à couvrir le vallon. Le bataillon des grenadiers, aux ordres de M. Bigex, était déjà formé en colonne, le 27ᵉ régiment faisait le même mouvement, lorsque l'ennemi détermina une charge de cavalerie sur cette infanterie ; elle fut reçue avec le plus grand calme et la plus grande valeur par le bataillon de grenadiers et le 27ᵉ d'infanterie légère. Quantité de chevaux et d'hommes vinrent tomber au pied des rangs de l'infanterie ; le 23ᵉ de dragons légers qui tenait la tête de cette charge, malgré la fusillade du 27ᵉ et du bataillon de grenadiers, s'engagea dans la vallée, passant entre la division Villatte et la division Ruffin ; la brigade Strolz, composée des 10ᵉ et 26ᵉ chasseurs, se porta à sa rencontre ; le général Strolz manœuvra avec ses troupes pour les laisser passer et les charger en queue ; bientôt la mêlée fut complète ; M. le maréchal duc de Bellune, qui du rideau où était placée l'artillerie avait vu la cavalerie ennemie faire cette pointe, fit avancer les lanciers polonais et les chevaux-légers westphaliens qui la prirent en tête et en flanc. Il ne s'échappa que cinq hommes du 23ᵉ de dragons légers ; tout fut tué ou pris.

» MM. les généraux Villatte et Cassagne, qui se trouvaient avec le 27ᵉ, furent quelque temps entraînés par cette charge et obligés de la suivre.

» M. le colonel Lacoste et le chef d'escadron Bigex se sont particulièrement distingués dans cette occasion.

» Le général Ruffin avait continué son mouvement et déjà la tête de sa colonne débordait la gauche de l'ennemi, lorsqu'il reçut l'ordre de s'arrêter et de se maintenir dans cette position.

» Il était cinq heures de l'après-midi ; M. le maréchal duc de Bellune insista près de Sa Majesté Catholique pour qu'elle ordonnât une seconde attaque sur toute la ligne ; il était constant que l'ennemi ébranlé par celles successives qu'il avait essuyées, et par les pertes qu'il avait faites, se disposait à faire sa retraite. Déjà il montrait peu de troupes sur son centre, le feu de son artillerie s'était ralenti, ce qui donnait à croire qu'il avait retiré de ses pièces ou que les munitions lui manquaient.

» Le 4ᵉ corps, qui s'était rallié un peu loin du terrain où il avait combattu, reçut l'ordre de se porter en avant, soutenu de la réserve et de la garde du roi. L'on espérait tout de ce dernier effort, lorsqu'on vint prévenir le roi qu'une colonne ennemie suivant la grande route de Talavera se dirigeait sur l'Alberche; Sa Majesté envoya un de ses aides de camp à M. le duc de Bellune pour le prévenir de ce mouvement et lui faire connaître que son intention était que la retraite s'opérât. M. le maréchal duc de Bellune insista de nouveau près de Sa Majesté Catholique et lui fit dire que rien ne déterminait le mouvement de retraite, que l'ennemi, loin de nous attaquer, songeait plutôt à faire la sienne, et que la marche de cette colonne sur l'Alberche serait bientôt arrêtée si le 4ᵉ corps attaquait.

» Les choses restèrent dans cet état jusqu'à la nuit, les Anglais montrant peu de troupes; quelques corps de cavalerie voulurent se faire voir au centre, mais ils furent bientôt chassés par l'artillerie du plateau.

» M. le maréchal duc de Bellune fit pousser une reconnaissance sur Talavera par le 54ᵉ de ligne et le 5ᵉ de chasseurs, qui avait pour objet de connaître positivement le mouvement des ennemis dans cette direction; une partie du champ de bataille du 4ᵉ corps fut trouvée abandonnée par nos troupes et l'ennemi. Ce ne fut qu'à un quart de lieue de Talavera que l'on rencontra une colonne ennemie, qui de Talavera se dirigeait par la route de Casa de Salinas; elle parut peu considérable, et n'être qu'une simple reconnaissance que l'ennemi envoyait aussi de son côté pour savoir ce qu'étaient devenues les troupes qui l'avaient combattu dans cette partie.

» M. le maréchal duc de Bellune était décidé à se maintenir la nuit dans ses positions et à faire le lendemain de nouveaux efforts pour débusquer entièrement l'ennemi des siennes. Des ordres furent expédiés aux généraux de conserver celles qu'ils occupaient et qu'ils avaient prises sur l'ennemi, de faire remplacer les cartouches qui avaient été consommées et de se tenir prêts à combattre le lendemain 29. M. le maréchal expédiait un officier au roi pour lui rendre compte de ses dispositions, lorsqu'il eut l'avis que le 4ᵉ corps et la réserve étaient en marche pour repasser l'Alberche, et que le mouvement de retraite ordonné par le roi était nécessité par la présence de l'armée de Vénégas sous les murs de Madrid, et par l'état de fermentation dans lequel se trouvait cette ville.

» Il n'était pas possible au 1ᵉʳ corps de se maintenir dans les positions desquelles il avait chassé l'ennemi. La retraite fut ordonnée, après avoir laissé reposer les troupes sur le champ de bataille jusqu'à trois heures du matin. Elle se fit dans le plus grand ordre et sans laisser aucune voiture ni blessé sur le champ de bataille.

» La cavalerie ne quitta sa position qu'au point du jour.

» A six heures du matin, tout le corps d'armée se trouva en position sur la rive gauche de l'Alberche dans le même ordre qu'il observait lorsqu'il marcha à l'ennemi le 27.

» La perte de l'armée anglaise est très-considérable, on peut la porter à 10 mille hommes tués, blessés et prisonniers; cinq mille coups de canon ont été tirés dans ses lignes, à un quart de portée, par le 1ᵉʳ corps; les généraux Mackenzie et Langwerth, quatre colonels ont été tués; 200 officiers et 3 mille hommes blessés ont été trouvés à Talavera.

» L'on aura une idée de ce que cette armée a souffert lorsqu'on saura que le premier corps laissé seul pour l'observer, tandis que la réserve et le 4ᵉ corps se portaient sur Vénégas, est resté les 29, 30 et 31 à une lieue du champ de bataille, sans qu'elle osât rien entreprendre sur lui.

» La perte du 1ᵉʳ corps a été aussi très-considérable : 26 officiers et 423 soldats ont été tués, 126 officiers et 3,341 soldats ont été blessés.

» Au quartier général de Talavera, le 10 août 1809.

» *Le général de brigade, chef de l'état-major général du 1ᵉʳ corps.* »

Le roi Joseph à l'Empereur.

« Madrid, le 30 août 1809.

» Sire,

» J'ai l'honneur d'adresser à Votre Majesté le rapport de M. le maréchal Jourdan sur les opérations de l'armée de Votre Majesté, depuis le 23 juillet jusqu'au 15 août. J'ai chargé un officier de porter le double de ce rapport à Votre Majesté, mais il est probable que cette copie portée par l'estafette vous arrivera la première. L'officier porte aussi à Votre Majesté le rapport du maréchal Victor, que Votre Majesté ne lira pas sans peine : il est difficile de concevoir l'aveugle passion qui l'a dicté ; j'ai été forcé par le sentiment de mon honneur et de celui de l'armée de lui faire la réponse ci-jointe. Si Votre Majesté éprouve quelque plaisir des succès qui ont couronné ses armes en Espagne et de nos efforts pour y contribuer, je lui demande en grâce, au nom de ses intérêts les plus chers, de donner une destination en Allemagne, en France ou en Italie au maréchal Victor, et même au maréchal Ney. Ce dernier n'obéit ni au maréchal Soult ni à moi.

» Je suis occupé à faire rétablir les communications. Nous avons perdu plusieurs estafettes, deux venant de France et trois y allant, ces dernières portaient à Votre Majesté mes dépêches après les affaires de Talavera et d'Almonacid. L'ennemi n'y aura appris que ses désastres. Je n'ose pas confier à l'estafette le rapport du maréchal Victor.

» Je renouvelle à Votre Majesté la demande qu'elle daigne me permettre de prendre pour ma garde vingt hommes par régiment, elle est fort affaiblie.

» Le général Strolz, mon aide de camp, a eu le bonheur de commander la brigade qui a fait prisonnier le 23e régiment de cavalerie anglais. Je prie Votre Majesté de le nommer officier de la Légion d'honneur, il est déjà légionnaire, c'est une récompense qu'il regarde comme au-dessus de tout ce qu'on pourrait faire pour lui. C'est le même officier que Votre Majesté chargea d'une reconnaissance en arrivant à Vittoria, et qui, en ayant rendu compte à Votre Majesté à Burgos, mérita qu'elle me dît : « Voilà un officier de la bonne roche. » Il l'a prouvé au combat d'Alcabon, à Talavera et à Almonacid.

» De Votre Majesté, sire, le dévoué serviteur et affectionné frère,

» JOSEPH. »

A M. le maréchal duc de Bellune.

« Madrid, le 27 août 1809.

» J'ai reçu, monsieur le duc, votre lettre de Daimiel du 20 avec le rapport du chef d'état-major du 1er corps, en date de Talavera du 10. Vous me proposez d'approuver ce rapport ; rien ne pouvait plus m'étonner, après l'avoir lu, que la proposition que vous me faites d'approuver une diatribe astucieuse des relations que vous avez eues avec moi depuis la bataille de Medellin jusqu'à celle de Talavera ; il faut qu'on vous ait donné une idée bien étrange de mon caractère, ou que vous vous en soyez imposé à vous-même en dénaturant complétement les motifs des procédés que j'ai toujours eus avec vous dans tous les événements. Le ton de ce rapport est celui d'un homme qui, mécontent de ne commander que le plus beau corps de l'armée, s'efforce de prouver que s'il eût eu la pensée de toutes les opérations, les affaires eussent été bien ; qu'elles ont été mal sous mon commandement parce qu'il n'a pas plu à l'Empereur de me mettre sous ses ordres. Comme vous vous êtes mépris sur la nature des rapports que j'ai eus avec vous, monsieur le maréchal, vous trouverez tout simple que je ne vous taise plus aucune vérité.

» Je ne parle pas du passage du Tage, des ponts brûlés, etc., je viens à Talavera. Vous dénaturez tous les faits, vous mettez en déroute le 4ᵉ corps qui a rivalisé de gloire avec le premier ; vous faites retirer la réserve qui n'a fait dans le jour qu'un mouvement de flanc commandé par les circonstances ; vous prétendez que vous avez été obligé de vous retirer pour suivre le mouvement du 4ᵉ corps et de la réserve le 29 au matin ; vous oubliez la lettre que je vous écrivis dans la nuit, et vous ignorez que tout le monde était retiré de chez moi et reposait lorsque l'arrivée du 4ᵉ corps m'apprit votre départ. Vous ignorez que le général Milhaud était entré dans les premières maisons de Talavera où il n'avait rencontré personne ; que plusieurs officiers étaient entrés dans la ville abandonnée et solitaire ; vous ignorez que dans le jour mon intention était toujours de repasser l'Alberche ; mais je voulais reconnaître l'ennemi dans la matinée.

» Lorsque je vous vis dans votre ancienne position de Cazalegas le matin du 29 je savais tout cela, je ne vous le dis pas, je vous témoignai au contraire ma satisfaction pour la conduite énergique que vous aviez tenue dans la journée du 28. Je prétendais vous consoler de ce que vous n'aviez pu enlever le plateau, que je m'étais décidé à faire attaquer, vous, monsieur le maréchal, m'ayant dit à plusieurs reprises : *Il faudrait renoncer à faire la guerre si avec le premier corps je n'enlevais pas cette position.* Je vous savais gré des efforts que vous fîtes pour cela, du dévouement personnel avec lequel vous ralliâtes vous-même quelques troupes qui eurent besoin pendant quelques secondes de votre voix et de votre présence pour se rappeler qu'elles étaient du premier corps et de l'armée impériale, et il m'en coûte plus que vous ne pensez, monsieur le maréchal, de ne pouvoir plus persister dans ces nobles ménagements.

» Dans un moment heureux où mon but était rempli, où 80 mille ennemis avaient été découragés au point de ne plus oser faire aucun mouvement, où je sentais que votre corps, trop faible quatre jours auparavant pour contenir l'ennemi dans cette même position, était devenu, par suite de la bataille de Talavera, assez imposant pour l'arrêter, tandis qu'avec le reste de l'armée j'allais sauver Tolède, Madrid, battre Vénégas et donner le temps au duc de Dalmatie d'arriver sur les derrières des Anglais; dans cet état de choses, monsieur le maréchal, je ne dus vous témoigner que mon contentement. Je ne me serais jamais souvenu, si vous ne me forciez à vous en parler pour vous tirer d'erreur sur l'opinion que vous vous êtes formée de moi, que le plateau de Talavera a été mal attaqué par vous trois fois : le 27 au soir, et le 28 au matin avec trop peu de monde. Le 28, je vous avais donné l'ordre de faire attaquer par trois brigades à la fois, tandis que les trois autres brigades seraient restées en réserve; il n'en fut pas ainsi.

» Plusieurs officiers, entre autres un aide de camp du général Latour-Maubourg, envoyés près de moi par vous, monsieur le duc, dans la nuit du 28 au 29, m'ont dit devant tout l'état-major général de l'armée que l'ennemi tournait votre droite, qu'il cherchait aussi à se porter sur la gauche du 4e corps; d'autres officiers me firent en votre nom d'autres rapports contradictoires, et ce fut alors que je me décidai à vous écrire moi-même pour vous demander un rapport écrit, et que, en attendant, je donnai l'ordre à tout le monde de prendre du repos, de rester dans ses positions et d'attendre de nouveaux ordres au jour.

» Mais je m'aperçois, monsieur le maréchal, que j'entre dans des détails inutiles, et je me hâte de finir cette lettre déjà trop longue pour vous et pour moi, en vous déclarant franchement que je regarde le rapport que vous m'avez adressé comme plein de faits erronés; il paraît que mon commandement vous pèse beaucoup, je ne dois pas vous taire que je désire aussi vivement que vous, monsieur le maréchal, qu'il plaise à S. M. Impériale et Royale de vous donner une autre destination.

» JOSEPH. »

Le duc de Bellune au roi Joseph.

« Tolède, le 14 septembre 1809.

» Sire,

» J'ai l'honneur d'adresser ci-joint à V. M. la justification dont ma lettre du 4 de ce mois n'est que l'analyse. Daignez, Sire, en prendre connaissance, et rendre à mon âme le calme dont elle a besoin. Ce n'est pas sans éprouver la plus vive douleur que j'ai fait cet écrit.

» J'étais loin de penser il y a quinze jours que je dusse être jamais réduit à la dure nécessité de me justifier d'une accusation contre ma conduite en Espagne, où je crois avoir rempli tous mes devoirs d'homme d'honneur.

» Le rang que j'occupe dans l'armée impériale et ma délicatesse ne me permettent pas de rester plus longtemps sous le poids d'une accusation aussi flétrissante. J'ai dû y répondre par des faits qui pussent éclairer Votre Majesté, dont la religion a été surprise. Je la supplie de les examiner et de me rendre la justice qui m'est due. S'ils ne suffisent pas pour effacer l'opinion défavorable qu'elle a prise de mon caractère et de ma conduite, je la prierai de me permettre d'aller les soumettre à mon souverain, à qui je dois compte de toutes mes actions.

» J'ai la confiance qu'il ne dédaignera pas d'être mon juge dans une cause qui touche de si près mon existence et celle de ma famille.

» J'ai l'honneur d'être avec respect, etc.

» *Le maréchal duc de Bellune,*
» Victor. »

Copie de la lettre écrite par S. M. le roi d'Espagne au maréchal duc de Bellune, le 27 août 1809.

« J'ai reçu, M. le duc, votre
» lettre de Daimiel, du 20, avec
» le rapport du chef de l'état-
» major du 1er corps, en date
» de Talavera, du 10. Vous me
» proposez d'approuver ce rap-
» port. Rien ne pouvait plus m'é-
» tonner, après l'avoir lu, que la
» proposition que vous me faites
» d'approuver une diatribe astu-
» cieuse des relations que vous
» avez eues avec moi depuis la
» bataille de Medellin jusqu'à
» celle de Talavera. Il faut qu'on
» vous ait donné une idée bien
» étrange de mon caractère, ou
» que vous vous en soyez im-
» posé à vous-même en dénatu-
» rant complétement les motifs
» des procédés que j'ai toujours
» eus avec vous dans tous les
» événements. Le ton de ce rap-
» port est celui d'un homme qui,
» mécontent de ne commander
» que le plus beau corps de l'ar-
» mée, s'efforce de prouver que
» s'il eût eu la pensée de toutes
» les opérations, les affaires eus-
» sent été bien ; qu'elles ont été
» mal sous mon commandement,
» parce qu'il n'a pas plu à l'Em-
» pereur de me mettre sous ses
» ordres. Comme vous vous êtes
» mépris sur la nature des rap-

Faits que le maréchal duc de Bellune oppose à la lettre de S. M. C.

Le chef d'état-major du 1er corps de l'armée d'Espagne a rédigé le rapport dont il s'agit d'après le journal qu'il a l'attention de tenir de toutes les opérations du corps d'armée. Il a tâché d'y mettre toute l'exactitude qu'un travail de ce genre exige, afin de donner à S. M. C. une connaissance parfaite des mouvements de ce corps, de ses diverses positions et des motifs qui les ont déterminées : c'est dans ce seul esprit que ce rapport a été fait. Le chef de l'état-major qui a toujours ignoré les relations que j'avais avec S. M. C. ne pouvait pas les commenter ; il ne pouvait par conséquent en faire une diatribe, ni les mettre en comparaison dans le sujet qu'il était chargé de traiter. Il savait d'ailleurs comme moi qu'il écrivait pour le roi seul, et certes le respect profond qu'il lui porte ne peut laisser aucun doute sur la pureté de ses intentions, lorsqu'il s'occupait de ce travail dont l'objet a été de faire connaître à S. M. C. la vérité tout entière. J'ai lu ce rapport avant de l'adresser au roi. Si j'y avais reconnu quelques traits qui pussent déceler mes relations avec S. M. ou qui dénaturassent les procédés généreux dont elle m'a honoré dans toutes les circonstances, j'aurais supprimé un écrit si contraire à la bienséance et à la gratitude. Si j'y avais reconnu la présomption, la vanité et tous les senti-

» ports que j'ai eus avec vous, M. le maréchal, vous trouverez tout simple que je ne vous taise plus aucune vérité.

ments que S. M. C. a cru y voir, je me serais bien gardé de le lui adresser, ou bien il faut supposer que j'avais perdu tout à fait la raison pour me livrer ainsi à un excès d'impudence dont on n'aurait pas d'exemple ; mais je n'ai pas à me reprocher cet égarement.

Le respect que j'ai pour les vertus et la personne de S. M. C. m'en garantira toujours, et j'ai cru lui en donner une nouvelle preuve en lui envoyant cet écrit véridique et purement militaire. Si j'y avais attaché des vues telles que celles qui sont énoncées dans la lettre de S. M. C., ma démence ne se serait pas bornée à les faire connaître seulement au roi, elle m'eût vraisemblablement engagé à les communiquer à mon gouvernement et à toutes les personnes dont je désire les suffrages ; mais le roi est le seul qui jusqu'à présent ait eu connaissance des détails de la campagne du 1er corps, depuis la bataille de Medellin jusques et y compris celle de Talavera. Il n'est donc guère croyable que j'aie voulu me vanter au roi à son détriment, et que j'aie provoqué son ressentiment dans le dessein de perdre sa bienveillance, à laquelle j'ai prouvé plus d'une fois que j'attachais le plus grand prix. En effet, je ne vois encore rien dans le rapport du chef de l'état-major qui puisse me faire soupçonner d'une pareille extravagance, si ce n'est qu'il pèche en plusieurs endroits contre les convenances. Je lui avais ordonné de n'y présenter que des faits vrais avec les circonstances qui les ont amenés. Telle était mon intention, mon seul désir, il a dû s'y conformer.

S. M. C. veut que je l'aie priée d'approuver ce rapport. Si elle se donne la peine de relire la lettre que j'ai eu l'honneur de lui écrire à ce sujet, elle verra que ma prière n'est relative qu'aux opérations du 1ᵉʳ corps et non au rapport de ces mêmes opérations, et que je désirais qu'elle récompensât de son approbation la conduite du 1ᵉʳ corps et la mienne.

—» Je ne parle pas du passage » du Tage, des ponts brûlés, etc.

Je dois regretter que S. M. C. n'ait pas daigné s'expliquer sur le passage du Tage, qu'elle met au nombre des fautes dont elle m'accuse. Il est probable qu'elle n'improuve cette opération que parce qu'elle ignore les causes qui l'ont déterminée. En les lui faisant connaître, j'espère lui prouver qu'au lieu d'avoir mérité ses reproches à ce sujet, j'ai rendu à l'armée dans cette occasion le service le plus important. Ainsi, pour mettre S. M. C. à même d'en juger, je vais remonter à l'époque où les Anglais, maîtres de la campagne en Portugal, n'avaient plus rien à craindre du côté de M. le duc de Dalmatie.

Le 12 mai, je m'étais porté avec le 1ᵉʳ corps d'armée à Alcantara, pour reconnaître et pour chasser une division anglo-portugaise qui s'était réunie sur ce point dans le dessein de faire une diversion en faveur de l'armée espagnole de Cuesta, et de masquer en même temps le mouvement que l'armée anglo-portugaise, sous les ordres de sir Arthur Wellesley, se proposait de faire sur Plasencia. J'espérais aussi, en me portant sur Alcantara, avoir des nouvelles positives de M. le duc de Dalmatie, dont on annonçait la retraite depuis plusieurs jours. Il était intéressant de connaître la véritable situation de M. le duc de Dalmatie. Deux motifs me conduisaient donc à Alcantara, celui de chasser les ennemis de cette ville et celui de connaître l'état de nos affaires en Portugal. J'ai eu lieu de me louer d'avoir pris ce parti. Il en est résulté des avantages que l'on n'a pas assez appréciés.

La division anglo-portugaise, chassée d'Alcantara par nos troupes jusqu'au delà des frontières du Portugal, ne pouvait plus s'opposer aux courses que notre cavalerie devait faire dans ce pays pour demander les nouvelles que je désirais avoir. Elle les fit, et me rapporta la confirmation des bruits qui s'étaient répandus de la retraite de M. le duc de Dalmatie, avec l'avis qu'un corps de l'armée de sir Arthur Wellesley marchait vers l'Espagne pour agir contre le 1er corps, de concert avec l'armée de Cuesta. Cet avis, répété par tous les habitants du pays, ne laissant plus de doute sur sa véracité, j'ai eu l'honneur de le transmettre à S. M. C. par ma lettre du 24 mai à M. le maréchal Jourdan, major général. Ce mouvement combiné des ennemis exigeait nécessairement une sérieuse attention. Mais pour en faire connaître l'importance, il convient que je la démontre comme je l'ai sentie alors et comme les derniers événements l'ont prouvée.

L'armée anglo-portugaise n'ayant plus rien à craindre de l'armée aux ordres de M. le duc de Dalmatie, pouvait se porter sur le 1er corps par Alcantara, et l'attaquer en même temps que l'armée de Cuesta, passant la Guadiana, marcherait également à lui dans le même dessein. Ces deux armées pouvaient aussi combiner leurs mouvements contre le 1er corps, de manière à lui fermer la seule communication qu'il eût, celle d'Almaraz, et l'attaquer ensuite avec des forces trois fois supérieures à la sienne, ce qui l'aurait mis dans la situation la plus fâcheuse. Voyons si la résolution que j'ai prise pour l'en garantir a été judicieuse.

Le cas où il se trouvait était déjà critique, et la pénurie des subsistances y ajoutait beaucoup. Le pays était épuisé, on avait des peines infinies à y faire vivre très médiocrement le soldat ; il fallait néanmoins s'y maintenir, et attendre avant de prendre un parti que les ennemis fissent mieux connaître leurs projets. Je me bornai donc à établir le 1er corps à Torremocha, qui est le point d'où je pouvais observer les armées combinées pour agir selon les circonstances. J'envoyai en même temps, d'après les ordres du roi, à Almaraz la division allemande aux ordres du général Leval, qui jusque-là avait suivi le 1er corps. Cette disposition était nécessaire ; car le pont de bateaux que nous avions sur le Tage courait les risques d'être détruit, quoiqu'il fût couvert par des ouvrages que j'y avais fait construire, et gardé par deux cents hommes d'infanterie que j'y avais établis. Les insurgés nombreux de Tietar étaient en armes. De gros détachements de l'armée ennemie de Portugal se montraient à Plasencia, et communiquaient avec les insurgés. Deux marches pouvaient les conduire réunis au pont de bateaux, et sa destruction, qui résultait infailliblement de ce mouvement, menait à des conséquences infinies et extrêmement dangereuses. La présence de la division allemande sur ce point nous en a préservés, et la sollicitude du roi à ce sujet prouve déjà que S. M. C. n'était pas sans inquiétude sur la situation du 1er corps.

Les dispositions dont je viens de parler ont été faites le 20 mai, époque à laquelle je me trouvai à Torremocha de retour d'Alcantara. Ainsi placé, j'observais l'armée anglo-portugaise sur la rive droite du Tage par le général Leval, sur la rive gauche par les partis que j'avais sur Alcantara, et je voyais l'armée de Cuesta par les partis que je tenais sur la Guadiana. Je m'occupais en même temps des subsistances nécessaires à la troupe, et ce travail n'était pas le moins pénible.

Quinze jours s'écoulèrent ainsi sans que l'ennemi se montrât; mais ses projets commencèrent à se développer dans les premiers jours de juin. Le général Leval m'apprit que les Anglo-Portugais se réunissaient à Plasencia, et que les insurgés du Tietar prenaient chaque jour plus de consistance. Les partis que j'avais sur Alcantara confirmaient ces nouvelles, dont je profitais pour redoubler d'attention et de vigilance. Le général Leval instruisait S. M. C. de tout ce qu'il apprenait. Le moment approchait où il fallait de toute nécessité se décider à prendre l'offensive sur les ennemis, ou à se replier derrière le Tage pour éviter d'être compromis.

Mais l'un et l'autre de ces partis présentaient des inconvénients. Comment en effet se porter en avant sur la Guadiana pour attaquer l'armée de Cuesta, sans craindre l'armée anglo-portugaise prête à marcher sur le 1er corps, et à lui fermer le seul passage qu'il eût pour se retirer en cas de besoin? Comment aussi se replier derrière le Tage sans encourager les insurgés, et doubler par conséquent leurs forces contre nous? Je restai indécis entre ces deux questions jusqu'au

10 juin, que, pressé par la circonstance sérieuse où je me trouvais, j'eus l'honneur d'instruire le roi de l'embarras où j'étais, et de lui demander ses ordres.

Déjà S. M. C. était instruite du mouvement que faisaient les ennemis derrière le Tietar; elle savait également que le 1er corps d'armée n'existait sur la rive gauche du Tage qu'avec de très-grandes difficultés, et avant d'avoir reçu ma lettre du 10 juin, elle m'avait fait expédier l'ordre de me replyer sur Almaraz, et de là aller à Plasencia, pour y faire vivre les troupes. Cet ordre est daté du ... juin, et signé de M. le maréchal Jourdan. Je me mis aussitôt à même de l'exécuter, et le 14 juin le 1er corps se mit en marche pour sa nouvelle destination. Quel est donc le motif qui a porté S. M. C. à blâmer ce mouvement? Si les raisons que je viens de donner pour le justifier ne suffisent pas, je ferai connaître bientôt combien il était nécessaire, et que le roi doit se féliciter de l'avoir autorisé. Mais avant d'entrer dans ces détails, il convient de rendre compte de la conduite que j'ai tenue relativement au pont de bateaux que je suis accusé d'avoir fait détruire mal à propos. Le 1er corps arrivé le ... juin sur la rive gauche du Tage, et devant continuer sa marche sur Plasencia, conformément à l'ordre du ... juin, il ne pouvait se rendre à cette destination qu'autant qu'on lui préparerait un passage sur le Tietar, qui, à cette époque, était considérablement grossi par la fonte des neiges. Il a donc fallu transporter sur ce torrent les quinze bateaux et tous les matériaux qui avaient servi au pont du Tage pour en construire un nouveau, et cela avec cinq voitures ou haquets, seuls moyens que l'on pût employer à ce transport; mais on suppléa à cette pénurie par une grande activité et un travail extrêmement pénible. Les pontonniers, aidés des canonniers, ont montré dans cette occasion ce qu'ils sont capables de faire. Le pont fut détendu dès que les troupes l'eurent passé. Les bateaux et tous les matériaux qui avaient servi à sa construction furent divisés en trois parties égales, et il fut convenu que les cinq haquets transporteraient cet équipage au lieu où il devait être établi, en trois voyages. Il est bon de remarquer ici que du pont du Tage à celui qui nous occupait sur le Tietar, il y a sept grandes lieues d'Espagne, et que les trois voyages devaient être faits et le nouveau pont tendu dans vingt-quatre heures. Cet énorme travail n'a pas surpris un moment les hommes courageux qui en étaient chargés. Ils l'ont fait sans désemparer, et il était achevé et prêt à recevoir les troupes à l'instant même qu'arriva M. le colonel Marie, aide de camp de S. M. C., et que cet officier me remit l'ordre d'envoyer à Tolède la division Villatte, la division allemande et une brigade de dragons, et de me replier avec le reste de mes troupes vers Talavera, en manœuvrant entre le Tietar et le Tage, de manière à observer et à contenir l'ennemi. Me voilà donc jeté dans un nouvel embarras relativement à ce pont qui venait de nous coûter des peines extrêmes. Comment le transporter? où en sont les moyens? Tous les chariots et les attelages d'artillerie étaient employés à transporter les provisions considérables de munitions de guerre qui avaient été réunies à Truxillo et à Merida. Les voyages fréquents qu'il avait fallu faire avaient singulièrement fatigué les chevaux et les hommes chargés de les conduire. L'équipage de pont n'avait, comme je viens de le dire, que le tiers des voitures nécessaires pour le transporter. On ne pouvait pas espérer de trouver dans tout le pays et très-loin aucun chariot qui fût propre à ce transport. On n'aurait pas d'ailleurs pu les attendre ; il n'y avait pas de moyens pour faire vivre les troupes. Les blés de l'année étaient encore en herbe, et il n'y en avait pas un grain dans les villages, qui étaient tous abandonnés. Que faire dans cette circonstance? Fallait-il se défaire d'une partie des canons pour transporter des bateaux ? Mais les voitures à canon ne sont pas propres à cet usage. Fallait-il laisser intacts les bateaux qu'on ne pouvait emporter? Mais c'eût été fournir aux ennemis un moyen de nous nuire. Le parti le plus judicieux était donc de détruire cette portion de pont qu'il nous était impossible d'emmener, et de sauver l'autre. C'est aussi celui que j'ai pris, et nous nous sommes mis en marche vers Talavera, ayant à la suite de notre artillerie cinq haquets chargés de leurs bateaux, et de tous les agrès qui avaient servi à la construction du pont.

Ces éclaircissements me justifieront sans doute aux yeux de S. M. C. relativement aux ponts brûlés. Les mêmes causes jointes à d'autres aussi impérieuses ont entraîné la perte des munitions de guerre déposées au pont de l'Arzobispo. Tous les chariots d'artillerie surchargés de munitions étaient en marche vers Talavera. Ceux des équipages militaires étaient occupés à transporter le grand nombre de malades que nous avions à Truxillo. Il n'en existait aucun dans le pays, comme nous venons de le remarquer. L'armée espagnole de Cuesta venait de jeter un pont de bateaux sur le Tage devant Almaraz, 15 mille hommes d'infanterie et 4 mille chevaux l'avaient passé. Un même nombre de troupes en infanterie de cette armée et 2 mille chevaux se présentaient devant le pont de l'Arzobispo. Le Tage était guéable sur plusieurs points. Le corps que je commandais venait d'être réduit à 11 mille hommes d'infanterie et 2 mille chevaux; il eût fallu en former deux corps pour arrêter l'ennemi devant le pont d'Almaraz et celui de l'Arzobispo. Ces deux corps qui auraient été également trop faibles eussent été compromis. La disette nous pressait vivement; il fallait donc, ou attendre l'armée ennemie et s'engager inconsidérément devant elle pour garder ce dépôt de munitions, ou le détruire et se replier. J'ai cru que quelques munitions en partie avariées ne devaient pas m'obliger à exposer les troupes qui me restaient, et j'ai fait jeter à l'eau ces poudres embarrassantes.

L'etc. qui suit le reproche que S. M. C. me fait à cet égard est poignant. Il semble énoncer des fautes à l'infini. Je ne puis m'en défendre puisque je les ignore.

Je dois maintenant chercher à rendre ma justification plus claire et plus sensible sur le passage du Tage, et démontrer que ce mouvement, loin d'être blâmable, doit être mis au rang de ceux qui sauvent les armées et préparent la victoire. S. M. C. en sera bientôt convaincue, et j'ose espérer qu'elle regrettera de m'avoir accusé à cette occasion.

C'est le 14 juin, comme je l'ai dit plus

haut, que le 1er corps s'est mis en marche pour repasser sur la rive droite du Tage. On a déjà vu que l'armée anglo-portugaise, dispensée à cette époque de toute inquiétude vers le nord du Portugal, était libre de ses mouvements, qu'elle pouvait diriger ses efforts vers l'Espagne, et que ses premières dispositions annonçaient son arrivée prochaine à Plasencia. Elle n'a pas laissé longtemps l'opinion indécise sur ses projets, car on a appris de manière à ne laisser aucun doute qu'elle était arrivée à Plasencia dans les premiers jours de juillet, et que disposée à continuer sa marche sur Talavera, le général Wellesley l'avait précédée de quelques jours pour conférer avec le général Cuesta, qui alors était à Almaraz avec son armée.

Ce simple exposé de la marche combinée des ennemis sur les deux rives du Tage fera aisément comprendre que si le 1er corps n'avait pas repassé ce fleuve à propos comme il l'a fait, il aurait été réduit à la fâcheuse extrémité de combattre à la fois les armées de Cuesta et de Wellesley, fortes ensemble de près de 80 mille hommes, sans communication pour se retirer au besoin, et exposé à une ruine totale et presque inévitable. Toute son énergie eût été insuffisante pour le garantir d'un pareil malheur, et la bataille de Talavera, où il s'est distingué, n'aurait pas eu lieu. De ces événements fâcheux il serait résulté des conséquences plus fâcheuses encore, et à l'infini. J'ai donc rendu un très-grand service à S. M. C. en repassant le Tage. Quel est donc le motif qui m'a valu son improbation sur ce mouvement qu'elle a autorisé ?

» Je reviens à Talavera. Vous
» dénaturez tous les faits. Vous
» mettez en déroute le 4ᵉ corps,
» qui a rivalisé de gloire avec
» le 1ᵉʳ.

Pour répondre à cette inculpation, qui me suppose des sentiments et des intentions très-éloignées de mon cœur et de mon caractère ; je commencerai par dire que je ne suis pas l'auteur de ce rapport dont je n'ai pas dicté un seul mot, mais que je l'ai lu et que je n'ai pu y voir cette déroute du 4ᵉ corps. Si S. M. C. daigne relire le passage qui concerne ce corps d'armée à la bataille de Talavera, elle verra qu'il est dit que ce corps ayant obtenu des avantages fut repoussé, et que cet événement a dû singulièrement influer sur le sort de cette journée.

Je rends la justice qui est due à la bravoure que ce corps d'armée a déployée dans cette circonstance, où il n'a été que malheureux ; mais il n'en est pas moins vrai qu'ayant été obligé de se reployer et de céder beaucoup de terrain aux ennemis, il a découvert la gauche du 1ᵉʳ corps, et que pour donner une suite raisonnée et conséquente des opérations de cette journée, le chef de l'état-major devait indiquer cette fâcheuse circonstance. S. M. C. pourrait blâmer ce passage du rapport si son auteur l'avait marqué dans l'intention de nuire à la réputation du 4ᵉ corps, mais il savait que ce rapport n'était écrit que pour le roi seul et qu'il devait détailler avec vérité et exactitude les faits de cette journée dont S. M. C. avait été témoin. Je ne puis pas d'ailleurs avouer que le 4ᵉ corps, qui n'a pas pu se soutenir trois quarts d'heure devant l'ennemi, ait rivalisé de gloire avec le 1ᵉʳ, qui, après un engagement de 24 heures, a mis cet ennemi hors d'état de rien entreprendre contre nous.

» Vous faites retirer la réserve,

Ce que le chef de l'état-major a écrit

» qui n'a fait dans le jour qu'un
» mouvement de flanc comman-
» dé par la circonstance.

à ce sujet n'est point exact, et S. M. C. a dû le voir ainsi. J'ai eu le tort de ne l'avoir pas lu avec assez d'attention. En le condamnant en quelques points, je dois rétablir ici la vérité. Plusieurs officiers du roi, notamment M. le général Lucotte et M. le colonel Guye, vinrent m'instruire de la part de S. M. C. du mouvement rétrograde du 4ᵉ corps « et me
» dirent que l'ennemi profitant des avanta-
» ges que lui offrait cette occasion se por-
» tait en force de Talavera sur l'Alberche
» pour déborder notre gauche, dont le
» ralliement n'était pas encore opéré ;
» que cette circonstance rendant notre
» position critique, S. M. C. pensait que
» la retraite de l'armée allait devenir
» inévitable; qu'elle m'ordonnait de faire
» passer à l'instant même une partie de
» ma cavalerie sur notre gauche pour ai-
» der à contenir l'ennemi. » Je répondis à l'un et à l'autre de ces officiers que S. M. C. pouvait être tranquille, qu'ayant observé avec beaucoup d'attention le chemin par où on supposait que l'ennemi se montrait, je pouvais assurer qu'il n'y avait pas paru; que du reste les ennemis, vivement pressés en face du 1ᵉʳ corps, ne pouvaient plus se soutenir, qu'ils s'éloignaient de leur ligne de bataille, que la retraite de toute leur artillerie, qui avait cessé de jouer depuis une demi-heure, annonçait des craintes, qu'enfin j'étais persuadé que si le 4ᵉ corps se reportait en avant, soutenu de la réserve, la victoire ne tarderait pas à être à nous. Je priai en conséquence MM. Lucotte et Guye de faire ce rapport à S. M. C. ; j'ignore s'ils l'ont fait; mais j'ai vu le 4ᵉ corps et la réserve parcourir en marchant vers nous l'espace d'environ 600

» Vous prétendez que vous
» avez été obligé de vous retirer
» pour suivre le mouvement du
» 4ᵉ corps et de la réserve le 29
» au matin.

toises, et se retirer ensuite par un mouvement contraire en obliquant vers leur gauche. C'est ainsi que le chef de l'état-major aurait dû s'exprimer au sujet de la retraite de la réserve. J'ignore les circonstances qui ont déterminé ce mouvement. Elles étaient pressantes et fondées sans doute.

Le roi me charge ici d'une faute capitale que je suis incapable de commettre. Trois heures s'étaient à peine écoulées depuis le moment où j'avais sauvé l'armée du plus sanglant affront en conservant le champ de bataille, lorsque M. le colonel Expert, un des officiers de S. M. C., arriva près de moi pour me réitérer l'ordre de sa part de me retirer derrière l'Alberche, et de prévenir M. le général Sébastiani de l'instant où le 1ᵉʳ corps se mettrait en marche, afin d'accorder le mouvement de ces deux corps. Il n'y avait plus alors d'observation à opposer à cette résolution du roi; il était presque nuit; je ne pouvais plus voir ce que faisaient les ennemis, et j'ai dû penser que S. M. C., mieux instruite que moi, avait de fortes raisons pour se retirer; j'envoyai en conséquence prévenir M. le général Sébastiani que, suivant les intentions du roi, le 1ᵉʳ corps commencerait son mouvement vers l'Alberche à minuit. Je ne désespérais pas néanmoins en faisant encore une fois connaître l'état des choses à S. M. C. sur la partie des lignes ennemies que j'occupais, j'espérais, dis-je, engager S. M. C. à renoncer au mouvement rétrograde. J'envoyai à cet effet le colonel Chateau, mon premier aide de camp, après lui avoir recommandé de dire à S. M. C. tout ce que la circonstance et le bien de son service me suggérait pour la déterminer en faveur de mon projet, et j'attendis son retour pour disposer le 1ᵉʳ corps selon les ordres que cet officier m'apporterait. Ce corps d'armée conserva les positions qu'il avait à la fin de la journée.

Un instant après le départ du colonel Chateau (il était dix heures), M. le général Latour-Maubourg me rendit compte que le général Carrois, commandant une brigade de dragons, venait de reconnaître un parti ennemi qui paraissait se diriger de Talavera vers l'Alberche. Le général Villatte m'annonçait en même temps que quelques bataillons ennemis longeaient la crête de la montagne et menaçaient notre droite. Ces mouvements des ennemis ne me paraissaient pas assez redoutables pour m'obliger à changer la résolution que j'avais prise de garder le champ de bataille, mais je pensai qu'il était de mon devoir d'en instruire le roi. Je dépêchai en conséquence un aide de camp du général Latour-Maubourg à S. M. C. pour lui rendre compte d'abord de ces mouvements, et surtout pour dire qu'ils ne me paraissaient pas assez sérieux pour nous obliger à faire une retraite que je désirais qu'on évitât. Dans cet état de choses je me couchai au milieu des troupes, et j'attendis le retour du colonel Chateau. Il me rejoignit vers minuit. Voici mot à mot ce qu'il me rapporta de la part du roi. Après avoir fait connaître au roi la position qu'occupe le 1ᵉʳ corps et l'espoir que vous conserviez d'entreprendre avec succès sur l'ennemi le lendemain, S. M. C. me dit : « Je sais
» depuis hier au soir que l'ennemi a
» montré une colonne aux portes de Ma-
» drid. Cette colonne a débouché par

» Escalona et Naval-Carnero. D'un au-
» tre côté, Vénégas a passé le Tage et se
» trouve sur le point d'attaquer ma ca-
» pitale. Mais les Anglais étaient devant
» nous, il fallait les attaquer. J'ai cru
» que les résultats de la journée seraient
» plus décisifs. Il paraît que malgré les
» avantages obtenus par le 1er corps, ce
» serait à recommencer demain. Je dois
» penser en ce moment que Madrid ren-
» ferme nos malades, nos munitions et
» tous nos magasins, et qu'en donnant le
» temps à Vénégas et à la colonne de
» Wilson de s'en emparer, nous perdons
» ce que nous avons de plus précieux. Je
» crains surtout que nos malades ne
» soient victimes d'une sédition popu-
» laire, et un mouvement vers la capitale
» me paraît indispensable. Faites con-
» naître de ma part à M. le duc de Bel-
» lune les motifs qui me décident à ce
» mouvement. La réserve passera l'Al-
» berche à onze heures du soir sur le
» pont, le 4e corps suivra immédiate-
» ment, et passera cette rivière au gué
» au-dessus du pont, M. le duc de Bel-
» lune verra le mouvement du 4e corps
» pour déterminer celui du premier. »

D'après ce rapport, devais-je encore persister à rester sur le champ de bataille? J'en appelle à la justice du roi. Il n'y avait pas à répliquer; aussi donnai-je l'ordre au 1er corps de se retirer à deux heures du matin dans son ancienne position sur la rive gauche de l'Alberche. Je n'ai pas revu l'aide de camp du général Latour-Maubourg depuis le moment où je l'expédiai au roi.

» Vous oubliez la lettre que
» je vous écrivis dans la nuit, et
» vous ignorez que tout le monde

Je ne puis avoir oublié cette lettre; je ne l'oublierai jamais. Je ne crois pas avoir éprouvé de ma vie une surprise pareille à

» était retiré de chez moi et re-
» posait lorsque l'arrivée du 4ᵉ
» corps m'apprit votre départ.

» Vous ignorez que le général
» Milhaud était entré à Tala-
» vera, où il n'avait rencontré
» personne; que plusieurs offi-
» ciers étaient entrés dans la
» ville abandonnée et solitaire.

» Vous ignorez que dans le
» jour mon intention était tou-
» jours de repasser l'Alberche,
» mais que je voulais reconnaî-
» tre l'ennemi dans la matinée.

» Lorsque je vous vis dans
» votre ancienne position de Ca-
» zalegas, le 29 au matin, je
» savais tout cela; je ne vous le
» dis pas; je vous témoignai au
» contraire ma satisfaction pour
» la conduite énergique que vous
» aviez tenue dans la journée
» du 28. Je prétendais vous
» consoler de ce que vous n'a-
» viez pas pu enlever le pla-
» teau que je m'étais décidé à
» faire attaquer, vous, M. le
» maréchal, m'ayant dit à plu-
» sieurs reprises : « Il faudrait
» renoncer à faire la guerre,
» si avec le 1ᵉʳ corps je n'en-
» levais pas cette position. » Je

celle que j'ai éprouvée en la lisant. Il était quatre heures du matin alors; j'étais loin de soupçonner que S. M. C. désapprouvât la retraite qu'elle m'avait ordonné de faire, et qu'elle eût oublié en si peu de temps tout ce que j'avais fait et dit pour l'éviter. Je m'en rapporte pour ma justification à ce sujet à ce que S. M. C. m'a fait dire par le colonel Chateau. Cet officier a trop d'intelligence et trop de fidélité pour m'avoir induit en erreur dans un cas de cette importance.

J'ignorais en effet ces circonstances, qui venaient à l'appui de toutes mes démarches; mais quand j'en aurais eu connaissance, l'ordre que j'avais reçu de S. M. C. n'en était pas moins obligatoire.

Le colonel Chateau m'avait suffisamment instruit des intentions de S. M. C.; c'est parce que je les connaissais bien que le mouvement rétrograde a été ordonné.

Je dois regretter que S. M. C. n'ait pas eu la bonté de m'expliquer les torts dont elle me croyait coupable, lorsque j'eus l'honneur de la voir le 29 au matin. J'aurais eu la double satisfaction de m'en affranchir en sa présence, et de recevoir les éloges que je pouvais croire avoir mérités, mais que je ne puis attribuer maintenant qu'à une froide compassion.

Si le 1ᵉʳ corps ne s'est pas emparé du plateau, S. M. C. en saura dans un moment la cause, et j'espère qu'elle reconnaîtra que sa générosité a été abusée dans les ménagements qu'elle a cru me devoir.

» vous savais gré des efforts que
» vous fîtes pour cela, du dé-
» vouement personnel avec le-
» quel vous ralliâtes vous-même
» quelques troupes qui eurent
» besoin de votre voix et de
» votre présence pour se rappe-
» ler qu'elles étaient du 4er corps
» et de l'armée impériale. Il
» m'en coûte plus que vous ne
» pensez, M. le maréchal, de ne
» pouvoir plus persister dans ces
» nobles ménagements. Dans
» un moment heureux où mon
» but était rempli, où 80 mille
» ennemis avaient été découra-
» gés au point de ne plus oser
» faire aucun mouvement, où
» je sentais que votre corps
» d'armée, trop faible quatre
» jours auparavant pour conte-
» nir l'ennemi dans cette même
» position, était devenu, par
» suite de la bataille de Tala-
» vera, assez imposant pour l'ar-
» rêter, tandis qu'avec le reste
» de l'armée j'allais sauver To-
» lède, Madrid, battre Vénégas,
» et donner le temps au duc de
» Dalmatie d'arriver sur les der-
» rières des Anglais ; dans cet
» état de choses, M. le maré-
» chal, je ne dus vous témoi-
» gner que mon contentement ;
» je ne me serais jamais sou-
» venu, si vous ne me forciez à
» vous en parler pour vous tirer
» d'erreur sur l'opinion que vous
» vous êtes formée de moi, que
» le plateau de Talavera a été
» mal attaqué par vous trois

» fois, le 27 au soir, et le 28
» au matin, avec trop peu de
» monde. Le 28, je vous avais
» donné l'ordre de faire atta-
» quer par trois brigades à la
» fois, tandis que les trois au-
» tres brigades seraient restées
» en réserve ; il n'en fut pas
» ainsi.

Le but de S. M. C. étant rempli, je croyais avoir assez contribué au succès qu'elle venait d'obtenir et à la satisfaction dont elle jouissait pour recevoir sans trouble les louanges dont elle m'a honoré. J'étais content d'avoir pu donner à S. M. C. des preuves de mon zèle et de mon dévouement. Mon cœur et ma mémoire ne me reprochant aucune faute, j'ai reçu les marques de la reconnaissance du roi avec le plaisir que donne la certitude d'avoir mérité un tel bienfait. Je ne pouvais pas penser que S. M. C. ne me fît tant d'honneur que pour me dérober son improbation sur des faits mal entrepris à la bataille de Talavera. Je suis trop intéressé à ce que les sentiments que S. M. C. a daigné me manifester ne perdent rien de leur vérité pour lui laisser plus longtemps l'opinion qu'elle a des attaques du plateau de Talavera. Je connaissais assez l'importance de cette position pour souhaiter qu'elle nous appartînt, et j'ai fait pour m'en emparer tout ce que les moyens qui étaient à ma disposition m'ont permis de faire. Au moment de passer l'Alberche avec le 1er corps, je pris la liberté de dire au roi que j'allais manœuvrer sur l'ennemi de manière à porter rapidement toutes mes forces sur l'extrémité gauche de sa ligne de bataille; que je croyais obtenir un avantage marqué et décisif sur l'ennemi par ce mouvement qui devait rompre sa ligne et l'obliger à changer ses dispositions; mais qu'il convenait, pour en assurer le succès, de le faire soutenir par le 4ᵉ corps et la réserve, afin de distraire le général ennemi par la présence de ces troupes, et ne pas lui laisser la faculté de réunir ses forces sur sa gauche que j'allais attaquer. S. M. C. sait que j'ai exécuté ce mouvement avec l'ensemble, l'ordre et la rapidité que la circonstance exigeait; que le 4ᵉ corps et la réserve ont été arrêtés à peu de distance de l'Alberche, et que dans la position qu'on leur a fait prendre ils ne pouvaient être d'aucune utilité pour l'attaque projetée, attendu qu'ils en étaient éloignés de près de trois quarts de lieue. S. M. C. est également instruite que, malgré l'éloignement de ces forces dont j'attendais l'appui, je n'ai pas hésité à faire attaquer à dix heures du soir la position dont il s'agit par la division Ruffin; mais ce que S. M. C. peut ignorer, c'est la raison qui a fait manquer l'attaque des trois régiments destinés à l'entreprendre. Un d'eux, le 24ᵉ, qui tenait la droite, s'est égaré dans l'obscurité, et le temps qu'il a dû mettre pour revenir à sa véritable direction était celui qu'il devait employer pour seconder les efforts prodigieux que le 9ᵉ régiment d'infanterie légère venait de faire pour enlever le plateau dont il s'était rendu maître. Le 96ᵉ, qui avait l'ordre de suivre l'attaque par la gauche, rencontra des obstacles qu'on ne pouvait pas prévoir, et que la nuit avait empêché de reconnaître; il fut donc aussi retardé dans sa marche, et le 9ᵉ régiment, privé des secours des deux autres, attaqué par des forces considérables, s'est vu dans la nécessité de quitter ce poste témoin de sa haute valeur.

Dira-t-on que je devais renouveler l'attaque par la division Villatte ou par la division Lapisse? Je répondrai : 1° Que celle-ci avait devant elle et à portée de fusil un ennemi qui lui était quatre fois supérieur en nombre; qu'outre cette raison de ne pas la commettre, le mouvement par notre droite, ainsi qu'il était convenu, indiquait assez qu'elle devait éviter tout engagement avec les ennemis, et attendre le résultat des premières opérations; 2° que je ne pouvais pas, sans exposer tout le corps d'armée, renouveler l'attaque du plateau par la division Villatte, qui était la seule troupe dont je pusse disposer pour soutenir la division Lapisse, nos batteries, et même la division Ruffin, qui venait de se replier, si les ennemis les attaquaient. Cette circonspection de ma part était commandée par l'éloignement du 4° corps, que je ne voyais pas s'approcher de nous. Il est surprenant que dans cette occasion l'ennemi n'ait pas cherché à déborder la gauche de la division Lapisse, qui n'avait aucun appui.

S. M. C. a vu les efforts que nous avons faits le lendemain à quatre heures du matin pour enlever ce plateau. La division Ruffin fut encore chargée de cette entreprise pénible et périlleuse, dont elle s'acquitta avec une intrépidité qui lui fait beaucoup d'honneur. La majeure partie de son monde était déjà sur le sommet du plateau, le reste allait s'y établir; la division Villatte pouvait y prendre place et assurer notre succès sur ce point (tel était mon dessein); mais les ennemis, libres de nous opposer toutes leurs forces par l'inaction constante du 4ᵉ corps, en réunirent assez et très-promptement pour repousser la division Ruffin et menacer les divisions Villatte et Lapisse. Il fallut donc se borner à une défensive très-prudente, et attendre le moment où les opérations prendraient plus d'unité sur toute notre ligne. Ce moment arriva, et ce qu'il produisit va achever de me justifier entièrement aux yeux de S. M. C. sur les attaques du plateau.

Je devais, d'après vos ordres, attaquer ce poste avec trois brigades, et tenir les trois autres en réserve. Cette disposition promettait beaucoup sans doute, mais il était encore réservé au 4ᵉ corps de s'y opposer. Ce corps, arrivé à la hauteur de la division Lapisse, fut engagé tout entier et à la fois contre la ligne ennemie qui lui était opposée, sans qu'on ait pensé à la possibilité d'un échec dans l'une ou l'autre de ses parties, et au moyen d'y remédier par une réserve. Cet échec arriva : le 4ᵉ corps, après avoir repoussé les premiers ennemis qu'il rencontra, fut repoussé à son tour par les forces considérables qui lui restaient à combattre ; et ce corps, sans appui dans sa retraite, s'est vu dans la dure nécessité de la continuer et de céder beaucoup de terrain à l'ennemi.

La division Lapisse, qui était à sa droite, et qui chassait devant elle la portion des Anglais qu'elle avait à combattre, se trouvant alors entièrement découverte, ne pouvait pas continuer sa marche offensive sans préparer sa ruine. Elle reçut ordre de garder sa position et d'observer le terrain que venait de quitter le 4ᵉ corps. Pouvais-je dans cette situation m'en servir pour l'attaque du plateau ? Une de ses brigades devait y monter pour appuyer la division Villatte, qui était destinée à en faire l'attaque principale; mais il est visible que cette division Lapisse, restée ainsi seule au centre de la ligne, ne pouvait pas diminuer ses forces sans compromettre le sort de cette journée. L'eût-elle pu d'ailleurs sans inconvénient? il se passait des événements sur notre droite, entre la montagne et le plateau, qui s'y opposaient très-impérieusement. L'ennemi prenait l'offensive sur nous de ce côté avec de grandes forces en cavalerie, infanterie et artillerie. Il fallait l'empêcher de nous forcer sur ce point, et en conséquence employer une brigade de la division Villatte pour appuyer la division Ruffin, très-affaiblie par les pertes qu'elle venait de faire. Il fallait encore nous garantir d'une descente que les ennemis préparaient contre nous de la hauteur du plateau. L'autre brigade de la division Villatte, trop faible pour y monter seule, était suffisante pour contenir l'ennemi qui était devant elle, et j'ai dû la placer de la manière la plus avantageuse pour remplir ce projet. Voilà donc tout le 1er corps employé comme il pouvait l'être après la retraite du 4e corps. Il n'était plus possible d'exécuter l'attaque du plateau sans compromettre l'armée; aussi ne pensai-je alors qu'à le menacer, tandis que les troupes de droite marchaient à l'ennemi, que celles de gauche tâcheraient par leur contenance et leurs efforts de conserver le terrain qu'elles avaient gagné sur l'ennemi, et d'empêcher qu'il ne nous débordât. Ces dispositions ont eu tout le succès désirable en pareille occurrence. La gauche des ennemis a été vivement repoussée et avec une grande perte. Celles de ces trou-

» Plusieurs officiers, entre
» autres un aide de camp du gé-
» néral Latour-Maubourg, en-
» voyés près de moi par vous,
» M. le duc, dans la nuit du 28
» au 29, m'ont dit devant tout
» l'état-major général de l'ar-
» mée que l'ennemi tournait
» votre droite, qu'il cherchait
» aussi à se porter sur la gauche
» du 4e corps ; d'autres officiers
» me firent en votre nom d'au-
» tres rapports contradictoires,
» et ce fut alors que je me dé-
» cidai à vous écrire moi-même
» pour vous demander un rap-
» port par écrit, et qu'en atten-
» dant je donnai l'ordre à tout
» le monde de prendre du repos,
» de rester jusqu'à nouvel or-
» dre dans ses positions, et d'at-
» tendre de nouveaux ordres au
» jour.

pes qui étaient sur le plateau n'ont pas osé en descendre, et la division Lapisse s'est maintenue dans ses dispositions, aidée à la vérité par la cavalerie du général Latour-Maubourg.

Telles sont les diverses circonstances qui ont été en opposition avec les attaques du plateau ; elles éclaireront, je l'espère, S. M. C., et les sentiments de bienveillance qu'elle m'a fait connaître ne seront pas désormais partagés entre le contentement et l'improbation.

J'ai l'honneur d'observer à S. M. C. que les officiers que j'ai chargés de l'instruire de l'état des choses sont MM. le général Lucotte, les colonels Guye et Chateau, et un aide de camp de M. le général Latour-Maubourg ; que les premiers ont dû tranquilliser S. M. C. en lui rapportant ce que je pensais de notre situation après la retraite du 4e corps, en lui disant que j'étais d'avis que ce corps revînt en ligne avec la réserve pour rendre la journée complétement avantageuse pour nous, que les ennemis, au lieu de faire des mouvements sur nous, paraissaient plutôt s'en éloigner, qu'enfin je désirais vivement me maintenir sur le champ de bataille. Le colonel Chateau a dû faire les mêmes observations à S. M. C. d'après les instructions que je lui avais données, et selon ce qu'il avait pu remarquer lui-même.

L'aide de camp de M. le général Latour-Maubourg a dû également répéter à S. M. C. ce que je lui ai dit plusieurs fois en ces termes :

« Allez près de S. M. C., rendez-lui
» compte de ma part que M. le général

» Carrois a reconnu un parti ennemi à
» notre gauche dans la direction de Ta-
» lavera au pont de l'Alberche, que le
» général Villatte m'apprend qu'à notre
» droite quelques bataillons se montrent
» sur la montagne; mais surtout ne
» manquez pas de dire à S. M. C. que je
» ne crois pas que ces mouvements
» soient assez sérieux pour nous obliger
» à la retraite, et qu'il me paraît de la
» plus grande importance que nous res-
» tions comme nous sommes. »

Je ne connais pas d'autres officiers qui aient été chargés de mission de ma part près de S. M. C.

J'ai rapporté plus haut ce que S. M. C. a dit au colonel Chateau pour décider le mouvement rétrograde, et l'ordre positif appuyé de raisons sans réplique pour le faire. Je n'ai rien à ajouter à cet égard, si ce n'est que je ne concevrai jamais le motif qui a pu dicter la lettre de S. M. C. par laquelle elle condamne à une heure ou deux du matin une retraite qu'elle avait ordonnée malgré mes instances à onze heures du soir, et qui était achevée lorsque cette lettre m'a été remise.

» Mais je m'aperçois, M. le
» maréchal, que j'entre dans
» des détails inutiles, et je me
» hâte de finir cette lettre déjà
» trop longue pour vous et pour
» moi, en vous déclarant fran-
» chement que je regarde le rap-
» port que vous m'avez adressé
» comme plein de faits erronés.

Si S. M. C. avait eu des données exactes sur ma conduite de tout temps depuis que je suis en Espagne, et notamment de celle que j'ai tenue avant, pendant et après la bataille de Talavera, elle ne m'aurait pas refusé un instant son estime, elle n'aurait pas eu la peine d'entrer dans de si grands détails pour m'apprendre qu'elle me la refuse. Elle m'aurait épargné le chagrin de lire et la douleur cuisante de répondre.

Quant au rapport qui a pu si fortement indisposer S. M. C. contre moi, je

» Il paraît que mon comman-
» dement vous pèse beaucoup ;
» je ne dois pas vous taire que
» je désire aussi vivement que
» vous, M. le maréchal, qu'il
» plaise à S. M. Impériale et
» Royale de vous donner une
» autre destination.

» Signé *votre affectionné*
    » Joseph,

» *Le maréchal duc de Bellune*,
    » Victor. »

puis assurer que le chef de l'état-major l'a rédigé, dans l'intention d'instruire S. M. C. dans le plus grand détail de toutes les opérations du 1er corps d'armée, qu'il a écrit les choses telles qu'il les a vues et qu'elles ont été faites, et que s'il y a quelques erreurs, elles n'ont pas été marquées à dessein de manquer au respect qu'il doit ainsi que moi à S. M. C. ; j'ai lu ce rapport, dont la vérité m'a frappé, mais je regrette de n'avoir pas remarqué assez attentivement, pour les supprimer, quelques passages qui peuvent manquer aux convenances.

Je ne sais comment j'ai pu donner lieu à S. M. C. de penser que son commandement me pèse ; il me semble que j'ai saisi toutes les occasions qui se sont présentées de lui prouver que j'étais infiniment honoré et satisfait de servir sous ses ordres, et qu'il ne fallait pas moins que sa lettre du 27 août et le désir qui la termine pour m'engager à penser autrement. Si S. M. C. a daigné lire cet écrit que l'honneur m'a prescrit de faire, que l'envie de posséder sa confiance m'a sérieusement commandé ; si les éclaircissements véridiques que je lui donne la touchent assez pour lui faire connaître que sa religion a été surprise, j'oublierai sans efforts les chagrins que son mécontentement peu mérité a pu me faire éprouver, et je pourrai lui prouver encore que je suis digne de sa bienveillance. Dans le cas contraire, je profiterai de la permission qu'elle me donne de demander une nouvelle destination à S. M. l'Empereur et Roi.

Au quartier général de Tolède, le 14 septembre 1809.

Le maréchal duc de Bellune,
    Victor.

SUR TALAVERA.

Extrait des mémoires manuscrits du maréchal Jourdan.

(1809.)

« En même temps que les Français se portaient, le 27, de Santa-Olalla sur l'Alberche, le général Cuesta et le général Sherbrooke se repliaient sur Talavera, et le général Wilson, qui avait poussé ses avant-postes jusqu'à Naval-Carnero, dans l'espérance de faire éclater une insurrection à Madrid, où il entretenait des intelligences, revenait sur ses pas en toute hâte.

» L'armée française commença à arriver sur le plateau qui domine l'Alberche vers deux heures après midi. De là on voyait les ennemis en mouvement; mais le terrain, couvert de bois d'oliviers et d'une forêt de chênes, ne permettait pas de distinguer s'ils se retiraient ou s'ils prenaient position. On reconnut aussi une arrière-garde restée dans la forêt, aux environs de Casa de las Salinas, composée d'une division d'infanterie, d'une brigade de cavalerie et de quatre bouches à feu, et commandée par le général Mackenzie. Dans l'espérance de battre cette arrière-garde et d'arriver sur le gros de l'armée avant que les généraux ennemis eussent achevé leurs dispositions, soit qu'ils voulussent recevoir la bataille ou l'éviter, le roi ordonna au maréchal Victor de passer l'Alberche avec ses trois divisions d'infanterie et la brigade de cavalerie légère du général Beaumont, et de se diriger sur Casa de las Salinas. Le 16e régiment d'infanterie légère, qui marchait en tête de la division Lapisse, ne tarda pas à engager la fusillade, et, après un combat d'une heure, le général Mackenzie fut obligé de se retirer précipitamment. Les 34e et 87e régiments anglais essuyèrent une perte considérable.

» Pendant que cet engagement avait lieu, les dragons de Latour-Maubourg et la cavalerie légère du général Merlin passaient l'Alberche, et se formaient dans la plaine, entre la grande route de Talavera et celle de Casa de las Salinas. Le 4e corps et la réserve suivaient ce mouvement, ayant à leur gauche la division de dragons du général Milhaud. Cette partie de l'armée s'avança dans cet ordre, et, à la nuit, s'arrêta à portée de canon des Espagnols, qu'on ne pouvait apercevoir à cause des haies et des oliviers qui les couvraient. La cavalerie légère, chargée d'aller les reconnaître, fut accueillie par une vigoureuse décharge qui la fit replier un peu en désordre, ce qui donna lieu à sir Wellesley et au général Cuesta de présenter dans leurs rapports cette simple reconnaissance comme une attaque combinée qui avait été repoussée. Sur la droite, le duc de Bellune, continuant à poursuivre et à canonner l'arrière-garde des Anglais, déboucha de la forêt, et se trouva en face d'une colline où ils appuyaient leur gauche. Cette hauteur paraissant être la clef de leur position, le maréchal crut devoir chercher à s'en emparer de suite sans prendre les ordres du roi. Le général Ruffin, à qui cette attaque fut confiée, mit sa division en mouvement à neuf heures du soir. Le 9ᵉ régiment d'infanterie légère franchit un large et profond ravin, gravit la pente escarpée de la colline et parvint jusqu'au sommet; mais n'ayant pas été soutenu par le 24ᵉ, qui, dans l'obscurité, prit une fausse direction, ni par le 96ᵉ retardé au passage du ravin, il fut repoussé avec perte de trois cents hommes tués ou blessés. Son colonel Meunier reçut trois coups de feu. Les généraux anglais et espagnols ont dit dans leurs rapports que cette attaque fut renouvelée pendant la nuit : c'est une erreur. Leur ligne fit en effet, vers les deux heures du matin, un feu de file bien nourri pendant quelques minutes, ce qui fut sans doute occasionné par une fausse alerte, car les Français ne bougèrent pas de leurs bivouacs.

» Le duc de Bellune, en rendant compte au roi du résultat de son attaque, le prévint qu'il la renouvellerait au point du jour. Peut-être aurait-on dû lui donner l'ordre d'attendre qu'on eût bien reconnu la position des ennemis et tout disposé pour une affaire générale; mais ce maréchal, qui, resté longtemps aux environs de Talavera, connaissait parfaitement le terrain sur lequel on se trouvait, paraissait si persuadé du succès que le roi crut devoir le laisser agir comme il le désirait.

» Le 28 au matin, le général Ruffin disposa ses trois régiments de la manière suivante : le 9ᵉ d'infanterie légère à droite, le 24ᵉ de ligne au centre, et le 96ᵉ à gauche. Chaque bataillon formé en colonne serrée par division. Ces braves régiments gravirent la colline avec une rare intrépidité; le 24ᵉ, parvenu au sommet le premier, fut sur le point de s'emparer des quatre bouches à feu qui y étaient en batterie; mais l'ennemi n'étant pas menacé sur les autres points de sa ligne eut la facilité de faire marcher de nouvelles troupes qui repoussèrent les assaillants. Cependant les généraux Ruffin et Barrois, qui se firent remarquer autant par leur calme et leur sang-froid que par leur valeur, ramenèrent leurs troupes en bon ordre. Cette action de courte durée fut très-meurtrière. Voici comment s'exprimait sir Wellesley dans son rapport : *En défendant cette position importante, nous avons perdu beaucoup de braves officiers et de braves soldats, entre autres les majors de brigade Forpe et Gardner; le général Hill a été blessé lui-même, mais légèrement.* La perte des Français ne fut pas moins considérable.

» Après cette attaque infructueuse, le roi se rendit sur le terrain qu'occupait le 1er corps, d'où l'on découvrait avec moins de difficulté la position des ennemis. Cette position avait à peu près une lieue d'étendue, de la colline que couronnait la gauche des Anglais, au Tage où s'appuyait la droite des Espagnols. Cette colline, dont la pente est très-rapide, se lie à une continuité de petits mamelons qui se prolongent dans la direction de Talavera ; elle est séparée d'une montagne qui forme le contre-fort du Tietar, par un vallon d'environ trois cents toises de développement, où prend naissance un ravin qui couvrait le front des Anglais. Au centre, entre les deux armées ennemies, était une élévation de terrain, sur laquelle on avait construit une redoute. Sur le front des Espagnols se trouvaient des bosquets d'oliviers, quantité de haies, de vignes et de fossés. La grande route qui conduit de l'Alberche à Talavera était défendue par une batterie de gros calibre placée en avant d'une église, occupée, ainsi que la ville, par de l'infanterie espagnole. On voit que les Français avaient de grands obstacles à franchir pour aborder les ennemis, tandis que ceux-ci, rangés sur plusieurs lignes, sur un terrain découvert, pouvaient manœuvrer facilement et porter avec rapidité des secours sur les points les plus menacés.

» Après cette reconnaissance, le roi ayant demandé au maréchal Jourdan s'il était d'avis de livrer bataille, ce maréchal répondit qu'une aussi forte position, défendue par une armée bien supérieure en nombre, lui paraissait inattaquable de front; que sir Wellesley ayant d'abord négligé d'occuper le vallon et la montagne qui se trouvaient sur sa gauche, on aurait pu chercher à le tourner, si, au lieu d'attirer de ce côté son attention par deux attaques, on eût fait au contraire de sérieuses démonstrations sur sa droite ; que pendant la nuit, et dans le plus profond silence, on aurait pu réunir toute l'armée sur la droite, la placer en colonne à l'entrée du vallon, le franchir à la pointe du jour, et se former ensuite sur la gauche en bataille ; que vraisemblablement on se serait rendu maître de la colline sur laquelle l'armée eût pivoté, ce qui aurait forcé les ennemis à faire un changement de front, mouvement dont on aurait pu profiter en poussant l'attaque vigoureusement ; que toutefois on n'aurait pu se flatter du succès d'une manœuvre aussi audacieuse qu'autant qu'on aurait dérobé à l'ennemi le passage du vallon, ce qui maintenant était impossible, puisque le général anglais, averti par les attaques précédentes des dangers que courait sa gauche, la mettait en sûreté par un gros corps de cavalerie qui, au même moment, prenait poste à la sortie du vallon, et par une division d'infanterie espagnole qui gravissait la montagne; que d'ailleurs, quand il serait encore temps de diriger l'attaque ainsi qu'il venait de l'exposer, il hésiterait de le conseiller au roi, attendu qu'en cas de malheur on ne pourrait se retirer que sur Avila par des chemins impraticables aux voitures, en sacrifiant l'artillerie et les équipages de l'armée et livrant aux ennemis Madrid et tout le matériel qui s'y trouvait réuni.

» Le maréchal termina par dire qu'il était d'avis de rester en observation devant les ennemis, soit dans la position qu'on occupait, soit en retournant sur l'Alberche jusqu'au moment où les Anglais seraient forcés par la marche du duc de Dalmatie de se séparer des Espagnols.

» Le maréchal Victor, consulté à son tour, répondit que si le roi voulait faire attaquer la droite et le centre des ennemis par le 4e corps, il s'engageait, avec ses trois divisions, d'enlever la hauteur contre laquelle il avait échoué deux fois, ajoutant que, *s'il ne réussissait pas, il faudrait renoncer à faire la guerre*. Le roi, placé entre deux avis si opposés, était un peu embarrassé. D'un côté, le succès lui paraissait fort douteux; de l'autre, il sentait que s'il adoptait l'avis du maréchal Jourdan, le duc de Bellune ne manquerait pas d'écrire à l'Empereur qu'on lui avait fait perdre l'occasion d'une brillante victoire sur les Anglais. Toutefois, il est probable qu'il aurait suivi le conseil de la prudence, si au même moment il n'eût pas reçu une lettre du duc de Dalmatie, annonçant que son armée ne serait réunie à Plasencia que du 3 au 5 août. Cette circonstance dérangeait tous les calculs. On savait que l'ennemi avait mené du canon devant Tolède, et que l'avant-garde de Vénégas s'approchait d'Aranjuez. Il fallait donc, dans deux jours au plus tard, faire un détachement pour secourir la ville attaquée et sauver la capitale. Le roi, avant de diviser ses forces, crut devoir hasarder une affaire générale.

» Cette détermination prise, le maréchal Victor, au lieu de se disposer à faire attaquer la colline par ses trois divisions, comme il s'y était engagé, ordonna au général Ruffin de disposer ses troupes en colonne, de se porter à l'extrémité de la droite et de pénétrer dans le vallon, en longeant le pied de la montagne, sur laquelle il jeta le 9ᵉ régiment d'infanterie légère pour l'opposer à la division espagnole qui venait d'y arriver. Il donna ordre au général Villatte de former également ses troupes en colonne, et de se placer à l'entrée du vallon, au pied de la colline ; enfin le général Lapisse fut chargé, seul, d'attaquer cette colline. La division de cavalerie légère du général Merlin et les dragons de Latour-Maubourg furent placés en arrière de l'infanterie du 1ᵉʳ corps, pour la soutenir au besoin, et pour être à portée de traverser le vallon, en passant entre les divisions Ruffin et Villatte, si celle de Lapisse enlevait la colline.

» Le général Sébastiani reçut ordre d'établir la division française de son corps d'armée sur deux lignes à la gauche de celle de Lapisse, et la division allemande à la gauche de la division française, mais un peu en arrière, ayant en seconde ligne la brigade polonaise. Le général Milhaud, posté à l'extrême gauche, sur un terrain plus ouvert, était chargé d'observer Talavera et la droite des Espagnols. La réserve resta en 3ᵉ ligne du 4ᵉ corps.

» Il était deux heures après midi, lorsque ces premières dispositions furent achevées. La division Lapisse devait commencer l'attaque ; mais celle du général Leval, qui, comme nous l'avons vu, devait former sur la gauche un échelon en arrière, pour être en mesure d'agir contre l'armée espagnole, dans le cas où elle marcherait au secours des Anglais, ou bien qu'elle chercherait à faire une diversion en leur faveur, en débordant la gauche des Français ; la division Leval, disons-nous, se porta beaucoup trop en avant, et se trouva en présence de la gauche des Anglais et de la droite des Espagnols. La difficulté du terrain, l'impossibilité d'apercevoir la ligne au milieu des oliviers et des vignes occasionnèrent cette erreur. A peine déployée, elle fut vivement attaquée par des forces supérieures. Cependant, après un violent combat de trois quarts d'heure, l'ennemi fut repoussé, et un régiment anglais était au moment de poser les armes, lorsque le colonel de celui de Baden, qui l'avait coupé, tomba mort. Ce régiment fit alors un mouvement en arrière, et le régiment anglais se trouva dégagé ; mais on lui prit une centaine d'hommes, le major, le lieutenant-colonel et le colonel ; ce dernier mourut de ses blessures.

» Aussitôt que le roi s'aperçut que la division allemande était engagée mal à propos, il envoya ordre au général Sébastiani de la faire reployer sur le terrain qu'elle devait occuper. Il eût été, en effet, trop dangereux de se priver de la seule infanterie qu'on avait à opposer à l'armée espagnole en cas de besoin, et de l'exposer à être enveloppée par cette armée, pendant qu'elle aurait été aux prises avec la droite des Anglais. Cet ordre ayant été exécuté, la ligne du 4e corps se trouva formée ainsi que le roi l'avait prescrit; mais les deux partis venaient de perdre bien des hommes dans une action sans résultat; et l'artillerie du général Leval, qu'on avait imprudemment engagée au milieu des bois, des vignes et des fossés, ayant eu la plupart de ses chevaux tués, ne put être retirée; événement fâcheux dont les Anglais ont tiré parti pour s'attribuer la victoire, et qu'on eut le tort impardonnable de cacher au roi.

» Le maréchal Victor ayant achevé ses dispositions, le général Lapisse, marchant à la tête de sa division, franchit le ravin, gravit la pente escarpée de la colline et commençait à s'y établir, lorsqu'il fut atteint d'un coup mortel. Ses troupes, ébranlées par cet accident, et n'étant pas soutenues comme elles auraient dû l'être par les autres divisions du 1er corps, ne purent résister à l'attaque des renforts que sir Wellesley dirigea contre elles. Obligées de battre en retraite, elles furent ralliées par le maréchal Victor qui les ramena jusqu'au pied de la hauteur.

» En même temps, le général anglais, craignant d'être tourné par les deux divisions, qui, comme nous l'avons vu plus haut, se montraient dans le vallon, lança contre elles un gros corps de cavalerie; mais cette charge fut arrêtée par le feu de l'infanterie française; cependant le 23e régiment de dragons légers anglais passa entre les divisions Villatte et Ruffin, et se porta contre la brigade du général Strolz, composée des 10e et 26e régiments de chasseurs à cheval. Ce général, ayant manœuvré de manière à laisser passer le régiment ennemi, le chargea en queue, tandis que le général Merlin, avec les lanciers polonais et les chevaux-légers westphaliens, le prenait en tête. Les dragons anglais, entourés de toutes parts, furent tous tués ou pris.

» Pendant que ces événements se passaient au 1er corps, la division française du 4e attaquait avec succès le centre des Anglais; mais sa droite se trouvant découverte par la retraite de la division Lapisse, elle fut prise en flanc; cependant le général Rey, commandant la première brigade, chargea l'ennemi à la tête du 28e régiment, ayant le 32e en seconde ligne, l'arrêta et repoussa trois attaques successives. En même temps, le général Belair, à la tête du 75e et du 58e, culbutait la brigade des gardes et débouchait dans la plaine, lorsqu'il fut arrêté par une charge de cavalerie. Les trois chefs de bataillon du premier de ces régiments et son colonel furent blessés; ce dernier fut fait prisonnier. Le général Sébastiani s'apercevant que l'armée espagnole ne faisait aucun mouvement, rapprocha de lui la division allemande, et la plaça en seconde ligne de la division française. Dans ces entrefaites, il reçut l'ordre du roi de suspendre son attaque, et de rester sur le terrain qu'il occupait, toute tentative de ce côté ne pouvant avoir de résultat avantageux, depuis la retraite de la division Lapisse. Les Anglais, satisfaits d'avoir conservé leur position, n'entreprirent rien de plus, et le combat cessa sur toute la ligne, quoique les deux armées ne fussent qu'à demi-portée de canon.

» Le roi, voulant tenter un dernier effort, avait donné ordre à la réserve de se porter sur la droite, lorsqu'on lui fit remarquer que la journée était trop avancée, et qu'en supposant qu'on obtînt quelque avantage, on n'aurait pas le temps d'en profiter. Sur cette représentation l'ordre fut révoqué, et le roi se retira au milieu de sa garde, où il établit son bivouac, paraissant bien déterminé à livrer une seconde bataille le lendemain, ou du moins à ne prendre un parti contraire qu'après avoir reconnu au jour les dispositions de l'ennemi. Cependant, vers les dix heures du soir, des officiers, venus du 1er corps, annonçaient que le duc de Bellune était tourné par sa droite et ne pouvait plus rester dans sa position; d'autres, au contraire, rapportaient que ce maréchal était d'avis que les ennemis ne pourraient pas résister à une nouvelle attaque. Pour s'assurer de la vérité, le roi écrivit sur-le-champ au maréchal, mais il n'avait point encore reçu de réponse, lorsqu'à la pointe du jour, le général Sébastiani, suivi de son corps d'armée, arriva près de lui, annonçant qu'il s'était mis en retraite, parce que le 1er corps se repliait sur Cazalegas, en longeant les montagnes.

» Dès lors il n'y avait plus à délibérer; il fallait suivre le mouvement. La division de dragons du général Milhaud fit l'arrière-garde; les troupes marchèrent lentement et en bon ordre; l'ennemi ne suivit pas. Le 4e corps et la réserve arrivèrent à la position de l'Alberche par la grande route de Talavera à Madrid, en même temps que le 1er corps y arrivait par celle de Casa de las Salinas. Le roi, informé que quelques blessés étaient restés en arrière, ordonna au général Latour-Maubourg de se reporter en avant avec sa division, et de les ramener, ce qui fut exécuté sans opposition de la part de l'ennemi.

» Cette retraite, opérée sans nécessité, sans ordre du chef de l'armée et contre sa volonté, fut le sujet d'une vive contestation entre le maréchal Victor et le général Sébastiani, chacun d'eux prétendant ne s'être retiré que parce que l'autre avait abandonné sa position. »

LETTRES DE L'EMPEREUR.

Au général Clarke, ministre de la guerre.

« Schœnbrunn, le 15 août 1809.

» Je reçois votre lettre du 8. — Je ne comprends pas bien l'affaire d'Espagne et ce qui s'est passé, où est restée l'armée française le 29 et le 30, où a été pendant ces deux jours l'armée anglaise. Le roi dit qu'il manœuvre depuis un mois avec 40 mille hommes contre 100 mille; écrivez-lui que c'est de cela que je me plains. Le plan de faire venir le maréchal Soult sur Plasencia est fautif et contre toutes les règles, il a tous les inconvénients et aucun avantage. 1° L'armée anglaise peut passer le Tage, appuyer ses derrières à Badajoz, et dès ce moment ne craint plus le maréchal Soult; 2° elle peut battre les deux armées en détail. Si, au contraire, Soult et Mortier étaient venus sur Madrid, ils y auraient été le 30, et l'armée réunie le 15 août, forte de 80 mille hommes, aurait pu donner bataille et conquérir l'Espagne et le Portugal. J'avais recommandé que l'on ne livrât pas bataille si les cinq corps ou au moins quatre n'étaient réunis. On n'entend rien aux grands mouvements de la guerre à Madrid.

» NAPOLÉON. »

Au général Clarke, ministre de la guerre.

« Schœnbrunn, le 18 août 1809.

» Je reçois votre lettre du 12. Je vois qu'il n'y a pas de lettres d'Espagne aujourd'hui. Il me tarde d'apprendre des nouvelles de ce pays et de la marche du duc de Dalmatie. Quelle belle occasion on a manquée! 30 mille Anglais à 150 lieues des côtes devant

100 mille hommes des meilleures troupes du monde. Mon Dieu! qu'est-ce qu'une armée sans chef?

» Napoléon. »

Au général Clarke, ministre de la guerre.

« Schœnbrunn, le 25 août 1809.

» Vous trouverez ci-jointe une relation du général Sébastiani que le roi d'Espagne m'envoie. Aussitôt que j'aurai reçu celle du duc de Bellune qu'il m'annonce, je verrai s'il convient de les faire mettre dans le *Moniteur*. Vous verrez par la relation du général anglais Wellesley que nous avons perdu 20 canons et 3 drapeaux. Témoignez au roi mon étonnement, et mon mécontentement au maréchal Jourdan, de ce que l'on m'envoie des carmagnoles, et qu'au lieu de me faire connaître la véritable situation des choses, on me présente des amplifications d'écolier. Je désire savoir la vérité, quels sont les canonniers qui ont abandonné leurs pièces, les divisions d'infanterie qui les ont laissé prendre. Laissez entrevoir dans votre lettre au roi que j'ai vu avec peine qu'il dise aux soldats qu'ils sont vainqueurs, que c'est perdre les troupes; que le fait est que j'ai perdu la bataille de Talavera; que cependant j'ai besoin d'avoir des renseignements vrais, de connaître le nombre des tués, des blessés, des canons et des drapeaux perdus; qu'en Espagne les affaires s'entreprennent sans maturité et sans connaissance de la guerre; que le jour d'une action elles se soutiennent sans ensemble, sans projets, sans décision.

» Écrivez au général Sébastiani que le roi m'a envoyé son rapport sur la bataille de Talavera; que je n'y ai point trouvé le ton d'un militaire qui rend compte de la situation des choses; que j'aurais désiré qu'il eût fait connaître les pertes et eût présenté un détail précis mais vrai de ce qui s'est passé; car enfin c'est la vérité qu'on me doit et qu'exige le bien de mon service.

» Faites sentir aux uns et aux autres combien c'est manquer au gouvernement que de lui cacher des choses qu'il apprend par tous les individus de l'armée qui écrivent à leurs parents, et de l'exposer à ajouter foi à tous les récits de l'ennemi.

» Napoléon. »

Au ministre de la guerre.

« Schœnbrunn, le 10 octobre 1809.

» Je désire que vous écriviez au roi d'Espagne pour lui faire comprendre que rien n'est plus contraire aux règles militaires que de faire connaître les forces de son armée, soit dans des ordres du jour et proclamations, soit dans les gazettes; que lorsqu'on est induit à parler de ses forces on doit les exagérer et les présenter comme redoutables en en doublant ou triplant le nombre, et que lorsqu'on parle de l'ennemi on doit diminuer sa force de la moitié ou du tiers. — Que dans la guerre tout est moral; que le roi s'est éloigné de ce principe lorsqu'il a dit qu'il n'avait que 40 mille hommes et lorsqu'il a publié que les insurgés en avaient 120 mille; que c'est porter le découragement dans les troupes françaises que de leur présenter comme immense le nombre des ennemis, et donner à l'ennemi une faible opinion des Français en les présentant comme peu nombreux; que c'est proclamer dans toute l'Espagne sa faiblesse; en un mot, donner de la force morale à ses ennemis et se l'ôter à soi-même; qu'il est dans l'esprit de l'homme de croire qu'à la longue le petit nombre doit être battu par le plus grand.

» Les militaires les plus exercés ont peine un jour de bataille à évaluer le nombre d'hommes dont est composée l'armée ennemie, et, en général, l'instinct naturel porte à juger l'ennemi que l'on voit plus nombreux qu'il ne l'est réellement. Mais lorsque l'on a l'imprudence, en général, de laisser circuler des idées, d'autoriser soi-même des calculs exagérés sur la force de l'ennemi, cela a l'inconvénient que chaque colonel de cavalerie qui va en reconnaissance voit une armée, et chaque capitaine de voltigeurs des bataillons.

» Je vois donc avec peine la mauvaise direction que l'on donne à l'esprit de mon armée d'Espagne, en répétant que nous étions 40 mille contre 120 mille. On n'a atteint qu'un seul but par ces déclarations, c'est de diminuer notre crédit en Europe en faisant croire que notre crédit tenait à rien, et on a affaibli notre ressort moral en augmentant celui de l'ennemi. Encore une fois, à la guerre, le moral et l'opinion sont plus de la moitié de la réalité. L'art des grands capitaines a toujours été de publier et de faire apparaître à l'ennemi leurs troupes comme très-nombreuses, et à leur propre armée l'ennemi comme très-inférieur. C'est la première fois qu'on voit un chef déprimer ses moyens au-dessous de la vérité en exaltant ceux de l'ennemi.

» Le soldat ne juge point, mais les militaires de sens, dont l'opinion est estimable et qui jugent avec connaissance des choses, font peu d'attention aux ordres du jour et aux proclamations, et savent apprécier les événements.

» J'entends que de pareilles inadvertances n'arrivent plus désormais, et que, sous aucun prétexte, on ne fasse ni ordres du jour ni proclamations qui tendraient à faire connaître le nombre de mes armées; j'entends même qu'on prenne des mesures directes et indirectes pour donner la plus haute opinion de leur force. J'ai en Espagne le double et le triple, en consistance, valeur et nombre, des troupes françaises que je puis avoir en aucune partie du monde. Quand j'ai vaincu à Eckmühl l'armée autrichienne, j'étais un contre cinq, et cependant mes soldats croyaient être au moins égaux aux ennemis; et encore aujourd'hui, malgré le long temps qui s'est écoulé depuis que nous sommes en Allemagne, l'ennemi ne connaît pas notre véritable force. Nous nous étudions à nous faire plus nombreux tous les jours. Loin d'avouer que je n'avais à Wagram que 100 mille hommes, je m'attache à persuader que j'en avais 220 mille [1].

» Constamment dans mes campagnes en Italie, où j'avais une poignée de monde, j'ai exagéré mes forces. Cela a servi mes projets et n'a pas diminué ma gloire. Mes généraux et les militaires in-

---

[1] Il faut remarquer que Napoléon joint ici l'exemple au précepte, car lui-même ne dit pas la vérité sur l'étendue de ses forces à Wagram. Dans le désir de prouver à son frère et à ses lieutenants qu'il faisait beaucoup avec peu, tandis qu'eux faisaient peu avec beaucoup, il se donne 50 mille hommes de moins qu'il n'en avait réellement à Wagram. Il existe en effet une lettre de lui au major général, celle-ci fort sincère, dans laquelle discutant les forces qu'il pourra réunir pour la dernière bataille, il les évalue à 160 mille hommes. C'était du reste une illusion, car ses propres livrets prouvent qu'il ne put arriver qu'à 150 mille hommes, ce qui toutefois est bien supérieur aux 100 mille hommes qu'il se donne ici. C'est là une nouvelle preuve de la difficulté d'arriver à la vérité, même quand on travaille sur les matériaux les plus authentiques, et des efforts de critique qu'il faut faire pour y atteindre, ou pour en approcher.

struits savaient bien, après les événements, reconnaître tout le mérite des opérations, même celui d'avoir exagéré le nombre de mes troupes. Avec de vaines considérations, de petites vanités et de petites passions, on ne fait jamais rien de grand.

» J'espère donc que ces fautes si énormes et si préjudiciables à mes armes et à mes intérêts ne se renouvelleront plus dans mes armées d'Espagne.

» NAPOLÉON. »

LETTRES DE SIR ARTHUR WELLESLEY.

Au major général O'Donoju.

« Talavera, le 31 juillet 1809.

» Veuillez presser S. E. le général Cuesta de détacher cette nuit vers le Puerto de Baños une division de son infanterie avec des canons, et un officier expérimenté et habile sur lequel il puisse se reposer pour ce commandement.

» Si l'ennemi parvenait à s'avancer à travers le Puerto de Baños, je ne saurais vous dissimuler que la position de nos deux armées serait excessivement critique.

» Il n'y a qu'un moyen de l'éviter, outre celui de s'opposer à ce passage, et ce moyen est de hâter au possible la marche du général Vénégas sur Madrid, par une ligne aussi distincte et aussi éloignée que faire se pourra de celle adoptée par les armées combinées. Cela obligera l'ennemi à retirer un détachement de son corps principal pour l'opposer à Vénégas, et le corps principal se trouvera assez affaibli par là pour nous permettre de l'attaquer sans désavantage, ou, si cette mesure semble meilleure, nos armées combinées pourront détacher un corps suffisant pour battre l'armée que l'on croit en marche à travers les montagnes de Plasencia.

» A. WELLESLEY. »

A l'honorable J.-H. Frère.

« Talavera, le 31 juillet 1809.

» J'ai reçu une lettre de don Martin de Garay, auquel je vous prie de transmettre les observations suivantes :

» Je lui serai très-obligé de vouloir bien comprendre que je ne suis autorisé à correspondre avec aucun des ministres espagnols, et je le prie de me faire parvenir par votre intermédiaire les ordres qu'il pourra avoir pour moi. J'éviterai ainsi, j'en suis convaincu, les représentations injurieuses et sans fondement que don Martin de Garay ne m'a point épargnées.

» Il est facile à un gentleman, dans la position de don Martin de Garay, de s'installer dans son cabinet et d'écrire ses idées sur la gloire qu'il y aurait à repousser les Français au delà des Pyrénées. Il n'y a personne en Espagne, je crois, qui, pour arriver à ce résultat, ait autant couru de risques et fait autant de sacrifices que moi ; mais je désirerais que don Martin de Garay, et les gentilshommes de la junte, avant de me blâmer de ne pas faire davantage, ou de m'imputer d'avance les conséquences probables des fautes et des indiscrétions des autres, voulussent bien venir ici ou envoyer quelqu'un pour fournir aux besoins de notre armée mourant de faim, laquelle, quoique s'étant battue pendant deux jours et ayant défait un ennemi double en nombre (et cela au service de l'Espagne), n'a pas de pain à manger. C'est un fait positif que durant les sept derniers jours l'armée anglaise n'a pas reçu un tiers de ses provisions ; que dans ce moment il y a 4 mille soldats blessés qui meurent dans l'hôpital de cette ville, faute des soins et des objets nécessaires que toute autre nation aurait fournis même à ses ennemis ; et que je ne puis retirer du pays aucun genre d'assistance. Je ne puis pas même obtenir qu'on enterre les cadavres dans le voisinage, et leurs exhalaisons détruiront les Espagnols aussi bien que nous.

» Je suis bien décidé à ne pas bouger jusqu'à ce que je sois pourvu de provisions et de moyens de transport suffisants.

» A. WELLESLEY. »

A lord Castlereagh.

« Talavera, le 1ᵉʳ août 1809.

» Notre position est assez embarrassante, néanmoins j'espère m'en tirer sans livrer une nouvelle bataille acharnée, ce qui réellement nous porterait un tel coup que tous nos efforts seraient perdus. Je m'en tirerais certainement au mieux s'il y avait moyen de manier le général Cuesta, mais son caractère et ses dispositions sont si mauvais que la chose est impossible.

» Nous sommes misérablement pourvus de provisions, et je ne sais comment remédier à ce mal. Les armées espagnoles sont maintenant si nombreuses qu'elles dévorent tout le pays. Ils n'ont pas de magasins, nous n'en avons pas non plus et nous ne pouvons en former : on s'arrache tout ici.

» Je crois que la bataille du 28 sera très-utile aux Espagnols, mais je ne les crois pourtant pas encore assez disciplinés pour lutter avec les Français; et je préfère infiniment tâcher d'éloigner l'ennemi de cette partie de l'Espagne par des manœuvres, à hasarder une autre bataille rangée.

» Dans la dernière les Français ont tourné toutes leurs forces contre nous, et quoiqu'ils n'aient pas réussi, et qu'ils ne réussiront pas non plus à l'avenir, cependant nous avons fait une perte d'hommes que nous avons peine à supporter. Je ne puis essayer de nous soustraire au poids de l'attaque en mettant en avant les troupes espagnoles, à cause du misérable état de leur discipline et de leur défaut d'officiers ayant les qualités nécessaires. Ces troupes sont tout à fait incapables d'exécuter une manœuvre, même la plus simple. Elles tomberaient dans une confusion inextricable, et le résultat serait probablement la perte de tout.

» A. Wellesley. »

A l'honorable J.-H. Frère.

« Pont de l'Arzobispo, le 4 août 1809.

» Depuis ma lettre d'hier, les choses ont changé au pire.

» Après vous avoir écrit, j'appris que l'ennemi était arrivé à Navalmoral, qu'il se trouvait ainsi maître d'Alvaraz, et que le pont de cette place avait été détruit par le marquis de la Reyna, qui s'y était retiré de Baños.

» Peu après, je reçus une lettre du général O'Donoju, par laquelle il m'informait que le corps français qui était entré par Baños consistait en 30 mille hommes, et qu'il était composé de toutes les troupes qui avaient été dans le nord de l'Espagne. Il m'informait en outre que le général Cuesta craignant que je ne fusse pas assez fort contre eux, ayant d'ailleurs, d'après des lettres interceptées et les rapports de sir Robert Wilson du voisinage d'Escalona, sujet d'appréhender que l'ennemi ne se proposât de me serrer par derrière tandis que j'aurais déjà à me battre par devant, et qu'ainsi il ne fût coupé de moi, s'était déterminé à abandonner Talavera hier au soir.

» Tout ce qui faisait ma sûreté m'était ainsi enlevé, et on laissait en arrière près de 1,500 de mes soldats blessés. J'eus à examiner sérieusement alors ce que je devais recommander au général de faire. Nous ne pouvions regagner le terrain du pont d'Almaraz sans une bataille, et selon toutes les probabilités nous aurions eu à en livrer une seconde contre 50 mille hommes avant que le pont pût être rétabli, en supposant que nous eussions réussi dans la première. Nous ne pouvions rester à Oropesa où nous nous trouvions, la position étant sans valeur par elle-même et susceptible d'être coupée par Calera de cette place-ci, son seul point de retraite.

» Je préférai et je recommandai cette retraite : d'abord, par la considération des pertes que nous autres, Anglais, aurions éprouvées dans ces affaires successives, sans chance de pouvoir prendre soin de nos blessés.

» Secondement, par la considération que s'il était vrai que 30 mille hommes fussent venus se joindre aux forces des Français dans cette partie de l'Espagne, il nous était absolument impossible de prendre l'offensive. Il fallait qu'il fût fait une diversion en faveur des armées se trouvant dans ces quartiers-ci, par quelque autre corps vers Madrid, pour obliger les Français à détacher une partie de leurs forces vers ce point, et nous permettre ainsi de reprendre l'offensive.

» En troisième lieu, pour que ces opérations et ces batailles pussent réussir, il était nécessaire que les longues marches à faire fussent exécutées avec célérité. Je suis désolé de devoir dire que, faute de nourriture, les troupes sont tout à fait incapables maintenant de répondre à ces besoins; et il est plus que probable que j'aurais eu Victor sur le dos avant que la première affaire entre Soult et moi eût pu être terminée.

» Comme d'ordinaire, le général Cuesta demandait à livrer de grandes batailles. A présent que toutes les troupes sont retirées de la Castille, Romana et le duc del Parque vont recevoir l'ordre de faire quelques démonstrations vers Madrid. — J'apprends qu'outre les 50 mille hommes, il y a un corps de 12 mille hommes occupé à observer Vénégas.

» A. WELLESLEY. »

Au maréchal Beresford.

« Mesa de Hor, le 6 août 1809.

» Des considérations bien mûrement pesées, après que je vous eus écrit, me firent reconnaître que nous devions renoncer à exécuter le plan dont je vous avais entretenu et qu'il fallait nous mettre sur la défensive, si Soult et Ney avaient passé par le Puerto de Baños. Vous croirez aisément au regret avec lequel j'abandonnai le fruit de notre victoire, de toutes nos fatigues et de nos pertes; cependant je n'hésitai pas, et je ne m'en repens point, à passer le Tage à Arzobispo.

» Je me propose maintenant de prendre la position d'Almaraz, de donner à mes troupes un peu de repos et un peu de nourriture, et de voir ce que fera l'ennemi. Mon opinion est qu'il envahira le Portugal, et vous ferez bien de vous mettre en position de défendre les passages.

» J'apprends avec peine la désertion de vos troupes. N'y a-t-il aucun remède à ce mal?

» A. WELLESLEY. »

A. S. E. le marquis de Wellesley.

« Deleytosa, le 8 août 1809.

» M. Frère aura instruit V. E. de la situation générale des affaires en Espagne.

» J'attirerai particulièrement votre attention sur deux points :

» 1° La nécessité de prendre toutes les mesures nécessaires pour assurer aux deux armées tous les moyens de transport dont elles ont besoin, et des provisions;

» 2° La nécessité de donner immédiatement l'uniforme national aux troupes espagnoles. En adoptant cette mesure, on fera cesser une pratique qui, j'ai regret à le dire, est très-générale maintenant, à savoir que ces troupes jetant au loin leurs armes et leur équipement se sauvent en prétendant qu'ils ne sont que des paysans. A l'avantage de préserver l'État de la perte de grandes quantités d'armes cette mesure joindrait celui de procurer au général le moyen de punir les troupes qui se conduisent mal devant l'ennemi, de la manière la plus propre à affecter les sentiments des Espagnols, c'est-à-dire en les disgraciant; quand un certain nombre de paysans sont réunis en armes et vêtus comme des paysans, il est difficile de désigner les corps ou les individus qui se sont mal comportés, par une marque distinctive qui les présente à tous leurs camarades comme des objets d'exécration, et cependant il est constant qu'une punition de ce genre ferait dix fois plus d'effet que celle mise à exécution dernièrement dans l'armée espagnole, à la suite de la mauvaise conduite de quelques corps dans la bataille de Talavera, punition qui a consisté à décimer les simples soldats des corps qui avaient pris la fuite, et à mettre à mort le tiers ou le quart des officiers. — Des corps entiers, officiers et soldats, en effet, lèvent pied maintenant à la première apparence de danger, et je ne mets pas en doute, s'il était possible de connaître la vérité, que l'armée de Cuesta, qui a traversé le Tage au nombre de 38 mille hommes, ne se compose plus aujourd'hui de 30 mille, bien qu'elle n'ait perdu que 500 hommes dans ses engagements avec l'ennemi.

» A. WELLESLEY. »

A lord Castlereagh.

« Mérida, le 25 août 1809.

. . . .

» J'arrive maintenant au genre des troupes, et là j'ai le regret de dire que nos alliés nous font défaut bien plus encore que pour le nombre ou la composition.

» La cavalerie espagnole est, je crois, presque entièrement sans discipline. Elle est, en général, bien habillée, bien armée, bien équipée et remarquablement bien montée ; les chevaux sont en très-bonne condition ; ceux, du moins, de l'armée d'Eguia que j'ai vus. Mais je n'ai jamais entendu que dans une circonstance quelconque ces troupes de cavalerie se soient comportées comme des soldats doivent le faire en présence de l'ennemi. Elles ne se font pas le moindre scrupule de fuir, et après une affaire on les trouve dans tous les villages et dans tout fond couvert d'ombre à cinquante milles à la ronde du champ de bataille.

» L'artillerie espagnole, autant que je l'ai vue, est entièrement irréprochable, et l'artillerie portugaise excellente.

» Quant au grand corps de toutes les armées, je veux dire l'infanterie, il est déplorable de dire combien celle des Espagnols est mauvaise et combien elle est loin de pouvoir lutter avec celle des Français. Elle est, je crois, bien armée ; mais elle est mal équipée, n'ayant pas les moyens de protéger ses munitions contre la pluie ; quelquefois elle n'est pas vêtue du tout, d'autres fois elle est habillée de manière à avoir l'aspect de paysans, ce qui doit être évité par-dessus tout ; et sa discipline me semble se borner à savoir se ranger sur trois rangs dans un ordre très-serré, et à l'exercice manuel.

» Il est impossible de compter sur ces troupes pour aucune opération : on dit que quelquefois elles se comportent bien ; mais j'avoue que je ne les ai jamais vues se comporter autrement que mal. Le corps de Bassecourt, qui était réputé le meilleur dans l'armée de Cuesta, et qui se battait sur notre gauche dans les montagnes à la bataille de Talavera, fut tenu en échec durant toute la journée par un bataillon français ; ce corps, depuis lors, s'est enfui du pont d'Arzobispo abandonnant ses canons et un grand nombre d'hommes jetant sur la route leurs armes, leur équipement et leurs vêtements, suivant l'habitude des Espagnols ; une circonstance singulière dans cette affaire d'Arzobispo (où Soult écrit que les Français ont pris trente pièces de canon), c'est que les Espagnols se sauvèrent avec une telle précipitation qu'ils laissèrent leurs canons chargés et sans les enclouer, et que les Français, bien qu'ils eussent chassé les Espagnols du pont, ne s'estimèrent pas assez forts pour les poursuivre ; et le colonel Waters, que j'envoyai en parlementaire le 10, pour nos blessés, trouva les canons, sur la route, abandonnés par un parti, sans que l'autre en eût pris possession, sans qu'il en eût même probablement connaissance.

» Cette pratique de s'enfuir en jetant armes, bagages et vêtements, est fatale en tout point, sauf qu'elle permet de rassembler de nouveau les mêmes hommes dans l'état de nature, lesquels recommencent absolument la même manœuvre à la première occasion qui leur en est offerte. Près de deux mille hommes s'enfuirent, dans la soirée du 27, de la bataille de Talavera (ils n'étaient pas à 100 toises de la place où je me tenais) sans être ni attaqués, ni menacés d'être attaqués, et qui furent effrayés uniquement par le bruit de leurs propres feux; ils laissèrent leurs armes et leurs équipements sur le terrain; leurs officiers allèrent avec eux; ce furent eux et la cavalerie fugitive qui pillèrent les bagages de l'armée anglaise qui avaient été envoyés sur les derrières. Beaucoup d'autres s'enfuirent que je ne vis point.

» Rien ne peut être pire que les officiers de l'armée espagnole; et il est extraordinaire que, lorsqu'une nation s'est vouée à la guerre comme l'a fait celle-ci par toutes les mesures qu'elle a adoptées dans le cours de ces deux dernières années, il ait été fait aussi peu de progrès par les individus dans quelque branche de la profession militaire que ce soit, et que tout ce qui concerne une armée soit si peu compris. Les Espagnols sont réellement des enfants dans l'art de la guerre, et je ne puis pas dire qu'ils fassent rien comme cela doit être fait, excepté de s'enfuir et de s'assembler de nouveau dans l'état de nature.

» Je crois sincèrement que cette insuffisance dans le nombre, la composition, la discipline et l'efficacité des troupes, doit être en grande partie attribuée au gouvernement existant en Espagne : on a essayé de gouverner le royaume, dans un état de révolution, en adhérant aux anciennes règles et aux vieux systèmes, et avec l'aide de ce qu'on appelle enthousiasme; mais cet enthousiasme, dans le fait, n'aide à rien accomplir, et est seulement une excuse pour l'irrégularité avec laquelle tout est fait, et pour l'absence de discipline et de subordination dans les armées.

» Je sais que l'on croit généralement que c'est l'enthousiasme qui a fait sortir victorieusement les Français de leur révolution, et que c'est lui qui a engendré les hauts faits qui leur ont presque procuré la conquête du monde; mais si l'on examine la chose de près, l'on verra que l'enthousiasme était seulement le nom, que la force fut vraiment l'instrument qui sut faire naître ces grandes ressources sous le système de la terreur, qui le premier arrêta les alliés, et que la persévérance dans le même système d'approprier chaque individu et chaque chose au service de l'armée, par la force, a depuis fait la conquête de l'Europe.

» Après cet exposé vous pourrez juger par vous-même si vous voudrez employer une armée et de quelle force sera l'armée que vous emploierez au soutien de la cause en Espagne.

» Des circonstances que vous connaissez m'ont obligé à me séparer de l'armée espagnole; et je ne puis que vous dire que je ne me sens point d'inclination à recommencer à opérer avec eux, sous ma propre responsabilité; qu'il faudra que ma route soit bien clairement tracée devant moi avant que je le fasse; et je ne vous recommande pas d'avoir rien de commun avec eux dans leur état présent.

» Avant d'abandonner cette partie de mon sujet, il vous sera sans doute agréable de savoir que je ne pense pas que les affaires ici en eussent beaucoup mieux marché, si vous aviez envoyé votre forte-expédition en Espagne, au lieu de l'envoyer contre l'Escaut. Vous n'auriez pu l'équiper dans la Galice, ou quelque part que ce soit dans le nord de l'Espagne.

» Si nous avions eu 60 mille hommes au lieu de 20 mille, selon toutes les probabilités, nous n'aurions pas livré la bataille de Talavera, faute de moyens et de provisions; et si nous avions livré la bataille, nous ne serions pas allés plus loin. Les deux armées se seraient infailliblement séparées par suite du manque de subsistance, probablement sans bataille, mais en tout cas bien certainement après.

» En outre, vous remarquerez que vos 40 mille hommes, en les supposant équipés, armés et pourvus de tous les moyens de subsistance, n'auraient pas compensé ce qui manque en nombre, en composition et en valeur dans les armées espagnoles; et en admettant qu'ils eussent été capables de chasser les Français de Madrid, ils n'auraient pu les expulser de la Péninsule, même dans l'état actuel des forces françaises.

. . . .

» Maintenant, supposant que l'armée portugaise parvienne à répondre à son objet, que pourra-t-on faire avec elle et le Portugal, si les Français se rendaient maîtres du reste de la Péninsule? Mon opinion est que nous pourrions conserver le Portugal, l'armée portugaise et la milice étant complètes.

» La difficulté sur cette seule question gît dans l'embarquement de l'armée anglaise. Il y a tant d'entrées en Portugal, tout le pays n'étant que frontières, qu'il serait bien difficile d'empêcher l'ennemi d'y pénétrer, et il est probable que nous serions obligés de nous restreindre à préserver ce qui est le plus important, la capitale.

» Il est difficile, sinon impossible, de porter la lutte pour la capitale aux extrémités, et ensuite d'embarquer l'armée anglaise. Vous me comprendrez en jetant un coup d'œil sur la carte. Lisbonne est si élevé au-dessus du Tage, que quelque armée que nous réunissions, jamais elle ne serait capable d'assurer à la fois la navigation de la rivière par l'occupation des deux rives et la possession de la capitale. Il faudrait, je le crains, renoncer à l'un ou à l'autre de ces objets, et ce à quoi les Portugais renonceraient plutôt, ce serait la navigation du Tage, et naturellement à nos moyens d'embarquement. Cependant je n'ai pas encore suffisamment approfondi cet intéressant sujet.

» En même temps je pense que le gouvernement devrait veiller à renvoyer au moins les transports couverts aussitôt que la grande expédition n'en aura plus besoin et qu'on recevra la nouvelle positive que Napoléon renforce ses armées en Espagne; car vous pouvez compter que lui et ses maréchaux doivent être désireux de se venger sur nous des différents coups que nous leur avons portés, et qu'en venant dans la Péninsule, leur premier et grand objet sera d'en expulser les Anglais.

» Vous aurez vu par la première partie de ma lettre mon opinion touchant la nécessité qu'il y aurait à engager les Espagnols à donner le commandement de leurs armées au commandant en chef anglais.

» Si une pareille offre m'était faite, j'en déclinerais l'acceptation jusqu'à ce que je connusse le bon plaisir de Sa Majesté, et je vous recommande fortement, à moins que vous ne vouliez courir le risque de perdre votre armée, de n'avoir absolument rien à faire avec la guerre d'Espagne, sur quelque base que ce soit, dans l'état actuel des choses. Quant à Cadix, le fait est que la jalousie de tous les Espagnols, même de ceux qui nous sont le plus attachés, est si enracinée, que lors même que le gouvernement nous céderait ce point (et dans ses difficultés présentes, je ne serais pas surpris qu'il le cédât) pour me décider à rester en Espagne, je ne regarderais jamais aucune garnison comme assurée de son salut dans cette place.

» Si vous voulez prendre Cadix, il faut laisser le Portugal et vous charger de l'Espagne; il faut occuper Cadix avec une garnison de 15 à 20 mille hommes et envoyer d'Angleterre une armée qui entrera en campagne avec les Espagnols, Cadix devenant votre retraite au lieu de Lisbonne.

» Avec Cadix, il faut insister pour le commandement des armées d'Espagne; mais par les faits exposés au commencement de ma lettre, vous voyez combien peu nous devons nous promettre de mener la lutte à la conclusion que nous désirons tous.

» A. WELLESLEY. »

LETTRES DE NAPOLÉON

RELATIVES A L'EXPÉDITION DE WALCHEREN.

(VOIR PAGE 225.)

Nous reproduisons ici, comme nous l'avions annoncé, quelques lettres de Napoléon sur l'expédition de Walcheren. Elles feront bien connaître ce qui se passa dans son esprit à cette occasion, la défiance qu'il commençait à concevoir à l'égard des hommes et la profondeur de sa prévoyance, bien que sur quelques points accessoires l'événement eût trompé ses calculs. Ainsi il croyait Flessingue imprenable, et Flessingue fut pris, et il le fut par un autre motif que la lâcheté du général Monnet : il le fut par la masse d'artillerie que la marine anglaise réunit sur un seul point. Mais, si ce n'est sur un ou deux détails, sur tout le reste on sera frappé de la prodigieuse prévoyance avec laquelle Napoléon jugea les suites et la fin de l'expédition britannique, et les natures d'obstacle qu'il fallait lui opposer. On ne devra pas s'arrêter aux chiffres, qui sont presque tous inexacts dans ces lettres. Napoléon était loin du théâtre des événements ; il ignorait les forces de l'ennemi, et celles même que les Français pouvaient réunir ; il avait coutume d'ailleurs en parlant à ses lieutenants d'exagérer leurs ressources et de diminuer celles qu'ils avaient à combattre. C'était une manière de leur imposer de plus grands efforts. Souvent aussi il aimait à se faire illusion, et il y fut porté davantage à mesure que ses moyens furent plus disproportionnés avec la tâche exorbitante qu'il avait entreprise. Il faut donc lire ces lettres non pour l'exactitude des détails, mais pour l'esprit dans lequel elles ont été écrites, esprit qui en fait des monuments du plus grand prix. Le nombre du reste de celles qui furent écrites sur la seule expédition de Walcheren est trois ou quatre fois plus considérable; mais elles sont à l'égard des individus, et quelquefois même des frères de Napoléon, d'une telle vivacité, que nous avons cru ne pas devoir les reproduire. On peut dès aujourd'hui dire toute la vérité historique; mais il y a souvent dans les documents eux-mêmes une crudité qui en rendrait la production intempestive et prématurée. L'histoire sincèrement et honnêtement écrite n'a pas besoin du langage des passions, et c'est ce qui fait qu'elle peut parler bien avant les documents eux-mêmes.

Au ministre de la guerre.

« Schœnbrunn, 6 août 1809.

» Je reçois votre lettre du 31, par laquelle vous m'instruisez que 200 voiles de toutes grandeurs sont signalées du côté de Walcheren. L'île de Walcheren doit avoir en troupes françaises et hollandaises 6 mille hommes. Envoyez-y de jeunes officiers d'artillerie et du génie, hommes de zèle et attachés. Je suppose que les magasins de Flessingue sont approvisionnés, et que vous avez un chiffre avec le général Monnet. Je lui ai donné l'ordre, que vous lui réitérerez, de couper les digues, si cela était nécessaire. Je suppose également que le général Chambarlhiac se sera porté sur l'île de Cadzand avec le corps qui est à Louvain, la demi-brigade provisoire qui est à Gand, et tout ce qu'il aura pu tirer des 16e et 24e divisions militaires, et que le général Rampon l'aura suivi avec son corps de gardes nationales, ce qui formera là 9 ou 10 mille hommes; qu'il aura fait atteler 12 pièces de canon à Gand, à Douay, à Saint-Omer, pour ne pas manquer d'artillerie de campagne; qu'il aura fait venir de Maëstricht ce qui s'y trouvait, et que le général Sainte-Suzanne aura formé une colonne avec du canon pour se porter partout.

» Envoyez à Anvers des officiers d'artillerie et du génie et un commandant supérieur. La marine a, à Anvers, 12 ou 1,500 hommes qui peuvent servir. On peut former à Anvers quelques bataillons de gardes nationales pour faire la police de la ville et concourir à sa défense.

» Si ce débarquement s'est effectué, vous aurez mis en état de siége Anvers, Ostende, Lille; vous aurez bien fixé l'attention du roi de Hollande sur les places de Breda et de Berg-op-Zoom, et s'il y a lieu, vous aurez ordonné l'armement de la première ligne de mes places fortes de Flandre.

» Vous pouvez réunir quelques détachements de cavalerie et en former quelques escadrons provisoires.

» Vous n'aurez pas manqué d'envoyer le maréchal Moncey porter son quartier général à Lille, en le chargeant de requérir tout ce qu'il pourra de gendarmerie pour réunir quelques milliers d'hommes de cette bonne cavalerie.

» Vous aurez retenu les détachements en marche, même ceux destinés pour l'armée, tels que les 3 mille hommes venant de la 12e division militaire, et vous les aurez dirigés soit sur Paris, soit sur les points où ils peuvent être utiles.

» Enfin, s'il y a lieu, demandez la réunion d'un conseil chez l'archichancelier pour requérir 30 mille hommes de gardes nationales dans les 1re, 2e, 14e, 15e, 16e divisions militaires et quelques bataillons dans les 24e et 25e, et pour que chaque ministre fasse les circulaires convenables pour exciter la nation et surtout les départements où il est nécessaire de lever des gardes nationales.

» Après les avantages que nous avons ici, je suppose que les Français ne se laisseront pas insulter par 15 ou 20 mille Anglais. Je ne vois pas ce que les Anglais peuvent faire. Ils ne prendront pas Flessingue, puisque les digues peuvent être coupées; ils ne prendront pas l'escadre, puisqu'elle peut remonter jusqu'à Anvers, et que cette place et son port sont à l'abri de toute attaque. J'imagine que le ministre Dejean se sera empressé d'approvisionner ses magasins. Si la descente était sérieuse, prenez des mesures pour avoir dans le Nord le plus grand nombre possible de pièces de canon attelées soit par voie de réquisition, soit autrement. Je vous autorise même, dans un cas urgent, à retenir une partie des dix compagnies d'artillerie que vous m'envoyez.

» Donnez ordre au duc de Valmy de se rendre à Wesel, où il sera mieux placé pour assurer cette place importante.

» NAPOLÉON. »

A l'archichancelier.

« Schœnbrunn, 8 août 1809.

» Je reçois votre lettre du 2. Vous aurez reçu mon décret pour la levée de 30 mille gardes nationales. Je suis fâché que dans le conseil du 1er vous n'ayez pas pris sur vous d'appeler les gardes nationales ; c'est se méfier à tort d'elles. Je suppose qu'en recevant mon décret, vous vous serez occupé de former ces 30 mille gardes nationales en quatre ou cinq divisions, et de désigner des généraux au Sénat pour les commander, et que vous aurez fait au Sénat une communication qui servira de publication. Le Sénat répondra par une adresse où il me portera la parole et qui sera une espèce de proclamation. Cela s'imprimera de suite. De leur côté les ministres donneront l'impulsion. Il faut avoir sur-le-champ 80 mille hommes en première et en seconde ligne, et donner du mouvement à la nation pour qu'elle se montre ; d'abord pour dégoûter les Anglais de ces expéditions et leur faire voir que la nation est toujours prête à prendre les armes, ensuite pour servir à reprendre l'île de Walcheren, si les Anglais pouvaient la prendre, et enfin pour favoriser les négociations entamées ici : et certes cela leur nuira si l'on me croit embarrassé par le débarquement des Anglais. Ainsi donc tous les moyens d'influencer l'opinion doivent être pris ; les gardes nationales de chaque département désignées ; et les anciens soldats qui voudraient faire cette campagne pour chasser les Anglais doivent être invités à se réunir à Lille pour former une légion.

» Napoléon. »

Au ministre de la police.

« Schœnbrunn, 8 août 1809.

» Je reçois votre lettre du 2 août. Je suis fâché qu'au conseil des ministres du 1er on n'ait pas arrêté un message au Sénat, une levée de 30 à 40 mille gardes nationales, et qu'on n'ait pas imprimé un grand mouvement à la nation. Cela était nécessaire sous le point de vue militaire et aussi sous le point de vue politique, car, si l'on me croit embarrassé par cette descente, les négociations deviendront plus difficiles. Il est donc nécessaire d'appeler la nation. Il paraît hors de doute que les Anglais en veulent à l'île de Walcheren et à mon escadre. Celle-ci n'a rien à craindre si elle retourne à Anvers. Flessingue ne court aucun danger d'être pris, puisqu'en coupant les digues on inonde toute l'île et on oblige les Anglais à l'abandonner.

» Mettez-vous en correspondance, si vous le pouvez, avec le général Monnet, et recommandez-lui l'ordre que je lui ai donné à plusieurs reprises de vive voix et par écrit, de couper les digues aussitôt qu'il se verrait pressé.

» NAPOLÉON. »

Au ministre de la guerre.

« Schœnbrunn, 9 août 1809.

» Je reçois votre lettre du 3.

» Je vous ai fait connaître hier mes intentions. J'ai peu de chose à y ajouter aujourd'hui, seulement que vous devez exécuter toutes les dispositions que j'ai ordonnées, quand même les Anglais n'auraient fait aucun progrès et resteraient stationnaires dans l'île de Walcheren. Il est nécessaire pour les négociations entamées ici, pour l'exemple de l'avenir et pour mes vues ultérieures, d'avoir une armée dans le Nord. Il est trop heureux que les Anglais nous donnent le prétexte de la former. A moins que les Anglais ne se soient rembarqués et soient retournés chez eux, il faut lever les 30 mille hommes de gardes nationales comme je l'ai ordonné par mon décret. Le seul inconvénient que cela aura, ce sera de coûter quelques millions. A vous parler *confidentiellement*, il est possible que lorsque ceci sera terminé, je fasse occuper les côtes de Hollande pour fermer les portes de Hollande aux Anglais. Ils sentiront le résultat d'une clôture en règle des débouchés de l'Ost-Frise, de l'Elbe et de la Zélande. Jusqu'à cette heure, ils vont et viennent en Hollande comme ils veulent.

» Je ne vois pas dans vos lettres que vous ayez réitéré au général Monnet l'ordre de couper les digues si la place était serrée de près. Je le lui ai dit de vive voix plusieurs fois; réitérez-le-lui de ma part; je n'admets aucune excuse. Je n'ai pas besoin de vous dire que le ministre Dejean et vous, devez prendre des mesures pour faire passer des vivres à Flessingue ; entendez-vous avec le ministre de la marine. Envoyez également à Flessingue 8 ou 10 officiers d'artillerie de tout grade, un officier du génie et un détachement de sapeurs. Ce que le général Rampon a de mieux à faire, c'est de tenir ses troupes réunies jusqu'à ce que l'on voie ce que veut faire l'ennemi. Avec des troupes médiocres et en si petit nombre, le général Rampon ne peut chasser les Anglais de l'île de Walcheren, il se fera battre. La fièvre et l'inondation doivent seules faire raison des Anglais. Le roi de Hollande qui peut disposer de 10 ou 12 mille hommes les aura portés sur Berg-op-Zoom, et aura approvisionné et mis en état ses places du Nord.....

» NAPOLÉON. »

Au ministre de la guerre.

« Schœnbrunn, 10 août 1809.

» Je reçois votre lettre du 4. Je ne conçois pas ce que vous faites à Paris. Vous attendez sans doute que les Anglais viennent vous prendre dans votre lit ! Quand 25 mille Anglais attaquent nos chantiers et menacent nos provinces, le ministère reste dans l'inaction ! Quel inconvénient y a-t-il à lever 60 mille gardes nationales ? — Quel inconvénient y a-t-il à envoyer le prince de Ponte-Corvo prendre le commandement sur le point où il n'y a personne ? Quel inconvénient y a-t-il à mettre en état de siége mes places d'Anvers, d'Ostende et de Lille ? Cela ne se conçoit pas. Je ne vois que M. Fouché qui ait fait ce qu'il a pu et qui ait senti l'inconvénient de rester dans une inaction dangereuse et déshonorante ; dangereuse, parce que les Anglais voyant que la France n'est pas en mouvement et qu'aucune direction n'est donnée à l'opinion publique, n'auront rien à craindre et ne se presseront pas d'évacuer notre territoire ; déshonorante, parce qu'elle montre la peur de l'opinion et qu'elle laisse 25 mille Anglais brûler nos chantiers sans les défendre. La couleur donnée à la France dans ces circonstances est un déshonneur perpétuel. Les événements changent à chaque instant. Il est impossible que je donne des ordres qui n'arriveront que quinze jours après. Les ministres ont le même pouvoir que moi, puisqu'ils peuvent tenir des conseils et prendre des décisions. Employez le prince de Ponte-Corvo, employez le maréchal Moncey.

J'envoie de plus le maréchal Bessières, pour être à Paris en réserve. J'ai ordonné la levée de 30 mille hommes de gardes nationales. Si les Anglais font des progrès, levez-en 30 mille autres dans les mêmes ou dans d'autres départements. Il est bien évident que les Anglais en veulent à mon escadre et à Anvers.

» Je suppose que dès le 4 vous aurez fait partir tout ce qui était à Boulogne pour Anvers. J'espère que le général Rampon se sera également approché d'Anvers. Il est évident que l'ennemi sentant la difficulté de prendre Flessingue, veut marcher droit sur Anvers et tenter un coup de main sur l'escadre.

» NAPOLÉON. »

A l'archichancelier.

« Schœnbrunn, 12 août 1809.

» Je reçois votre lettre du 6. J'admire votre tranquillité, quand vous croyez qu'il y a 40 mille Anglais sur nos côtes et que vous savez que le général Sainte-Suzanne, officier de mérite, sur lequel je m'étais reposé de la défense du Nord, est malade. Vous auriez dû tenir un conseil pour savoir s'il fallait donner le commandement au roi de Hollande. Ce parti est le plus absurde de tous. Le roi de Hollande pensera à couvrir Amsterdam, et vous laissera prendre dans votre lit à Paris. Il y a vraiment du vertige. Votre conduite dans cette circonstance met l'alarme en France. On croit d'autant plus qu'on voit moins. Il y aura onze jours de perdus lorsque vous recevrez mes lettres. Les Anglais auraient dû être sur le point de se rembarquer. Vous auriez dû tenir de fréquents conseils dans cette circonstance inopinée.

» NAPOLÉON. »

Au ministre de la guerre.

« Schœnbrunn, 16 août 1809.

» Voici mes ordres sur ce qu'il y a à faire contre l'expédition anglaise. Je vous ai donné les mêmes ordres à plusieurs reprises dans mes lettres; je veux vous les renouveler : point d'offensive, point d'attaque, point d'audace. Rien ne peut réussir avec de mauvaises ou de nouvelles troupes. Si l'on attaque Flessingue, on les compromet. Le général Monnet s'est déjà trop battu, s'il est vrai qu'il a perdu 1,400 hommes.

» Que veulent les Anglais? Prendre Flessingue, l'île de Walcheren. C'est une opération impossible, puisque la possession de l'île de Walcheren dépend de la prise de Flessingue. Quand ils seront à cent toises de la place, on peut lâcher les écluses, et l'île sera inondée. Tant que Flessingue aura un morceau de pain, elle est imprenable. L'essentiel est donc de rafraîchir les vivres et de jeter dans la place une trentaine de braves et 2 à 300 canonniers. Ces braves sont des officiers du génie, de l'artillerie, des majors, etc. Anvers, en supposant que l'ennemi vienne l'assiéger, peut être également défendue par l'inondation. Les forts sont armés et garnis d'artillerie, la garnison est de 6 mille hommes de gardes nationales et 6 mille hommes de l'escadre. Il y a des magasins de vivres pour huit mois. Anvers peut donc se défendre huit mois. Recommandez au ministre Dejean, qui doit s'être rendu sur les lieux par mes ordres, d'inspecter l'armement et l'approvisionnement de cette place, de mettre des canonniers et des ingénieurs à chaque fort, avec la quantité de vivres et d'artillerie nécessaire. Avec cela, Anvers est imprenable. Les Anglais l'assiégeraient en vain pendant six mois. Ils ne peuvent donc prendre ni Flessingue ni Anvers; ils ne peuvent prendre l'escadre, elle est en sûreté à Anvers.

» Tout porte à penser que les Anglais ne débarqueront pas dans l'île de Cadzand sans avoir Flessingue. S'ils y débarquent, ils disséminent leurs troupes. Ils n'ont pas plus de 25 mille hommes; ils ne pourraient pas jeter plus de 6 à 7 mille hommes dans l'île de Cadzand, et ils y seraient compromis. Il ne s'agirait donc que de choisir dans l'île un champ de bataille, d'y élever quelques redoutes et batteries de campagne, et d'avoir 12 à 15 mille hommes à portée de s'y rendre. Les batteries du fort Napoléon doivent être à l'abri d'un coup de main. Les Anglais iront-ils à Berg-op-Zoom? Cette place est en état, et là ils seraient disséminés. Ils ne peuvent avoir moins de 10 à 12 mille hommes dans l'île de Walcheren, et 10 mille dans le Sud-Beveland, pour défendre la droite de l'Escaut et le fort de Batz, et il ne leur reste plus de monde pour rien entreprendre sur la rive gauche. Or, Flessingue et Anvers sont imprenables. Cependant tout ce qui rend impossible l'acheminement des

Anglais sur Anvers, je l'approuve, tel que l'inondation des environs de Berg-op-Zoom, le rétablissement du fort Saint-Martin et des fortifications le long du canal de Berg-op-Zoom.

» Tandis qu'on passera dans cette situation les mois d'août et de septembre, les 30 mille gardes nationales avec de bons généraux, majors et officiers, seront réunies. Le duc de Walmy aura réuni 10 mille hommes à Wesel, les divisions Olivier et Chambarlhiac auront pris une nouvelle consistance, et les deux divisions de gardes nationales des généraux Rampon et Soulès seront complétées. Alors avec cet ensemble de forces de 70 mille hommes de gardes nationales et de troupes de ligne français et 15 ou 16 mille Hollandais, on pourra sur le bruit seul de cet armement décider les Anglais à se rembarquer, marcher à eux et les détruire. Mais point d'opérations prématurées qui ne peuvent réussir avec de mauvaises troupes; point d'échecs; de la sagesse et de la circonspection. Le temps est contre les Anglais. Toutes les semaines nous pouvons mettre 10 mille hommes de plus sous les armes, et eux les avoir de moins. Mais pour cela il faut de l'ordre, ne pas mêler la garde nationale avec la ligne; il faut que la division Rampon reste une, que la division Soulès reste une, que les cinq autres divisions de gardes nationales se forment dans cinq endroits différents, comme je l'ai ordonné, une par exemple à Anvers, une à Ostende, une à Bruxelles, une à Lille, une à Saint-Omer ou à Boulogne, etc. Vous pouvez changer ces points de réunion; mais en général il faut que les gardes nationales soient réunies et aient de bons officiers, et qu'elles n'aillent pas se mettre par 1,500 devant l'ennemi sans ordre; elles y vont, il est vrai, mais elles reviennent bien plus vite. Ce que je vous recommande surtout, c'est de prendre garde d'épuiser, en les éparpillant, cette ressource des gardes nationales.

» NAPOLÉON. »

Au ministre de la police.

« Schœnbrunn, 16 août 1809.

» Faites mettre dans le *Moniteur*, en forme de lettre ou de réflexions d'un militaire, les observations suivantes sur l'expédition anglaise : « Quand les Anglais ont combiné leur expédition, ils avaient pour but de prendre l'escadre, mais elle est en sûreté à

Anvers ; ils avaient pour but de prendre Anvers et de détruire nos chantiers ; mais Anvers n'est plus ce qu'il était il y a quatre ans. En y établissant des chantiers, on y a rétabli les fortifications. Anvers peut se défendre six mois. Une inondation le couvre en grande partie, de nouveaux ouvrages ont été faits. Depuis trois ans des fossés pleins d'eau, une enceinte bastionnée avec une belle escarpe mettent cette place à l'abri de toute attaque. Il faudrait aux Anglais six mois de siége et 60 mille hommes pour prendre Anvers. Les Anglais ne peuvent pas songer à prendre Flessingue. Depuis trois ans les fortifications en ont été augmentées. Des demi-lunes ont été construites ; trois forts ont été établis autour de la ville. Depuis dix jours que les Anglais ont débarqué, ils n'ont pas encore commencé les approches, et ils sont à 1,000 toises de la place. La garnison est assez nombreuse pour la défendre, et les Anglais ont déjà fait des pertes sérieuses. Mais enfin s'ils en approchent à 200 toises, on peut lever les écluses et inonder l'île. Il y a des vivres pour un an, la place peut donc tenir un an, et avant six semaines des 15,000 Anglais qui sont dans l'île de Walcheren il n'en restera pas 1,500 ; le reste sera aux hôpitaux.

» Le moyen de les empêcher de prendre Flessingue est de leur opposer l'inondation. L'expédition anglaise consiste en 26 à 27 mille hommes. Ils en ont débarqué 15 à 18 mille dans l'île de Walcheren, 7 à 8 mille dans le Sud-Beveland. Ils ont obtenu un avantage qu'ils ne devaient pas espérer : c'est l'occupation du fort de Batz. Et cependant à quoi cela a-t-il abouti ? A rien. L'expédition est mal calculée. Ces 25 à 30 mille hommes eussent été plus utiles en Espagne, et là ils ne peuvent rien faire ; car en supposant que, par impossible, ils prissent Flessingue, ils ne le garderaient pas longtemps. C'est en vain qu'ils jetteraient des milliards et prodigueraient des hommes, ils ne défendront pas l'île de Walcheren ; et si tout le monde convient qu'il faut 20 mille hommes pour défendre cette île, il est de l'intérêt de la France de leur en faire présent. Ils y perdront 10 mille hommes par les fièvres, et on la leur reprendra quand on voudra.

» L'expédition a été faite sur de faux renseignements et calculée avec ignorance. On n'a pas à Londres des notions exactes sur l'Escaut, sur la France ; car au moment où nous parlons, 80 mille hommes se réunissent dans le Nord, et il est fort heureux qu'ayant plusieurs points pour employer leurs forces, ils choisissent celui où tout succès est impossible. »

» Faites mettre cette note dans le *Moniteur*, si aucun événement inattendu ne dément ces conjectures au moment où vous recevrez cette lettre.

» Napoléon. »

Au ministre de la police.

« Schœnbrunn, 22 août 1809.

» Je reçois votre lettre du 16. Vous dites que Flessingue est bombardé à vous faire craindre qu'il ne succombe. Vous avez tort d'avoir cette crainte. Flessingue est imprenable tant qu'il y a du pain, et il y en a pour six mois. Flessingue est imprenable, parce qu'il faut exécuter un passage de fossé qui est rempli d'eau, et qu'enfin on peut en coupant les digues inonder toute l'île. Si Flessingue était pris avant six mois, il faudrait que les généraux, colonels et officiers supérieurs qui commandent cette place fussent arrêtés et mis en jugement. Je ne crois pas davantage que Rameskens soit pris. Je ne connais pas ce fort; mais puisqu'il y a la ressource de couper les digues, il ne doit pas être pris. Écrivez, dites partout que Flessingue ne peut être pris, à moins de lâcheté de la part des commandants; aussi je suis persuadé qu'il ne le sera pas, et que les Anglais s'en iront sans l'avoir. Je n'ai donc aucune espèce de crainte là-dessus. Les bombes ne sont rien, absolument rien; elles écraseront quelques maisons; mais cela n'a jamais influé sur la reddition d'une place.

» Cependant tandis que les Anglais perdent leur temps sur l'Escaut, lord Wellesley est battu en Espagne, cerné, en déroute, il cherche son salut dans une fuite précipitée au milieu des chaleurs. En quittant Talavera, il a recommandé au duc de Bellune 5 mille Anglais malades et blessés qu'il a été obligé d'y laisser. Le sang anglais coule enfin! c'est le meilleur pronostic d'arriver enfin à la paix. Sans doute, si les affaires d'Espagne eussent été mieux conduites, pas un Anglais n'eût dû échapper, mais enfin ils ont été battus, 6 mille ont péri, 8 mille sont nos prisonniers. Commentez ces idées dans des articles de journaux; démontrez l'extravagance des ministres d'exposer 30 mille Anglais dans le cœur de l'Espagne devant 120 mille Français, les meilleures troupes du monde, en même temps qu'ils en envoient 25 mille autres se casser le nez dans les marais de la Hollande, où leurs efforts n'aboutissent qu'à exciter le zèle des gardes nationales. Faites sentir l'ineptie de leurs plans en disséminant ainsi leurs forces, et que les petits paquets ont toujours été le cachet des sots.

» Napoléon. »

Au ministre de la guerre.

« Schœnbrunn, 22 août 1809.

» J'ai lu dans le *Moniteur* votre rapport au Sénat.

» Vous avez sans doute reçu mes ordres pour faire mettre dans le *Moniteur* les dépêches officielles des généraux, en ayant seulement le soin d'en ôter quelques lignes et ce qui pourrait faire connaître le nombre de mes troupes. Dans des événements de cette nature le public doit tout savoir.

» Vous aurez reçu le décret qui nomme le général sénateur Collaud gouverneur d'Anvers; cela annulera le décret du roi de Hollande. Vous aurez écrit au roi que j'ai nommé un maréchal, et que c'est à ce maréchal à prendre toutes les mesures pour la défense de nos côtes. Vous aurez ordonné au général Collaud de se rendre à Anvers et de faire les dispositions pour défendre la ville et y tenir pendant trois mois de tranchée ouverte. Tenez la main à ce que mon escadre soit placée en aval et en amont du fleuve, comme je l'ai prescrit au ministre de la marine. Le général Saint-Laurent doit rester à Anvers pour commander l'artillerie, le ministre Dejean doit y rester pour commander le génie, et le vice-amiral Missiessy pour commander la marine et l'escadre. Indépendamment de 6 mille hommes que fournit l'escadre, on laissera dans cette place 6 mille gardes nationales et à peu près autant de troupes de ligne. Veillez à ce qu'on y fasse arriver des vivres en grande quantité.

» Si jamais, ce que je ne puis croire, Flessingue venait à se rendre avant le 1er février, vous ferez arrêter à leur arrivée en France les généraux, colonels et officiers. Flessingue est imprenable, parce qu'il y a un fossé plein d'eau à passer et à cause de l'inondation. Il faut écrire par le télégraphe et par tous les signaux de rompre les digues.

» Je suis fort aise que le général Rousseau ne se soit pas rendu à Flessingue. C'était une mesure insensée ; il y a assez de monde dans cette place. Répétez par toutes les occasions au général Rousseau, aux officiers d'artillerie à Breskens, dans l'île de Cadzand, de ne pas se décourager, de tirer et de tirer toujours. Il faut que les officiers d'artillerie aient un principe inverse au protocole ordinaire ; qu'au lieu d'économiser la poudre et les munitions ils les prodiguent. Il y a des circonstances où c'est un devoir de ménager ses ressources ; c'est lorsqu'on est loin de la France ; mais ici, il faut les prodiguer. Veillez à ce que l'artillerie prenne des mesures pour pourvoir abondamment ces points de poudres, de bombes, afin qu'on puisse tirer continuellement. On ne voit jamais le mal de l'ennemi, surtout sur mer. J'ai vu des combats de six heures dans lesquels on croyait n'avoir rien fait après avoir tiré sans relâche, et puis tout à coup on était tout étonné de voir des bâtiments couler et d'autres s'éloigner à pleines voiles. Mais il faut pour que cela soit efficace, que l'on ne manque point de munitions, et qu'on prenne toutes les mesures nécessaires pour en faire arriver une grande quantité. Qu'est-ce que c'est qu'une distance de 1,300 toises pour nos mortiers qui portent de 15 à 1,800 toises ? 30 bombes ne font rien, mais la 31ᵉ touche. Recommandez surtout que les bombes soient garnies de roches à feu. Si les bâtiments de l'ennemi sont à mille toises du bord, ils ne sont pas hors de la portée de la batterie impériale. Pourquoi ne les coule-t-on pas ? Écrivez aux généraux et aux officiers d'artillerie de l'île de Cadzand et de la côte de prodiguer les munitions.

» Je suppose que ces détails que donne le général Rousseau que la garnison combat hors de Flessingue, que la première bombe vient d'être lancée, etc., vous les mettez dans le *Moniteur*. Il faut faire imprimer toutes les dépêches que vous m'envoyez, en ayant le soin d'en retrancher quelques lignes et de changer quelques chiffres.

» Quant au tir des boulets, le tir de l'ennemi va loin, parce que les marins, lorsqu'ils sont hors de portée, tirent ordinairement à toute volée, et que le tir de l'artillerie de marine a plus de degrés que le tir des pièces de terre.

» Ordonnez que la place d'Izendick soit armée, approvisionnée et mise en état de siége. Envoyez-y un officier commandant, un officier du génie, un officier d'artillerie, un commissaire des guerres et un garde-magasin. Faites-y mettre une grande quantité d'approvisionnements.   » NAPOLÉON. »

Au ministre de la guerre.

« Schœnbrunn, 22 août 1809.

» Je reçois votre lettre du...
» Je vois dans la copie de celle que vous avez écrite au prince de Ponte-Corvo que vous lui dites qu'il faut hasarder une bataille pour sauver Anvers. Je crains que vous ayez mal saisi mon idée. J'ai dit que, dans aucun cas, il ne fallait hasarder une bataille, si ce n'est pour sauver Anvers, ou à moins qu'on ne fût quatre contre un, et dans une bonne position couverte par des redoutes et par des batteries. Voici ma pensée tout entière : il y a deux points distincts, Anvers et l'île de Cadzand, tous deux fort importants, parce que si l'ennemi s'en emparait..... nos villes de France..... et inquiéterait la rive gauche.
» Je crois que le maréchal Moncey doit porter son quartier général à Gand et avoir le commandement de l'île de Cadzand, de Terneuse, jusqu'aux inondations de la tête de Flandre. Le prince de Ponte-Corvo doit porter son quartier général à Anvers et avoir sous ses ordres toute la partie de l'armée qui est actuellement à Lille et Berg-op-Zoom ; qu'il doit choisir de bonnes positions pour empêcher l'ennemi de passer le canal de Berg-op-Zoom, n'engager d'affaires qu'en nombre très-supérieur à lui et dans de bonnes positions, et passer son temps à exercer et discipliner ses troupes. Si l'ennemi n'a que 20 ou 25 mille hommes pour se porter sur Anvers, que le prince de Ponte-Corvo puisse l'attendre dans une position avantageuse et l'attaquer avec 50 mille hommes Français et Hollandais, et surtout avec beaucoup d'artillerie, il peut le faire, mais en s'assurant la retraite sur Anvers. Dans tous les cas il devrait se retirer sur Anvers, considérer cette place comme un grand camp retranché, s'y renfermer, en occuper les dehors et voir ce que font les Anglais. Alors le mouvement de ceux-ci serait bien déterminé. Le maréchal Moncey approcherait dans ce cas son quartier général de la tête de Flandre pour être à portée d'Anvers ; le duc de Valmy se porterait sur Maëstricht pour harceler l'ennemi, et si l'ennemi faisait la folie d'investir Anvers, le maréchal Moncey ferait passer en une nuit tout ce qu'il aurait de disponible par la tête de Flandre sur Anvers ; le duc de Valmy et les Hollan-

dais qui sont dans Breda harcèleraient l'ennemi, et le prince de Ponte-Corvo sortirait sur un des points avec toutes ses forces et écraserait l'ennemi. Ainsi le prince de Ponte-Corvo, cerné de la citadelle à l'autre extrémité de la place, ne serait pas cerné par la tête de Flandre, et aurait par là sa communication avec le maréchal Moncey. On ferait avancer la réserve, et l'ennemi ne tarderait pas à lever le siége pour éviter une entière destruction. Ainsi Anvers ne doit jamais être abandonné : le prince de Ponte-Corvo doit en défendre les approches le plus possible et s'y enfermer avec l'escadre, faire des redoutes et des forts tout autour pour défendre le camp retranché, qui tiennent l'ennemi à 1,000 ou 1,200 toises de la place, l'empêchent de bombarder la ville; et se mettre à même, après avoir réuni tous les moyens, les faisant passer par la tête de Flandre, de tomber sur lui avec 70 ou 80 mille hommes, et surtout avec une immense quantité d'artillerie de campagne.

» En résumé, le duc de Conegliano doit défendre l'île de Cadzand, Terneuse, et étendre sa défense à la tête de Flandre. Les communications doivent être assurées au travers de l'inondation entre la tête de Flandre, Gand et Bruxelles. Le duc de Conegliano doit avoir le double but d'empêcher l'île de Cadzand d'être prise, de défendre la rive gauche et d'empêcher l'ennemi de cerner la tête de Flandre, par laquelle il doit se mettre en communication avec le prince de Ponte-Corvo. Le but du prince de Ponte-Corvo doit être d'empêcher l'ennemi de passer le canal de Berg-op-Zoom, de se placer autour d'Anvers comme dans un camp retranché, de protéger sa communication avec la tête de Flandre et de profiter d'une occasion favorable pour tomber sur l'ennemi.

» Si le duc d'Istrie se porte bien, envoyez-le à Lille remplacer le duc de Conegliano.

» Nommez l'armée du prince de Ponte-Corvo, *l'armée d'Anvers;* l'armée du duc de Conegliano, *l'armée de la tête de Flandre*, et la réserve *l'armée de réserve*. Donnez au duc de Conegliano la division des gardes nationales du sénateur d'Aboville, qui est à Bruxelles, et ce qui défend l'île de Cadzand ; cela fait 24 à 30 mille hommes. Vous pouvez composer l'armée du prince de Ponte-Corvo de tout ce qui est sous les armes d'Anvers à Berg-op-Zoom et de la division des gardes nationales qui est aujourd'hui dans Anvers.

» Vous pouvez donner au duc d'Istrie les trois divisions de réserve des gardes nationales.

» Ainsi donc le prince de Ponte-Corvo, mon escadre, le sénateur

Collaud, ne doivent pas quitter Anvers. Vous devez faire connaître le plan de défense au duc de Valmy, qui doit s'approcher pour porter son quartier général à Maëstricht. Le duc de Conegliano doit porter son quartier général à Gand, pour être à portée de l'île de Cadzand, de Terneuse et de la tête de Flandre. Enfin le duc d'Istrie, s'il est en santé, doit se charger de commander la réserve et d'organiser les trois divisions de gardes nationales. Pour avoir de vrais succès contre les Anglais, il faut de la patience et attendre tout du temps qui ruinera et dégoûtera leur armée, laisser venir l'équinoxe qui ne leur laissera de ressource que de s'en aller par capitulation. En principe, des affaires de postes, mais pas d'affaires générales.

» *P. S.* Le duc de Conegliano et le duc de Valmy devraient se communiquer tous les jours.

» NAPOLÉON. »

Au ministre de la guerre.

« Schœnbrunn, 11 septembre 1809.

» Vous trouverez ci-joint un décret que je viens de prendre. Mon intention est de ne pas laisser plus longtemps le commandement dans les mains du prince de Ponte-Corvo, qui continue de correspondre avec les intrigants de Paris et qui est un homme auquel je ne puis me fier. Je vous envoie directement ce décret, pour que, si l'on était aux mains au moment où vous le recevrez, vous en différiez l'exécution. Si, comme je le pense, on ne se bat point et que le duc d'Istrie soit en état de marcher, vous enverrez ce dernier prendre le commandement de l'armée du Nord, et vous écrirez au prince de Ponte-Corvo de se rendre à Paris. Vous lui ferez connaître que j'ai été mécontent de son ordre du jour ; qu'il n'est pas vrai qu'il n'ait que 15 mille hommes, lorsqu'avec les corps des ducs de Conegliano et d'Istrie j'ai sur l'Escaut plus de 60 mille hommes ; mais que n'eût-il que 15 mille hommes, son devoir était de ne pas le laisser soupçonner à l'ennemi ; que c'est la première fois qu'on voit un général trahir le secret de sa position par un excès de vanité ; qu'il a donné en même temps des éloges à mes gardes nationales, qui savent bien elles-mêmes qu'elles n'ont eu occasion de rien faire. Vous lui témoignerez ensuite mon mécontentement de ses correspondances de Paris, et vous insisterez pour qu'il cesse de recevoir les mauvais bulletins des misérables qu'il encourage par cette conduite. Le troisième point sur lequel vous lui notifierez mes intentions est qu'il se rende à l'armée ou aux eaux.

» NAPOLÉON. »

Au ministre de la police.

« Schœnbrunn, 13 septembre 1809.

» Je reçois votre lettre du 7. Vous me mandez que vous avez 12 mille habits de gardes nationales de faits. Je pense qu'il ne faut pas les donner à la garde nationale de Paris. Il faut se contenter d'habiller le bataillon de volontaires qu'on formera, c'est-à-dire ceux qui veulent aller se battre. Pour les autres, je désire ne pas donner suite à cette garde nationale de Paris, et qu'aussitôt que possible elle ne fasse plus de service.

» Quant aux gardes nationales du Nord, il faut qu'elles restent jusqu'à nouvel ordre. Ces habits seront mieux employés à habiller ceux qui sont sur les frontières que les badauds qui ne veulent point sortir de Paris.

» NAPOLÉON. »

Au ministre de la police.

« Schœnbrunn, 14 septembre 1809.

» Je ne vous ai pas autorisé à lever des gardes nationales dans toute la France. Cependant on inquiète la population en Piémont, où vous avez écrit qu'il fallait tout préparer pour la levée. Je ne veux pas qu'on lève des gardes nationales dans ce pays. C'est une grande question que celle de savoir s'il faut une garde nationale en Piémont.

» NAPOLÉON. »

Au ministre de la marine.

« Schœnbrunn, 20 septembre 1809.

» Je suppose que vous aurez réarmé mes vaisseaux d'Anvers, et que vous aurez donné l'ordre à l'amiral Missiessy de se porter avec ma flottille pour balayer l'Escaut, en lui donnant carte blanche, et que ma flottille de Boulogne file sur Anvers. A présent que les Anglais m'ont fait connaître le secret de l'Escaut, sur lequel vous aviez tant de doutes, mon intention est de transporter ma flottille à Anvers.

» NAPOLÉON. »

Au ministre de la police.

« Schœnbrunn, 24 septembre 1809.

» Je reçois votre lettre dans laquelle vous me rendez compte que partout les cadres des gardes nationales sont formés. Je le sais et n'en suis pas content. Une pareille mesure ne peut être prise sans mon ordre. On a été trop vite. Tout ce qu'on a fait n'avancera pas d'une heure la mise en armes de ces gardes nationales, si on en avait besoin. Cela produit de la fermentation, tandis qu'il aurait suffi de mettre en mouvement les gardes nationales des divisions militaires que j'avais désignées. Mettez tous vos soins à tranquilliser les citoyens et à ce que le peuple ne soit pas dérangé de ses occupations habituelles.

» Je n'ai jamais voulu avoir plus de 30 mille gardes nationales : on en a levé davantage, on a eu tort. J'ai pris, pour régler tout cela, un décret que le ministre de la guerre doit avoir reçu. Tout ce qu'on peut tirer de Paris volontairement, il faut l'enrégimenter; mais il faut y laisser tout ce qui veut rester, et éteindre insensiblement ce mouvement qu'on avait produit; faire monter la garde par la gendarmerie, la garde de Paris et les dépôts, et faire tomber toute cette agitation en laissant chacun tranquille. Il ne fallait faire que ce qui était nécessaire pour me donner des soldats sur la côte; on m'en a donné, je ne puis qu'en être satisfait; mais on a fait dans beaucoup d'endroits un mouvement qui était inutile.

» NAPOLÉON. »

Au ministre de la police.

« Schœnbrunn, 26 septembre 1809.

» Je vois dans le bulletin de police qu'on a appelé les gardes nationales du Jura, de la Côte-d'Or, du Doubs, de Lot-et-Garonne; je ne veux rien de tout cela. J'ai désigné les divisions militaires qui doivent en fournir. Je ne sais quelle rage on a de mettre en mouvement toute la France. A quoi tout cela aboutit-il? Il y a une excessive légèreté dans ces mesures. Tout cela fait beaucoup de mal, et dans cette disposition d'esprit le moindre événement amènerait une crise. Tandis que l'ennemi menaçait Anvers, le mouvement des gardes nationales des départements du Nord était simple. On ne s'amuse point à discuter lorsqu'on a l'ennemi devant soi et qu'on a à défendre ses propriétés; mais les départements placés à l'autre bout de la France n'ont pas le même intérêt. Ces mesures sont illégales. Contremandez-les et calmez la France. De toutes les questions politiques la moins importante n'est pas celle de savoir s'il faut former une garde nationale en Piémont, et on se prépare à l'organiser sans prendre aucune précaution pour nommer les officiers. Tout cela est de la folie. La France ne sait ce qu'on lui demande. Quand vous demandez les gardes nationales de Flandre pour accourir sur les frontières par lesquelles l'ennemi veut entamer la Flandre, c'est une raison; mais quand on lève le Languedoc, le Piémont, la Bourgogne, on croit à une agitation qui n'existe pas : on ne remplit pas mes intentions, et cela me coûte des dépenses inutiles.

» NAPOLÉON. »

Au ministre de la police.

« Schœnbrunn, 26 septembre 1809.

» Une espèce de vertige tourne les têtes en France. Tous les rapports que je reçois m'annoncent qu'on lève des gardes nationales en Piémont, en Languedoc, en Provence, en Dauphiné. Que diable veut-on faire de tout cela, lorsqu'il n'y a pas d'urgence et que cela ne pouvait se faire sans mon ordre? Comme ces mesures passent le pouvoir ministériel, elles devraient être autorisées par le conseil des ministres. On ne m'a pas envoyé ce procès-verbal. A la nouvelle de l'expédition j'ai levé 30 mille gardes nationales, et j'ai désigné les divisions militaires qui devaient les fournir. Si j'en avais voulu partout, je l'aurais dit. Que l'Artois, la Flandre, le Brabant, la Lorraine fournissent des gardes nationales pour marcher au secours d'Anvers, parce que l'ennemi a débarqué dans l'Escaut, on comprend ce que cela veut dire. Mais lorsqu'on met en armes le Piémont, le Languedoc, la Franche-Comté, le Dauphiné, ces provinces ne savent ce qu'on leur demande. Le peuple prend de l'incertitude sur le gouvernement, les esprits travaillent, le moindre incident peut faire naître une crise. Je ne sais pas si l'on doit blâmer les individus du département des Forêts qui ont demandé à voir le décret qui leur ordonnait de marcher; il me semble qu'ils avaient ce droit. Aussi me suis-je empressé d'envoyer le décret pour les départements que je voulais lever. Je ne sais ce qui s'est fait aux environs de Paris. Il était plus simple d'organiser 3 mille hommes pour remplacer la garde municipale, et de former deux ou trois bataillons pour aller à l'ennemi. Voilà ce qu'il y avait à faire. Au moment où je demande la conscription, occupez-vous de tout calmer. Parlez de cela au conseil des ministres. Comme je ne suis pas sur les lieux, je ne puis savoir ce qu'on a fait. Prenez des mesures pour que les préfets remettent les choses dans l'état où elles étaient. Je ne veux pas de gardes nationales autres que celles que j'ai requises, et en y pensant mûrement je ne veux pas d'officiers que je ne connais pas. Les préfets, qui sont des têtes médiocres pour la plupart, sont loin d'avoir ma confiance pour un sujet de cette importance. Si les gardes nationales étaient comme les gardes d'honneur, on aurait donné au peuple des chefs qui auraient un intérêt différent du sien, surtout s'il y avait une crise.

» Napoléon. »

Au ministre de la police.

« Schœnbrunn, le 14 octobre 1809.

» Je reçois votre lettre du 7. Je n'ai jamais pu approuver l'appel d'autres gardes nationales que de celles intéressées à repousser l'agression des Anglais à Anvers. La Provence, le Languedoc, le Dauphiné et les autres départements éloignés ne pouvaient avoir aucun rapport avec l'expédition anglaise. Je n'ai pu que blâmer qu'on ait levé les gardes nationales de ces provinces. D'ailleurs, depuis le 9 septembre, que l'expédition a cessé d'être effective, je n'ai cessé de demander qu'on les contremandât, et c'est depuis ce moment que je vois la France le plus en mouvement pour les gardes nationales. Dans un grand État, dans une grande administration, il faut du zèle et de l'activité, mais il faut aussi de la mesure et de l'aplomb. La garde nationale de Paris est dans le même cas; on ne l'a point levée quand les Anglais ont attaqué notre territoire, on l'a levée depuis qu'ils sont partis. Quand je continue à vous écrire sur tout cela, ce n'est pas que je méconnaisse votre zèle; mais je ne puis voir qu'avec peine qu'on remue la France quand je me suis borné à lever 30 mille gardes nationales, en y comprenant la division du général Rampon. En dernière analyse, le résultat a été de prouver le bon esprit qui anime les Français, ce dont je n'ai jamais douté.

» NAPOLÉON. »

FIN DES DOCUMENTS.

TABLE DES MATIÈRES

CONTENUES

DANS LE TOME ONZIÈME.

LIVRE TRENTE-SIXIÈME.

TALAVERA ET WALCHEREN.

Opérations des Français en Espagne pendant l'année 1809. — Plan de campagne pour la conquête du midi de la Péninsule. — Défaut d'unité dans le commandement, et inconvénients qui en résultent. — La guerre d'Autriche réveille toutes les espérances et toutes les passions des Espagnols. — Zèle de l'Angleterre à multiplier ses expéditions contre le littoral européen, et envoi d'une nouvelle armée britannique en Portugal. — Ouverture de la campagne de 1809 par la marche du maréchal Soult sur Oporto. — Inutile effort pour passer le Minho à Tuy. — Détour sur Orense, et marche à travers la province de Tras-los-Montès. — Suite de combats pour entrer à Chaves et à Braga. — Bataille d'Oporto. — Difficile situation du maréchal Soult dans le nord du Portugal. — Dès que son entrée en Portugal est connue, l'état-major de Madrid dirige le maréchal Victor sur l'Estrémadure, et fait appuyer ce dernier par un mouvement du général Sébastiani sur la Manche. — Passage du Tage à Almaraz, et arrivée du maréchal Victor et du général Sébastiani sur la Guadiana. — Victoires de Medellin et de Ciudad-Real. — Ces deux victoires font d'abord présager une heureuse campagne dans le midi de la Péninsule, mais leur effet est bientôt annulé par des événements fâcheux au nord. — Le général de La Romana, que le maréchal Soult avait laissé sur ses derrières en traversant Orense, passe entre la Galice et le royaume de Léon, soulève tout le nord de l'Espagne, et menace les communications des maréchaux Soult et Ney. — Vains efforts du maréchal Ney pour comprimer les insurgés de la Galice et des Asturies. — A défaut du maréchal Mortier, que ses instructions retiennent à Burgos, on envoie six ou huit mille hommes sous le général Kellermann pour rétablir les communications avec les maréchaux Soult et Ney. — Événements à Oporto. — Projet de convertir en royaume le nord du Portugal. — Divisions dans l'armée du maréchal Soult, et affaiblissement de la discipline dans cette armée. — Secrètes communications avec les Anglais. — Sir Arthur Wellesley, débarqué aux environs de Lisbonne, amène une nouvelle armée devant Oporto. — Grâce aux intelligences pratiquées dans la place, il surprend Oporto en plein jour. — Le maréchal Soult obligé de s'enfuir en sacrifiant son artillerie. — Retraite sur la Galice. — Entrevue à Lugo des maréchaux Ney et Soult. — Plan concerté entre ces deux maréchaux, lequel reste sans exécution par le mouvement du maréchal Soult sur Zamora. — Funeste division entre ces deux maréchaux. — Ordre expédié de Schœnbrunn, avant la connaissance des événements d'Oporto, pour réunir dans la main du maréchal Soult les trois corps des maréchaux Ney, Mortier et Soult. — Conséquences imprévues de cet ordre. — Le maréchal Soult à Salamanque forme un projet de campagne basé sur la supposition de l'inaction des Anglais jusqu'au mois de septembre. — Cette supposition est bientôt démentie par l'événement. — Sir Arthur Wellesley, après avoir expulsé les Français du Portugal, se replie sur Abrantès. — Il se concerte avec don Gregorio de la Cuesta et Vénégas pour agir sur le Tage. — Sa marche en juin et juillet vers Plasencia, et son arrivée devant Talavera. — Le roi Joseph, qui avait ramené le maréchal Victor dans la vallée du Tage, se joint à lui avec le corps du général Sébastiani et une réserve tirée de Madrid, en ordonnant au maréchal Soult de déboucher par Plasencia sur les derrières des Anglais. — Joseph les attaque trop tôt, et sans assez d'ensemble. — Bataille indécise de Talavera livrée le 28 juillet. — Mouvement rétrograde sur Madrid. — Apparition tardive du maréchal Soult sur les derrières de sir Arthur Wellesley. — Retraite précipitée de l'armée anglaise en Andalousie, après avoir abandonné ses malades et ses blessés. — Caractère des événements d'Espagne pendant la campagne de 1809. — Déplaisir de Napoléon de ce qu'on n'a pas tiré meilleur parti des vastes moyens réunis dans la Péninsule, et importance qu'il attache à ces événements, à cause des négociations d'Altenbourg. — Efforts des Anglais pour apporter aux négociateurs autrichiens le secours d'une grande expédition sur le continent. — Projet de détruire sur les rades les armements maritimes préparés par Napoléon. — Expédition de Rochefort. — Prodigieuse quantité de brûlots lancés à la fois contre l'escadre de l'île d'Aix. — Quatre vaisseaux et une frégate, échoués sur les rochers des Palles, sont brûlés par l'ennemi. — Après Rochefort les Anglais tournent leurs forces navales contre l'établissement d'Anvers, dans l'espérance de le trouver dénué de tout moyen de défense. — Quarante vaisseaux, trente-huit frégates, quatre cents transports, jettent quarante-cinq mille hommes aux bouches de l'Escaut. — Descente des Anglais dans l'île de Walcheren et siége de Flessingue. — L'escadre française parvient à se retirer sur Anvers, et à s'y mettre à l'abri de tout danger. — Manière de considérer l'expédition anglaise à Paris et à Schœnbrunn. — Napoléon prévoyant que la fièvre sera le plus redoutable adversaire des Anglais, ordonne de se couvrir de retranchements, d'amener derrière ces retranchements les troupes qu'on parviendra à réunir, et de ne pas risquer de bataille. — Il prescrit la levée des gardes nationales, et désigne le maréchal Bernadotte comme général en chef des troupes réunies sous Anvers. — Reddition de Flessingue. — Les Anglais ayant perdu leur temps à prendre Flessingue, sont informés qu'Anvers est en état de défense, et n'osent plus avancer. — La fièvre les attaque avec une violence extraordinaire, et les oblige à se retirer après des pertes énormes. — Joie de Napoléon en apprenant ce résultat, surtout à cause des négociations entamées à Altenbourg.   1 à 246

LIVRE TRENTE-SEPTIÈME.

LE DIVORCE.

Marche des négociations d'Altenbourg. — Napoléon aurait désiré la séparation des trois couronnes de la maison d'Autriche, ou leur translation sur la tête du duc de Wurzbourg. — Ne voulant pas faire encore une campagne pour atteindre ce but, il se contente de nouvelles acquisitions de territoire en Italie, en Bavière, en Pologne. — Résistance de l'Autriche aux sacrifices qu'on lui demande. — Lenteurs calculées de M. de Metternich et du général Nugent, plénipotentiaires autrichiens. — Essai d'une démarche directe auprès de Napoléon, par l'envoi de M. de Bubna, porteur d'une lettre de l'empereur François. — La négociation d'Altenbourg est transportée à Vienne. — Derniers débats, et signature de la paix le 14 octobre 1809. — Ruse de Napoléon pour assurer la ratification du traité. — Ses ordres pour l'évacuation de l'Autriche, et pour l'envoi en Espagne de toutes les forces que la paix rend disponibles. — Tentative d'assassinat sur sa personne dans la cour du palais de Schœnbrunn. — Son retour en France. — Affaires de l'Église pendant les événements politiques et militaires de l'année 1809. — Situation intolérable du Pape à Rome en présence des troupes françaises. — Napoléon pour la faire cesser rend le décret du 17 mai, qui réunit les États du Saint-Siège à l'Empire français. — Bulle d'excommunication lancée en réponse à ce décret. — Arrestation du Pape et sa translation à Savone. — État des esprits en France à la suite des événements militaires, politiques et religieux de l'année. — Profonde altération de l'opinion publique. — Arrivée de Napoléon à Fontainebleau. — Son séjour dans cette résidence et sa nouvelle manière d'être. — Réunion à Paris de princes, parents ou alliés. — Retour de Napoléon à Paris. — La résolution de divorcer mûrie dans sa tête pendant les derniers événements. — Confidence de cette résolution à l'archichancelier Cambacérès et au ministre des relations extérieures Champagny. — Napoléon appelle à Paris le prince Eugène, pour que celui-ci prépare sa mère au divorce, et fait demander la main de la grande-duchesse Anne, sœur de l'empereur Alexandre. — Arrivée à Paris du prince Eugène. — Douleur et résignation de Joséphine. — Formes adoptées pour le divorce, et consommation de cet acte le 15 décembre. — Retraite de Joséphine à la Malmaison et de Napoléon à Trianon. — Accueil fait à Saint-Pétersbourg à la demande de Napoléon. — L'empereur Alexandre consent à accorder sa sœur, mais veut rattacher cette union à un traité contre le rétablissement éventuel de la Pologne. — Lenteur calculée de la Russie et impatience de Napoléon. — Secrètes communications par lesquelles on apprend le désir de l'Autriche de donner une archiduchesse à Napoléon. — Conseil des grands de l'Empire, dans lequel est discuté le choix d'une nouvelle épouse. — Fatigué des lenteurs de la Russie, Napoléon rompt avec elle, et se décide brusquement à épouser une archiduchesse d'Autriche. — Il signe le même jour, par l'intermédiaire du prince de Schwarzenberg, son contrat de mariage avec Marie-Louise, copié sur le contrat de mariage de Marie-Antoinette. — Le prince Berthier envoyé à Vienne pour demander officiellement la main de l'archiduchesse Marie-Louise. — Accueil empressé qu'il reçoit de la cour d'Autriche. — Mariage célébré à Vienne le 11 mars. — Mariage célébré à Paris le 2 avril. — Retour momentané de l'opinion publique, et dernières illusions de la France sur la durée du règne impérial. 247 à 388

Documents sur la bataille de Talavera. 389

Lettres de Napoléon relatives a l'expédition de Walcheren. 451

FIN DE LA TABLE DU ONZIÈME VOLUME.

GRAVURES

CONTENUES DANS LE TOME ONZIÈME.

(11e LIVRAISON DES VIGNETTES ET PORTRAITS.)

	Pages
1. Le maréchal Soult.	98
2. La reine Hortense.	344
3. Marie-Louise.	381

www.ingramcontent.com/pod-product-compliance
Lightning Source LLC
Chambersburg PA
CBHW051617230426
43669CB00013B/2079